入力業務マニュアル

消 費 税
経理処理パターン

税理士 **佐々木 みちよ**
税理士 **佐々木 泰輔** 共著

税務研究会出版局

はしがき

　本書は、経理業務の基本であり、税務の基礎にもなる会計仕訳について、特に消費税に焦点を当てて解説した実務書です。

　従来から仕訳伝票には、「税区分」「税率」「消費税額」といった消費税に関する様々な入力項目が設けられていましたが、2023年10月にインボイス制度が導入されたことにより、消費税関連の入力項目がさらに増加しました。経理担当の皆さまは、伝票入力時に次のような疑問を抱いたことがあるのではないでしょうか。

・なぜ、課否判定が必要なのか？

・適用税率の入力ミスが、どんな影響を及ぼすのか？

・インボイスの保存の有無により、なぜ経理処理が変わるのか？

・個別対応方式を適用する場合、課税仕入れの区分がなぜ必要なのか？

・簡易課税制度を選択している場合、課税売上げの区分がなぜ必要なのか？

　答えはズバリ、「納付する消費税額の計算基礎になるから」です。納付すべき消費税額は、仕訳伝票の入力情報をひとつひとつ積み上げて計算されます。したがって、仕訳伝票に誤った情報を入力すると、納付税額の計算に誤りが生じ、結果として消費税申告書も誤ったものになります。仕訳伝票の入力担当者は、正しい納付税額を算出し、正確な消費税申告書を作成するための、まさに「鍵」を握る存在なのです。

　そこで、日々の入力業務で生じる消費税に関する疑問を解消し、確実に正しい経理処理を行うための手引きとして、本書を執筆しました。

◆第Ⅰ部　経理処理に必要な消費税の知識

　第Ⅰ部では、経理担当者の方々が押さえておくべき消費税の基本知識を解説しています。単に消費税の法令や制度概要を紹介するのではなく、仕訳伝票の入力方法や会計システムの設定、出力される帳票などに基づき、実務に即して解説を行っています。第Ⅰ部を通して読んでいただくと、仕訳伝票の入力内容がどのように消費税申告書に反映されるのかが自然に

理解できるように構成されています。特に、「第2章　入力業務を開始する前に確認すべきこと」は、入力業務を効率よく進めるために必見の内容です。

◆第Ⅱ部　課否判定表と勘定科目別経理処理パターン

　第Ⅱ部では、第1章に消費税の課否判定表を掲載しています。事業会社で一般的に発生する取引をほぼカバーしており、日々の経理処理における課否判定に役立ちます。巻末の 索引1 　第Ⅰ部と第Ⅱ部「課否判定表」は、課否判定表と第Ⅰ部で解説した内容のキーワードを網羅していますので、課否判定に関する疑問点を第Ⅰ部の解説で解消することができます。

　第Ⅱ部　第2章では、事業会社でよくある取引の経理処理例（全931例）を勘定科目別に紹介しています。売上取引については、一般的な経理処理例と簡易課税制度を適用する場合の処理例を示し、仕入取引については、一般的な経理処理例と個別対応方式を適用する場合の処理例を紹介しています。特に仕入取引は、同一の取引でもインボイスの保存の有無や各種特例の適用の有無によって経理処理が異なるため、その違いをパターンごとに列挙しています。各経理処理例の右上には連番を振っていますので、巻末の 索引2 　第Ⅱ部「勘定科目別経理処理パターン」に掲載したキーワードに基づき、知りたい経理処理例を素早く探し出すことができます。

　経理実務で実際に直面する取引を豊富に取り上げ、できるだけ丁寧でわかりやすく解説することを心がけて執筆しました。本書が、経理実務に携わるすべての皆さまにとって強力なサポートとなり、日々の業務をより確実に、かつ、スムーズに進めるための一助となれば幸いです。

　最後に、著者の遅筆を温かく見守っていただき、本書の刊行にあたり多大なご尽力をいただきました株式会社税務研究会の堀直人氏に、心より感謝申し上げます。

2025年2月

税理士　佐々木みちよ

税理士　佐々木　泰輔

目　　次

第Ⅱ部　課否判定表と勘定科目別経理処理パターン

第1章　課否判定表

4　営業外収益

第2章　勘定科目別経理処理パターン

1　売上高

2　売上値引高　売上戻り高　売上割戻高

3　期首棚卸高　期末棚卸高

4　仕入高

5　仕入値引高　仕入戻し高　仕入割戻高

6　役員報酬　役員賞与　給料手当　雑給　賞与　賞与引当金繰入

7　退職金　退職給付費用

8　法定福利費

9　福利厚生費

10　求人採用費

凡例

消法	消費税法
消令	消費税法施行令
消規	消費税法施行規則
消基通	消費税法基本通達
所法	所得税法
法法	法人税法
地法	地方税法
復興財源確保法	東日本大震災からの復興のための施策を実施するために必要な財源の確保に関する特別措置法
平成27改正法	所得税法等の一部を改正する法律（平成27年法律第 9 号）
平成28改正法	所得税法等の一部を改正する法律（平成28年法律第15号）
平成30改正令	消費税法施行令等の一部を改正する政令（平成30年政令第135号）
消費税経理通達	令和 5 年12月27日課法 2 -37「消費税法等の施行に伴う法人税の取扱いについて」（法令解釈通達）
消費税経理通達関係Q&A	国税庁「消費税経理通達関係Q&A」令和 3 年 2 月（令和 5 年12月改訂）
インボイスQ&A	国税庁軽減税率・インボイス制度対応室「消費税の仕入税額控除制度における適格請求書等保存方式に関するQ&A」平成30年 6 月（令和 6 年 4 月改訂）

第Ⅰ部
経理処理に必要な消費税の知識

第1章

消費税の概要と経理処理担当者の役割

本章では、消費税制度の概要と、個々の仕訳伝票に入力された情報が消費税の納付税額計算に直結していることを解説します。

消費税とは

　消費税は、「消費」に対して広く負担を求めることとしている税で、国内における商品の販売やサービスの提供などの取引を課税の対象にしています。消費税は、商品等を購入したりサービスを利用したりする消費者が負担しますが、国に対して消費税を納付しているのは消費者ではなく事業者です。事業者とは、法人と、事業を行う個人（個人事業者）をいいます（消法2①三、四）。

　それでは、消費者が負担した消費税が、どのように納付されていくのかについて、消費者が税込み11万円の商品を購入したケースで見ていきましょう。

【消費税の負担と納付の流れ】

【事業者】 製造業者	【事業者】 卸売業者	【事業者】 小売業者	【消費者】
売上げ　　50,000 消費税③　 5,000	売上げ　　70,000 消費税②　 7,000	売上げ　 100,000 消費税①　10,000	支払総額　　110,000
	仕入れ　　50,000 消費税③　 5,000	仕入れ　　70,000 消費税②　 7,000	消費者が負担した 消費税　　　10,000
納付税額 　　　③＝5,000	納付税額 　②－③＝2,000	納付税額 　①－②＝3,000	
申告・納付	**申告・納付**	**申告・納付**	

※税率10％で計算しています。

●消費者

　消費者は税込み11万円の商品を購入する際、1万円の消費税を負担します。商品の代金と合わせ11万円を小売業者に支払います。

●小売業者（事業者）

　小売業者は、商品の販売時に消費者から消費税1万円を預かります。また、小売業者は、この商品の仕入時に卸売業者に対して消費税7千円を支払っています。事業者には預かった消費税を納付する義務が課されていますが、支払った消費税があれば、それを控除した金額を納付することとされています。したがって小売業者は、預かった消費税1万円から支払った消費税7千円を控除した3千円を納付します。

●卸売業者（事業者）

卸売業者は、小売業者から消費税7千円を預かっていますが、製造業者に対して消費税5千円を支払っていますので、差額の2千円を納付します。

●製造業者（事業者）

製造業者は、卸売業者から5千円を預かっています。支払った消費税がないものと仮定すると、製造業者は5千円を納付することになります。

上記の図を商品の流れに沿って眺めてみると、消費税は、各事業者が販売する商品の価格に上乗せされて、製造業者から卸売業者へ、卸売業者から小売業者へ、小売業者から消費者へと順次転嫁され、最終的には消費者が負担しています。商品の生産から消費者が購入するまでの流通過程でかかわった各事業者が、それぞれ預かった消費税額から支払った消費税額を控除した金額を納付することで、消費者が負担した消費税が納付される仕組みになっています。

事業者は消費税の負担者ではありませんので、預かる消費税や支払う消費税は、事業者にとって仮受金や仮払金のような意味合いしかありません。事業者において納付税額計算を行い納付することで、基本的には全額精算される性質のものです。

なお、納付税額の計算上、預かった消費税額から支払った消費税額を控除する仕組みのことを「仕入税額控除」といいます。

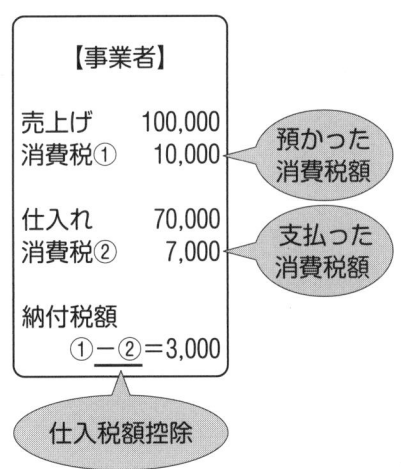

【仕入税額控除】

消費税の税率

(1) 標準税率と軽減税率

　現在の消費税率は、標準税率10%、軽減税率8％です。次の表の通り、軽減税率8％は、飲食料品の譲渡、及び、定期購読契約に基づく新聞の譲渡に適用されます（消法2①九の二、別表1）。

【軽減税率の対象になる資産の譲渡】

	軽減税率（8％）	標準税率（10%）
飲食料品の譲渡	・食品表示法に規定する食品（酒類を除く） ・一定の要件を満たす一体資産（おもちゃ付きのお菓子等）	・酒税法に規定する酒類 ・外食サービス、ケータリングサービス
新聞の譲渡	・定期購読契約に基づく週2回以上発行される新聞の譲渡	・駅売店やコンビニエンスストア等での新聞の譲渡 ・新聞の電子版※

※新聞の電子版は、電気通信回線を介して行われる役務の提供であり、「新聞の譲渡」に該当しないため、軽減税率の対象になりません。

(2) 国税である消費税と地方消費税

　法律上、消費税は国税である消費税と地方消費税とに分けられます。一般にいわれている10%や8％といった税率は、次の表の通り国税である消費税と地方消費税の合計税率を指しています（消法29①、地法72の83）。なお、国税である消費税と地方消費税を合計した金額を「消費税額等」といいます（消法57の4①五）。

【消費税率の推移】

	1989年 （平成元年） 4月1日以降	1997年 （平成9年） 4月1日以降	2014年 （平成26年） 4月1日以降	2019年（令和元年） 10月1日以降	
				標準税率	軽減税率
消費税（国税）	3％	4％	6.3%	7.8%	6.24%
地方消費税（地方税）	－	1％	1.7%	2.2%	1.76%
合計	3％	5％	8％	10%	8％

　現在の軽減税率8％と2019年9月30日まで適用されていた税率8％は、合計税率では一致していますが、国税である消費税と地方消費税の内訳が異なります。

③ 消費税法における売上げと仕入れ

　一般に「売上げ」や「仕入れ」というと、損益計算書に計上される売上高や仕入高をイメージすると思いますが、消費税における「売上げ」「仕入れ」は、それよりも広く意味を捉えています。

　消費税における「売上げ」は、損益計算書の売上高だけでなく、建物や車両等の固定資産の売却収入や受取利息なども含まれます。対価として収受した金額全般が消費税においては「売上げ」になります。

　また、消費税における「仕入れ」は、商品等の仕入れだけでなく、消耗品の購入や支払手数料の支出、固定資産の購入支出、支払利息なども含まれます。これらの支出全般が消費税における「仕入れ」になります。

　なお、事業者が行う取引には、消費税が課される取引と課されない取引があります。消費税が課される売上げを「課税売上げ」、消費税が課される仕入れを「課税仕入れ」といいます。

【売上げと仕入れ】

売手	買手
消費税における「売上げ」	**消費税における「仕入れ」**
●商品・製品の売上げ、物品の貸付収入、サービスに係る手数料収入 ●建物・機械装置・車両等の売却収入 ●受取利息　など	●商品・原材料の仕入れ ●消耗品費、支払手数料、賃借料、広告宣伝費等の費用の支出 ●建物・機械装置・車両等の購入 ●支払利息　など

対価として収受した金額が 消費税における売上げ金額になる。	支出した金額が 消費税における仕入れ金額になる。
【例】帳簿価額8千万円の建物を1億円で譲渡し、固定資産譲渡益2千万円を計上した。 **⇒消費税における売上げ：1億円**	【例】建物を1億円で購入した。 **⇒消費税における仕入れ：1億円**

経理処理担当者の役割

　法人は必ず事業者に該当しますので、皆さんが所属する会社は、事業者として納付する消費税額の計算を行っています。正しく計算を行うためには、自社が預かった消費税額と支払った消費税額を正確に把握することが必要です。そのためには、自社が行った各取引に消費税が課されるのか否かの判定（課否判定）と、その取引に適用される税率の判断が必要になります。また、いつの課税売上げになるのか、いつの課税仕入れになるのかといった、消費税額が発生する時期の判定も正しく行わなければなりません。

　消費税申告書は、一般に、会計システムにより自動作成される消費税集計表（下記イメージ参照）に基づいて作成されます。消費税集計表の呼称は会計システムにより様々ですが、その課税期間※中の課税売上げ、課税仕入れなど、税区分ごとの金額が税率別に集計されます。

※課税期間とは

　消費税の納付税額を計算する計算期間をいいます。原則として、法人は事業年度が課税期間となり、個人事業者は暦年が課税期間になります（消法19①一、二）。

【消費税集計表のイメージ】

消費税集計表【売上】

税区分・税率	税抜金額	消費税額	税込金額
課税売上10%	80,000,000	8,000,000	88,000,000
課税売上8％（軽）	2,000,000	160,000	2,160,000
輸出免税売上	0	0	0
非課税売上	300,000	0	300,000
対象外	500,000	0	500,000
合計	82,800,000	8,160,000	90,960,000

消費税集計表【仕入】

税区分・税率	税抜金額	消費税額	税込金額
課税仕入10%	60,800,000	6,080,000	66,880,000
課税仕入8％（軽）	1,500,000	120,000	1,620,000
課税仕入（80%控除）10%	102,000	8,000	110,000
対象外	8,000,000	0	8,000,000
合計	70,402,000	6,208,000	76,610,000

消費税集計表には、各仕訳伝票の入力情報が集計される。これらの金額に基づき納付税額を計算し、消費税申告書を作成する。

　この消費税集計表の情報を構成しているのは個々の仕訳伝票です。仕訳伝票に誤った情報を入力してしまうと消費税集計表に誤った情報のまま集計されるため、その消費税集計表に

基づいて計算される納付税額は誤った金額になります。このことから、仕訳伝票の入力を行う経理処理担当者は、正しい消費税申告書を作成するための重要な役割を担っているといえます。

第2章

入力業務を開始する前に確認すべきこと

　仕訳伝票には消費税に関する様々な入力項目が設けられていますが、会社の経理処理方針や会計システムの初期設定状況により入力方法が異なることが考えられます。

　本章では、経理処理担当者が仕訳入力業務を開始する前に確認しておくべき項目を解説します。これらを確認することで、効率良く入力業務を行うことができます。

 経理処理の概要

　次の図は仕訳伝票の一例です。仕訳の借方・貸方とも、「税区分」「税率」「消費税額」と、消費税に関する様々な入力項目が設けられています。経理処理を行う上で、消費税に関する理解が必須といわれる所以です。

【経理処理例（税抜経理）】

◆国内において商品（清涼飲料水）5,400円（税込み）を売上げ、代金を売掛金とした。

借方勘定科目 借方補助科目	借方税区分	税率	借方金額 （消費税額）	貸方勘定科目 貸方補助科目	貸方税区分	税率	貸方金額 （消費税額）	摘要
売掛金	対象外		5,400	売上高	課税売上	8％ （軽）内	5,400 （400）	清涼飲料水売上　㈱○○

◆東京都内のレストランで取引先を接待し、飲食代として33,000円（税込み）を支払った。インボイスは保存している。

借方勘定科目 借方補助科目	借方税区分	税率	借方金額 （消費税額）	貸方勘定科目 貸方補助科目	貸方税区分	税率	貸方金額 （消費税額）	摘要
接待交際費	課税仕入	10％ 内	33,000 （3,000）	現金	対象外		33,000	○○レストラン飲食代 △△㈱××部長接待

　各入力欄の名称、配置、また、「税区分」欄や「税率」欄に入力する内容の呼称（「課税売上」や「課税仕入」、「10％」や「8％（軽）」の呼称）は会計システムにより様々ですが、適正な納付税額計算のために入力が必要な項目は全事業者共通です。重要なことは、経理処理を行う上で押さえるべきポイントを理解することであり、それを理解していれば、どのような会計システムを使用したとしても経理処理を誤ることはありません。本書では、会計システムの入力欄が上図のような仕様になっていることを前提に解説を進めていきますが、実際の経理処理にあたっては、皆さまが使用する会計システムの仕様に合わせ、適宜読み替えてご利用ください。

　それでは、「税区分」「税率」「消費税額」には何が表示され、どのように計算されているのか、経理処理を行う上での留意点にはどのようなものがあるかについて、次ページ以降でみていきましょう。

 税区分

「税区分」欄には、課否判定の結果と、仕入税額控除の経過措置の適用を受ける取引か否か
を入力します。

(1) 課否判定（第3章参照）

① 課否判定

　各売上げ、仕入れについて、消費税が課されるのか否かの判定（課否判定）を行った結果を
入力します。後述するように（第3章1.⑷経理処理における消費税区分　参照）、納付税額を
正しく計算するためには、売上げの税区分は「課税売上」、「輸出免税売上」、「非課税売上」、
「対象外」の4つに区分する必要があります。仕入れの税区分は、「課税仕入」とそれ以外の
仕入れに区分する必要があります（本書では課税仕入れ以外の仕入れを「対象外」として入力す
ることを前提としています）。なお、「課税仕入」などの呼称は、会計システムにより様々です。

　勘定科目ごと（又は補助科目ごと）に税区分を予め設定できる会計システムがほとんどで、
仕訳伝票上は、勘定科目（又は補助科目）を選択するとその税区分が自動的に反映されます。
したがって、予め設定した税区分とは異なる税区分を選択したい時のみ、税区分を手動で変
更します。

【勘定科目設定で福利厚生費の税区分を「課税仕入」としている場合（税抜経理）】

◆大阪府内の飲食店で忘年会を行い、飲食代として11万円（税込み）を支払った。インボイ
スは保存している。

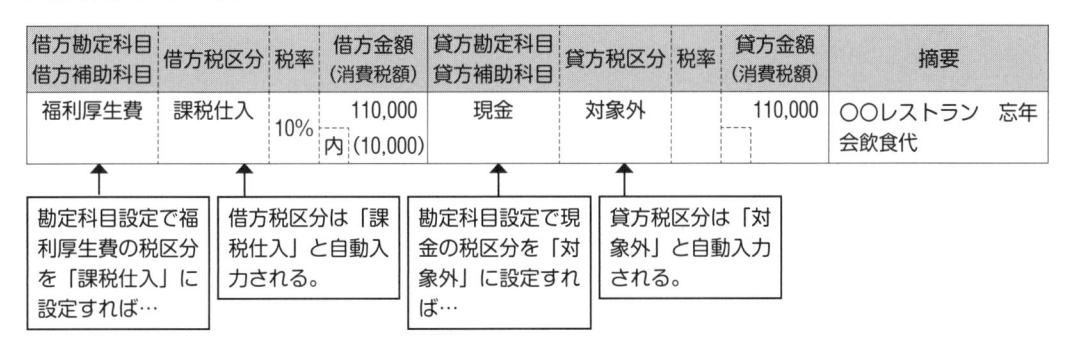

◆慶弔金規程に従い従業員に結婚祝金１万円を支給した。

借方勘定科目 借方補助科目	借方税区分	税率	借方金額 (消費税額)	貸方勘定科目 貸方補助科目	貸方税区分	税率	貸方金額 (消費税額)	摘要
福利厚生費	対象外		10,000	現金	対象外		10,000	従業員○○　結婚祝金

勘定科目設定とは異なる税区分を選択したい場合には、手動で変更する。

②　勘定科目ごとの税区分設定

　次に掲げる表は、会計システム上の勘定科目別税区分設定状況の一例です。

　あくまでも一例であり、会社の業種や取引の特性などにより、表中の税区分設定とは異なる設定がされている場合もあります。また、勘定科目設定とは異なる税区分の取引が頻出する会社では、経理処理を誤らないように専用の補助科目を設けている場合もあります。まずは、自社の勘定科目設定・補助科目設定を確認しましょう。

【主な勘定科目の税区分設定の例】

【貸借対照表】

	勘定科目	対象外	非課税	輸出免税	課税
流動資産	現金・預金	○			
	受取手形	○			
	売掛金・完成工事未収入金	○			
	有価証券	○			
	商品・製品	○			
	未成工事支出金	○			
	前渡金	○			
	立替金	○			
	前払費用	○			
	短期貸付金	○			
	未収入金	○			
	仮払金	○			
	預け金	○			
	貸倒引当金	○			
固定資産	建物				○
	建物附属設備				○
	構築物				○
	機械装置				○
	車両運搬具				○
	工具器具備品				○
	一括償却資産				○
	減価償却累計額	○			
	土地	○			
	借地権	○			
	建設仮勘定	○			
	施設利用権				○
	工業所有権				○
	営業権（のれん）				○
	ソフトウエア				○
	ソフトウエア仮勘定	○			
	投資有価証券・関係会社株式・出資金	○			
	敷金	○			

	勘定科目	対象外	非課税	輸出免税	課税
固定資産	差入保証金	○			
	長期貸付金	○			
	長期前払費用	○			
	繰延税金資産	○			
	貸倒引当金	○			
	創立費				○
	開業費				○
	開発費				○
	繰延資産				○
流動負債	支払手形	○			
	買掛金	○			
	短期借入金	○			
	未払金	○			
	リース債務	○			
	未払費用	○			
	未払法人税等	○			
	未払消費税等	○			
	前受金・前受収益	○			
	預り金	○			
	仮受金	○			
	預り保証金・預り敷金	○			
固定負債	長期借入金	○			
	退職給付引当金	○			
	繰延税金負債	○			
純資産	資本金	○			
	資本準備金	○			
	その他資本剰余金	○			
	利益準備金	○			
	繰越利益剰余金	○			
	自己株式	○			
	その他有価証券評価差額金	○			

【損益計算書】

	勘定科目	対象外	非課税	輸出免税	課税
売上高	売上高・完成工事高				○
	売上値引高・売上戻り高・売上割戻高				○（課税売上返還）
売上原価	期首商品棚卸高	○			
	仕入高				○
	仕入値引高・仕入戻し高・仕入割戻高				○（課税仕入返還）
	期末商品棚卸高	○			
販売費及び一般管理費	役員報酬・役員賞与	○			
	給与手当・賞与・退職金	○			
	退職給付費用	○			
	法定福利費	○			
	福利厚生費				○
	求人採用費・研修費				○
	外注費				○
	荷造運賃				○
	広告宣伝費				○
	接待交際費				○
	会議費				○
	旅費交通費				○
	通信費				○
	販売手数料・販売促進費				○
	消耗品費・事務用品費				○
	修繕費				○
	水道光熱費				○
	新聞図書費				○
	諸会費	○			
	支払手数料				○
	地代家賃				○
	賃借料・リース料				○
	保険料	○			
	租税公課	○			
	支払報酬料				○
	寄付金	○			
	研究開発費				○
	減価償却費・長期前払費用償却・繰延資産償却	○			
	貸倒損失				○（課税貸倒）
	貸倒引当金繰入	○			
	雑費				○

	勘定科目	対象外	非課税	輸出免税	課税
営業外収益	受取利息		○		
	受取配当金	○			
	仕入割引				○（課税仕入返還）
	有価証券売却益		○（有価証券譲渡）		
	為替差益	○			
	貸倒引当金戻入	○			
	雑収入				○
営業外費用	支払利息	○			
	売上割引				○（課税売上返還）
	有価証券売却損	○			
	手形売却損	○			
	為替差損	○			
	貸倒損失				○（課税貸倒）
	貸倒引当金繰入	○			
	雑損失				○
特別利益	固定資産売却益				○
	投資有価証券売却益		○（有価証券譲渡）		
	債権償却取立益	○			
	受贈益	○			
	前期損益修正益	○			
特別損失	固定資産売却損	○			
	固定資産除却損・固定資産評価損・減損損失	○			
	投資有価証券売却損	○			
	前期損益修正損	○			
法人税等	法人税、住民税及び事業税	○			
	法人税等調整額	○			

(2) 仕入税額控除の経過措置（80％控除・50％控除）適用の有無（第5章2．⑸参照）

　インボイス制度では、インボイスの保存が仕入税額控除の要件とされているため、インボイス発行事業者以外の者（消費者、免税事業者、インボイス発行事業者登録を受けていない課税事業者）からの課税仕入れについては、原則として仕入税額控除を行うことができません。

　ただし、インボイス制度開始後6年間は、インボイス発行事業者以外の者から行った課税仕入れであっても、一定額の仕入税額控除が認められる経過措置が設けられています（平成28改正法附則52①、53①）。具体的には、インボイス制度開始から3年間（2023年10月1日から2026年9月30日まで）は仕入税額相当額の80％、さらに次の3年間（2026年10月1日から2029年9月30日まで）は仕入税額相当額の50％の控除が認められます。

　この経過措置の適用がある課税仕入れの場合は、税区分欄にその旨を入力します。会計システムによっては、経過措置適用の有無の入力欄が税区分欄とは別に設けられていたり、インボイスの保存がある場合に「適格」と入力することになっていたりするものもあります。

【インボイスの保存の有無による経理処理の違い（税抜経理）】

◆大阪府内の飲食店で忘年会を行い、飲食代として11万円（税込み）を支払った。インボイスは保存している。

借方勘定科目 借方補助科目	借方税区分	税率	借方金額 (消費税額)	貸方勘定科目 貸方補助科目	貸方税区分	税率	貸方金額 (消費税額)	摘要
福利厚生費	課税仕入	10%	110,000 内 (10,000)	現金	対象外		110,000	○○レストラン　忘年会飲食代

インボイスを保存しているので全額仕入税額控除が可能。

◆大阪府内の飲食店で2024年12月20日に忘年会を行い、飲食代として11万円（税込み）を支払った。経過措置の要件を満たす請求書等（インボイスに該当しない）は保存している。

借方勘定科目 借方補助科目	借方税区分	税率	借方金額 (消費税額)	貸方勘定科目 貸方補助科目	貸方税区分	税率	貸方金額 (消費税額)	摘要
福利厚生費	課税仕入 (80％控除)	10%	110,000 内 (8,000)	現金	対象外		110,000	○○レストラン　忘年会飲食代

インボイスの保存がなくても仕入税額相当額の80％の仕入税額控除が可能（2023年10月1日から2026年9月30日まで）。

◆大阪府内の飲食店で2027年12月20日に忘年会を行い、飲食代として11万円（税込み）を支払った。経過措置の要件を満たす請求書等（インボイスに該当しない）は保存している。

借方勘定科目 借方補助科目	借方税区分	税率	借方金額 （消費税額）	貸方勘定科目 貸方補助科目	貸方税区分	税率	貸方金額 （消費税額）	摘要
福利厚生費	課税仕入 （50%控除）	10% 内	110,000 （5,000）	現金	対象外		110,000	○○レストラン　忘年会飲食代

インボイスの保存がなくても仕入税額相当額の50%の仕入税額控除が可能（2026年10月1日から2029年9月30日まで）。

 税率

「税率」欄には、取引に応じた税率を入力します。

　現行の税率は標準税率10％と軽減税率 8 ％ですが、2019年10月 1 日前に引渡しが完了したリース資産のリース料を授受する場合や、同日前に発生した売掛金の貸倒れが発生した場合に、旧税率 8 ％が適用されることもあります（第 4 章 1 ．⑵②所有権移転外ファイナンス・リース取引、第 6 章 5 ．貸倒れに係る消費税額の計算と経理処理　参照）。現在の軽減税率 8 ％と旧税率 8 ％は、国税である消費税と地方消費税の内訳が異なり（第 1 章 2 ．消費税の税率　参照）、納付税額の計算上区別する必要があるため、経理処理上も異なる税率として入力を行います。なお、会計システムでは、旧税率 8 ％は単に「 8 ％」と表示されることが多いですが、本書では軽減税率 8 ％との違いが明確になるように、あえて「 8 ％（旧）」と表示しています。

　また、勘定科目ごと（又は補助科目ごと）に税率を予め設定できる会計システムがほとんどで、仕訳伝票上は、勘定科目（又は補助科目）を選択するとその税率が自動的に反映されます。したがって、予め設定した税率とは異なる税率を選択したい時のみ、税率を手動で変更します。勘定科目設定とは異なる税率の取引が頻出する会社では、経理処理を誤らないように専用の補助科目を設けている場合もあります。

　なお、会計システムによっては、税区分と税率を分けずに、税区分を「課税売上10％」、「課税売上 8 ％（軽）」、「課税仕入10％」、「課税仕入 8 ％（軽）」としているものもあります。

【勘定科目設定で接待交際費の税率を「10%」としている場合（税抜経理）】

◆東京都内のレストランで取引先を接待し、飲食代として33,000円（税込み）を支払った。インボイスは保存している。

借方勘定科目 借方補助科目	借方税区分	税率	借方金額（消費税額）	貸方勘定科目 貸方補助科目	貸方税区分	税率	貸方金額（消費税額）	摘要
接待交際費	課税仕入	10%	33,000 内 (3,000)	現金	対象外		33,000	○○レストラン飲食代 △△㈱××部長接待

勘定科目設定で接待交際費の税率を「10%」に設定していると…

税率は「10%」と自動入力される。

◆国内において取引先に対する手土産（菓子）を購入し、5,400円（税込み）を支払った。インボイスは保存している。

借方勘定科目 借方補助科目	借方税区分	税率	借方金額 （消費税額）	貸方勘定科目 貸方補助科目	貸方税区分	税率	貸方金額 （消費税額）	摘要
接待交際費	課税仕入	8％ （軽）内	5,400 (400)	現金	対象外		5,400	○○百貨店　△△㈱に 対する手土産

勘定科目設定とは異なる
税率を選択したい場合に
は、手動で変更する。

消費税の経理方式と入力方式

(1) 税込経理方式と税抜経理方式

　消費税の経理方式には、税込経理方式と税抜経理方式があります。経理方式の選択は、会計システムの基本情報設定画面で行うことになっているものが多いと思われます。

①　税込経理方式

　税込経理方式とは、消費税額を売上げや仕入れに含めて処理する方法です。残高試算表や決算書の数値は税込表記になります。「仮払消費税等」や「仮受消費税等」の勘定科目は使用しません。

②　税抜経理方式

　税抜経理方式とは、消費税額を売上げや仕入れに含めないで区分して処理する方法です。売上げに係る消費税額は「仮受消費税等」勘定に計上され、仕入れに係る消費税額は「仮払消費税等」勘定に計上されます。残高試算表や決算書の数値は税抜表記になります。

　税抜経理方式において、「仮受消費税等」又は「仮払消費税等」勘定への計上を手動で行う方法もありますが、通常は会計システムによりこれらの勘定科目に自動計上する方法が採用されます。その場合は、仕訳伝票に税込取引金額又は税抜取引金額を入力すれば、「税区分」と「税率」により消費税額が自動計算され、「仮受消費税等」又は「仮払消費税等」勘定への計上仕訳が自動的に生成されます（後述「(2)税抜経理方式の場合の入力方式（内税入力・外税入力・別記入力)」参照)。

③　税込経理方式と税抜経理方式の選択

　税込経理方式と税抜経理方式は、原則としていずれかの方式をすべての取引に適用することとされています。一定の要件を満たせば併用することも認められていますが（消費税経理通達2)、実務上は、会社の会計方針として、いずれかの方式をすべての取引に適用していることがほとんどです。いずれの方式を採用しても納付する消費税額は基本的には同額になりますが、納付税額計上時の経理処理は異なります。なお、「収益認識に関する会計基準」が強制適用される上場企業やその子会社等は、税込経理を採用することはできません。

　以下に、税込経理方式と税抜経理方式それぞれについて、取引発生時の経理処理、期中の残高試算表への反映状況、及び、期末納付税額計上時の経理処理を示します。

【税込経理方式の経理処理例】

取引発生時の経理処理

◆国内において商品（自動車用部品）1,320,000円（税込み）を仕入れ、代金を買掛金とした。

借方勘定科目 借方補助科目	借方税区分	税率	借方金額（消費税額）	貸方勘定科目 貸方補助科目	貸方税区分	税率	貸方金額（消費税額）	摘要
仕入高	課税仕入	10%	1,320,000	買掛金	対象外		1,320,000	自動車用部品仕入 ㈱△△

税込経理方式では消費税額が表示されない。

◆国内において商品（自動車用部品）1,650,000円（税込み）を売上げ、代金を売掛金とした。

借方勘定科目 借方補助科目	借方税区分	税率	借方金額（消費税額）	貸方勘定科目 貸方補助科目	貸方税区分	税率	貸方金額（消費税額）	摘要
売掛金	対象外		1,650,000	売上高	課税売上	10%	1,650,000	自動車用部品売上 ㈱○○

税込経理方式では消費税額が表示されない。

残高試算表への反映状況

【貸借対象表】

勘定科目	月初残高	借方金額	貸方金額	月末残高
現金	××			××
普通預金	××			××
売掛金	××	1,650,000		1,650,000
…	××			××
…	××			××
買掛金	××		1,320,000	1,320,000
…	××			××

仮払消費税等・仮受消費税等勘定は使用しない。

【損益計算書】

勘定科目	月初残高	借方金額	貸方金額	月末残高
売上高	××		1,650,000	1,650,000
…	××		××	××
仕入高	××	1,320,000		1,320,000
…	××		××	××
…	××		××	××
…	××		××	××

売上高・仕入高は税込金額で計上される。

期末納付税額計上時の経理処理

◆期末において納付消費税額が3万円と計算された。

借方勘定科目 借方補助科目	借方税区分	税率	借方金額（消費税額）	貸方勘定科目 貸方補助科目	貸方税区分	税率	貸方金額（消費税額）	摘要
租税公課	対象外		30,000	未払消費税等	対象外		30,000	期末未払消費税等計上

（注）納付税額計算の結果、還付される消費税額が計算された場合は、借方に「未収消費税等（対象外）」、貸方に「雑収入（対象外）」が計上されます。

【税抜経理方式の経理処理例】

取引発生時の経理処理

◆国内において商品（自動車用部品）1,320,000円（税込み）を仕入れ、代金を買掛金とした。

借方勘定科目 借方補助科目	借方税区分	税率	借方金額 （消費税額）	貸方勘定科目 貸方補助科目	貸方税区分	税率	貸方金額 （消費税額）	摘要
仕入高	課税仕入	10%	1,320,000 内 (120,000)	買掛金	対象外		1,320,000	自動車用部品仕入　㈱ △△

税抜経理方式では消費税額が表示される。伝票には「仮払消費税等」の勘定科目名は表示されないが、システム内では仮払消費税等の計上仕訳が自動生成されている。

◆国内において商品（自動車用部品）1,650,000円（税込み）を売上げ、代金を売掛金とした。

借方勘定科目 借方補助科目	借方税区分	税率	借方金額 （消費税額）	貸方勘定科目 貸方補助科目	貸方税区分	税率	貸方金額 （消費税額）	摘要
売掛金	対象外		1,650,000	売上高	課税売上	10%	1,650,000 内 (150,000)	自動車用部品売上　㈱ ○○

税抜経理方式では消費税額が表示される。伝票には「仮受消費税等」の勘定科目名は表示されないが、システム内では仮受消費税等の計上仕訳が自動生成されている。

残高試算表への反映状況

【貸借対象表】

勘定科目	月初残高	借方金額	貸方金額	月末残高
現金	××			××
普通預金	××			××
売掛金	××	1,650,000		1,650,000
仮払消費税等	××	120,000		120,000
…	××			××
買掛金	××		1,320,000	1,320,000
仮受消費税等	××		150,000	150,000

【損益計算書】

勘定科目	月初残高	借方金額	貸方金額	月末残高
売上高	××		1,500,000	1,500,000
…	××			××
仕入高	××	1,200,000		1,200,000
…	××			××
…	××			××
…	××			××

消費税額は仮払消費税等・仮受消費税等勘定に計上される。

売上高・仕入高は税抜金額で計上される。

23

期末納付税額計上時の経理処理

◆期末において納付消費税額が 3 万円と計算された。

借方勘定科目 借方補助科目	借方税区分	税率	借方金額 (消費税額)	貸方勘定科目 貸方補助科目	貸方税区分	税率	貸方金額 (消費税額)	摘要
仮受消費税等	対象外		150,000	仮払消費税等	対象外		120,000	消費税精算
				未払消費税等	対象外		30,000	期末未払消費税等計上

(注) 納付税額計算の結果、還付される消費税額が計算された場合は、借方に「未収消費税等（対象外）」が計上されます。

(2) 税抜経理方式の場合の入力方式（内税入力・外税入力・別記入力）

　税抜経理方式を採用している場合、消費税の入力方式には、内税入力・外税入力・別記入力があります。

　内税入力と外税入力は、いずれも取引金額を入力すると会計システムが自動的に消費税額を計算し、「仮受消費税等」又は「仮払消費税等」勘定への計上仕訳が自動的に生成されます。内税入力と外税入力とではシステムに入力する金額に違いがあり、内税入力は税込金額、外税入力は税抜金額を入力します。

　別記入力は、システムに消費税額を自動計算させずに、「仮受消費税等」又は「仮払消費税等」勘定への計上仕訳を手入力する方法です。

　入力方式の選択は、会計システムの基本情報設定画面で行うことになっているものが多いと思われますが、各仕訳入力の際に個別に変更できるようになっている会計システムがほとんどです。

①　内税入力

　内税入力では、売上げ・仕入れについて取引金額を税込金額で入力します。会計システムが税込金額から自動的に消費税額を計算し、税込金額から消費税額を減算した金額が本体価格として計上されます。計算した消費税額に1円未満の端数が生じた場合は、「切上げ」、「切捨て」、「四捨五入」のいずれかの方法により端数処理します（本章「5.　消費税額の端数処理」参照）。端数処理方法は会計システムで設定できるようになっています。

【内税入力の経理処理例】

◆国内において書籍を購入し9,900円（税込み）を支払った。インボイスは保存している。

借方勘定科目 借方補助科目	借方税区分	税率	借方金額 (消費税額)	貸方勘定科目 貸方補助科目	貸方税区分	税率	貸方金額 (消費税額)	摘要
新聞図書費	課税仕入	10%	① ②9,900 内 ③ (900)	現金	対象外		9,900	書籍「××」　△△書店

①「内税」入力とした場合、
②「借方金額」欄に取引金額を税込金額で入力する。
③「（消費税額）」欄に消費税額が自動的に計算される。
　「（消費税額）」欄に1円未満の端数が生じた場合の端数処理は、会計システムに設定した方法による。

②　外税入力

　外税入力では、売上げ・仕入れについて本体価格を税抜金額で入力すると、会計システムが税抜本体価格から自動的に消費税額を計算します。計算した消費税額に1円未満の端数が生じた場合は、「切上げ」、「切捨て」、「四捨五入」のいずれかの方法により端数処理します（本章「5．消費税額の端数処理」参照）。端数処理方法は会計システムで設定できるようになっています。

　売上げ・仕入れの税込取引金額と、設定されている端数処理方法によっては、外税入力によると仕訳の貸借に1円の差額が生じることがあります。その場合は本体価格又は消費税額を手動で修正しなければならないことから、実務上、特段の事情がない限り外税入力はあまり採用されていないと思われます。

【外税入力の経理処理例】

◆国内において書籍を購入し9,900円（税込み）を支払った。インボイスは保存している。

借方勘定科目 借方補助科目	借方税区分	税率	借方金額 （消費税額）	貸方勘定科目 貸方補助科目	貸方税区分	税率	貸方金額 （消費税額）	摘要
新聞図書費	課税仕入	10%	①②9,000 外 ③900	現金	対象外		9,900	書籍「××」　△△書店

①「外税」入力とした場合、
②「借方金額」欄に取引金額を税抜金額で入力する。
③「（消費税額）」欄に消費税額が自動的に計算される。
「（消費税額）」欄に1円未満の端数が生じた場合の端数処理は、会計システムに設定した方法による。

◆国内において書籍を購入し10,436円（税込み）を支払った。インボイスは保存している。

借方勘定科目 借方補助科目	借方税区分	税率	借方金額 （消費税額）	貸方勘定科目 貸方補助科目	貸方税区分	税率	貸方金額 （消費税額）	摘要
新聞図書費	課税仕入	10%	9,487 外 948	現金	対象外		10,436	書籍「××」　△△書店

消費税額の端数処理を切捨てに設定しているため、消費税額は、「9,487円×10%＝948.7円→948円」と自動的に計算される。このままの状態だと仕訳の貸借が一致しないため（借方9,487円＋948円＝10,435円、貸方10,436円）、借方の「借方金額」欄又は「（消費税額）」欄を手動で修正する必要がある。

③　別記入力

　別記入力とは、会計システムの消費税額の自動計算機能を使用せずに、「仮受消費税等」又は「仮払消費税等」勘定への計上仕訳を手入力する方法です。実務上は、固定資産の売却処理など、自動計算機能では適正な消費税額の算出が難しい場合にのみ用いられていることが多いと思われます。

【別記入力の経理処理例】

◆国内に所在する建物を550万円（税込み）で譲渡した。譲渡直前の建物の帳簿価額は200万円だった。

借方勘定科目 借方補助科目	借方税区分	税率	借方金額 （消費税額）	貸方勘定科目 貸方補助科目	貸方税区分	税率	貸方金額 （消費税額）	摘要
普通預金	対象外		5,500,000	建物	課税売上	10% 別	2,000,000	○○市建物譲渡　㈱△△
				固定資産売却益	課税売上	10% 別	3,000,000	○○市建物譲渡　㈱△△
				仮受消費税等	課税売上	10% 別	500,000	○○市建物譲渡　㈱△△

> 会計システムの自動計算機能で「仮受消費税等50万円」を計上するのが難しいため、「別記入力」で仮受消費税等を手動入力する。

◆会計システムの自動計算機能で仮受消費税等50万円を計上するための経理処理例

> 会計システムの自動計算機能で「仮受消費税等50万円」を計上するためには、非常にテクニカルな経理処理にならざるを得ない。

借方勘定科目 借方補助科目	借方税区分	税率	借方金額 （消費税額）	貸方勘定科目 貸方補助科目	貸方税区分	税率	貸方金額 （消費税額）	摘要
普通預金	対象外		5,500,000	固定資産売却益	課税売上	10%	5,500,000 内 (500,000)	○○市建物譲渡　㈱△△
固定資産売却益	対象外		2,000,000	建物	対象外		2,000,000	○○市建物譲渡　㈱△△

❺ 消費税額の端数処理

　計算した消費税額に1円未満の端数が生じた場合は、「切上げ」、「切捨て」、「四捨五入」の
いずれかの方法により端数処理することとされています。選択した端数処理方法は会計システ
ムで設定できるようになっています。すべての経理処理に統一した端数処理方法を適用す
ることが通常ですが、勘定科目（又は補助科目）ごとに設定できるようになっている会計シス
テムもあります。

【消費税額の端数処理例（税抜経理）】

◆国内電話料金として12,000円（税込み）を支払った。インボイスは保存している。

借方勘定科目 借方補助科目	借方税区分	税率	借方金額 （消費税額）	貸方勘定科目 貸方補助科目	貸方税区分	税率	貸方金額 （消費税額）	摘要
通信費	課税仕入	10% 内	12,000 (1,090)	普通預金	対象外		12,000	国内電話料金○月分 ㈱△△

1円未満の端数を
切り捨てた場合

◆国内電話料金として12,000円（税込み）を支払った。インボイスは保存している。

借方勘定科目 借方補助科目	借方税区分	税率	借方金額 （消費税額）	貸方勘定科目 貸方補助科目	貸方税区分	税率	貸方金額 （消費税額）	摘要
通信費	課税仕入	10% 内	12,000 (1,091)	普通預金	対象外		12,000	国内電話料金○月分 ㈱△△

1円未満の端数を
四捨五入した場合

⑥ 仕入税額控除の計算方式

　納付する消費税額は、預かった消費税額から支払った消費税額を控除して計算します。この控除する仕組みのことを「仕入税額控除」といいます。

　仕入税額控除の計算方式は複数あり、自社にどの方式が適用されるかは、売上げ規模や、売上げに占める非課税売上げの多寡により決定されます。中小事業者が任意に選択できる方式も設けられています。

　仕入税額控除の計算方式の概要は、次の通りです。

【仕入税額控除の計算方式の概要】

仕入税額控除の計算方式		特徴	控除額の具体的な計算方法	備考
一般課税[1]	全額控除	支払った消費税額の全額を控除する。	課税仕入れ等に係る消費税額[2]の全額	課税売上高が5億円以下、かつ、課税売上割合が95%以上の場合は全額控除可能。
一般課税[1]	個別対応方式	支払った消費税額の全額は控除できない（非課税売上げを得るための課税仕入れ等に係る消費税額[2]は控除できない）。	課税売上げにのみ要する課税仕入れ等に係る消費税額[2] ＋ 課税売上げと非課税売上げに共通して要する課税仕入れ等に係る消費税額[2] × 課税売上割合	課税売上高が5億円超、又は、課税売上割合が95%未満の場合は、個別対応方式又は一括比例配分方式のいずれかの方式による計算を行う。
一般課税[1]	一括比例配分方式		課税仕入れ等に係る消費税額[2] × 課税売上割合	
簡易課税制度 （中小事業者のみ）		売上げの事業区分に応じた概算金額で仕入税額控除を行う。実際に支払った消費税額は計算に使用しない。	課税売上げに係る消費税額 × みなし仕入率 （売上げの事業区分により異なる）	中小事業者が事前に届け出を行うことで採用が可能。一般課税と比較して有利になる場合に選択する。
2割特例 （免税事業者がインボイス発行事業者になったことにより課税事業者になった場合）		売上税額の2割が納付税額になる。実際に支払った消費税額は計算に使用しない。	課税売上げに係る消費税額 × 80%	インボイス制度開始から3年間のみ適用可能

※1　一般課税は、「本則課税」又は「原則課税」ということもあります。
※2　課税仕入れ等に係る消費税額とは、課税仕入れに係る消費税額と課税貨物に係る消費税額をいいます。

　各計算方式の適用要件や計算方法は「第6章3．課税仕入れ等に係る消費税額の計算と経理処理」で解説しますが、どの方式が適用されるかにより入力項目が次の通り異なります。

そのため、計算方式は会計システムの基本情報設定画面で予め設定することとなっているものが多いと思われます。入力業務を始める前の大前提として、自社がどの方式により仕入税額控除を行うことになっているのか（又は、行う予定なのか）を確認することが必要でしょう。

(1) 一般課税により仕入税額控除を行う場合

① 全額控除・一括比例配分方式（消法30①、②二）

経理処理のイメージは、これまで掲げた経理処理例と異なるところはありません。

【全額控除・一括比例配分方式による場合の経理処理イメージ】

◆国内に所在する工場の電気料金として11万円（税込み）を支払った。インボイスは保存している。

借方勘定科目 借方補助科目	借方税区分	税率	借方金額 （消費税額）	貸方勘定科目 貸方補助科目	貸方税区分	税率	貸方金額 （消費税額）	摘要
水道光熱費	課税仕入	10%	110,000 内(10,000)	普通預金	対象外		110,000	××工場電気料金○月分　㈱△△

② 個別対応方式（消法30②一）

個別対応方式により仕入税額控除の金額の計算を行うためには、課税仕入れを、「課税売上げにのみ要する課税仕入れ」、「非課税売上げにのみ要する課税仕入れ」、「課税売上げと非課税売上げに共通して要する課税仕入れ」の3つに用途区分しなければなりません。経理処理のイメージは次の通りです。

【個別対応方式による場合の経理処理イメージ】

◆国内に所在する工場Ａ（自動車部品を製造）の電気料金として11万円（税込み）を支払った。インボイスは保存している。

借方勘定科目 借方補助科目	借方税区分	税率	借方金額 （消費税額）	貸方勘定科目 貸方補助科目	貸方税区分	税率	貸方金額 （消費税額）	摘要
水道光熱費	課税仕入 （課税売上対応）	10%	110,000 内(10,000)	普通預金	対象外		110,000	工場Ａ電気料金○月分 ㈱△△

> 自動車部品の売上げ（課税売上げ）に貢献する課税仕入れなので、「課税売上げにのみ要する課税仕入れ」として計上する。

◆国内に所在する工場B（車いすを製造）の電気料金として11万円（税込み）を支払った。インボイスは保存している。

借方勘定科目 借方補助科目	借方税区分	税率	借方金額 (消費税額)	貸方勘定科目 貸方補助科目	貸方税区分	税率	貸方金額 (消費税額)	摘要
水道光熱費	課税仕入 (非課税売上対応)	10%	110,000 内 (10,000)	普通預金	対象外		110,000	工場B電気料金○月分 ㈱△△

車いすの売上げ（非課税売上げ）に貢献する課税仕入れなので、「非課税売上げにのみ要する課税仕入れ」として計上する。

◆本社（国内に所在）の電気料金として11万円（税込み）を支払った。インボイスは保存している。

借方勘定科目 借方補助科目	借方税区分	税率	借方金額 (消費税額)	貸方勘定科目 貸方補助科目	貸方税区分	税率	貸方金額 (消費税額)	摘要
水道光熱費	課税仕入 (共通対応)	10%	110,000 内 (10,000)	普通預金	対象外		110,000	本社電気料金○月分 ㈱△△

会社全体の売上げ（課税売上げと非課税売上げの両方）に貢献する課税仕入れなので、「課税売上げと非課税売上げに共通して要する課税仕入れ」として計上する。

(2) 簡易課税制度により仕入税額控除を行う場合（消法37）

　簡易課税制度では、売上税額に一定割合（これを「みなし仕入率」といいます）を乗じた金額を、支払った消費税額とみなして仕入税額控除の計算を行います。みなし仕入率は6つの事業区分に応じて、卸売業は90％、小売業は80％、製造業は70％、飲食店業は60％、サービス業は50％、不動産業は40％などと定められています。したがって、簡易課税制度により仕入税額控除の計算を行うためには、各課税売上げがどの事業区分に属するか分類を行う必要があります。経理処理のイメージは次の通りです。

【簡易課税制度による場合の経理処理イメージ】

◆国内において商品（清涼飲料水）5,400円（税込み）を飲食店に対して売上げ、代金を売掛金とした。

借方勘定科目 借方補助科目	借方税区分	税率	借方金額 （消費税額）	貸方勘定科目 貸方補助科目	貸方税区分	税率	貸方金額 （消費税額）	摘要
売掛金	対象外		5,400	売上高	課税売上 （第一種）	8% （軽）内		5,400 （400）	清涼飲料水売上　㈱○ ○

> 簡易課税制度では、課税売上げを6つの事業に区分する。他の事業者に対する商品の売上げは卸売業として第一種事業に該当する。

◆国内で経営する飲食店で、飲食代金として11,000円（税込み）を受領した。

借方勘定科目 借方補助科目	借方税区分	税率	借方金額 （消費税額）	貸方勘定科目 貸方補助科目	貸方税区分	税率	貸方金額 （消費税額）	摘要
現金	対象外		11,000	売上高	課税売上 （第四種）	10% 内		11,000 （1,000）	店舗売上

> 飲食店業による売上げは第四種事業に該当する。

◆国内に所在する事務所の賃貸料22万円（税込み）を受領した。

借方勘定科目 借方補助科目	借方税区分	税率	借方金額 （消費税額）	貸方勘定科目 貸方補助科目	貸方税区分	税率	貸方金額 （消費税額）	摘要
普通預金	対象外		220,000	雑収入	課税売上 （第六種）	10% 内		220,000 （20,000）	△△事務所賃料　㈱× ×

> 勘定科目にかかわらず、課税売上げはすべて事業区分の入力が必要。

> 不動産賃貸収入は第六種事業に該当する。

(3) 2割特例の適用を受ける場合（平成28年改正法附則51の2①、②）

　2割特例は、免税事業者がインボイス発行事業者として登録を受けたことにより課税事業者になった場合に適用ができる計算方法です。仕入税額控除の金額は売上税額に80％を乗じた金額になり、納付税額が売上税額の2割になることから2割特例といいます。

　2割特例に特有の経理処理は特にありませんが、経理処理上の留意点は、「第6章3．(3)2割特例」を参照してください。

免税事業者

　消費税法には、事業規模が小さい事業者について消費税の納税義務を免除する制度（事業者免税点制度）が設けられています（消法9）。この制度により納税義務が免除される事業者のことを「免税事業者」といいます。反対に、納税義務が免除されない事業者（消費税の申告・納付が必要な事業者）のことを「課税事業者」といいます。

　免税事業者は納付消費税額の計算をする必要がないため、仕訳入力において消費税の税区分などは不要です。会計システムの基本情報設定画面で免税事業者であることを登録すると、税区分欄などが入力不可になるものが多いと思われます。

【免税事業者の経理処理イメージ】

◆国内において商品（菓子）2,000円を売上げた。

借方勘定科目 借方補助科目	借方税区分	税率	借方金額 （消費税額）	貸方勘定科目 貸方補助科目	貸方税区分	税率	貸方金額 （消費税額）	摘要
現金			2,000	売上高			2,000	商品（菓子）売上

税区分などの入力は不要。会計システムによっては入力不可になる。

入力業務開始前に確認すべき項目のまとめ

　経理処理担当者が仕訳入力時に把握しておくべき項目は、次の表の通りです。これらの項目は入力業務を行うための前提となりますので、事前に確認を行っておくことが必要です。

【確認すべき項目一覧】

項目	確認事項	確認内容
①納税義務	免税事業者、課税事業者	自社が免税事業者か課税事業者かを確認する。免税事業者の場合は消費税関係の入力は不要となるため、以下の確認は不要。
②仕入税額控除の計算方式	一般課税（全額控除方式・一括比例配分方式・個別対応方式）、簡易課税制度、2割特例	計算方式により、入力項目が追加又は変更される。自社がどの方式により仕入税額控除を行うことになっているのか（又は、行う予定なのか）を確認する。
③消費税の経理方式と入力方式	経理方式：税込経理方式、税抜経理方式	経理方式は税込経理方式又は税抜経理方式のいずれを選択しているか自社の会計方針を確認する。税抜経理方式の場合は、会計システム上、内税入力、外税入力、別記入力のいずれで入力する設定になっているか確認する。
	税抜経理方式の場合の入力方式：内税入力、外税入力、別記入力	
④消費税の端数処理	切上げ、切捨て、四捨五入	会計システム上、いずれの方法で端数処理を行う設定になっているか確認する。
⑤税区分	売上げ：課税売上、輸出免税売上、非課税売上、対象外	会計システム上の勘定科目別（又は補助科目別）の設定状況を確認する。
	仕入れ：課税仕入、対象外	
⑥税率	10%、8％（軽）、8％（旧）	
⑦仕入税額控除の経過措置適用時の入力方法	80%控除、50%控除	インボイス発行事業者以外の者から課税仕入れを行った場合の仕入税額控除の経過措置の適用を受ける場合、仕訳伝票上の入力欄を確認する。

第3章

課否判定

　仕訳伝票には、その取引の税区分（課税、輸出免税、非課税、対象外）を入力します。正しい税区分を入力するためには、どのような取引に消費税が課され、どのような取引に課されないのかの判定（課否判定）のルールを正しく理解する必要があります。

　本章では、課否判定のルールと、売上取引の経理処理と仕入取引の経理処理における税区分の入力方法の違いについて解説します。

課否判定の概要

(1) 課否判定とは

　消費税は、商品の販売やサービスの提供などの取引に対して広く課される税ですが、事業者の行うすべての取引に消費税が課されるわけではありません。消費税が課される取引と課されない取引が存在します。事業者は、預かった消費税額から支払った消費税額を控除して納付税額を計算しますので、計算を正しく行うためには、どのような取引に消費税が課され、どのような取引に課されないのかの判定が必要になります。この判定のことを、一般に「課否判定」といいます。

(2) 課否判定の手順

　課否判定は、次の図の通り、判定1から判定3の手順で行います。

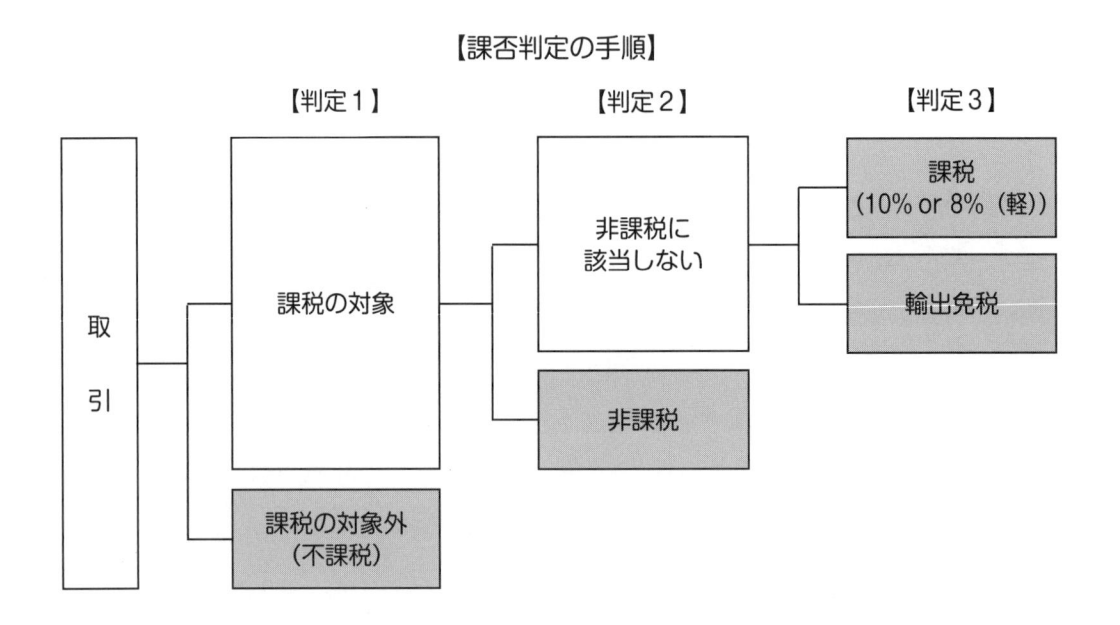

【課否判定の手順】

①　判定1：課税の対象かどうか

　判定1では、取引を「課税の対象」と「課税の対象外」に区分します。「課税の対象」とは、消費税法が適用されるものを意味し、「課税の対象」となった取引は次の判定2に進みます。

　「課税の対象外」となった取引は、納付税額の計算上一切考慮しないものであり、消費税が課されることはありません。

② 判定２：非課税かどうか

判定２では、判定１で課税の対象となった取引を「非課税」取引と「非課税に該当しない」取引に区分します。非課税取引に消費税が課されることはありません。

「非課税に該当しない」と判定された取引は、次の判定３に進みます。

③ 判定３：輸出免税かどうか

判定３では、輸出により消費税が免除される取引かどうかを判定します。消費税が免除される取引を輸出免税取引といい、消費税は課されません。

判定３で輸出免税取引でないと判定された取引が、課税取引として最終的に消費税が課される取引になります。すなわち、消費税が課される取引とは、課税の対象となる取引で、非課税取引及び輸出免税取引に該当しない取引ということです。

(3) 売上げと仕入れの対応関係

商品の販売やサービスの提供などの取引は、販売者（売手）と購入者（買手）、サービスの提供者（売手）と提供を受ける者（買手）という二者の存在により成立します。消費税は、売手が買手から消費税を預かって国に納付する税ですので、売手で課税取引に該当するものは買手でも課税取引になり、売手で非課税取引に該当するものは買手でも非課税取引になります。

【売上げと仕入れの対応関係】

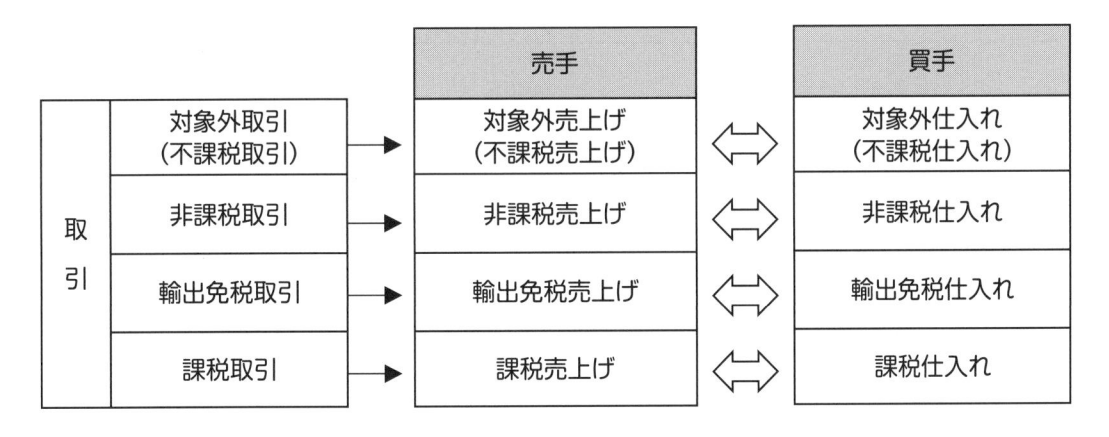

(4) 経理処理における消費税区分

①　売上取引の経理処理における消費税区分

　消費税における「売上げ」は、損益計算書の売上高だけでなく、建物や車両等の固定資産の売却収入や受取利息なども含まれます。対価として収受した金額全般が消費税においては「売上げ」になります。

　経理処理上、売上げの消費税区分は「対象外売上げ（不課税売上げ）」、「非課税売上げ」、「輸出免税売上げ」、「課税売上げ」の４つに適切に区分する必要があります。「課税売上げ」は消費税が課税される売上げであり、納付税額の計算に直接かかわるため当然に区分が必要です。それ以外の「対象外売上げ（不課税売上げ）」、「非課税売上げ」、「輸出免税売上げ」についても、後述する課税売上割合（第６章２.（3)納付する消費税（国税）の計算　参照）の計算における取扱いが次の図の通り異なり、納付税額の計算に影響するため区分しなければなりません。

【売上げの経理処理】

		売手	納付消費税額の計算上の取扱い
取引	対象外取引 （不課税取引）	対象外売上げ （不課税売上げ）	・課税売上割合の分母・分子に含めない
	非課税取引	非課税売上げ	・課税売上割合の分母に含む
	輸出免税取引	輸出免税売上げ	・課税売上割合の分母・分子に含む
	課税取引	課税売上げ	・預かった消費税額の計算に使用 ・課税売上割合の分母・分子に含む

②　仕入取引の経理処理における消費税区分

　消費税における「仕入れ」は、商品等の仕入れだけでなく、消耗品の購入や支払手数料の支出、固定資産の購入支出、支払利息なども含まれます。これらの支出全般が消費税における「仕入れ」になります。

　経理処理上、仕入れの消費税区分は、「課税仕入れ」とそれ以外の仕入れとに区分していれば、納付税額の計算を正しく行うことができます。「課税仕入れ」は消費税が課税される仕入れであり、納付税額の計算に直接かかわるため、経理処理上適切に区分する必要があります。他方で、課税仕入れ以外の仕入れは納付税額の計算に特に使用しないため、経理処理上は「対象外仕入れ（不課税仕入れ）」・「非課税仕入れ」・「輸出免税仕入れ」を細かく区分す

る必要はありません。実務上は、これら3つの区分をすべて「対象外仕入れ（不課税仕入れ）」として経理処理を行っていることが多いように思います。したがって、本書の経理処理例では、課税仕入れ以外の仕入れを「対象外」として入力することを前提としています。

【仕入れの経理処理】

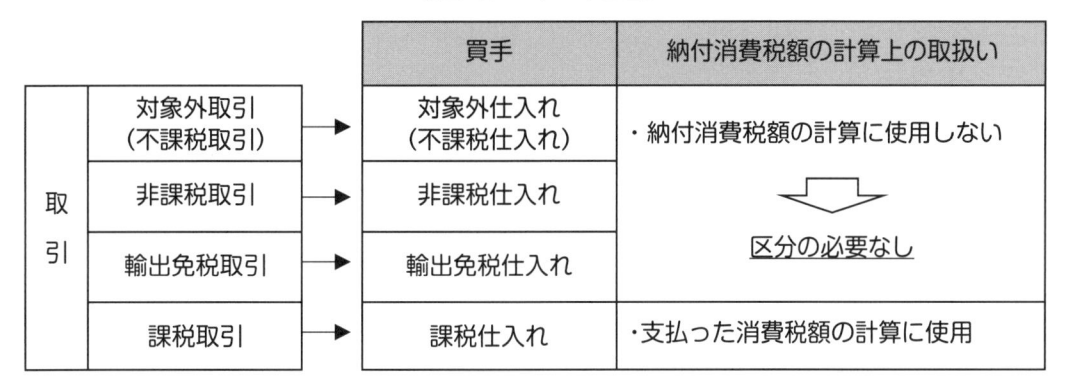

取引	対象外取引（不課税取引）	→	買手	納付消費税額の計算上の取扱い
			対象外仕入れ（不課税仕入れ）	・納付消費税額の計算に使用しない
	非課税取引	→	非課税仕入れ	⇩ 区分の必要なし
	輸出免税取引	→	輸出免税仕入れ	
	課税取引	→	課税仕入れ	・支払った消費税額の計算に使用

 **課税の対象**

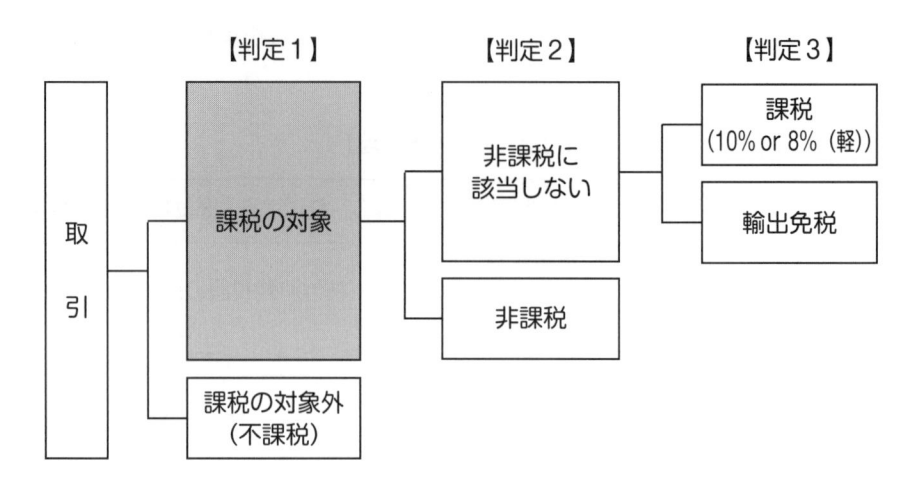

　判定1では、取引を「課税の対象」と「課税の対象外」に区分します。「課税の対象」とは、消費税法が適用される取引を意味し、「課税の対象」となった取引は次の判定2に進みます。

　「課税の対象外」となった取引は、納付税額の計算上一切考慮しないものであり、消費税が課されることはありません。

【経理処理イメージ】

◆国内の100%子法人から剰余金の配当100万円を受領した。

借方勘定科目 借方補助科目	借方税区分	税率	借方金額 (消費税額)	貸方勘定科目 貸方補助科目	貸方税区分	税率	貸方金額 (消費税額)	摘要
普通預金	対象外		1,000,000	受取配当金	対象外		1,000,000	子法人㈱○○　△年△月期配当

課税の対象外取引に、消費税は課されない。

(1) 課税の対象の4要件

　次の4つの要件をすべて満たす取引が、課税の対象になります（消法2①八、4①）。

【要件1】国内において行う取引であること

【要件2】事業者が事業として行う取引であること

【要件3】対価を得て行う取引であること

【要件4】資産の譲渡、資産の貸付け、又は、役務の提供であること

　それでは、これらの4要件について詳しく見ていきましょう。

(2)　要件1：国内において行う取引であること

　消費税は、日本国内におけるモノやサービスの消費に課されるものであることから、国内取引であることを課税の対象の要件としています。国内取引に該当するか否かの判定は、次に掲げる場所が国内にあるかどうかにより行います。

①　資産の譲渡・資産の貸付け

　資産の譲渡・資産の貸付けが行われる時において、その資産が所在していた場所が日本国内にあれば国内取引になります（消法4③一）。例えば、日本の法人がフランスに所在する不動産を譲渡したり賃貸したりする取引は、資産の所在場所が日本国内にないため、国内取引に該当しません。他方で、フランスの法人が日本に所在する不動産を譲渡したり賃貸したりする取引は国内取引に該当します。

　資産の中には、目に見えない無形資産や所在場所が移動する資産があります。このような資産については、次に掲げる場所が日本国内にあるか否かで判定を行うこととされています（消令6①）。

【国内取引の判定の細目―資産の譲渡・資産の貸付けの判定場所】

資産	判定場所
船舶又は航空機	登録機関の所在地
鉱業権、租鉱権、採石権等	鉱業権に係る鉱区、租鉱権に係る租鉱区、採石権等に係る採石場の所在地
特許権、実用新案権、意匠権、商標権等	権利の登録をした機関の所在地（同一の権利について2以上の国において登録をしている場合には、これらの権利の譲渡又は貸付けを行う者の住所地）
公共施設等運営権	公共施設等の所在地
著作権、ノウハウ等	譲渡又は貸付けを行う者の住所地
営業権、漁業権、入漁権	権利に係る事業を行う者の住所地
有価証券（ゴルフ場利用株式を除く）、合名会社、合資会社、合同会社の社員の持分、協同組合等の組合員、会員の持分その他法人の出資者の持分	・振替機関が取り扱うものは振替機関の所在地 ・振替機関が取り扱わないもので券面の発行があるものは有価証券が所在していた場所、発行がないものは権利又は持分に係る法人の本店又は主たる事務所の所在地
登録国債	登録機関の所在地
貸付金、預金、売掛金その他の金銭債権（ゴルフ場等利用の預託金を除く）	金銭債権に係る債権者の譲渡に係る事務所等の所在地
ゴルフ場利用株式等、ゴルフ場等利用の預託金	ゴルフ場その他の施設の所在地
上記以外の資産でその所在していた場所が明らかでないもの	譲渡又は貸付けを行う者の譲渡又は貸付けに係る事務所等の所在地

（注1）住所地…住所、本店、主たる事務所の所在地
（注2）事務所等…事務所、事業所その他これらに準ずるもの（支店、出張所、工場等）

②　役務の提供

　役務の提供が行われた場所が日本国内にあれば国内取引になります（消法4③二）。役務の提供が行われた場所とは、現実に役務の提供があった場所として具体的な場所を特定できる場合にはその場所をいい、具体的な場所を特定できない場合であっても役務の提供に係る契約において明らかにされている役務の提供場所があるときは、その場所が役務の提供が行われた場所になります（消基通5-7-15）。

　例えば、日本の弁護士がドイツに赴いて法律相談に応じた場合は、サービスの提供場所がドイツですので国内取引に該当しません。他方で、ドイツの弁護士が来日して日本国内で法律相談に応じた場合は国内取引に該当します。

　なお、次に掲げる役務の提供については、それぞれに掲げる場所が日本国内にあるか否かで判定を行うこととされています（消法4③三、消令6②）。

【国内取引の判定の細目―役務の提供の判定場所】

役務の提供	判定場所
国内及び国内以外の地域にわたって行われる旅客又は貨物の輸送（国際運輸）	旅客又は貨物の出発地、発送地又は到着地のいずれか
国内及び国内以外の地域にわたって行われる通信（国際電話等）	発信地又は受信地のいずれか
国内及び国内以外の地域にわたって行われる郵便又は信書便（国際郵便）	差出地又は配達地のいずれか
保険	保険に係る事業を営む者の保険の契約の締結に係る事務所等の所在地
専門的な科学技術に関する知識を必要とする調査、企画等に係る役務の提供で、建物、鉱工業生産施設等の建設又は製造に関するもの	その建設又は製造に必要な資材の大部分が調達される場所
電気通信利用役務の提供	電気通信利用役務の提供を受ける者の住所地、本店又は主たる事務所の所在地
上記以外で国内及び国内以外の地域にわたって行われる役務の提供その他の役務の提供が行われた場所が明らかでないもの	役務の提供を行う者の役務の提供に係る事務所等の所在地

（注1）住所地…住所、本店、主たる事務所の所在地
（注2）事務所等…事務所、事業所その他これらに準ずるもの（支店、出張所、工場等）

③　金銭の貸付け・預金の預け入れ

　金銭の貸付けや預金の預け入れを行う者の、貸付けや預け入れに係る事務所等の所在地が日本国内にあれば、国内取引になります（消令6③）。例えば、日本の法人のロンドン支店が行う金銭の貸付けや銀行預金は、貸付けや預け入れに係る事務所がロンドンに所在するため国内取引に該当しません。他方で、海外に支店等を一切有していない日本の法人が受領する預金利息は、預け先の銀行がロンドンに所在していても国内取引に該当します。

(3) 要件2：事業者が事業として行う取引であること

　「事業者」とは、法人と、事業を行う個人（個人事業者）をいいます（消法2①三、四）。「事業として行う」とは、対価を得て行われる資産の譲渡、資産の貸付け、役務の提供が反復、継続、独立して行われることをいいます（消基通5-1-1）。

　法人は事業活動を行う目的で存在しているため、法人が行う取引は、すべて「事業者」が「事業として行う」ものに該当します（消基通5-1-1（注）2）。

　サラリーマン（個人）が雇用契約に基づき労務を提供することは、会社に対する役務の提供に該当しますが、「事業として行う」には該当しません。サラリーマンは労務の提供を反

復、継続して行っていますが、会社の指揮監督のもと会社に従属して労務の提供を行っており、独立して行っているとはいえないからです。したがって、会社が従業員に対して支払う給与は、課税の対象になりません。

(4) 要件3：対価を得て行う取引であること

① 「対価を得て行う」とは

「対価を得て行う」とは、資産の譲渡、資産の貸付け、役務の提供に対して反対給付を受けることをいいます（消基通5-1-2）。

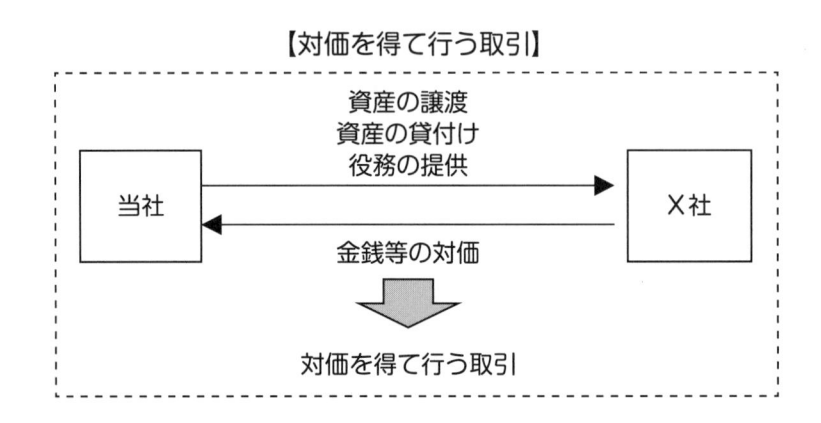

② 対価を得て行う取引に該当しないもの

(a) 無償の取引（消基通5-1-2）

資産の譲渡、資産の貸付け、役務の提供をしたものの、金銭等の対価がない取引（いわゆる無償の取引）は、対価を得て行う取引に該当しないため、課税の対象になりません。

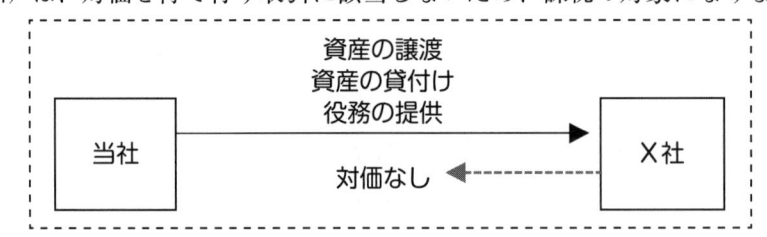

(b) 対価性のない取引（消基通5-2-14）

資産の譲渡、資産の貸付け、役務の提供をしていないにもかかわらず、金銭等を受領する取引は、対価を得て行う取引に該当しません。このような取引を「対価性のない取引」といいます。

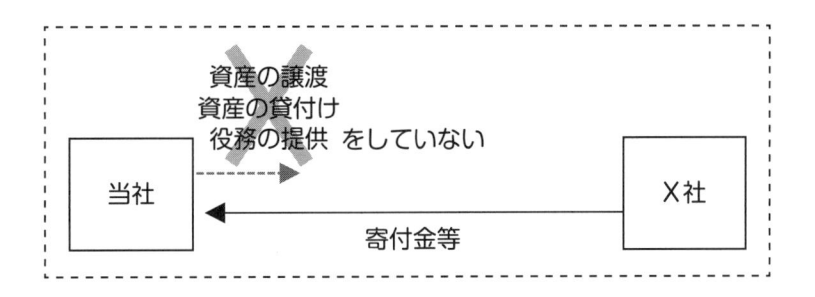

③ 例外的に対価を得て行われたとみなされるもの

次に掲げる取引は無償の取引ですが、例外的に、対価を得て行われた取引とみなされます。

（a）法人の役員に対する資産の贈与（消法4⑤二）

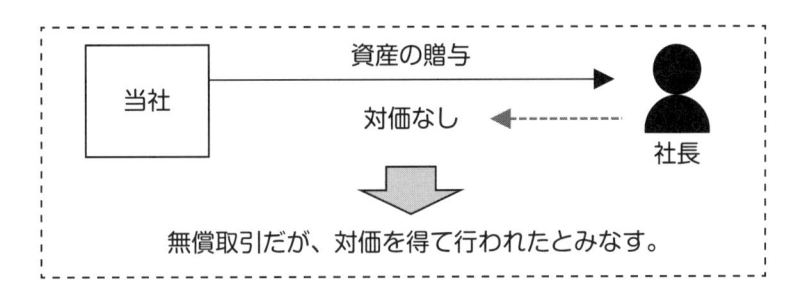

法人が役員に対して資産を贈与する取引は無償の取引ですが、例外的に対価を得て行われた資産の譲渡とみなすこととされています。

なお、対価を得て行われたとみなされるのは資産の譲渡のみであり、法人が役員に対して資産の貸付けや役務の提供を無償で行ったとしても、対価を得て行われたとみなされることはありません（消基通5-3-5）。

（b）個人事業者の自家消費等（消法4⑤一）

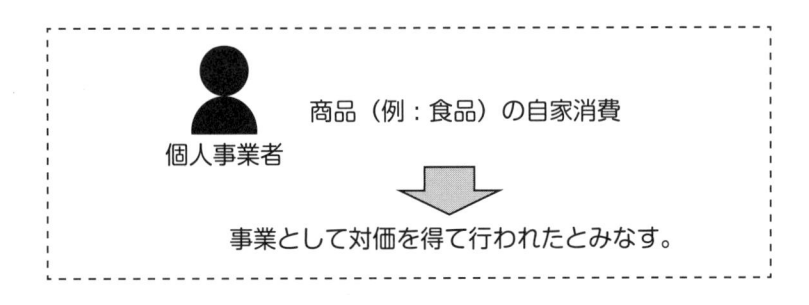

例えば、八百屋を営んでいる個人事業者が、商品である野菜を販売せずに自分で食べた場合（自家消費した場合）、例外的に事業として対価を得て行われた資産の譲渡とみなすこととされています。

④　対価に該当するもの・該当しないものの例

　対価に該当するものと該当しないものの例を挙げると、次の表の通りです（消基通5-2-4、5-2-5、5-2-7、5-2-8、5-2-10、5-2-14、5-2-15、5-4-3、5-5-3、5-5-5、5-5-10、5-5-11、10-1-6）。

【対価に該当するもの・該当しないもの】

取引	内容	対価に該当するか否か（×＝該当しない）
保険金	保険契約に基づき、保険事故の発生に伴い受領	×
損害賠償金	心身又は資産につき加えられた損害の発生に伴い受けるもの	×
	損害を受けた棚卸資産等が加害者に引き渡され、そのまま又は軽微な修理を加えることにより使用可能であるもの	資産の譲渡の対価に該当
	無体財産権（特許権等）の侵害を受けたことにより受け取る権利の使用料に相当するもの	資産の貸付けの対価に該当
	不動産等の明け渡し遅滞により受け取る賃貸料に相当する損害賠償金	資産の貸付けの対価に該当
立退料	賃貸借契約の解除に伴い賃貸人から収受するもの	×
剰余金の配当	株主又は出資者たる地位に基づき、配当又は分配として受けるもの	×
土地収用法に基づく補償金	対価補償金	資産の譲渡の対価に該当
	収益補償金、経費補償金、移転補償金	×
寄付金・祝金・見舞金等	資産の贈与	×
補助金・奨励金・助成金等	特定の政策目的の実現を図るための給付金	×
資産の貸付けに伴う敷金・保証金・権利金・更新料等	返還義務があるもの	×
	返還義務がないもの	資産の貸付けの対価に該当
未経過固定資産税・未経過自動車税	不動産、自動車の売買にあたり、売主と買主との間で授受する固定資産税・自動車税の精算金	資産の譲渡の対価に該当
同業者団体・組合等の会費、組合費、返還不要の入会金	同業者団体や組合等が受領する通常会費	×
	役務の提供（出版物の購読、研修、施設の利用など）との間に明白な対価関係がある特別会費	役務の提供の対価に該当
	対価関係の判定が困難な会費、入会金	継続適用を要件に課税対象外とすることが認められる。その場合は、同業者団体等から支払者へ通知が必要（支払者においても課税対象外となる）。
ゴルフクラブ・レジャー施設の入会金	会員等の資格を付与することと引換えに受領するもので、返還しないもの	役務の提供の対価に該当
出向負担金	出向元事業者が、出向先事業者から受領する出向負担金	役務の提供の対価に該当（ただし、給与と同様課税の対象にならない）
労働者派遣料	労働者派遣法に基づき、自己の雇用する労働者を他の者に派遣した場合に受領する派遣料	役務の提供の対価に該当

(5) 要件4：資産の譲渡、資産の貸付け、又は、役務の提供であること

① 資産の譲渡とは

　資産の譲渡とは、資産の同一性を保持したまま他者に移転させることをいいます（消基通5-2-1）。

　「資産」とは、取引の対象となる一切の資産をいい、棚卸資産や固定資産のような有形資産だけではなく、権利その他の無形資産も含まれます（消基通5-1-3）。したがって、商品や製品の販売、土地・建物・車両などの固定資産の譲渡、特許権や商標権などの無形資産の譲渡は資産の譲渡に該当します。

　資産の同一性を保持したまま他者に移転させることとは、資産をそのままの形で他者に移転させることをいいます。したがって、「譲渡」という言葉から一般的にイメージされる行為よりも広い行為がここでいう「譲渡」に含まれます。例えば、次に掲げる行為も、資産をそのままの形で他者に移転させていることから資産の譲渡に該当します。

【例1：資産の交換】（消基通5-2-1）

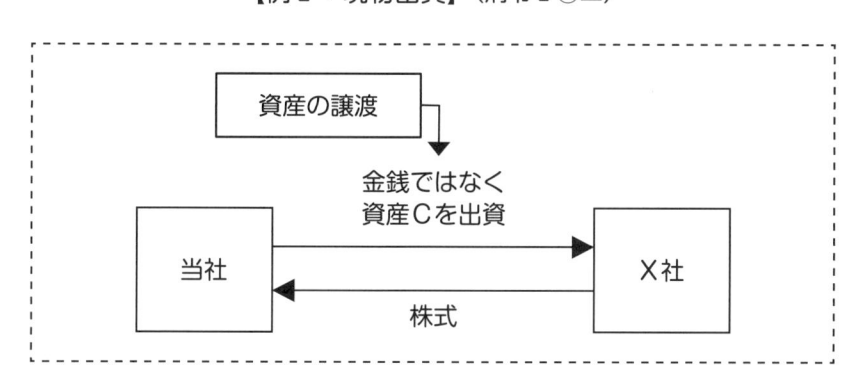

　当社が有していた資産Aと、X社が有していた資産Bを交換しました。当社は資産Aをそのままの形でX社に移転させていることから、資産の譲渡に該当します。

【例2：現物出資】（消令2①二）

　当社はX社の増資に応じ、X社に対し資産Cを出資してX社株式を取得しました。当社は資産Cをそのままの形でX社に移転させていることから、資産の譲渡に該当します。

【例3：代物弁済】（消法2①八）

　借入金の返済につき、債務者が債権者の承諾を得て、金銭で返済する代わりに他の資産（例えば不動産）で返済することを代物弁済といいます（消基通5-1-4）。

　当社はX社からの借入金を返済するにあたり、X社の承諾を得て、金銭ではなく資産Dで返済を行いました。当社は資産Dをそのままの形でX社に移転させていることから、資産の譲渡に該当します。

②　資産の貸付けとは

　資産の貸付けとは、賃貸借や消費貸借などの契約により、資産を貸し付けたり使用させたりする一切の行為をいいます（消法2②）。例えば、土地や建物の賃貸、自動車のレンタルは資産の貸付けに該当します。

　前述の通り、「資産」とは取引の対象となる一切の資産をいい、棚卸資産や固定資産のような有形資産だけではなく、権利その他の無形資産も含まれます（消基通5-1-3）。したがって、特許権等の工業所有権に係る実施権又は使用権の設定や、著作物に係る出版権の設定も、資産の貸付けに該当します（消基通5-4-1）。

　金銭の貸付けも、金銭という資産の貸付けに該当します。銀行にお金を預け入れる行為も資産の貸付けに該当します。

③　役務の提供とは

　役務の提供とは、労務、便益その他のサービスを提供することをいいます。例えば、土木工事、修繕、運送、保管、印刷、広告、仲介、興行、宿泊、飲食、技術援助、情報の提供、出演、著述などは役務の提供に該当します。また、弁護士、税理士、作家、スポーツ選手、

映画監督、棋士等によるその専門的知識や技能等に基づく役務の提供も含まれます（消基通
5 - 5 - 1 ）。

③ 非課税

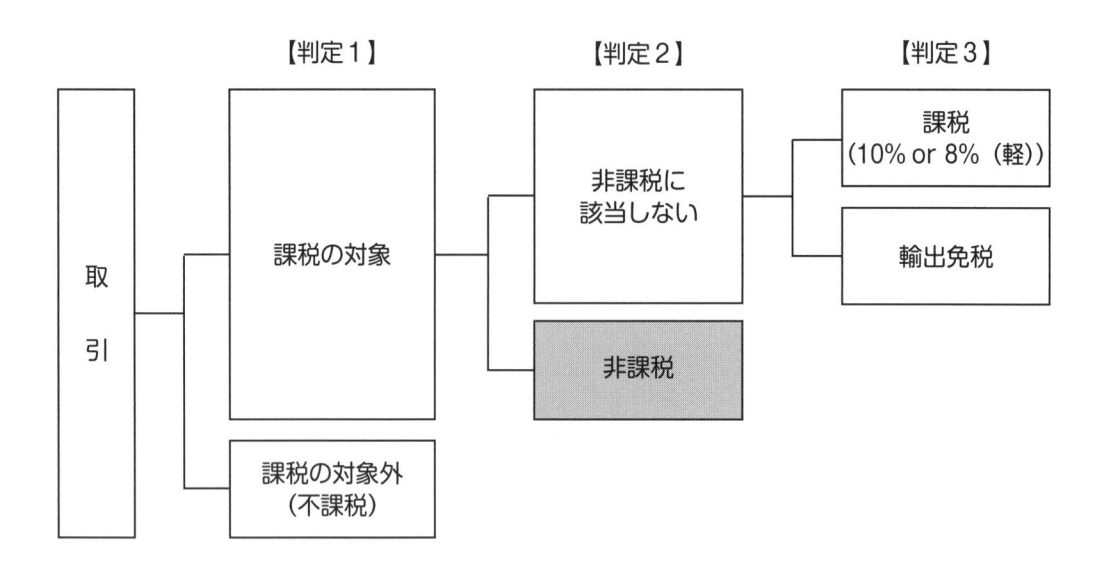

　判定2では、判定1で課税の対象となった取引を「非課税」取引と「非課税に該当しない」取引に区分します。非課税取引に消費税が課されることはありません。

　「非課税に該当しない」と判定された取引は、次の判定3に進みます。

【経理処理イメージ】

◆ 国内の土地の賃貸料として70万円を受領した。賃貸借契約の期間は2年間である。

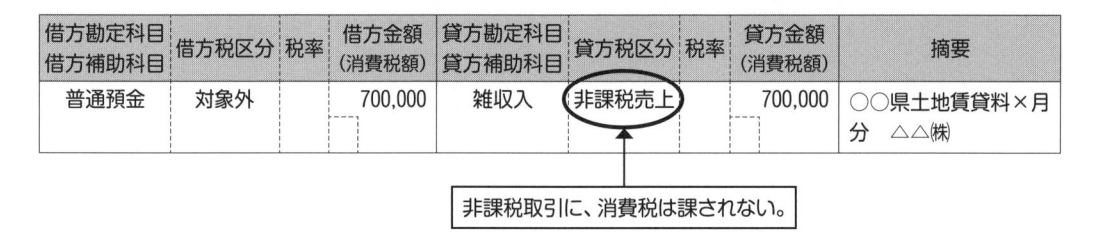

借方勘定科目 借方補助科目	借方税区分	税率	借方金額 (消費税額)	貸方勘定科目 貸方補助科目	貸方税区分	税率	貸方金額 (消費税額)	摘要
普通預金	対象外		700,000	雑収入	非課税売上		700,000	○○県土地賃貸料×月分　△△㈱

非課税取引に、消費税は課されない。

(1) 非課税取引の範囲

　国内において行われる資産の譲渡、資産の貸付け、役務の提供のうち、消費に負担を求める税の性格から課税することになじまないものや、社会政策的な配慮から課税することが適当でないものは非課税とされ、消費税が課されません（消法6①）。

　非課税となる取引は、消費税法において13項目が限定列挙されています（消法別表2）。列挙されている取引に該当すれば非課税であり、該当しなければ非課税にならないという判定になります。

【非課税取引の範囲】

非課税取引	税の性格から課税することになじまないもの	1	土地等の譲渡及び貸付け（貸付期間が1か月未満のものを除く）
		2	有価証券等（金銭債権を含む）・支払手段の譲渡
		3	利子を対価とする金銭の貸付け、保険料を対価とする役務の提供等
		4	郵便切手類・物品切手等の譲渡
		5	行政手数料等・外国為替業務に係る役務の提供
	政策的な配慮に基づくもの	6	社会保険医療の給付等
		7	介護保険サービス・社会福祉事業等
		8	助産に係る資産の譲渡等
		9	埋葬料や火葬料を対価とする役務の提供
		10	身体障害者用物品の譲渡及び貸付け等
		11	学校教育
		12	教科用図書の譲渡
		13	住宅の貸付け（貸付期間が1か月未満のものを除く）

(2) 土地等の譲渡及び貸付け（消法別表2一）

① 土地等とは

土地等とは、土地、及び、土地の上に存する権利（地上権、土地の賃借権、地役権、永小作権等の土地の使用収益に関する権利）をいいます（消基通6-1-2）。

② 非課税になるもの

土地等の譲渡対価、賃貸料、賃貸借契約の締結に係る権利金、契約更新時の更新料等は非課税になります（消基通6-1-3）。

③ 非課税にならないもの

(a) 貸付期間が1か月未満の土地等の貸付け

貸付期間が1か月未満の土地等の貸付けは非課税になりません（消令8）。貸付期間が1か月未満かどうかは、契約書に記載されている貸付期間で判断します（消基通6-1-4）。

(b) 施設の使用に伴って土地が使用される場合

駐車場その他の施設の使用に伴って土地が使用される場合の、その土地を使用させる行為は非課税になりません（消基通6-1-5）。例えば、土地にアスファルト舗装を施したり、砂利敷き等の地面の整備や区画を行ったりした上で駐車場として賃貸した場合、駐車場施設（ア

スファルト舗装、砂利敷き等の設備、区画等）の使用に伴って必ず土地も使用されますが、その土地の使用は土地の貸付けに含まれないこととされています。地面の整備や区画等がまったく行われていない更地のまま賃貸しているのであれば、土地の貸付けに該当し非課税になります。

　建物、野球場、プール、テニスコートなどの施設の使用に伴い土地が使用される場合も、非課税になりません。建物・施設の貸付けに係る対価と土地の貸付けに係る対価を区分していたとしても、すべて建物・施設の貸付けに係る対価となり、非課税になりません（消基通6-1-5）。

(c)　その他

　土地等の譲渡や貸付けに係る仲介手数料は非課税になりません（消基通6-1-6）。

(3) 有価証券等・支払手段の譲渡（消法別表2二）

①　非課税になるもの

　有価証券等、及び、支払手段とは、それぞれ次に掲げるものをいいます（消令9、消基通6-2-1、6-2-3）。これらの譲渡は非課税になります。

【有価証券等・支払手段とは】

有価証券等	・国債証券、地方債証券、社債券、株券、新株予約権証券 ・投資信託、貸付信託の受益証券 ・登録された国債、地方債、社債、証券の発行がない株式等 ・合同会社等の社員の持分、協同組合等の組合員や会員の持分等 ・貸付金、預金、売掛金その他の金銭債権
支払手段	・銀行券、硬貨（収集品や販売用のものを除く） ・小切手（旅行小切手を含む）、約束手形等 ・暗号資産

②　非課税にならないもの

　収集品や販売用としての硬貨の譲渡は、非課税になりません（消令9③）。また、株式の譲渡に係る売買手数料も非課税になりません。

（4）利子を対価とする金銭の貸付け・保険料を対価とする役務の提供等（消法別表2三）

① 非課税になるもの

　利子を対価とする金銭の貸付け・保険料を対価とする役務の提供等とは、次に掲げるものをいいます（消令10、消基通6-3-1）。これらの取引は非課税になります。

【利子を対価とする金銭の貸付け・保険料を対価とする役務の提供等とは】

利子を対価とする金銭の貸付け・保険料を対価とする役務の提供等	・国債、地方債、社債、預金、貯金、貸付金の利子 ・信用の保証料 ・合同運用信託、公社債投資信託、公社債等運用投資信託の信託報酬 ・保険料 ・集団投資信託等の収益の分配金 ・割引債の償還差益 ・手形の割引料 ・金銭債権の買取差益 ・割賦販売等の手数料（契約においてその額が明示されているものに限る） ・物上保証料 ・共済掛金 ・リース取引のリース料のうち、利子又は保険料相当額（契約においてその額が明示されているものに限る）　等

② 非課税にならないもの

　保険代理店が収受する代理店手数料や、保険会社の委託を受けて行う損害調査又は鑑定等に係る手数料は、非課税になりません（消基通6-3-2）。

（5）郵便切手類・物品切手等の譲渡（消法別表2四）

① 郵便切手類

(a)　非課税になるもの（消法別表2四イ、ロ）

　郵便局や郵便切手類販売所が行う郵便切手の譲渡は非課税になります。また、郵便局等や行政機関等が行う印紙・証紙の譲渡は非課税になります。

(b)　非課税にならないもの

　郵便切手の譲渡が非課税になるのは、郵便局や郵便切手類販売所が譲渡する場合に限られます。金券ショップなどが譲渡する郵便切手は非課税になりません（消基通6-4-1）。

(c)　郵便切手を購入した事業者における取扱い

　郵便切手は、原則として郵送サービスの提供を受けた時（例：郵便ポストに投函した時）の

課税仕入れになります。ただし、郵便切手を購入した事業者自身が郵送サービスの提供を受けるのであれば（郵便切手を贈答用などに使用しないのであれば）、継続適用を要件として、郵便切手を購入した時に課税仕入れとして処理することも認められています（消基通11-3-7）。

② 物品切手等

(a) 非課税になるもの（消法別表2四ハ）

　物品切手等とは、商品券、ビール券、図書券、プリペイドカードなどの、物品の給付、貸付け、サービス提供を受ける権利を表彰する証書等をいいます（消令11、消基通6-4-3）。

　物品切手等の譲渡は非課税です。

(b) 物品切手等の発行

　商品券、ビール券等の物品切手等の発行体が行う物品切手等の原始発行は、消費税の課税の対象になりません（消基通6-4-5）。百貨店等が自社の商品券を発行することは、物品の給付請求権等を表彰する証書の発行行為（商品券という資産を創り出す行為）であり、資産の譲渡（資産をそのままの形で他者に移転させる行為）とは法的性質が異なることから、課税の対象になりません。

(6) 行政手数料等・外国為替業務に係る役務の提供（消法別表2五）

① 行政手数料（消法別表2五イ〜ハ、消基通6-5-1）

　国、地方公共団体、公共法人等が法令に基づいて行う事務で、登記、登録、許可、指定、検査、証明、公文書の交付等に係る手数料や、公証人の手数料等は、行政手数料として非課税になります。

② 外国為替業務に係る役務の提供（消法別表2五二、消基通6-5-3）

(a) 非課税になるもの

　海外送金や外貨両替に伴う手数料などは、外国為替業務に係る役務の提供として非課税になります。

(b) 非課税にならないもの

　国内銀行間の振込手数料は非課税になりません。また、外貨預金の残高証明書の発行手数料は、外国為替業務に該当しないため非課税になりません。

(7) 住宅の貸付け（消法別表 2 十三）

① 非課税になるもの

　居住用としての住宅の貸付けは非課税になります。居住用かどうかは、原則として契約書に記載されている用途で判断します。契約書に用途が明記されていない場合であっても、貸付け等の状況から、人の居住の用に供されていることが明らかな場合は非課税として取り扱います。賃料のほか、貸付けに伴う権利金、更新料、一時金等のうち返還しない部分、共益費についても同様に、住宅の貸付けに係るものであれば非課税になります（消基通 6 -13- 9 ）。

　なお、会社が従業員等に対し社宅を貸し付ける取引は住宅の貸付けに該当するため、会社が従業員から収受する賃料は非課税になります。その社宅が自己所有でない場合に家主に支払う賃料も非課税です（消基通 6 -13- 7 ）。

② 非課税にならないもの

(a)　貸付期間が 1 か月未満の住宅の貸付け

　貸付期間が 1 か月未満の住宅の貸付けは非課税になりません（消令16の 2 ）。

(b)　住宅以外の建物の貸付け等

　非課税になるのは住宅の貸付けに限定されていますので、事務所、店舗、倉庫、保養所等の貸付けは非課税になりません。また、旅館、ホテル、貸別荘、リゾートマンション、民泊等による施設の貸付けは、たとえ使用期間が 1 か月以上となる場合であっても非課税になりません（消令16の 2 、消基通 6 -13- 4 ）。

(c)　その他

　住宅の譲渡は非課税になりません。また、住宅の貸付けや譲渡に係る仲介手数料や鑑定料等も非課税になりません。

(8) その他の非課税取引

　非課税として限定列挙されている13項目の取引のうち、前述の取引以外の取引の具体例は次の通りです。

① 社会保険医療の給付等（消法別表２六）

非課税になるもの	非課税にならないもの
・健康保険法等に基づく社会保険医療等 ・社会保険医療等に係る医薬品等の販売　など	・保険外診療（健康診断、人間ドック、予防接種、差額ベッド代など） ・社会保険医療等以外の医薬品や市販薬等の販売　など

② 介護保険サービス・社会福祉事業等（消法別表２七）

非課税になるもの	非課税にならないもの
・介護保険法に基づく居宅要介護者への訪問介護、訪問リハビリテーション等 ・介護保険法に基づく特別養護老人ホームに入所する要介護者への介護福祉施設サービス ・生活保護法に規定する救護施設、更生施設等を経営する事業 ・児童福祉法に規定する乳児院、児童養護施設、保育所等を経営する事業 ・老人福祉法に規定する養護老人ホーム等を経営する事業　など	・居宅要介護者への福祉用具の譲渡、貸付け（身体障害者用物品に該当するものを除く） ・要援護者の「自立」「自活」「社会復帰」のための訓練、職業供与等の活動における物品の販売等

③ 助産に係る資産の譲渡等（消法別表２八）

非課税になるもの	非課税にならないもの
・妊娠しているか否かの検査、妊娠中の検診・入院、分娩の介助　など	

④ 埋葬料や火葬料を対価とする役務の提供（消法別表２九）

非課税になるもの	非課税にならないもの
・埋葬料、火葬料	・墓石、葬儀費用、花輪代 （注）お布施は課税対象外

⑤ 身体障害者用物品の譲渡及び貸付け等（消法別表２十）

非課税になるもの	非課税にならないもの
・身体障害者用物品（車いす、義肢など）の譲渡、貸付け ・身体障害者用物品の製造請負、改造請負 ・身体障害者用物品の修理　など	・身体障害者用物品の一部を構成する部分品の譲渡

⑥　学校教育（消法別表 2 十一）

非課税になるもの	非課税にならないもの
学校教育法に定める学校等が収受する以下のもの 　・授業料 　・入学金、入園料 　・施設設備費 　・入学検定料 　・在学証明、成績証明等に係る手数料　など	・予備校、学習塾、英会話教室等の入学金や授業料

⑦　教科用図書の譲渡（消法別表 2 十二）

非課税になるもの	非課税にならないもの
・文部科学大臣の検定を経た教科用図書の譲渡 ・文部科学省が著作の名義を有する教科用図書の譲渡	・参考書、問題集などの補助教材の譲渡（学校等が指定した教材であっても）

 輸出免税

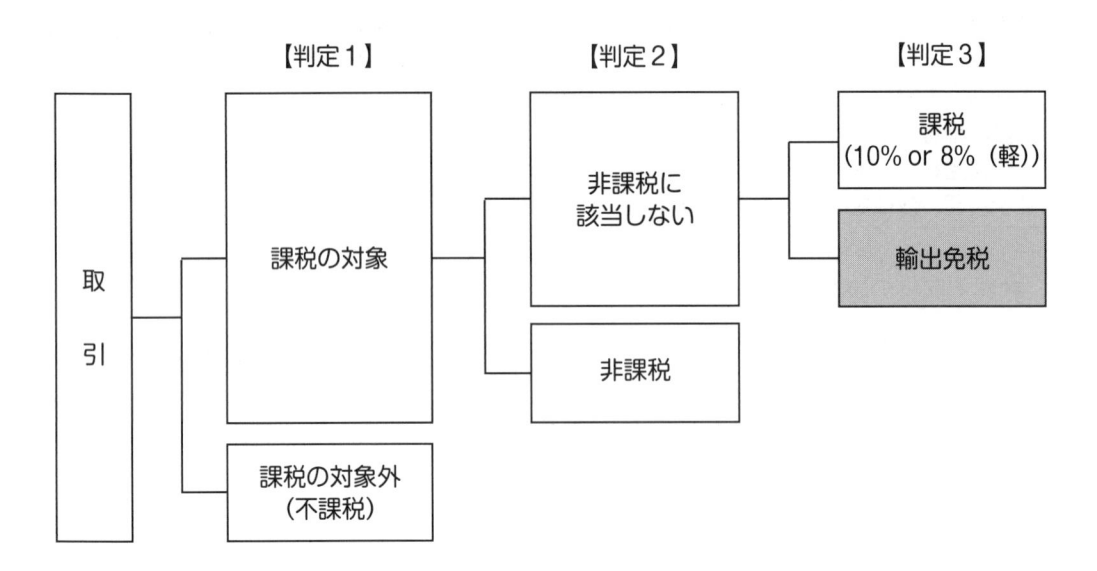

　判定3では、輸出により消費税が免除される取引かどうかを判定します。消費税が免除される取引を輸出免税取引といい、消費税は課されません。

　判定3で輸出免税取引でないと判定された取引が、課税取引として最終的に消費税が課される取引になります。

【経理処理イメージ】

◆外国法人に対して商品300万円（円換算後）を輸出販売し、代金を売掛金とした。

借方勘定科目 借方補助科目	借方税区分	税率	借方金額 （消費税額）	貸方勘定科目 貸方補助科目	貸方税区分	税率	貸方金額 （消費税額）	摘要
売掛金	対象外		3,000,000	売上高	輸出免税売上		3,000,000	商品A売上げ　△△ Inc.

輸出免税取引に、消費税は課されない。

(1) 輸出免税取引の範囲

　消費税は、日本国内において消費されるモノやサービスに対して負担を求める税であることから、輸出して外国で消費されるモノや輸出に類似する取引（輸出取引等）は、消費税を免除することとしています（消法7）。

　また、輸出物品販売場（いわゆる免税店）において、外国人旅行者などの非居住者に対し、一定の物品を所定の方法により譲渡した場合は、消費税が免除されます（消法8）。

(2) 免税となる輸出取引等とは

　消費税が免税となる主な輸出取引等は、次の通りです（消法7①、消令17、消基通7-2-1、7-2-16）。なお、消費税が免除されるためには、輸出許可書や非居住者との契約書など、輸出取引等であることを証明する書類を7年間保存する必要があります（消法7②、消規5①）。

【主な輸出取引等】

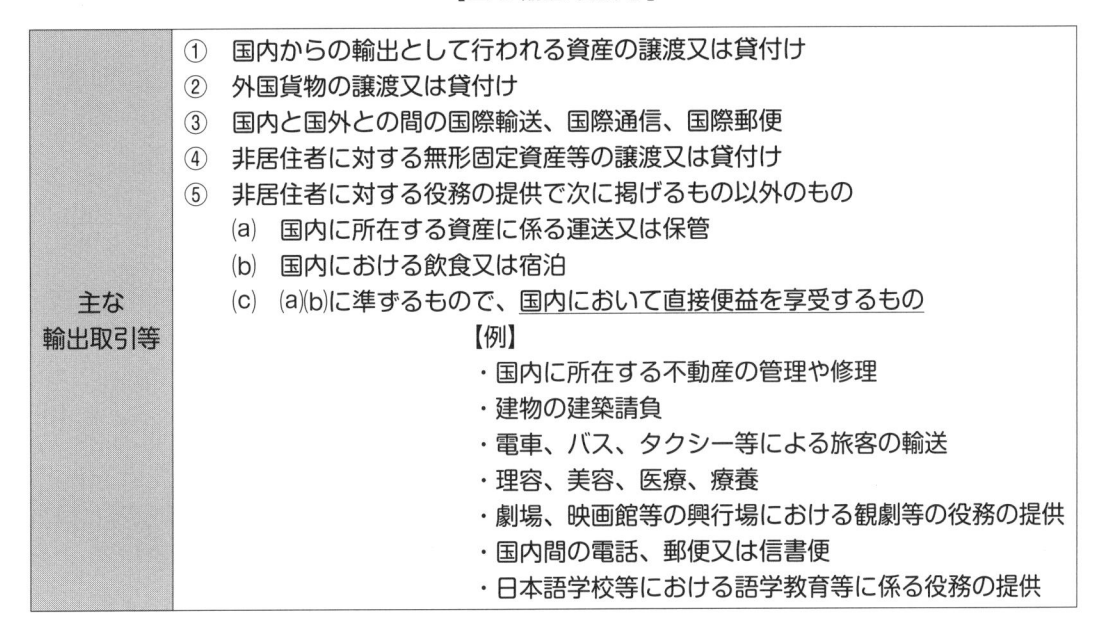

主な輸出取引等	① 国内からの輸出として行われる資産の譲渡又は貸付け ② 外国貨物の譲渡又は貸付け ③ 国内と国外との間の国際輸送、国際通信、国際郵便 ④ 非居住者に対する無形固定資産等の譲渡又は貸付け ⑤ 非居住者に対する役務の提供で次に掲げるもの以外のもの 　(a) 国内に所在する資産に係る運送又は保管 　(b) 国内における飲食又は宿泊 　(c) (a)(b)に準ずるもので、<u>国内において直接便益を享受するもの</u> 　　　【例】 　　　・国内に所在する不動産の管理や修理 　　　・建物の建築請負 　　　・電車、バス、タクシー等による旅客の輸送 　　　・理容、美容、医療、療養 　　　・劇場、映画館等の興行場における観劇等の役務の提供 　　　・国内間の電話、郵便又は信書便 　　　・日本語学校等における語学教育等に係る役務の提供

① 国内からの輸出として行われる資産の譲渡又は貸付け

　次の図のように、当社が外国に所在するX社に対して商品を販売し輸出する取引は、輸出取引等に該当します。

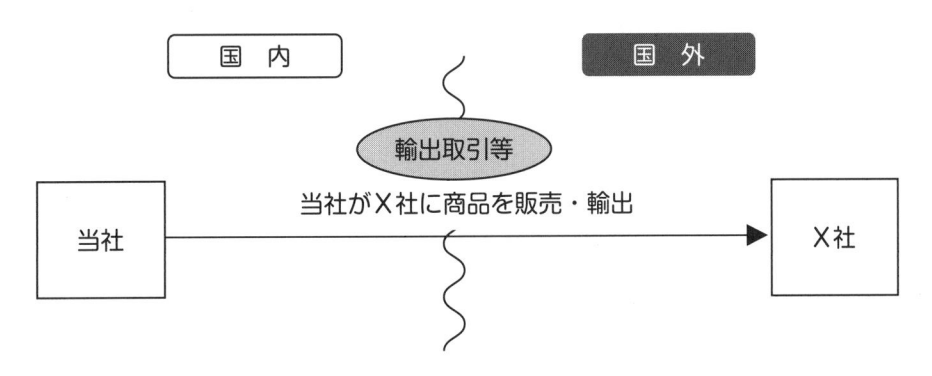

国　内　　　　　　　　国　外

輸出取引等

当社がX社に商品を販売・輸出

当社　　　　　　　　　　　　　　　　X社

② 外国貨物の譲渡又は貸付け

　外国貨物とは、輸出の許可を受けた貨物、及び、外国から日本に到着した貨物で輸入許可前のものをいいます（消法2①十）。次の図のように、当社が外国貨物を他者に譲渡する取引は、輸出取引等に該当します。

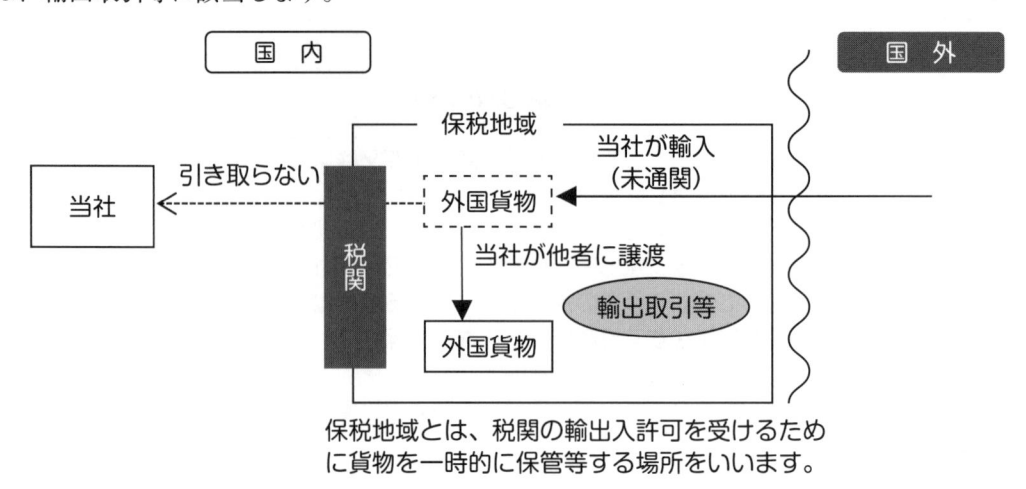

③ 国内と国外との間の国際輸送、国際通信、国際郵便

　次の図のように、国際運送会社が委託を受けて行う貨物の国際輸送は、輸出取引等に該当します。国際電話や国際郵便も輸出取引等に該当します。

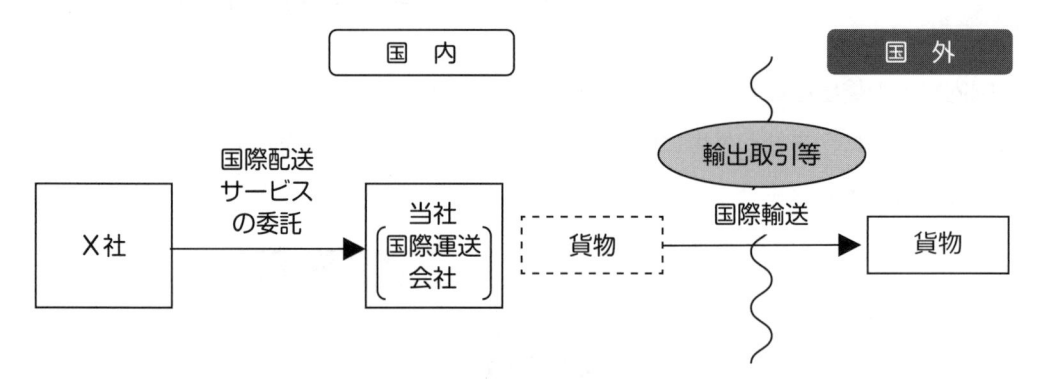

④ 非居住者に対する無形固定資産等の譲渡又は貸付け

　消費税法において非居住者とは、次に掲げる者をいいます（消令1②一、二）。

　・日本国内に住所又は居所を有しない個人

　・日本国内に主たる事務所を有しない法人

　ただし、非居住者の日本国内の支店や事務所は、法律上の代理権の有無にかかわらず居住者とみなされます（消令1②一、消基通7-2-15）。

　次の図のように、当社が外国に所在するX社に対して行う著作権の使用許諾は、非居住者に対する著作権の貸付けとして輸出取引等に該当します。

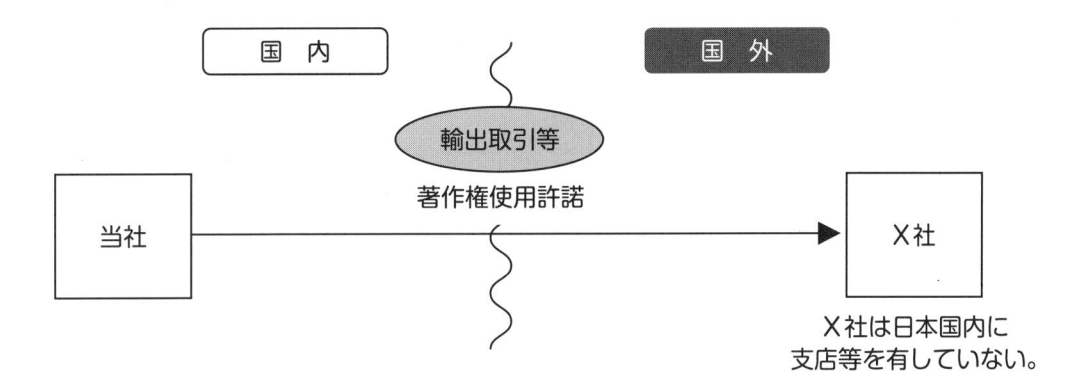

⑤　非居住者に対する役務の提供

（a）　広告宣伝

　次の図のように、当社が外国に所在するX社の依頼により商品広告を日本の雑誌に掲載する取引は、輸出取引等に該当します。

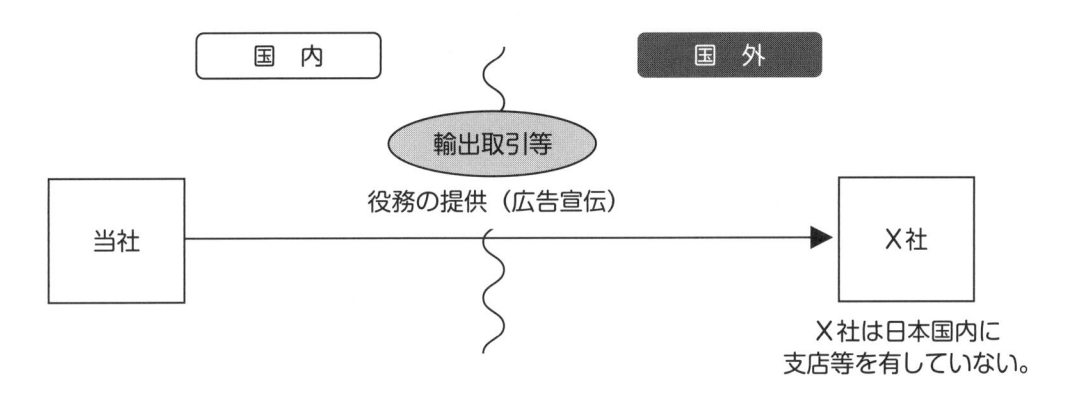

(b)　市場調査

　次の図のように、当社が外国に所在するX社の依頼により日本の市場調査を行う取引は、輸出取引等に該当します。

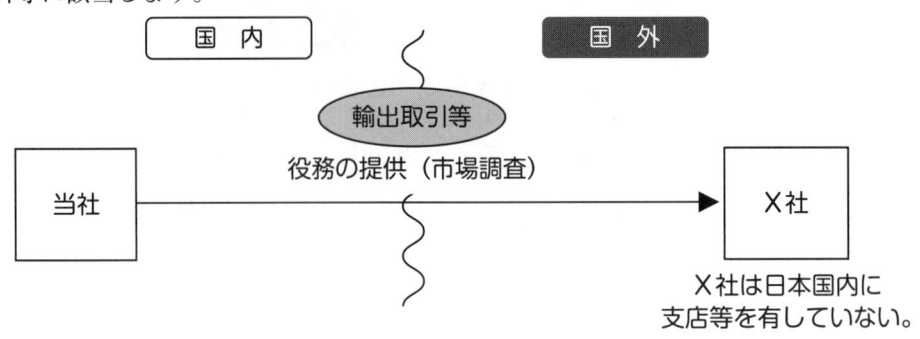

【注】X社が日本支店を有している場合

　X社が日本支店を有している場合は、日本支店を経由して役務の提供を行ったものと取り扱われます（消基通7-2-17）。日本支店は非居住者に該当しないため（消令1②一、消基通7-2-15）、当社がX社に対して行う役務の提供は輸出取引等に該当しません。

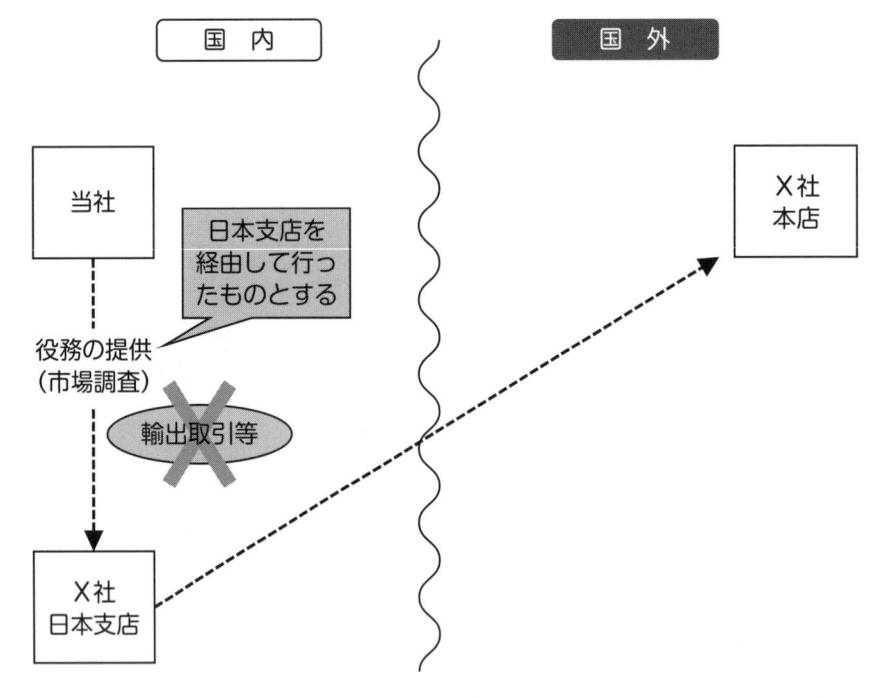

　ただし、下記のいずれも満たす場合は輸出取引等とされます（消基通7-2-17）。

●その取引がX社本店との直接取引であり、X社の日本支店は直接的にも間接的にもかかわっていないこと

●X社の日本支店の業務は、その役務提供に係る業務と同種又は関連する業務でないこと

(3) 免税となる輸出物品販売場における資産の譲渡とは

　輸出物品販売場（いわゆる免税店）を経営する事業者が、外国人旅行者等の免税購入対象者に対し、免税対象物品を所定の方法で販売する場合には、消費税が免除されます（消法8①、消基通8－1－1）。

　免税対象となる物品は、外国人旅行者等が輸出するために（自国に持ち帰るために）購入される物品のうち、通常生活の用に供する物品です。金又は白金の地金や、販売用として購入されることが明らかな物品は、免税対象になりません（消令18②）。

【輸出物品販売場における資産の譲渡】

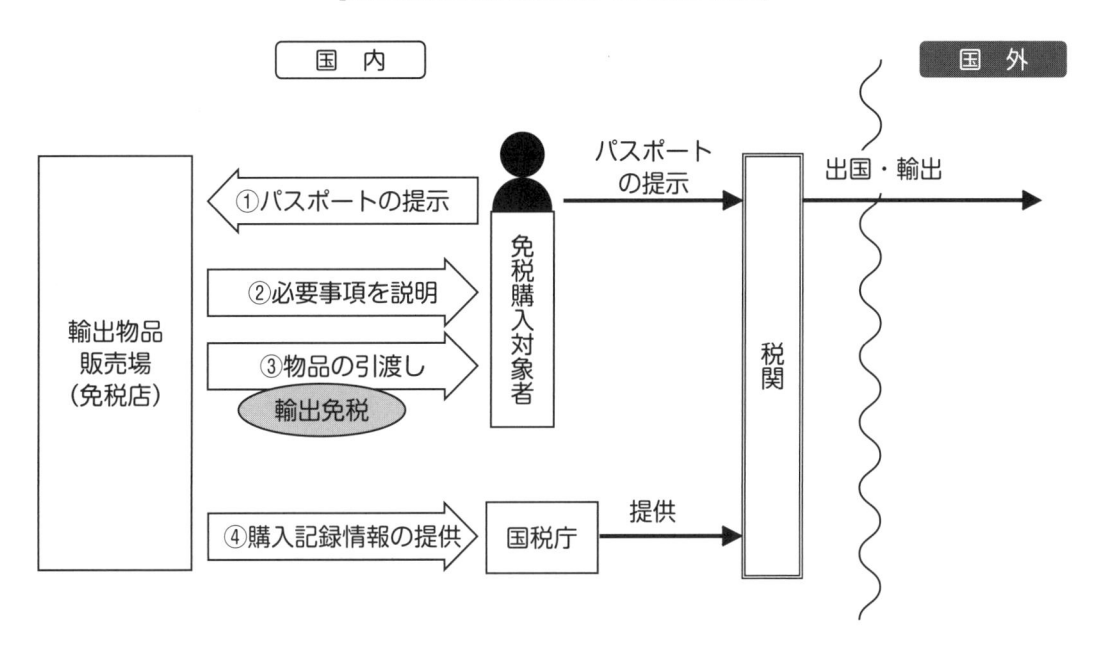

❺ 課否判定のポイント

　消費税の課否判定は、「判定1　課税の対象か否か」⇒「判定2　非課税か否か」⇒「判定3　輸出免税か否か」という順番を守ることが重要です。順番を守らないと、思わぬ落とし穴に陥ることがあるからです。

　例えば、土地の譲渡は非課税取引に列挙されているため、外国に所在する土地の譲渡も非課税と判定してしまいがちです。しかしながら、外国に所在する土地の譲渡は国内取引に該当しないため、そもそも「判定1」で課税の対象になりません。「判定1」で課税の対象にならなかった取引が、「判定2」に進むことはありません。

　前述の通り、売上げの消費税区分は「対象外売上げ（不課税売上げ）」、「非課税売上げ」、「輸出免税売上げ」、「課税売上げ」の4つに適切に区分する必要があります。「課税売上げ」は消費税が課税される売上げであり、納付税額の計算に直接かかわるため当然に区分が必要です。それ以外の「対象外売上げ（不課税売上げ）」、「非課税売上げ」、「輸出免税売上げ」についても、後述する課税売上割合（第6章2．(3)納付する消費税（国税）の計算　参照）の計算における取扱いが異なり、納付税額の計算に影響するため適切に区分しなければなりません。

　外国に所在する土地の譲渡を非課税として経理処理を行ってしまうと、誤った課税売上割合が算出され、納付税額の計算が正しく行われなくなります。日ごろの経理処理では、順番を守って課否判定を行う習慣を付けましょう。

【外国に所在する土地を譲渡した場合の課否判定】

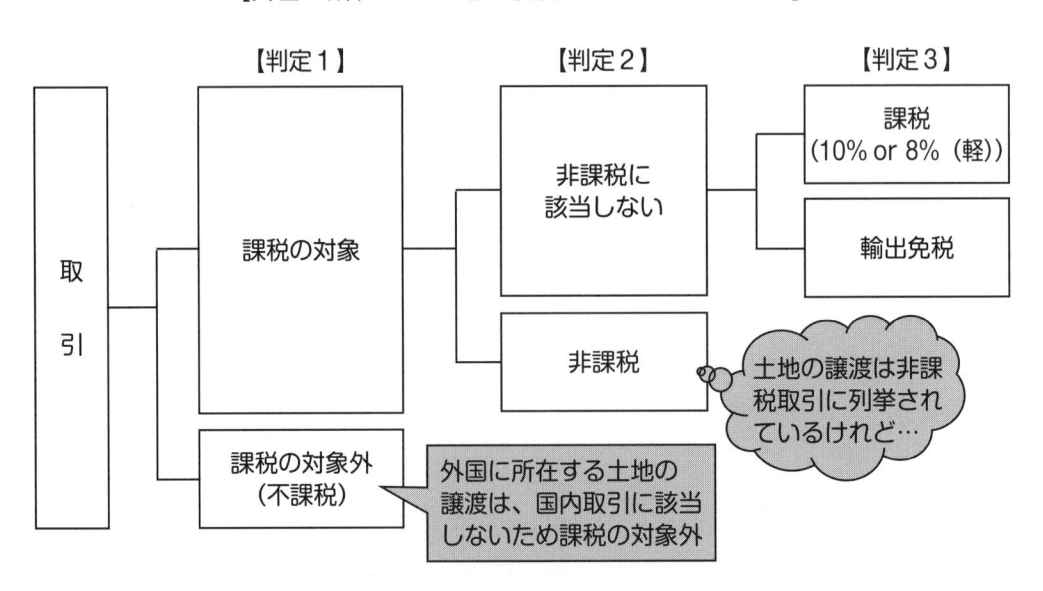

輸入取引

(1) 輸入取引に消費税を課す理由

　外国から輸入されて国内で消費される資産には、国内における課税取引とのバランスの観点から消費税を課すこととされ、外国貨物を保税地域から引き取る際に消費税が課されます。この消費税のことを、「輸入消費税」、又は、「課税貨物に係る消費税」といいます。

　輸入消費税は、外国貨物を引き取る者が事業者でなくても（消費者であっても）、課税の対象とされます。外国貨物を引き取る者は、税関で輸入消費税を納税した上で貨物を引き取ります。

【輸入消費税】

```
        ┌──────── 国　内 ────────┐            ┌─ 国　外 ─┐

                    ┌──── 保税地域 ────┐
           引取り    │税│                    輸入
  ┌───┐  ←─────  │関│  ┌ 外国貨物 ┐  ←──────
  │当社│          │  │  └──────┘
  └───┘  ─────→  │  │
           輸入消費税 └──┘
```

・保税地域とは、税関の輸出入許可を受けるために
　貨物を一時的に保管等する場所をいいます。

・外国貨物とは、輸出の許可を受けた貨物、及び、
　外国から日本に到着した貨物で輸入許可前のも
　のをいいます。

(2) 輸入取引の非課税

　国内で非課税とされる取引とのバランスの観点から、保税地域から引き取られる外国貨物のうち、次に掲げるものは非課税とされています（消法6②、別表2の2）。これらは、非課税取引として列挙されている13項目（本章3．非課税　(1)非課税取引の範囲　参照）のうち、貨物として輸入が可能なものです。

　なお、非課税とならない外国貨物（課税される外国貨物）のことを「課税貨物」といいます。

【非課税とされる外国貨物】

非課税とされる外国貨物	1	有価証券等
	2	郵便切手類
	3	印紙
	4	証紙
	5	物品切手等
	6	身体障害者用物品
	7	教科用図書

(3) 輸入許可通知書

　輸入消費税は、貨物の取引価格に日本到着までの運送料や保険料を加算したCIF価格（Cost=取引価格、Insurance=保険料、Freight=運賃）に関税などを加えた金額に、税率を乗じて計算します。税率は、貨物が飲食料品（酒類を除く）であれば軽減税率が適用され、それ以外には標準税率が適用されます。

　輸入消費税は、税関から交付される「輸入許可通知書」に、国税である消費税と地方消費税に分けて税率とともに記載されますので、経理処理担当者は、この「輸入許可通知書」の記載に基づき仕訳入力を行います。一般に、通関手続きは専門の通関業者に委託することがほとんどで、通関業者が輸入消費税を一旦立替え、後日通関業者から、「輸入許可通知書」と請求書が送られてくるという流れになります。

【輸入許可通知書の例】

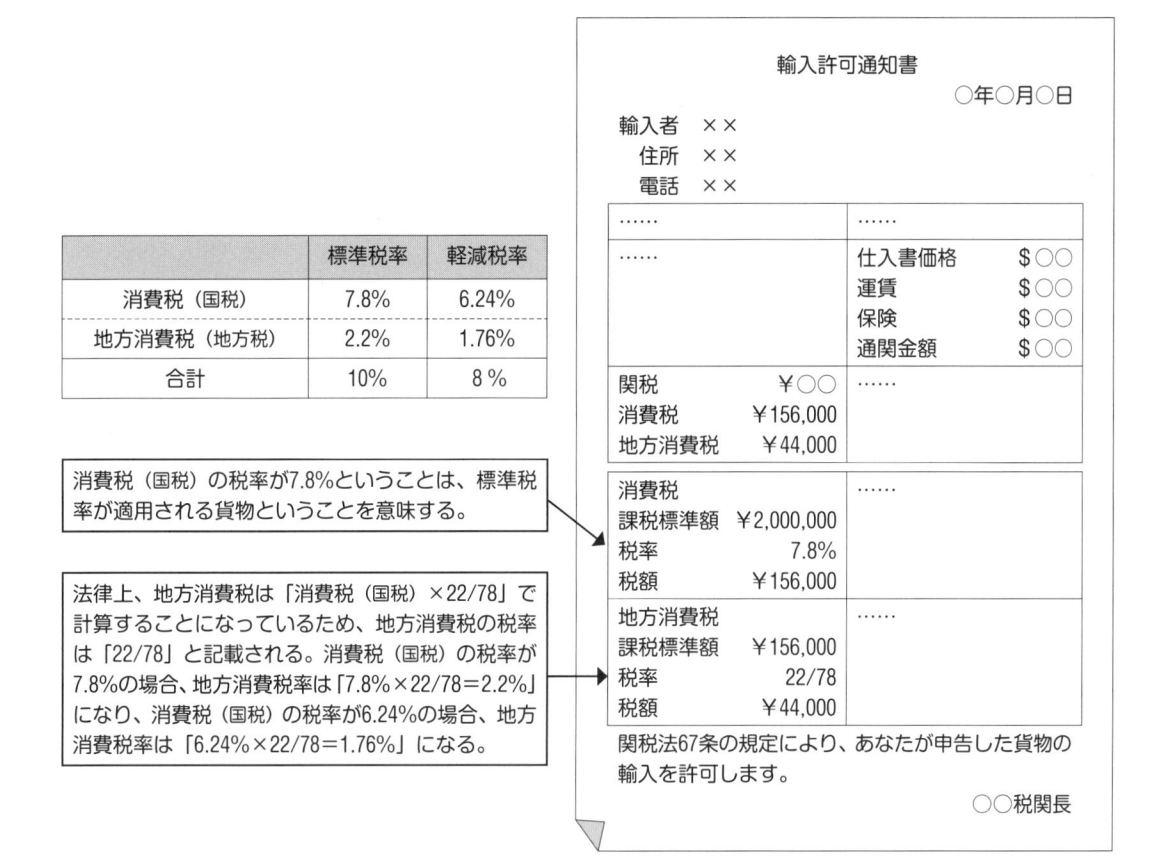

	標準税率	軽減税率
消費税（国税）	7.8%	6.24%
地方消費税（地方税）	2.2%	1.76%
合計	10%	8 %

消費税（国税）の税率が7.8%ということは、標準税率が適用される貨物ということを意味する。

法律上、地方消費税は「消費税（国税）×22/78」で計算することになっているため、地方消費税の税率は「22/78」と記載される。消費税（国税）の税率が7.8%の場合、地方消費税率は「7.8%×22/78＝2.2%」になり、消費税（国税）の税率が6.24%の場合、地方消費税率は「6.24%×22/78＝1.76%」になる。

輸入許可通知書

〇年〇月〇日

輸入者　××
住所　××
電話　××

......		仕入書価格	$〇〇
......		運賃	$〇〇
		保険	$〇〇
		通関金額	$〇〇

関税　　　¥〇〇
消費税　　¥156,000　　......
地方消費税　¥44,000

消費税
課税標準額　¥2,000,000　　......
税率　　　　　7.8%
税額　　　　¥156,000

地方消費税
課税標準額　¥156,000　　......
税率　　　　　22/78
税額　　　　　¥44,000

関税法67条の規定により、あなたが申告した貨物の輸入を許可します。

〇〇税関長

(4) 輸入消費税の経理処理

　輸入取引では、貨物の取引金額は輸入元に支払い、輸入消費税は税関（又は通関業者）に支払います。したがって、貨物の購入と輸入消費税の支払いは別の取引になり、経理処理もそれぞれ行います。輸入消費税の計上科目は、「輸入消費税等」という勘定科目を使用する方法や、「仮払消費税等」勘定に「輸入消費税等」といった補助科目を設ける方法などがあります。経理処理イメージは次の通りです。

【勘定科目に「輸入消費税等」を使用する場合】

◆通関業者に輸入消費税を支払った。輸入許可通知書には消費税（国税）156,000円、地方消費税44,000円、国税の税率は7.8%と記載されている。

借方勘定科目 借方補助科目	借方税区分	税率	借方金額 （消費税額）	貸方勘定科目 貸方補助科目	貸方税区分	税率	貸方金額 （消費税額）	摘要
輸入消費税等	輸入消費税	7.8%	156,000	普通預金	対象外		200,000	商品A輸入消費税　△△（株）
輸入消費税等	輸入地方消費税	2.2%	44,000					商品A輸入消費税　△△（株）

輸入消費税の税区分は、消費税（国税）と地方消費税に分かれている会計システムがほとんど。

消費税（国税）の税率が7.8%ならば地方消費税の税率は2.2%になる。

【「仮払消費税等」勘定に「輸入消費税等」という補助科目を設ける場合】

◆通関業者に輸入消費税を支払った。輸入許可通知書には消費税（国税）124,800円、地方消費税35,200円、国税の税率は6.24%と記載されている。

借方勘定科目 借方補助科目	借方税区分	税率	借方金額 （消費税額）	貸方勘定科目 貸方補助科目	貸方税区分	税率	貸方金額 （消費税額）	摘要
仮払消費税等 輸入消費税等	輸入消費税	6.24% （軽）	124,800	普通預金	対象外		160,000	商品B輸入消費税　△△（株）
仮払消費税等 輸入消費税等	輸入地方消費税	1.76% （軽）	35,200					商品B輸入消費税　△△（株）

「仮払消費税等」勘定に補助科目「輸入消費税等」を設けている。

消費税（国税）の税率が6.24%（軽）ならば地方消費税の税率は1.76%（軽）になる。

第4章

売上げ・仕入れの計上時期と計上額

　納付する消費税額は、その課税期間中に発生した売上取引・仕入取引に基づいて計算します。そのため、売上げ・仕入れの計上時期や計上額を誤ると、消費税申告額の誤りに直結するという影響があります。

　本章では、売上げ・仕入れの計上時期の原則的な考え方と特例的な取扱い、売上げ・仕入れの計上額の原則と経理処理上の留意点について解説します。

① 売上げ・仕入れの計上時期

(1) 売上げの計上時期

① 売上げの計上時期の原則

　資産の譲渡による売上げは、資産の引渡しがあった日に計上するのが原則です。次の例のように、代金が未収であっても商品の引渡しが済んでいれば、引渡日に売上げとして計上します。

【商品の売上げ代金を後日受領する場合の経理処理イメージ】

◆X1年4月20日　商品を販売して取引先に引き渡した。販売代金110万円（税込み）は翌月入金予定である。

借方勘定科目 借方補助科目	借方税区分	税率	借方金額 （消費税額）	貸方勘定科目 貸方補助科目	貸方税区分	税率	貸方金額 （消費税額）	摘要
売掛金	対象外		1,100,000	売上高	課税売上	10%	1,100,000 内(100,000)	商品A売上　㈱○○

　代金を受領していなくても、商品を引き渡していれば売上げとして計上する。

◆X1年5月31日　取引先から販売代金110万円が振り込まれた。

借方勘定科目 借方補助科目	借方税区分	税率	借方金額 （消費税額）	貸方勘定科目 貸方補助科目	貸方税区分	税率	貸方金額 （消費税額）	摘要
普通預金	対象外		1,100,000	売掛金	対象外		1,100,000	商品A売上代金入金 ㈱○○

　代金の入金日が売上げ計上日になるわけではない。代金の入金は売掛金の回収として処理する。

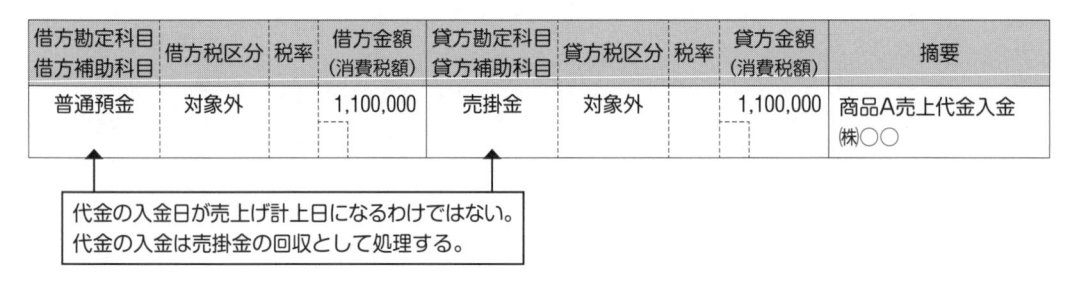

　上記の例とは逆に、商品の引渡日よりも前に受領した対価の額は前受金として処理し、商品の引渡日に売上げを計上します。

【商品の売上げ代金を前受けした場合の経理処理イメージ】

◆X1年3月20日　商品の販売代金として110万円を受領した。商品の引渡しはX1年4月1日の予定である。

借方勘定科目 借方補助科目	借方税区分	税率	借方金額 (消費税額)	貸方勘定科目 貸方補助科目	貸方税区分	税率	貸方金額 (消費税額)	摘要
普通預金	対象外		1,100,000	前受金	対象外		1,100,000	商品A販売代金前受け ㈱○○

代金を受領しても、商品を引き渡していなければ前受金に計上する。

◆X1年4月1日　商品を引き渡した。

借方勘定科目 借方補助科目	借方税区分	税率	借方金額 (消費税額)	貸方勘定科目 貸方補助科目	貸方税区分	税率	貸方金額 (消費税額)	摘要
前受金	対象外		1,100,000	売上高	課税売上	10%	1,100,000 内 (100,000)	商品A売上　㈱○○

商品の引渡し日に、前受金を取り崩して売上げを計上する。

　資産の譲渡による売上げのほか、売上げの計上時期を取引の態様に応じて例示すると、次の通りです（消基通9-1-1、9-1-3、9-1-5、9-1-13、9-1-15、9-1-20、9-1-21）。

【売上げの計上時期】

取引の態様		売上げの計上時期
棚卸資産の販売（委託販売等を除く）		引渡しがあった日
固定資産の譲渡（工業所有権等(注)を除く）		引渡しがあった日
工業所有権等の譲渡又は実施権の設定		譲渡又は設定に関する契約の効力発生日
請負	物の引渡しを要する請負契約	目的物の全部を完成して相手方に引き渡した日
	物の引渡しを要しない請負契約	約した役務の全部を完了した日
人的役務の提供（請負を除く）		人的役務の提供を完了した日
賃貸借契約に基づく使用料		前受け部分を除き、契約又は慣習により支払いを受けるべき日
工業所有権等(注)の使用料		使用料の額が確定した日

(注) 工業所有権等とは、特許権、実用新案権、意匠権、商標権等、これらの権利に係る出願権及び実施権をいいます（消基通9-1-15）。

②　売上げの計上時期の特例

(a)　工事進行基準による売上げの前倒し計上

(ア)　売上げ計上時期の原則

工事の請負は、物の引渡しを要する請負契約に該当するため、目的物の全部を完成して引き渡した日の売上げとして計上するのが原則です。

(イ)　売上げの前倒し計上

長期にわたる大規模工事は、法人税法又は所得税法における所得金額の計算上、工事の進捗状況に応じて前倒しで収益を計上する特例が設けられています（法法64、所法66）。この収益計上の方法を「工事進行基準」といいます。

法人税法又は所得税法における所得金額の計算上、工事進行基準により収益計上を行っている場合には、消費税法においても同様に、工事進行基準により前倒しで売上げ計上できる特例が設けられています（消法17）。

(b)　リース取引に係る売上げの繰延べ計上

(ア)　売上げ計上時期の原則

リース取引とは、法形式上は資産の賃貸借であり、リース期間終了時に賃借人（借手）は賃貸人（貸手）にリース資産を返還することとなるものです。

税法における「リース取引」とは、資産の賃貸借で次に掲げる要件に該当するものをいい、一般に「ファイナンス・リース取引」といわれるものがこれにあたります。法形式上は資産の賃貸借取引ではあるものの、税法上は、賃貸人から賃借人に対するリース資産の引渡しの時に、そのリース資産の売買があったものとされます（法法64の2①、所法67の2①）。

- ●その賃貸借に係る契約が、賃貸借期間の中途において解除をすることができないものであること、又はこれに準ずるものであること（解約不能のリース取引）
- ●その賃貸借に係る賃借人が、リース資産からもたらされる経済的な利益を実質的に享受することができ、かつ、そのリース資産の使用に伴って生ずる費用を実質的に負担すべきこととされているものであること（フルペイアウトのリース取引）

消費税法においても、リース資産の貸手（リース会社など）は、リース資産の引渡日にリース料総額を一括して資産の譲渡対価として計上します（消基通5-1-9(1)（注））。

㈹　売上げの繰延べ計上

　リース期間はしばしば長期にわたることから、リース取引について一括して収益計上すると法人税や所得税の納税資金が不足することが考えられます。そこで、法人税法又は所得税法における所得金額の計算上、リース資産の引渡日に一括収益計上するのではなく、リース料の回収に応じて収益計上を繰り延べる特例が設けられています（法法63、所法65）。この収益計上の方法を「延払基準」といいます。

　法人税法又は所得税法における所得金額の計算上、延払基準により収益計上を繰り延べている場合には、消費税法においても同様に、延払基準により売上げ計上時期を繰り延べられる特例が設けられています（消法16）。

(2) 仕入れの計上時期

① 仕入れの計上時期の原則

　資産を譲り受けた場合の仕入れは、資産の引渡しがあった日に計上するのが原則です。次の例のように、代金が未払いであっても商品の引渡しが済んでいれば、引渡日に仕入れとして計上します。

【商品の仕入れ代金を後日支払う場合の経理処理イメージ】

◆X1年4月20日　商品を購入して引渡しを受けた。購入代金110万円（税込み）は翌月支払う予定である。インボイスは保存している

借方勘定科目 借方補助科目	借方税区分	税率	借方金額 (消費税額)	貸方勘定科目 貸方補助科目	貸方税区分	税率	貸方金額 (消費税額)	摘要
仕入高	課税仕入	10%	1,100,000 内(100,000)	買掛金	対象外		1,100,000	商品A仕入　㈱○○

代金が未払いであっても、商品の引渡しを受けていれば仕入れとして計上する。

◆X1年5月31日　取引先に対し購入代金110万円を振り込んだ。

借方勘定科目 借方補助科目	借方税区分	税率	借方金額 (消費税額)	貸方勘定科目 貸方補助科目	貸方税区分	税率	貸方金額 (消費税額)	摘要
買掛金	対象外		1,100,000	普通預金	対象外		1,100,000	商品A仕入代金支払い ㈱○○

代金の支払日が仕入れ計上日になるわけではない。
代金の支払いは買掛金の支払いとして処理する。

　上記の例とは逆に、商品の引渡日よりも前に支払った対価の額は前払金として処理し、商品の引渡日に仕入れを計上します。

【商品の仕入れ代金を前払いした場合の経理処理イメージ】

◆X1年3月20日　商品の仕入れ代金として110万円を支払った。商品の引渡しはX1年4月1日の予定である。

借方勘定科目 借方補助科目	借方税区分	税率	借方金額 (消費税額)	貸方勘定科目 貸方補助科目	貸方税区分	税率	貸方金額 (消費税額)	摘要
前払金	対象外		1,100,000	普通預金	対象外		1,100,000	商品A仕入代金前払い ㈱○○

代金を支払っても、商品の引渡しを受けていなければ前払金に計上する。

◆X1年4月1日 商品の引渡しを受けた。インボイスは保存している。

借方勘定科目 借方補助科目	借方税区分	税率	借方金額 (消費税額)	貸方勘定科目 貸方補助科目	貸方税区分	税率	貸方金額 (消費税額)	摘要
仕入高	課税仕入	10%	1,100,000 内(100,000)	前払金	対象外		1,100,000	商品A仕入　㈱○○

商品の引渡しを受けた日に、前払金を取り崩して仕入れを計上する。

　資産の譲受けによる仕入れのほか、仕入れの計上時期を取引の態様に応じて例示すると、次の通りです（消基通11-3-1）。

【仕入れの計上時期】

取引の態様		仕入れの計上時期
資産(注1)の購入（工業所有権等(注2)を除く）		引渡しがあった日
工業所有権等の譲受け又は実施権の取得		譲受け又は取得に関する契約の効力発生日
請負	物の引渡しを要する請負契約	目的物の全部が完成して相手方から引き渡された日
	物の引渡しを要しない請負契約	約した役務の全部が完了した日
人的役務の提供（請負を除く）		人的役務の提供が完了した日
賃貸借契約に基づく使用料		前払い部分を除き、契約又は慣習により支払うべき日
工業所有権等(注)の使用料		使用料の額が確定した日

(注1) 資産には、消耗品費等の費用科目に計上されるものを含みます。
(注2) 工業所有権等とは、特許権、実用新案権、意匠権、商標権等、これらの権利に係る出願権及び実施権をいいます（消基通9-1-15）。

②　所有権移転外ファイナンス・リース取引

(a)　原則処理と例外処理

　リース取引（本章1.(1)②(b)リース取引に係る売上げの繰延べ計上　参照）は、法形式上は資産の賃貸借取引ではあるものの、税法上はリース資産の引渡時にリース資産の売買があったものとされます。したがって、リース資産の借手は、その引渡日にリース資産の購入として一括して仕入税額控除の計算を行うのが原則です（消基通11-3-2）。

　ただし、リース取引のうち、所有権移転外ファイナンス・リース取引[注]に該当するものについて、借手が次に掲げる賃貸借処理を行っている場合には、そのリース料を支払うべき日に課税仕入れとして処理する方法も認められています（国税庁質疑応答事例「所有権移転外ファイナンス・リース取引について賃借人が賃貸借処理した場合の取扱い」）。

【所有権移転外ファイナンス・リース取引の原則処理】

◆当社はリース期間5年、支払リース料総額660万円（税込み11万円/月）で事務機器をリースし、初月分のリース料を支払った。インボイスは保存している。

借方勘定科目 借方補助科目	借方税区分	税率	借方金額 (消費税額)	貸方勘定科目 貸方補助科目	貸方税区分	税率	貸方金額 (消費税額)	摘要
工具器具備品	課税仕入	10%	6,600,000 内(600,000)	リース債務	対象外		6,600,000	事務機器リース債務計上 ㈱○○
リース債務	対象外		110,000	普通預金	対象外		110,000	事務機器リース料△月分 ㈱○○

> リース資産の購入として、支払リース料総額を一括して課税仕入れとして計上する。

【所有権移転外ファイナンス・リース取引の賃貸借処理（例外処理）】

◆当社はリース期間5年、支払リース料総額660万円（税込み11万円/月）で事務機器をリースし、初月分のリース料を支払った。インボイスは保存している。

借方勘定科目 借方補助科目	借方税区分	税率	借方金額 (消費税額)	貸方勘定科目 貸方補助科目	貸方税区分	税率	貸方金額 (消費税額)	摘要
リース料	課税仕入	10%	110,000 内(10,000)	普通預金	対象外		110,000	事務機器リース料△月分 ㈱○○

> 賃貸借処理（リース料を支払うべき日に費用計上する処理）を行っている場合は、費用計上時の課税仕入れとして計上することも認められる。

（注）所有権移転外ファイナンス・リース取引とは

リース取引のうち次のいずれにも該当しないものをいいます。

●リース期間の終了時または中途において、そのリース取引に係る契約において定められているリース取引の目的とされている資産（以下「リース資産」といいます。）が無償または名目的な対価の額でそのリース取引に係る賃借人に譲渡されるものであること。

●リース期間の終了後、無償と変わらない名目的な再リース料によって再リースをすることがリース契約において定められているものであること。

●リース期間の終了時または中途においてリース資産を著しく有利な価額で買い取る権利が賃借人に与えられているものであること。

●賃借人の特別な注文によって製作される機械装置のようにリース資産がその使用可能期間中その賃借人によってのみ使用されると見込まれるものであることまたは建築用足場材のようにリース資産の識別が困難であると認められるものであること。

●賃貸人に対してリース資産の取得資金の全部または一部を貸し付けている金融機関等が、賃借人から資金を受け入れ、その資金をしてその賃借人のリース取引等の債務のうちその賃貸人の借入金の元利に対応する部分の引受けをする構造になっているものであること。

●リース期間がリース資産の法定耐用年数に比して相当短いもの（賃借人の法人税の負担を著しく軽減することになると認められるものに限ります。）であること。

（出所：国税庁タックスアンサー　No.5704　所有権移転外リース取引）

(b)　賃貸借処理を行う場合の税率

　前述の通り、リース資産の借手は、その引渡日にリース資産の購入として一括して仕入税額控除の計算を行うのが原則です（消基通11-3-2）。税率は、リース資産の引渡日における税率が適用されます。

　賃貸借処理を行う場合の税率も、リース資産の引渡日における税率が適用されます。賃貸借処理は課税仕入れの計上時期の例外を認めているだけであって、税率に例外はありません。消費税率は、2019年10月に8％から10％に引き上げられていますが、税率引上げ前のリース契約には旧税率が適用されます。税率引上げ前のリース契約に係るリース料の支払いが現在も続いている場合には、仕訳入力時の税率に注意が必要です。

【税率引上げ前の所有権移転外ファイナンス・リース契約に賃貸借処理を適用している場合】

◆当社はリース期間8年、支払リース料総額10,368,000円（税込み108,000円/月）で医療機器をリースした。リース資産の引渡日は2019年8月1日であった。2025年3月に当月分のリース料を支払った。

借方勘定科目 借方補助科目	借方税区分	税率	借方金額 （消費税額）	貸方勘定科目 貸方補助科目	貸方税区分	税率	貸方金額 （消費税額）	摘要
リース料	課税仕入	8％ (旧)	108,000 内 (8,000)	普通預金	対象外		108,000	医療機器リース料2025 年3月分　㈱○○

2025年3月分のリース料であっても、税率はリース資産の引渡日の税率が適用される。

② 売上げ・仕入れの計上額

(1) 計上額の原則

　売上げや仕入れの計上額は、取引当事者間で授受することとした対価の額で計上するのが原則です（消法28①、30⑧一ニ）。定価や時価で計上するのではありません。

(2) 対価が金銭でない場合

　取引上、対価が金銭でない場合もあり得ます。例えば、次に掲げる資産の交換（第3章 2.⑸①資産の譲渡とは　参照）の場合は、当社が有していた資産AをX社に引き渡すかわりに資産Bを取得しています。この取引は、資産Aの譲渡の対価として資産Bを取得したことになりますので、資産Bの価額（時価）が対価の額になります（消令45②四）。

【資産の交換の場合の対価の額】（消令45②四）

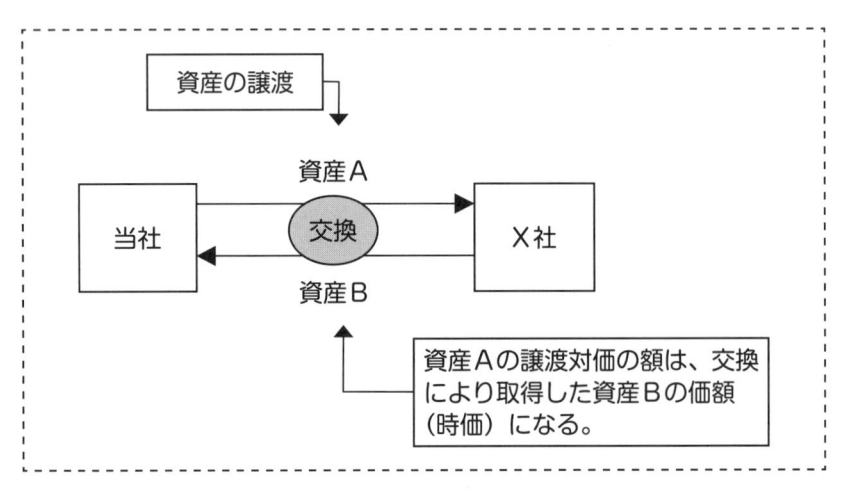

　その他、現物出資や代物弁済（第3章　2.⑸①資産の譲渡とは　参照）を行った場合の対価の額は、次に掲げる通りです。

【現物出資の場合の対価の額】（消令45②三）

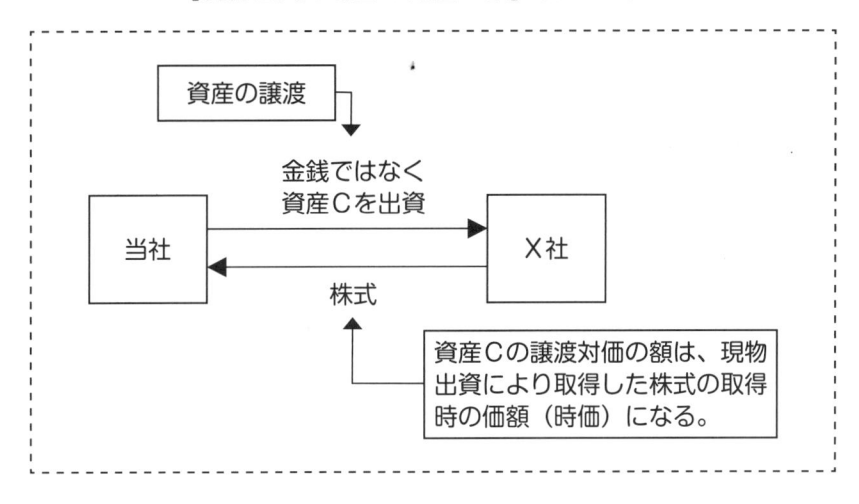

【代物弁済の場合の対価の額】（消令45②一）

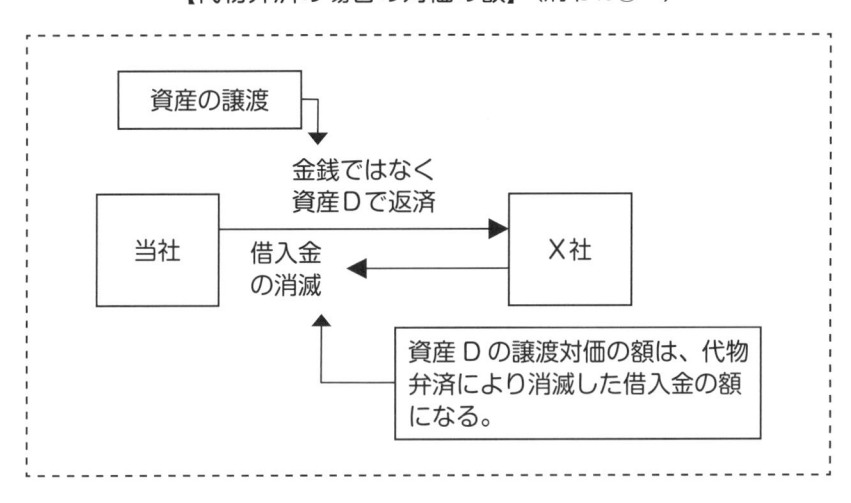

(3) 課税資産と非課税資産を一括して譲渡した場合

　土地と建物を同時に譲渡した場合、不動産売買契約書上で土地代金と建物代金が区分されている場合には、その区分が合理的でないと認められる場合を除き、契約書上の土地代金を非課税売上げとして計上し、建物代金を課税売上げとして計上します。契約書上で土地と建物の代金が区分されていない場合には、代金総額を土地と建物に合理的に区分して計上します（消令45③）。合理的に区分する方法としては、次の方法があります（消基通10-1-5、国税庁タックスアンサー　No.6301　課税標準）。

●譲渡時における土地及び建物のそれぞれの時価の比率により按分する方法

●相続税評価額や固定資産税評価額を基に按分する方法

● 土地や建物の原価（取得費、造成費、一般管理費・販売費、支払利子等を含みます。）を基に按分する方法

(4) 源泉所得税がある場合

　法人が、弁護士報酬や税理士報酬などを支払う場合には、その支払いの際、一定の方法で計算した所得税等を源泉徴収することとされています（所法204、復興財源確保法28①）。法人が支払報酬（仕入れ）として計上する金額は、実際に相手方に支払う金額ではなく源泉所得税控除前の金額になります（消基通10-1-13）。

【源泉所得税がある場合の仕入れ計上額】

◆ 弁護士報酬として55万円（税込み）を支払った（請求書において税抜き報酬金額と消費税額が明確に区分されている）。インボイスは保存している。

借方勘定科目 借方補助科目	借方税区分	税率	借方金額 （消費税額）	貸方勘定科目 貸方補助科目	貸方税区分	税率	貸方金額 （消費税額）	摘要
支払報酬料	課税仕入	10% 内	550,000 (50,000)	普通預金	対象外		498,950	弁護士○○　報酬△月分
				預り金 源泉所得税	対象外		51,050	弁護士○○　報酬△月分源泉所得税

課税仕入れとして計上する金額は、源泉所得税控除前の金額になる。

第5章

インボイス制度と仕入税額控除

　インボイス制度は2023年（令和5年）10月1日に開始しました。インボイス発行事業者が売手となる課税取引を行った場合、取引の相手方から求められたときはインボイスの交付義務が課されます。買手では、帳簿及びインボイスの保存が仕入税額控除の要件となります。

　本章では、インボイス制度の概要と仕入税額控除の要件、インボイス制度下の経理処理の留意点について解説します。

インボイス制度の概要

(1) インボイスとは

　インボイスとは、売手が買手に対して、取引に適用される税率や消費税額を伝えるために交付する書類（又は電子データ）をいいます。インボイスには記載すべき事項が定められており、法定事項が記載されていれば、請求書、納品書、領収書、レシートなどの名称は問いません（消基通1-8-1）。なお、「インボイス」は通称で、消費税法上は「適格請求書」といいます。

　インボイスを発行できるのは、税務署長の登録を受けた事業者（適格請求書発行事業者、通称「インボイス発行事業者」）に限られ（消法57の2）、登録を受けた事業者には登録番号が付与されます。登録番号は、「T+13桁の数字」で構成されています（消基通1-7-2）。

(2) インボイス発行事業者と消費税の納税義務

　事業者は、預かった消費税額から支払った消費税額を控除して納付税額を計算しますが、小規模な事業者にとっては、この計算作業が重い事務負担になることも考えられます。そこで、消費税法には、事業規模が小さい事業者について消費税の納税義務を免除する制度（事業者免税点制度）が設けられています（消法9）。この制度により納税義務が免除される事業者のことを「免税事業者」といいます。反対に、納税義務が免除されない事業者（消費税の申告・納付が必要な事業者）のことを「課税事業者」といいます。

　インボイス発行事業者として登録を受けた事業者は、事業規模にかかわらず必ず消費税の納税義務を負います（消法9①）。

(3) インボイスの種類

　インボイスには次の3種類があり、それぞれについて記載すべき事項が定められています。

- ●適格請求書
- ●適格簡易請求書
- ●適格返還請求書

①　適格請求書

　インボイス発行事業者は、取引の相手方から求められたときは、原則として適格請求書の交付義務が課されます（消法57の4①）。適格請求書に記載すべき事項と記載イメージは、次

の通りです。

【適格請求書の記載事項】

適格請求書の記載事項	ａ．適格請求書発行事業者の氏名又は名称及び登録番号 ｂ．取引年月日 ｃ．取引内容（軽減税率の対象である場合はその旨） ｄ．税率ごとに区分して合計した対価の額（税抜き又は税込み）及び適用税率 ｅ．税率ごとに区分した消費税額等 ｆ．書類の交付を受ける事業者の氏名又は名称

【適格請求書の記載イメージ】

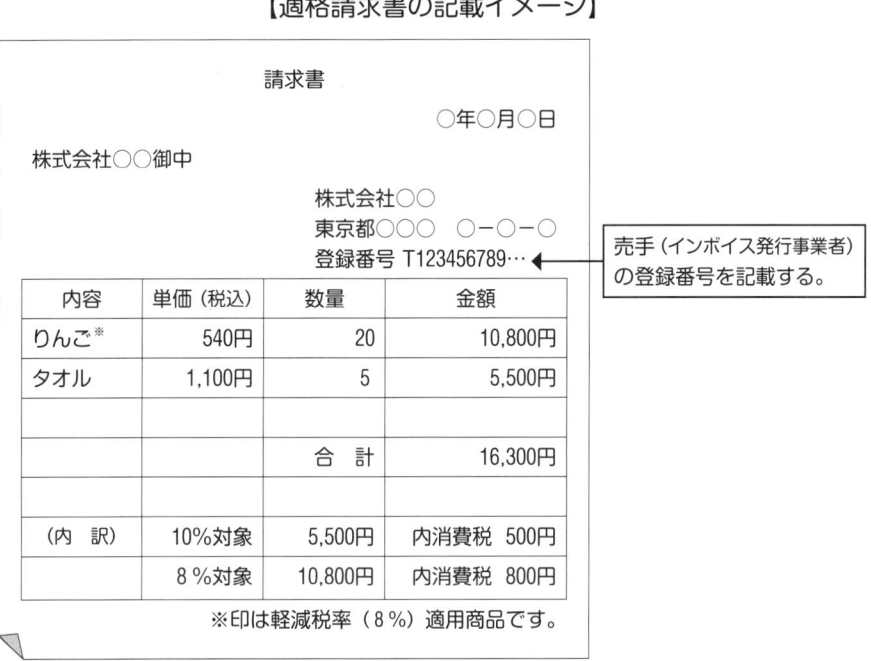

② 適格簡易請求書

　小売業・飲食店業・タクシー業など不特定多数の者に対して取引を行う事業の場合は、取引の相手方の名称の記載を省略した適格簡易請求書の交付が認められます（消法57の４②、消令70の11）。適格簡易請求書に記載すべき事項と記載イメージは、次の通りです。

【適格簡易請求書の記載事項】

適格簡易請求書の 記載事項※	a．適格請求書発行事業者の氏名又は名称及び登録番号 b．取引年月日 c．取引内容（軽減税率の対象である場合はその旨） d．税率ごとに区分して合計した対価の額（税抜き又は税込み） e．税率ごとに区分した消費税額等又は適用税率（両方記載することも可能）

※書類の交付を受ける事業者の氏名又は名称の記載は不要

【適格簡易請求書の記載イメージ】

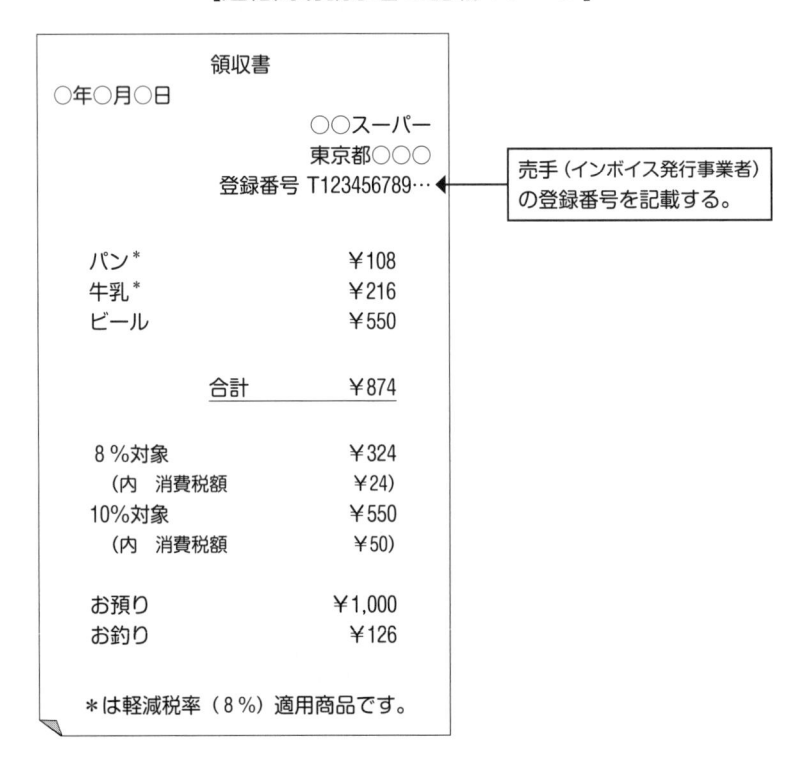

```
                    領収書
○年○月○日
                         ○○スーパー
                         東京都○○○
              登録番号 T123456789…   ◄── 売手（インボイス発行事業者）
                                        の登録番号を記載する。

    パン*                    ¥108
    牛乳*                    ¥216
    ビール                   ¥550

              合計            ¥874

    8％対象                  ¥324
     （内　消費税額          ¥24)
    10％対象                 ¥550
     （内　消費税額          ¥50)

    お預り                 ¥1,000
    お釣り                   ¥126

    *は軽減税率（8％）適用商品です。
```

③　適格返還請求書

　商品等の販売をした事業者（売手）が、商品の返品を受けたり、売上値引きをしたり、売上割戻金や販売奨励金（販売促進の目的で、販売数量や販売高などに応じて取引先に支払う金銭）を支払ったり、支払期日よりも前に支払いを受けたことに伴って対価を割り引いたりすることを、消費税法では「売上げに係る対価の返還等」といいます（消法38①）。一般には、略して「売上返還等」といいます。

　インボイス制度では、インボイス発行事業者が税込み1万円以上の売上返還等を行った場合、適格返還請求書を交付することとされています（消法57の4③、消令70の9③二）。適格返還請求書に記載すべき事項と記載イメージは、次の通りです。

【適格返還請求書の記載事項】

適格返還請求書の記載事項	a．適格請求書発行事業者の氏名又は名称及び登録番号
	b．売上返還等を行う年月日及び売上返還等の基となった取引を行った年月日
	c．売上返還等の取引内容（軽減税率の対象である場合はその旨）
	d．税率ごとに区分して合計した売上返還等の金額（税抜き又は税込み）
	e．売上返還等の金額に係る消費税額等又は適用税率（両方記載することも可能）

【適格返還請求書の記載イメージ】

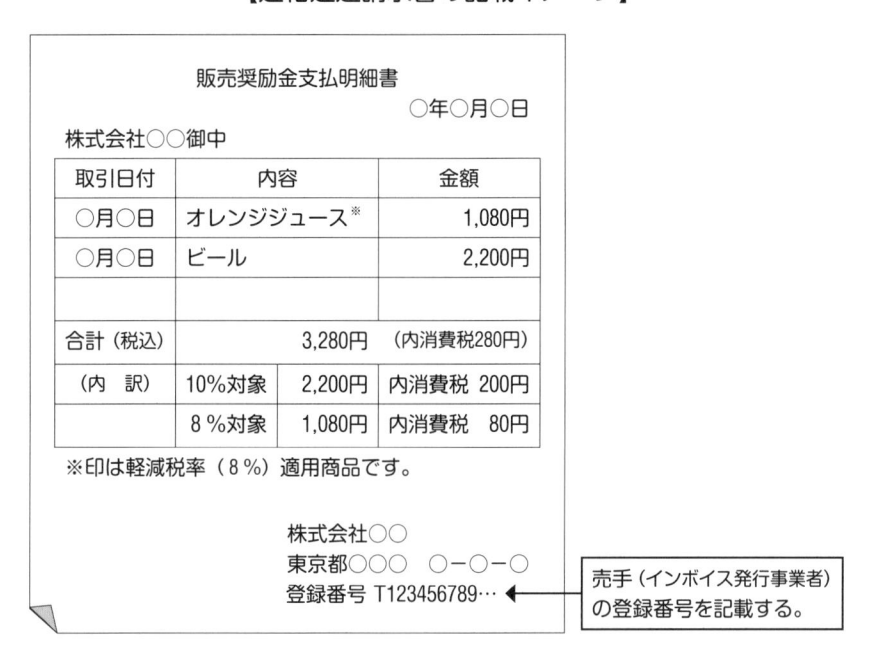

(4) インボイスに記載する消費税額等の端数処理

　インボイスに記載する「税率ごとに区分した消費税額等」に1円未満の端数が生じる場合には、一のインボイスにつき、税率ごとに1回の端数処理を行います（消法57の4①五、②五、③五、消令70の10、消基通1-8-15）。端数処理の方法（切上げ、切捨て、四捨五入）は、事業者の任意とされています。

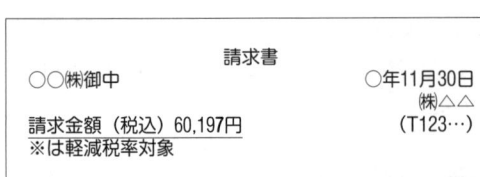

【インボイスの端数処理】

請求書

○○㈱御中　　　　　　　　　　　　　○年11月30日
　　　　　　　　　　　　　　　　　　　　㈱△△
請求金額（税込）60,197円　　　　　　　（T123…）
※は軽減税率対象

取引年月日	品名	数量	単価	税抜金額	消費税額
11/2	トマト※	83	167	13,861	(注) ―
11/2	ピーマン※	197	67	13,199	―
11/15	花	57	77	4,389	―
11/15	肥料	57	417	23,769	―
8％対象計				27,060	端数処理➡2,164
10％対象計				28,158	端数処理➡2,815

×認められない例

取引年月日	品名	数量	単価	税抜金額	消費税額
11/2	トマト※	83	167	13,861	端数処理➡1,108 ×
11/2	ピーマン※	197	67	13,199	端数処理➡1,055 ×
11/15	花	57	77	4,389	438 合算
11/15	肥料	57	417	23,769	2,376
8％対象計				27,060	2,163 ◀
10％対象計				28,158	2,814 ◀ ×

（注）個々の商品ごとの消費税額を参考として記載
　　　することは、差し支えありません。

（出所：国税庁　適格請求書等保存方式の概要－インボイス制度の理解のために－（令和6年12月））

　一のインボイスにつき税率ごとに1回の端数処理とは、左側の例のように、税率ごとの対価の額の合計額に税率を乗じて算出した消費税額につき1円未満の端数処理を行う方法です。右側の例のように、明細行ごとに消費税額を算出して端数処理したものを合計する方法は認められません。

(5) 複数の書類によるインボイスの交付

　インボイスの記載事項は、1枚の書類（又は電子データ）にすべての事項が記載されている必要はありません。複数の書類（納品書と請求書など）を組み合わせることで、インボイスとしての記載事項を満たすこともできます（消基通1-8-1）。複数の書類でも、書類と電子データの組合せでも問題ありません。

　ただし、請求書に納品書番号を記載するなど、各書類相互の関連性を明確にする必要があります。

(6) インボイスの交付義務

① 交付義務

　インボイス発行事業者が売手となる課税取引を行った場合、取引の相手方から求められたときは、原則としてインボイスの交付義務が課されます（消法57の4①）。交付したインボイスの記載内容に誤りがあった場合は、その誤りを修正したインボイスの交付義務も課されま

す（消法57の4④）。また、交付したインボイスの写しの保存義務も課されます（消法57の4⑥）。

②　交付義務の免除

　取引の性質上、インボイスを交付することが困難と考えられる次の取引については、インボイスの交付義務が免除されます（消法57の4①、消令70の9②、消規26の6、消基通1-8-12、1-8-14）。

【インボイスの交付義務の免除】

インボイスの交付義務が免除される取引	備考
・税込み3万円未満の公共交通機関（鉄道、バス、船舶）による旅客の運送	3万円未満かどうかは1回の取引ごとの金額で判定（切符1枚ごとや月まとめの請求金額で判定するのではない）
・卸売市場において行う生鮮食料品の譲渡 ・農協等に委託して行う農林水産物の譲渡	出荷者や組合員等から購入者に対するインボイスの交付が困難なため
・税込み3万円未満の自動販売機等による販売	自動販売機による商品の販売、コインロッカーやコインランドリーの料金、金融機関のATMによる振込手数料など
・郵便切手を対価とする郵便サービス（郵便ポストに差し出されたもの）	郵便ポストに投函された場合、インボイスの交付が著しく困難なため

仕入税額控除の要件

(1) 仕入税額控除の要件の概要

　納付する消費税額の計算上、預かった消費税額から支払った消費税額を控除する仕組みのことを「仕入税額控除」といいます。仕入税額控除を行うためには、帳簿及び請求書等の保存が要件とされています（消法30⑦）。

(2) 帳簿の保存

　帳簿とは、総勘定元帳、仕訳帳、現金出納帳、売掛帳、買掛帳、固定資産台帳等をいいます。帳簿には、次に掲げる事項を記載することとされています（消法30⑧）。

【帳簿の記載事項】

帳簿の記載事項	a．課税仕入れの相手方の氏名又は名称 b．取引年月日 c．取引内容（軽減税率の対象である場合はその旨） d．対価の額（消費税等含む）

　次のように経理処理を行うことで、帳簿の記載事項を満たすことになります。

【帳簿の記載イメージ】

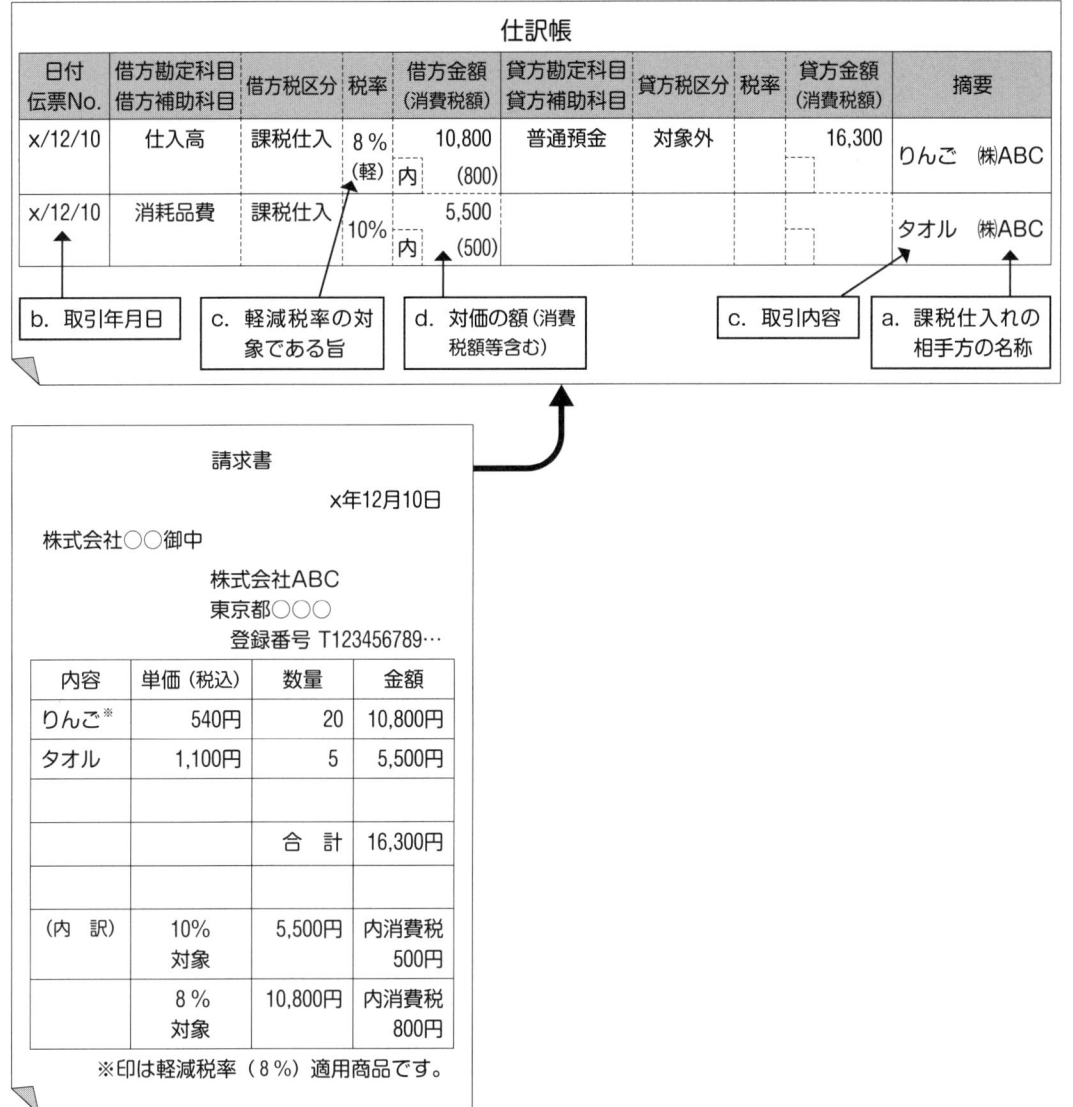

　　帳簿には、「軽減税率の対象である場合にはその旨」を記載することとされていますので、上記経理処理例のように、税率が異なる取引は区分して仕訳入力することになります。また、仮に課税商品と非課税商品が混在している場合には、それらも区分する必要があります。

(3) 請求書等の保存

①　保存を要する請求書等とは

　請求書等とは、インボイス発行事業者が交付する適格請求書、適格簡易請求書、及び、買手である事業者が作成する仕入明細書等をいいます（消法30⑨）。適格請求書や適格簡易請求書には、売手のインボイス発行事業者登録番号が記載されますので（本章　1．(3)インボイスの種類　参照）、基本的には請求書等に登録番号が記載されているかどうかにより、その請求書等が適格請求書又は適格簡易請求書に該当するか否かを判断することになります。

②　仕入明細書等による仕入税額控除

　取引慣行上、売手が買手に対して請求書を交付するのではなく、買手から売手に対し、「仕入明細書」「仕入計算書」「支払通知書」「支払案内」といった書類を交付して対価の支払いが行われることがあります。これらの書類を「仕入明細書等」といいます。

　仕入税額控除の要件として保存が求められる請求書等には、この仕入明細書等が含まれます（消法30⑨三）。仕入明細書等は売手から交付を受けるインボイスに代わるものといえますので、仕入明細書等には、インボイスと同様の記載事項が定められています（消令49④）。また、買手が作成した書類をもって仕入税額控除を認めることになることから、記載内容につき売手の確認を受けなければならないこととされています（消法30⑨三）。確認は、電話や電子メール、受発注に係るオンラインシステム上で確認を受ける方法のほか、仕入明細書等に「当仕入明細書の送付後○週間以内に誤りのある旨のご連絡がない場合には、記載内容の通りご確認いただいたものとさせていただきます。」と記載する方法で足りることとされています（インボイスQ&A問86）。

　仕入明細書等の記載事項と記載イメージは、次の通りです。

【仕入明細書等の記載事項】

仕入明細書等の記載事項	ａ．仕入明細書等の作成者（買手）の氏名又は名称 ｂ．課税仕入れの相手方（売手）の氏名又は名称及び登録番号 ｃ．取引年月日 ｄ．取引内容（軽減税率の対象である場合はその旨） ｅ．税率ごとに区分して合計した支払対価の額及び適用税率 ｆ．税率ごとに区分した消費税額等

【仕入明細書等の記載イメージ】

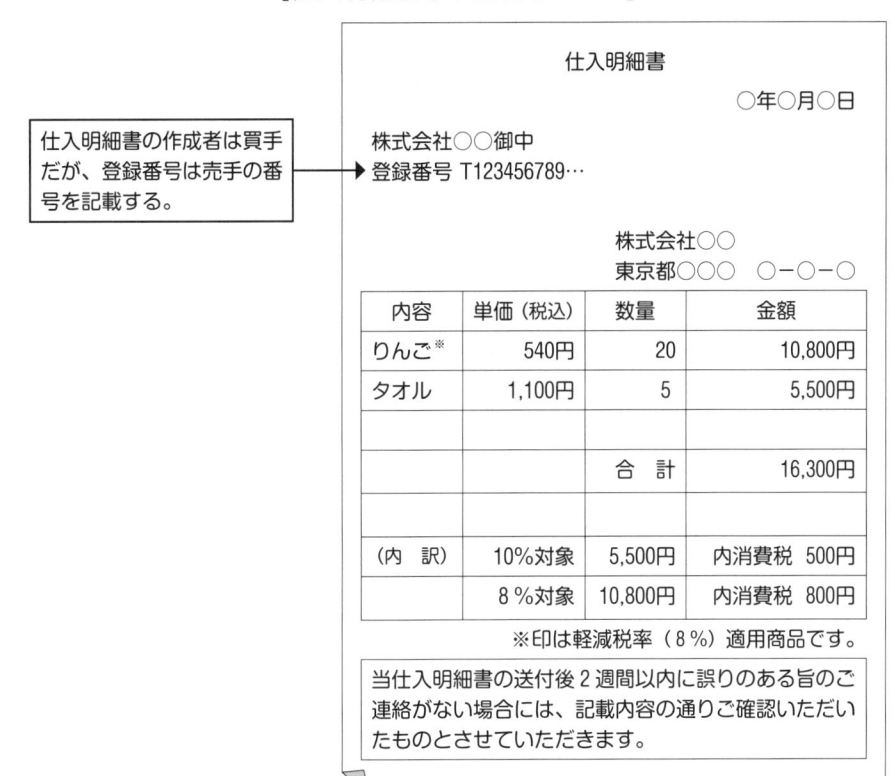

仕入明細書の作成者は買手だが、登録番号は売手の番号を記載する。

仕入明細書

○年○月○日

株式会社○○御中
登録番号 T123456789…

株式会社○○
東京都○○○　○−○−○

内容	単価（税込）	数量	金額
りんご※	540円	20	10,800円
タオル	1,100円	5	5,500円
		合　計	16,300円
（内　訳）	10％対象	5,500円	内消費税　500円
	8％対象	10,800円	内消費税　800円

※印は軽減税率（8％）適用商品です。

当仕入明細書の送付後2週間以内に誤りのある旨のご連絡がない場合には、記載内容の通りご確認いただいたものとさせていただきます。

③　複数の書類による仕入税額控除

　インボイスの記載事項は、1枚の書類（又は電子データ）にすべての事項が記載されている必要はなく（本章1.⑸複数の書類によるインボイスの交付　参照）、複数の書類（納品書と請求書など）の組み合わせでインボイスの記載事項を満たしていれば、それらを保存することにより請求書等が保存されていることになります。

　事務所等の家賃、税理士や弁護士に対する月次顧問報酬などの月々定額の費用については、毎月請求書等の交付を受けることなく支払いを行っているケースが多く見受けられます。このような取引であっても、買手が仕入税額控除を行うためにはインボイスの保存が必要ですが、契約書と取引年月日を示す書類（通帳等）の組み合わせでインボイスとしての記載事項がすべて記載されているならば、これらの書類を保存することでインボイスの保存があることとされます（インボイスQ&A問95）。

【契約書と通帳等によるインボイスの保存】

適格請求書の記載事項	記載書類
ａ．適格請求書発行事業者の氏名又は名称及び登録番号	契約書・覚書等
ｂ．取引年月日	通帳・振込金受取書等
ｃ．取引内容（軽減税率の対象である場合はその旨） ｄ．税率ごとに区分して合計した対価の額（税抜き又は税込み）及び適用税率 ｅ．税率ごとに区分した消費税額等 ｆ．書類の交付を受ける事業者の氏名又は名称	契約書・覚書等

(4) 帳簿のみの保存で仕入税額控除が認められる特例

① 全事業者に適用される恒久的特例

(a) 特例の内容

　インボイスの交付を受けることが困難な一定の取引については、帳簿のみの保存で仕入税額控除を可能とする特例が設けられています（消法30⑦、消令49①、消規15の４、インボイスQ&A問104）。売手においてインボイスの交付義務が免除される取引（本章１．(6)インボイスの交付義務　参照）のほか、売手が消費者であることが想定される一定の取引などが該当します。

【帳簿のみの保存で仕入税額控除が認められる取引】

分類	帳簿のみの保存で仕入税額控除が認められる取引
売手のインボイス交付義務が免除される取引	●税込み３万円未満の公共交通機関（鉄道、バス、船舶）による旅客の運送（公共交通機関特例） ●税込み３万円未満の自動販売機等による販売（自動販売機等特例） ●郵便切手類を対価とする郵便サービス（郵便ポストに差し出されたもの）（郵便特例）
売手が消費者であることが想定される取引	●古物営業を営む者が、インボイス発行事業者でない者から古物を棚卸資産として取得する取引（古物商特例） ●宅地建物取引業を営む者が、インボイス発行事業者でない者から建物を棚卸資産として取得する取引（宅建業特例） ●質屋を営む者が、インボイス発行事業者でない者から質物を棚卸資産として取得する取引 ●インボイス発行事業者でない者から、再生資源、再生部品を棚卸資産として購入する取引
その他	●適格簡易請求書の記載事項（取引年月日を除く）が記載されている入場券等が使用の際に回収される取引（入場券等特例） ●従業員等（従業員、役員）に支給する通常必要と認められる出張旅費等（出張旅費、宿泊費、日当、通勤手当）（出張旅費等特例）

(b)　帳簿の記載事項

　この特例の適用を受けるためには、通常の記載事項（本章 2 . ⑵帳簿の保存　参照）に加え、帳簿に特例の対象となる旨の記載が必要です（消令49①一）。

【帳簿のみの保存で仕入税額控除が認められる取引の経理処理例】

◆JR東日本の特急券・乗車券代として、5,500円（税込み）を法人カードで支払った。

借方勘定科目 借方補助科目	借方税区分	税率	借方金額（消費税額）	貸方勘定科目 貸方補助科目	貸方税区分	税率	貸方金額（消費税額）	摘要
旅費交通費	課税仕入	10% 内	5,500 (500)	未払金 法人カード	対象外		5,500	JR東日本特急券・乗車券 公共交通機関特例

特例の対象であることを記載する。

◆従業員との間で、京都出張に伴うホテル宿泊料金11,000円（税込み）の精算を行った。

借方勘定科目 借方補助科目	借方税区分	税率	借方金額（消費税額）	貸方勘定科目 貸方補助科目	貸方税区分	税率	貸方金額（消費税額）	摘要
旅費交通費	課税仕入	10% 内	11,000 (1,000)	現金	対象外		11,000	従業員○○京都出張ホテル代 出張旅費等特例

特例の対象であることを記載する。

②　一定の中小事業者にのみ適用される時限的特例（少額特例）

(a)　特例の内容

　一定の中小事業者に対しては、2029年 9 月30日までに行った税込み 1 万円未満の課税仕入れについて、帳簿のみの保存で仕入税額控除を可能とする措置が講じられています（平成28改正法附則53の 2 、平成30改正令附則24の 2 ①）。この特例を、一般に「少額特例」といいます。

　中小事業者は、この少額特例の適用を受けることで、受領した請求書やレシートがインボイスに該当するか否かの仕分け作業が不要になります。なお、税込み 1 万円未満かどうかは 1 取引単位で判定します（インボイスQ&A問112）。

【中小事業者の少額特例】

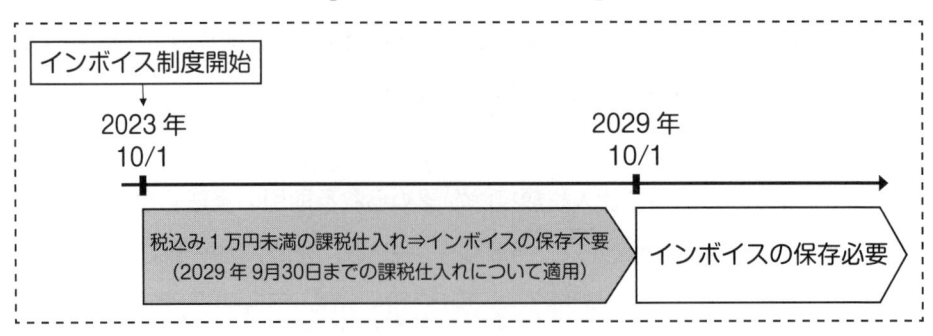

(b)　特例の対象となる中小事業者

　基準期間[注1]における課税売上高[注2]が1億円以下[注3]の事業者が、少額特例の対象となります。

(注1)　基準期間とは個人事業者の場合は、その年の前々年をいいます。法人の場合は、その事業年度の前々事業年度をいいますが（消法2①十四）、前々事業年度が1年未満であるときは、「その事業年度開始の日の2年前の日の前日から同日以後1年を経過する日までの間に開始した各事業年度を合わせた期間」が基準期間になります。

【前々事業年度が1年未満の場合（3月決算から12月決算に事業年度変更）】

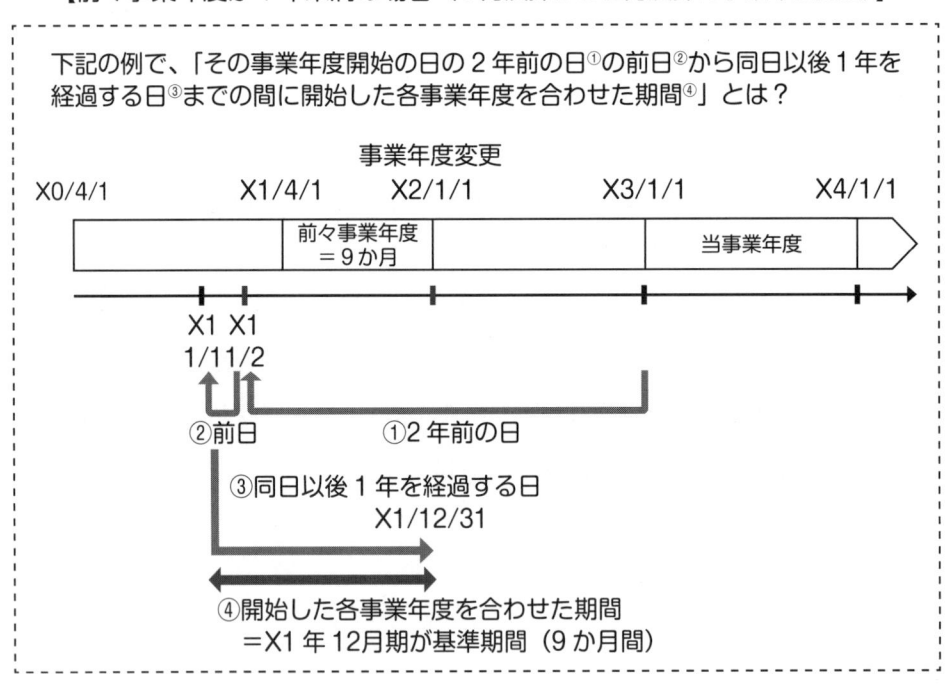

(注2)　基準期間における課税売上高とは、基準期間中の税抜き課税売上げと輸出免税売上げの合計額をいいます（消法9②一）。売上返還等（本章1.(3)③適格返還請求書　参照）

があれば控除し、基準期間が1年でない場合は1年換算します（消法9②、消令19）。

（注3）基準期間において、たまたま高額な資産の譲渡等があったために課税売上高が1億円を超えることになった事業者に配慮し、基準期間における課税売上高が1億円超であったとしても、前事業年度開始の日以後6か月の期間の課税売上高が5,000万円以下である場合は、少額特例の対象とされます（平成28改正法附則53の2）。

(c)　帳簿の記載事項

少額特例の適用に当たり、帳簿に追加して記載すべき事項はありません。通常の記載事項（本章2．(2)帳簿の保存　参照）を記載すれば足ります。

【少額特例の適用を受ける場合の経理処理例】

◆国内において飲食料品5,400円（税込み）の仕入れを行った。当社は少額特例の対象となる中小事業者である。

借方勘定科目 借方補助科目	借方税区分	税率	借方金額（消費税額）	貸方勘定科目 貸方補助科目	貸方税区分	税率	貸方金額（消費税額）	摘要
仕入高	課税仕入	8%（軽）内	5,400（400）	現金	対象外		5,400	商品仕入　㈱○○

少額特例の適用を受けることを記載する必要はない。

(5) インボイス発行事業者以外の者からの課税仕入れに係る経過措置（80%控除・50%控除）

① 経過措置の内容

インボイス制度では、インボイス発行事業者以外の者（消費者、免税事業者、インボイス発行事業者登録を受けていない課税事業者）からの課税仕入れについては、原則として仕入税額控除を行うことができません。

ただし、インボイス制度開始後6年間は、インボイス発行事業者以外の者から行った課税仕入れであっても、一定額の仕入税額控除が認められる経過措置が設けられています（平成28改正法附則52①、53①）。具体的には、インボイス制度開始から3年間（2023年10月1日から2026年9月30日まで）は仕入税額相当額の80%、さらに次の3年間（2026年10月1日から2029年9月30日まで）は仕入税額相当額の50%の控除が認められます。

【インボイス発行事業者以外の者からの課税仕入れ】

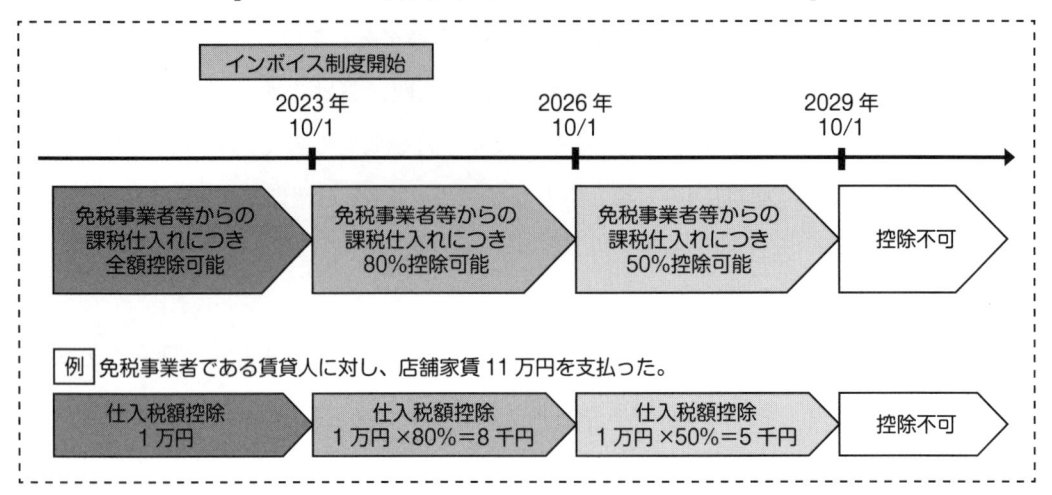

② 適用要件

(a) 請求書等の保存

　次に掲げる事項が記載された請求書等の保存が必要です（平成28改正法附則52②、53②）。この記載事項は、インボイス制度が開始する前の請求書等（区分記載請求書等）の記載事項と同様です。

【請求書等の記載事項】

請求書等の記載事項	a．書類作成者の氏名又は名称 b．取引年月日 c．取引内容（軽減税率の対象である場合はその旨） d．税率ごとに区分して合計した対価の額（税込み） e．書類の交付を受ける事業者の氏名又は名称

※取引が小売業・飲食店業・タクシー業など不特定多数の者に対して行う事業に係るものである場合は、「e.書類の交付を受ける事業者の氏名又は名称」の記載は不要

　なお、売手から受領した請求書等に「軽減税率の対象である旨」や「税率ごとに区分して合計した対価の額」の記載がない場合は、買手が、取引の事実に基づき請求書等にこれらの事項を追記することも認められます（平成28改正法附則52③、53③）。

(b) 帳簿の記載事項

　この経過措置の適用を受けるためには、通常の記載事項（本章２．(2)帳簿の保存　参照）に加え、帳簿に経過措置対象取引である旨（「80％控除」等）の記載が必要になります（平成28改正法附則52①、53①）。

③　経理処理例

次に掲げるように、取引を行ったタイミングにより経理処理が異なることになります。

事例	当社は、インボイス発行事業者でない者から事務機器を購入し、対価として33万円を支払った。なお、経過措置の要件を満たす請求書は保存している。

(a)　税抜経理の場合（消費税経理通達令和 3 年 2 月経過的取扱い(2)）

●2023年10月 1 日から2026年 9 月30日までの間に購入した場合の経理処理[注]

　仕入税額控除が可能な金額（仕入税額相当額30,000円×80％＝24,000円）を仮払消費税等に計上します。また、経過措置対象取引である旨を記載します（下記経理処理例では、借方税区分欄に「80％控除」と記載しています）。事務機器の取得価額は306,000円になり、この取得価額に基づいて減価償却費を計上します（消費税経理通達関係Q&A問 3 ）。

借方勘定科目 借方補助科目	借方税区分	税率	借方金額 (消費税額)	貸方勘定科目 貸方補助科目	貸方税区分	税率	貸方金額 (消費税額)	摘要
工具器具備品	課税仕入 (80％控除)	10%	330,000 内 (24,000)	普通預金	対象外		330,000	事務機器取得　㈱○○

経過措置対象である旨を記載する。

経過措置対象である旨を記載すれば、自動的に仕入税額相当額が計算され、仮払消費税等勘定に計上される会計システムがほとんど。

●2026年10月 1 日から2029年 9 月30日までの間に購入した場合の経理処理[注]

　仕入税額控除が可能な金額（仕入税額相当額30,000円×50％＝15,000円）を仮払消費税等に計上します。また、経過措置対象取引である旨を記載します（下記経理処理例では、借方税区分欄に「50％控除」と記載しています）。事務機器の取得価額は315,000円になり、この取得価額に基づいて減価償却費を計上します（消費税経理通達関係Q&A問 4 ）。

借方勘定科目 借方補助科目	借方税区分	税率	借方金額 (消費税額)	貸方勘定科目 貸方補助科目	貸方税区分	税率	貸方金額 (消費税額)	摘要
工具器具備品	課税仕入 (50％控除)	10%	330,000 内 (15,000)	普通預金	対象外		330,000	事務機器取得　㈱○○

経過措置対象である旨を記載する。

経過措置対象である旨を記載すれば、自動的に仕入税額相当額が計算され、仮払消費税等勘定に計上される会計システムがほとんど。

●2029年10月１日以後に購入した場合の経理処理

　経過措置期間終了後は仕入税額控除が可能な金額はないため、仮払消費税等に計上する金額はありません。事務機器の取得価額は330,000円になり、この取得価額に基づいて減価償却費を計上します（消費税経理通達関係Q&A問２）。

借方勘定科目 借方補助科目	借方税区分	税率	借方金額 (消費税額)	貸方勘定科目 貸方補助科目	貸方税区分	税率	貸方金額 (消費税額)	摘要
工具器具備品	対象外		330,000	普通預金	対象外		330,000	事務機器取得　㈱○○

> 経過措置期間終了後は、仮払消費税等勘定に計上される金額はない。

　なお、借方税区分に「課税仕入（控除不可）」と入力できる会計システムもあります。会計システムの仕様と、自社の経理処理方針を確認しましょう。

（注）経過措置期間中も、法人の選択により、支払対価の額の全額を資産の取得価額とし、仮払消費税等を計上しない経理処理も認められています（消費税経理通達令和３年２月経過的取扱い(3)、消費税経理通達関係Q&A問１-２、問10）。ただし、仕入税額控除の経過措置の適用を受けるためには、帳簿に「80％控除」といった記載は必要になります。

借方勘定科目 借方補助科目	借方税区分	税率	借方金額 (消費税額)	貸方勘定科目 貸方補助科目	貸方税区分	税率	貸方金額 (消費税額)	摘要
工具器具備品	課税仕入 (80％控除)	10% 内	330,000	普通預金	対象外		330,000	事務機器取得　㈱○○

> 仮払消費税等の計上はないものの、経過措置の適用を受けるのであれば「80％控除」の記載が必要。

　また、簡易課税制度又は２割特例（第６章参照）の適用を受ける事業者は、継続適用を要件として、すべての課税仕入れにつき支払対価の額に110分の10（軽減税率の対象となるものは108分の8）を乗じて計算した金額を仮払消費税等として経理処理することも認められています（消費税経理通達１の２、令和５年12月経過的取扱い(2)、消費税経理通達関係Q&A問１-２）。

借方勘定科目 借方補助科目	借方税区分	税率	借方金額 (消費税額)	貸方勘定科目 貸方補助科目	貸方税区分	税率	貸方金額 (消費税額)	摘要
工具器具備品	課税仕入	10%	330,000 内 (30,000)	普通預金	対象外		330,000	事務機器取得　㈱○ ○

簡易課税制度・2割特例制度の適用事業者は、経過措置適用の有無の記載は不要。インボイス制度開始前と同額を仮払消費税等に計上することも可。

(b)　税込経理の場合

●2023年10月1日から2026年9月30日までの間に購入した場合の経理処理

事務機器の取得価額を330,000円として計上します。また、経過措置対象取引である旨を記載します（下記経理処理例では、借方税区分欄に「80％控除」と記載しています）。

借方勘定科目 借方補助科目	借方税区分	税率	借方金額 (消費税額)	貸方勘定科目 貸方補助科目	貸方税区分	税率	貸方金額 (消費税額)	摘要
工具器具備品	課税仕入 (80％控除)	10%	330,000	普通預金	対象外		330,000	事務機器取得　㈱○○

経過措置対象である旨を記載する。

●2026年10月1日から2029年9月30日までの間に購入した場合の経理処理

事務機器の取得価額を330,000円として計上します。また、経過措置対象取引である旨を記載します（下記経理処理例では、借方税区分欄に「50％控除」と記載しています）。

借方勘定科目 借方補助科目	借方税区分	税率	借方金額 (消費税額)	貸方勘定科目 貸方補助科目	貸方税区分	税率	貸方金額 (消費税額)	摘要
工具器具備品	課税仕入 (50％控除)	10%	330,000	普通預金	対象外		330,000	事務機器取得　㈱○○

経過措置対象である旨を記載する。

●2029年10月1日以後に購入した場合の経理処理

　事務機器の取得価額を330,000円として計上します。経過措置期間が終了しているため、仕入税額控除が可能な金額はありません。

借方勘定科目 借方補助科目	借方税区分	税率	借方金額 (消費税額)	貸方勘定科目 貸方補助科目	貸方税区分	税率	貸方金額 (消費税額)	摘要
工具器具備品	対象外		330,000	普通預金	対象外		330,000	事務機器取得　㈱○○

　なお、借方税区分に「課税仕入（控除不可）」と入力できる会計システムもあります。会計システムの仕様と、自社の経理処理方針を確認しましょう。

第6章

納付税額の計算方法と申告書イメージ

前章までの解説内容を踏まえ、個々の仕訳伝票の情報が消費税集計表にどのように反映され、消費税集計表からどのように納付税額の計算が行われるのかについて、事例により見ていきましょう。

納付税額の計算の概要

納付税額は、消費税（国税）と地方消費税に分けて計算します。

(1) 消費税（国税）の計算

① 計算の仕組み

納付する消費税（国税）の計算の仕組みは、次の図の通りです。

【消費税（国税）の計算の仕組み】

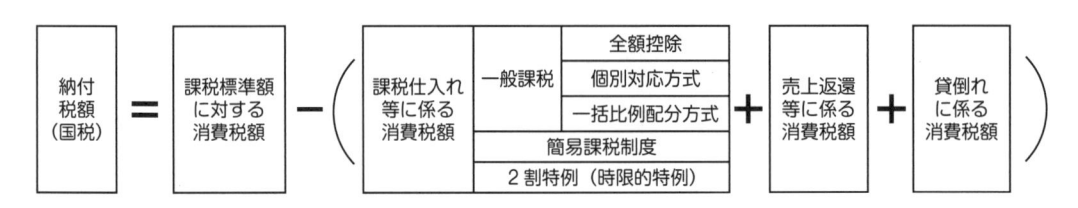

② 課税標準額に対する消費税額

課税標準額に対する消費税額とは、売上げ時に預かった消費税額※のことで、課税売上げに係る消費税額（又は、単に売上税額）ということもあります。課税標準額に対する消費税額は税率ごとに計算します。

※　課税売上割合が95％未満の場合は特定課税仕入れに係る消費税額も含まれます。特定課税仕入れについては、本章「3．(1)⑥特定課税仕入れがある場合」を参照してください。

課税標準額に対する消費税額から控除するものは、課税仕入れ等に係る消費税額、売上返還等に係る消費税額、貸倒れに係る消費税額の3種類あります。これらもすべて税率ごとに計算します。

③ 課税仕入れ等に係る消費税額

課税仕入れ等に係る消費税額とは、課税仕入れに係る消費税額（単に、仕入税額ともいいます）、課税貨物に係る消費税額（第3章6．輸入取引　参照）をいいます※。

※　課税売上割合が95％未満の場合は特定課税仕入れに係る消費税額も含まれます。特定課税仕入れについては、本章「3．(1)⑥特定課税仕入れがある場合」を参照してください。

課税標準額に対する消費税額から課税仕入れ等に係る消費税額を控除することを、仕入税額控除といいます。仕入税額控除の計算方式は複数あり、自社にどの方式が適用されるかは、

売上げ規模や、売上げに占める非課税売上げの多寡により決定されます。中小事業者が任意に選択できる方式も設けられています。

仕入税額控除の計算方式の概要は、次の通りです。

【仕入税額控除の計算方式の概要】

仕入税額控除の計算方式		特徴	控除額の具体的な計算方法	備考
一般課税[※1]	全額控除	支払った消費税額の全額を控除する。	課税仕入れ等に係る消費税額[※2]の全額	課税売上高が5億円以下、かつ、課税売上割合が95%以上の場合は全額控除可能。
	個別対応方式	支払った消費税額の全額は控除できない（非課税売上げを得るための課税仕入れ等に係る消費税額[※2]は控除できない）。	課税売上げにのみ要する課税仕入れ等に係る消費税額[※2]＋課税売上げと非課税売上げに共通して要する課税仕入れ等に係る消費税額[※2]×課税売上割合	課税売上高が5億円超、又は、課税売上割合が95%未満の場合は、個別対応方式又は一括比例配分方式のいずれかの方式による計算を行う。
	一括比例配分方式		課税仕入れ等に係る消費税額[※2]×課税売上割合	
簡易課税制度（中小事業者のみ）		売上げの事業区分に応じた概算金額で仕入税額控除を行う。実際に支払った消費税額は計算に使用しない。	課税売上げに係る消費税額×みなし仕入率（売上げの事業区分により異なる）	中小事業者が事前に届け出を行うことで採用が可能。一般課税と比較して有利になる場合に選択する。
2割特例（免税事業者がインボイス発行事業者になったことにより課税事業者になった場合）		売上税額の2割が納付税額になる。実際に支払った消費税額は計算に使用しない。	課税売上げに係る消費税額×80%	インボイス制度開始から3年間のみ適用可能

※1　一般課税は、「本則課税」又は「原則課税」ということもあります。
※2　課税仕入れ等に係る消費税額とは、課税仕入れに係る消費税額と課税貨物に係る消費税額をいいます。

④　売上返還等に係る消費税額

商品等の販売をした事業者（売手）が、商品の返品を受けたり、売上値引きをしたり、売上割戻金や販売奨励金（販売促進の目的で、販売数量や販売高などに応じて取引先に支払う金銭）を支払ったり、支払期日よりも前に支払いを受けたことに伴って対価を割り引いたりすることを、消費税法では「売上げに係る対価の返還等」といいます（消法38①）。一般には、略して「売上返還等」といいます。

売上返還等を行うと、本体価格とともに預かった消費税額も買手に返還することになるた

め、売上返還等に係る消費税額は、売上返還等が生じた課税期間の課税標準額に対する消費税額から控除することとされています（消法38①、計算例と経理処理は、本章４．売上返還等に係る消費税額の計算と経理処理　参照）。

⑤　貸倒れに係る消費税額

貸倒れとは、売掛金や貸付金などの債権が回収できないこととなった場合に損失処理することをいいます。

課税売上げに係る消費税額は、発生した課税期間において納付しています。しかしながら、課税売上げとして計上した売掛金が後の課税期間において貸倒れた場合、預かるはずだった消費税額が結果として預かれなかったことになります。そこで、貸倒れに係る消費税額は、貸倒れが生じた課税期間の課税標準額に対する消費税額から控除することとされています（消法39①、計算例と経理処理は、本章５．貸倒れに係る消費税額の計算と経理処理　参照）。

(2) 地方消費税の計算

地方消費税の額は、消費税（国税）の納税額に22/78を乗じて計算します。

一般に地方消費税の税率は、標準税率2.2％、軽減税率1.76％と説明されることが多いですが、これは便宜上の説明に過ぎず、法律上の地方消費税率は消費税（国税）に対して「22/78」と規定されています（地法72の83）。したがって、納付する地方消費税の額は、納付する国税の額に22/78を乗じて計算します。

【地方消費税の税率】

	標準税率	軽減税率
消費税（国税）	7.8%	6.24%
地方消費税（地方税）	2.2%	1.76%
合計	10%	8%

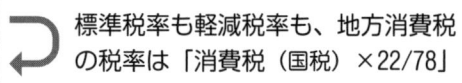 標準税率も軽減税率も、地方消費税の税率は「消費税（国税）×22/78」

② 経理処理から申告書作成までの流れ

　消費税申告書は、一般に、会計システムにより自動作成される消費税集計表に基づいて作成されます。消費税集計表の呼称は会計システムにより様々ですが、その課税期間中の課税売上げ、輸出免税売上げ、非課税売上げ、課税仕入れなどの税区分ごとの金額が税率別に集計されます。この消費税集計表の情報を構成しているのは、経理処理担当者が入力する個々の仕訳伝票です。

　それでは、個々の仕訳伝票の情報が消費税集計表にどのように反映され、消費税集計表からどのように納付税額の計算が行われるのかについて、事例により見ていきましょう。

(1) 事例の前提

法人名	X株式会社
課税期間	2024年4月1日〜2025年3月31日 (12か月※)
仕入税額控除の計算方式	一般課税

※当課税期間において中間納付額はないものとします。

(2) 経理処理と消費税集計表への反映

① 売上取引

(a) 経理処理

X社の当課税期間の売上取引は、次の通りです。

◆国内において商品（標準税率対象）8,800万円（税込み）を売上げ、代金を売掛金とした。

借方勘定科目 借方補助科目	借方税区分	税率	借方金額 （消費税額）	貸方勘定科目 貸方補助科目	貸方税区分	税率	貸方金額 （消費税額）	摘要
売掛金	対象外		88,000,000	売上高	課税売上	10%	88,000,000 内 (8,000,000)	商品A売上　㈱○○

◆国内において商品（軽減税率対象）216万円（税込み）を売上げ、代金を売掛金とした。

借方勘定科目 借方補助科目	借方税区分	税率	借方金額 （消費税額）	貸方勘定科目 貸方補助科目	貸方税区分	税率	貸方金額 （消費税額）	摘要
売掛金	対象外		2,160,000	売上高	課税売上	8％ (軽)	2,160,000 内 (160,000)	商品B売上　㈱△△

◆預金利息30万円を受領した。

借方勘定科目 借方補助科目	借方税区分	税率	借方金額 （消費税額）	貸方勘定科目 貸方補助科目	貸方税区分	税率	貸方金額 （消費税額）	摘要
普通預金	対象外		300,000	受取利息	非課税売上		300,000	預金利息　××銀行

◆内国法人である100％子法人からの配当金50万円を受領した。

借方勘定科目 借方補助科目	借方税区分	税率	借方金額 （消費税額）	貸方勘定科目 貸方補助科目	貸方税区分	税率	貸方金額 （消費税額）	摘要
普通預金	対象外		500,000	受取配当金	対象外		500,000	子法人×年×月期配当金

(b) 消費税集計表への反映

消費税集計表には、各売上取引が税区分ごと、かつ、税率別に集計されます。

消費税集計表【売上】

税区分・税率	税抜金額	消費税額	税込金額
課税売上10%	80,000,000	8,000,000	88,000,000
課税売上8％（軽）	2,000,000	160,000	2,160,000
輸出免税売上	0	0	0
非課税売上	300,000	0	300,000
対象外	500,000	0	500,000
合計	82,800,000	8,160,000	90,960,000

②　仕入取引

(a)　経理処理

X社の当課税期間の仕入取引は、次の通りです。

◆国内において商品（標準税率対象）6,600万円（税込み）を仕入れ、代金を買掛金とした。インボイスは保存している。

借方勘定科目 借方補助科目	借方税区分	税率	借方金額 （消費税額）	貸方勘定科目 貸方補助科目	貸方税区分	税率	貸方金額 （消費税額）	摘要
仕入高	課税仕入	10%	66,000,000 内（6,000,000）	買掛金	対象外		66,000,000	商品A仕入　㈱□□

◆国内において商品（軽減税率対象）162万円（税込み）を仕入れ、代金を買掛金とした。インボイスは保存している。

借方勘定科目 借方補助科目	借方税区分	税率	借方金額 （消費税額）	貸方勘定科目 貸方補助科目	貸方税区分	税率	貸方金額 （消費税額）	摘要
仕入高	課税仕入	8% （軽）	1,620,000 内（120,000）	買掛金	対象外		1,620,000	商品B仕入　㈱◇◇

◆従業員給与800万円を支払った。

借方勘定科目 借方補助科目	借方税区分	税率	借方金額 （消費税額）	貸方勘定科目 貸方補助科目	貸方税区分	税率	貸方金額 （消費税額）	摘要
給与手当	対象外		8,000,000	普通預金	対象外		8,000,000	従業員給与　×月分

※源泉所得税等の預り金計上部分は省略しています。

◆取引先を接待し飲食代11万円（税込み）を支払った。経過措置の要件を満たす請求書等（インボイスに該当しない）は保存している。

借方勘定科目 借方補助科目	借方税区分	税率	借方金額 （消費税額）	貸方勘定科目 貸方補助科目	貸方税区分	税率	貸方金額 （消費税額）	摘要
接待交際費	課税仕入 （80%控除）	10%	110,000 内（8,000）	現金	対象外		110,000	○○レストラン飲食代 △△㈱××部長接待

◆本店の電気料金88万円（税込み）を支払った。インボイスは保存している。

借方勘定科目 借方補助科目	借方税区分	税率	借方金額 （消費税額）	貸方勘定科目 貸方補助科目	貸方税区分	税率	貸方金額 （消費税額）	摘要
水道光熱費	課税仕入	10%	880,000 内（80,000）	普通預金	対象外		880,000	本店電気料金○月分 ㈱××

(b)　消費税集計表への反映

　消費税集計表には、各仕入取引が税区分ごと、かつ、税率別に集計されます。

消費税集計表【仕入】

税区分・税率	税抜金額	消費税額	税込金額
課税仕入10%	60,800,000	6,080,000	66,880,000
課税仕入8％（軽）	1,500,000	120,000	1,620,000
課税仕入（80%控除）10%	102,000	8,000	110,000
対象外	8,000,000	0	8,000,000
合計	70,402,000	6,208,000	76,610,000

(3) 納付する消費税（国税）の計算

①　課税標準額に対する消費税額

　課税標準額は、税率ごとに、「税込み課税売上げの合計額×100/110（又は100/108）で計算します（千円未満切捨て）。

　課税標準額に対する消費税額は、税率ごとに、「課税標準額×7.8％（又は6.24％）」で計算します。

◆本事例における課税標準額に対する消費税額

			8％（軽）	10%	合計
課税売上額（税抜き）	a	税込売上×100/110 (or 100/108)	2,000,000	80,000,000	82,000,000
課税標準額	b	a（千円未満切捨て）	2,000,000	80,000,000	82,000,000
課税標準額に対する消費税額	c	b×7.8％ (or 6.24%)	124,800	6,240,000	6,364,800

②　課税仕入れ等に係る消費税額

(a)　計算方式の判定

　一般課税による仕入税額控除の計算方式には、「全額控除」、「個別対応方式」、「一括比例配分方式」の3種類あります。その課税期間における課税売上高が5億円以下、かつ、課税売上割合が95％以上の場合は、全額控除が可能です。いずれかを満たさない場合は、個別対応方式又は一括比例配分方式により計算を行います。

●その課税期間における課税売上高

　その課税期間中の税抜き課税売上げの金額と輸出免税売上げの金額の合計額をいいます。売上返還等があれば控除し、課税期間が1年でない場合は1年換算します（消法30⑥）。

$$\begin{array}{l}\text{その課税期間に}\\\text{おける課税売上高}\end{array} = (課税売上げ（税抜き）^{※1,2}＋輸出免税売上げ^{※2}) \times \dfrac{12}{課税期間の月数}$$

※1　課税売上げ（税抜き）は、下記①と②の合計
　①　標準税率（10％）対象　＝　課税売上げ（税込み）　×100/110
　②　軽減税率（8％）対象　＝　課税売上げ（税込み）　×100/108
※2　売上返還等の金額がある場合には、その合計額（税抜き）を控除します。

●課税売上割合

　課税売上割合とは、次の算式により計算した割合をいいます（消法30⑥、消令48①）。

$$課税売上割合^{※1} = \dfrac{課税売上げ（税抜き）^{※2,3}＋輸出免税売上げ^{※3}}{課税売上げ（税抜き）^{※2,3}＋輸出免税売上げ^{※3}＋非課税売上げ^{※3}}$$

※1　課税売上割合は原則として端数処理しませんが、任意の位での「切捨て」は可能です。
※2　課税売上げ（税抜き）は、下記①と②の合計
　①　標準税率（10％）対象　＝　課税売上げ（税込み）　×100/110
　②　軽減税率（8％）対象　＝　課税売上げ（税込み）　×100/108
※3　売上返還等の金額がある場合には、その合計額（税抜き）を控除します。

　課税売上割合の計算上、有価証券及び金銭債権の譲渡による非課税売上げは、その対価の額の5％相当額のみを分母に算入します（法令48⑤、本章3．(1)④課税売上割合計算上の留意点参照）。

◆本事例における計算方式の判定

本事例は、当課税期間における課税売上高が5億円以下（8,200万円）、かつ、課税売上割合が95%以上（99.63…%）ですので、全額控除が可能という判定になります。

			8%（軽）	10%	合計
その課税期間における課税売上高	d	税込売上×100/110（or 100/108）×12/12	2,000,000	80,000,000	82,000,000

			8%（軽）	10%	合計
課税売上額（税抜き）	e	税込売上×100/110（or 100/108）	2,000,000	80,000,000	82,000,000
免税売上額	f				0
非課税売上額	g				300,000
課税売上割合分子	h	e+f			82,000,000
課税売上割合分母	i	e+f+g			82,300,000
課税売上割合	j	h/i			99.63%

計算方式の判定：その課税期間における課税売上高 82,000,000円≦500,000,000円

　　　　　　　　　課税売上割合99.63…%≧95%　　　　　　　　　∴全額控除

(b)　控除対象仕入税額の計算

インボイスの保存がある課税仕入れ[※]に係る消費税額は、税率ごとに、「税込み課税仕入れの合計額×7.8/110（又は6.24/108）」で計算します。インボイスの保存がない課税仕入れに係る消費税額は、税率ごとに、「税込み課税仕入れの合計額×7.8/110（又は6.24/108）×80%」で計算します。本事例では、これらを合計した金額が仕入税額控除の適用を受ける金額（控除対象仕入税額）になります。

※　帳簿のみの保存で仕入税額控除が認められる取引を含みます（第5章2.⑷帳簿のみの保存で仕入税額控除が認められる特例　参照）。

◆本事例における控除対象仕入税額の計算

			8 %（軽）	10%	合計
税込み課税仕入れの額 （インボイスの保存があるもの）	k			1,620,000	66,880,000	68,500,000
課税仕入れに係る消費税額	l	k×7.8/110（or 6.24×108）	93,600	4,742,400	4,836,000
税込み課税仕入れの額 （インボイスの保存がないもの）	m		0	110,000	110,000
課税仕入れに係る消費税額と みなされる額	n	m×7.8/110（or 6.24×108） ×80%	0	6,240	6,240
控除対象仕入税額	o	l+n	93,600	4,748,640	4,842,240

③　納付する消費税（国税）の計算

　本事例では、売上返還等及び貸倒れは発生していませんので、売上返還等に係る消費税額及び貸倒れに係る消費税額の控除はありません。納付する消費税額（国税）は、課税標準額に対する消費税額から控除対象仕入税額を控除した金額になります（百円未満切捨て）。

◆本事例における納付する消費税（国税）の計算

			8 %（軽）	10%	合計
課税標準額に対する消費税額	c				6,364,800
控除対象仕入税額	o				4,842,240
納付する消費税（国税）	p	c−o　課税標準額に対する消費税額から控除対象仕入税額を控除（百円未満切捨て）			1,522,500

(4) 納付する地方消費税の計算

　地方消費税の額は、納付する消費税（国税）の金額に22/78を乗じて計算します（百円未満切捨て）。消費税（国税）と地方消費税の合計額が、最終的に納付する金額になります。

◆本事例における納付する地方消費税の計算

			8 %（軽）	10%	合計
納付する消費税（国税）	p				1,522,500
納付する地方消費税	q	p×22/78（百円未満切捨て）			429,400
消費税（国税）及び地方消費税の合計	r	p+q			1,951,900

(5) 消費税申告書

本事例における消費税申告書の記載手順は、次の通りです。

① 課税標準額

付表1-3①-1、及び、①欄を使用して計算します。①-1欄の合計額を申告書（第二表）⑦欄（税率別の内訳は⑤欄・⑥欄）に転記し、付表1-3①欄の合計額を申告書（第二表）①欄及び申告書（第一表）①欄に転記します。

② 課税標準額に対する消費税額

付表1-3②欄で計算します。②欄の合計額を申告書（第二表）⑪欄（税率別の内訳は⑮欄・⑯欄）及び申告書（第一表）②欄に転記します。

③ その課税期間における課税売上高

付表2-3①欄と②欄の合計額が、その課税期間における課税売上高になります。

④ 課税売上割合

付表2-3①欄～⑧欄を使用して計算します。④欄の金額（課税売上割合の分子）を申告書（第一表）⑮欄に転記し、⑦欄の金額（課税売上割合の分母）を申告書（第一表）⑯欄に転記します。

⑤ 控除対象仕入税額

付表2-3⑨欄～⑱欄を使用して計算し、⑱欄の金額を㉖欄に転記します。

⑥ 納付する消費税（国税）

付表2-3㉖欄の金額を、付表1-3④欄と⑦欄に転記し、付表1-3②欄の合計額から⑦欄の合計額を控除した金額を⑨欄に記載します。付表1-3④欄の合計額を申告書（第一表）④欄に、付表1-3⑦欄の合計額を申告書（第一表）⑦欄に、付表1-3⑨欄の金額を申告書（第一表）⑨欄に転記します。

⑦ 納付する地方消費税

付表1-3⑨欄の金額を⑪欄に転記し、⑬欄で地方消費税額を計算します。付表1-3⑪欄の金額を申告書（第二表）⑳欄・㉓欄及び申告書（第一表）⑱欄に転記し、付表1-3⑬欄の金額を申告書（第一表）⑳欄に転記します。

⑧ 消費税（国税）と地方消費税の合計

申告書（第一表）⑪欄に納付する消費税（国税）の額（⑨欄の金額）、㉒欄に納付する地方消費税の額（⑳欄の金額）を記載し、㉖欄にこれらの金額の合計額を記載します。

【消費税申告書イメージ】

GK0306

法人用　第一表

第3-(1)号様式

令和　年　月　日　　　　　　　　　税務署長殿

○ （個人の方）振替継続希望

納税地　　　（電話番号　　　-　　　-　　　）

※税務署処理欄

所管　要否　整理番号

申告年月日　令和　年　月　日

申告区分　指導等　庁指定　局指定

通信日付印　確認

年　月　日

指導　年　月　日　相談　区分1　区分2　区分3

令和

（フリガナ）

法人名　X株式会社

法人番号

（フリガナ）

代表者氏名

自 令和 06年 04月 01日
至 令和 07年 03月 31日

課税期間分の消費税及び地方消費税の（　確定　）申告書

中間申告 自 令和　年　月　日
の場合の
対象期間 至 令和　年　月　日

令和五年十月一日以後終了課税期間分（一般用）

この申告書による消費税の税額の計算

		十兆千百十億千百十万千百十一円	
課税標準額 ①		8 2 0 0 0 0 0 0 0	03
消費税額 ②		6 3 6 4 8 0 0	06
控除過大調整税額 ③			07
控除税額 控除対象仕入税額 ④		4 8 4 2 2 4 0	08
返還等対価に係る税額 ⑤			09
貸倒れに係る税額 ⑥			10
控除税額小計 (④+⑤+⑥) ⑦		4 8 4 2 2 4 0	11
控除不足還付税額 (⑦-②-③) ⑧			13
差引税額 (②+③-⑦) ⑨		1 5 2 2 5 0 0	15
中間納付税額 ⑩		0 0	16
納付税額 (⑨-⑩) ⑪		1 5 2 2 5 0 0	17
中間納付還付税額 (⑩-⑨) ⑫		0 0	18
この申告書が修正申告である場合 既確定税額 ⑬			19
この申告書が修正申告である場合 差引納付税額 ⑭		0 0	20
課税売上割合 課税資産の譲渡等の対価の額 ⑮		8 2 0 0 0 0 0 0 0	21
課税売上割合 資産の譲渡等の対価の額 ⑯		8 2 3 0 0 0 0 0 0	22

この申告書による地方消費税の税額の計算

地方消費税の課税標準となる消費税額 控除不足還付税額 ⑰			51
地方消費税の課税標準となる消費税額 差引税額 ⑱		1 5 2 2 5 0 0	52
譲渡割額 還付額 ⑲			53
譲渡割額 納税額 ⑳		4 2 9 4 0 0	54
中間納付譲渡割額 ㉑		0 0	55
納付譲渡割額 (⑳-㉑) ㉒		4 2 9 4 0 0	56
中間納付還付譲渡割額 (㉑-⑳) ㉓		0 0	57
この申告書が修正申告である場合 既確定譲渡割額 ㉔			58
この申告書が修正申告である場合 差引納付譲渡割額 ㉕		0 0	59
消費税及び地方消費税の合計（納付又は還付）税額 ㉖		1 9 5 1 9 0 0	60

付記事項・参考事項

	有	無	
割賦基準の適用 ○	有	○ 無	31
延払基準等の適用 ○	有	○ 無	32
工事進行基準の適用 ○	有	○ 無	33
現金主義会計の適用 ○	有	○ 無	34
課税標準額に対する消費税額の計算の特例の適用 ○	有	○ 無	35

控除税額の計算方法

課税売上高5億円超又は課税売上割合95%未満	○ 個別対応方式 / ○ 一括比例配分方式	41
上記以外	○ 全額控除	

基準期間の課税売上高　　　　　　千円

○ 税額控除に係る経過措置の適用（2割特例）　42

還付を受けようとする金融機関等

　　　　　　　銀行　　　本店・支店
　　　　　金庫・組合　　　出張所
　　　　　農協・漁協　　　本所・支所

預金　口座番号

ゆうちょ銀行の貯金記号番号　　-

郵便局名等

○ （個人の方）公金受取口座の利用

※税務署整理欄

税理士署名

（電話番号　　　-　　　-　　　）

○ 税理士法第30条の書面提出有

○ 税理士法第33条の2の書面提出有

課税標準額等の内訳書

納　税　地	（電話番号　　　　　－　　　　　－　　　　　）
（フリガナ）	
法　人　名	X株式会社
（フリガナ）	
代表者氏名	

整理番号 ☐☐☐☐☐☐☐☐　法人用

改正法附則による税額の特例計算
軽減売上割合（10営業日）	◌	附則38① 51
小売等軽減仕入割合	◌	附則38② 52

第二表

令和四年四月一日以後終了課税期間分

自 令和 **0 6** 年 **0 4** 月 **0 1** 日
至 令和 **0 7** 年 **0 3** 月 **3 1** 日

課税期間分の消費税及び地方消費税の（　確定　）申告書

中間申告の場合の対象期間　自 令和 ☐☐ 年 ☐☐ 月 ☐☐ 日　至 令和 ☐☐ 年 ☐☐ 月 ☐☐ 日

課　税　標　準　額 ※申告書（第一表）の①欄へ	①	十兆千百十億千百十万千百十一円 **8 2 0 0 0 0 0 0 0**	01

課税資産の譲渡等の対価の額の合計額	3 ％ 適用分	②		02
	4 ％ 適用分	③		03
	6.3 ％ 適用分	④		04
	6.24 ％ 適用分	⑤	**2 0 0 0 0 0 0**	05
	7.8 ％ 適用分	⑥	**8 0 0 0 0 0 0 0**	06
	（②～⑥の合計）	⑦	**8 2 0 0 0 0 0 0**	07
特定課税仕入れに係る支払対価の額の合計額	6.3 ％ 適用分	⑧		11
	7.8 ％ 適用分	⑨		12
（注1）	（⑧・⑨の合計）	⑩		13

消　費　税　額 ※申告書（第一表）の②欄へ	⑪	**6 3 6 4 8 0 0**	21
⑪ の 内 訳	3 ％ 適用分 ⑫		22
	4 ％ 適用分 ⑬		23
	6.3 ％ 適用分 ⑭		24
	6.24 ％ 適用分 ⑮	**1 2 4 8 0 0**	25
	7.8 ％ 適用分 ⑯	**6 2 4 0 0 0 0**	26

返　還　等　対　価　に　係　る　税　額 ※申告書（第一表）の⑤欄へ	⑰		31
⑰の内訳	売上げの返還等対価に係る税額 ⑱		32
	特定課税仕入れの返還等対価に係る税額 （注1） ⑲		33

地方消費税の課税標準となる消費税額	（㉑～㉓の合計）	⑳	**1 5 2 2 5 0 0**	41
	4 ％ 適用分	㉑		42
	6.3 ％ 適用分	㉒		43
（注2）	6.24%及び7.8％ 適用分	㉓	**1 5 2 2 5 0 0**	44

付表1−3　税率別消費税額計算表 兼 地方消費税の課税標準となる消費税額計算表　　一 般

課税期間	令和 6. 4. 1〜令和 7. 3.31	氏名又は名称 X株式会社

区　　　　分		税率6.24%適用分 A	税率7.8%適用分 B	合　計　C （A＋B）
課 税 標 準 額	①	円 2,000,000	円 80,000,000	※第二表の①欄へ 円 82,000,000
①の内訳 課税資産の譲渡等の対価の額	①−1	※第二表の⑤欄へ 2,000,000	※第二表の⑥欄へ 80,000,000	※第二表の⑦欄へ 82,000,000
特定課税仕入れに係る支払対価の額	①−2	※①-2欄は、課税売上割合が95%未満、かつ、特定課税仕入れがある事業者のみ記載する。 ※第二表の⑨欄へ		※第二表の⑩欄へ
消　費　税　額	②	※第二表の⑮欄へ 124,800	※第二表の⑯欄へ 6,240,000	※第二表の⑪欄へ 6,364,800
控 除 過 大 調 整 税 額	③	(付表2-3の㉗・㉘A欄の合計金額)	(付表2-3の㉗・㉘B欄の合計金額)	※第一表の③欄へ
控除税額 控 除 対 象 仕 入 税 額	④	(付表2-3の㉖のA欄の金額) 93,600	(付表2-3の㉖のB欄の金額) 4,748,640	※第一表の④欄へ 4,842,240
返 還 等 対 価 に 係 る 税 額	⑤			※第二表の⑰欄へ
⑤の内訳 売上げの返還等対価に係る税額	⑤−1			※第二表の⑱欄へ
特定課税仕入れの返還等対価に係る税額	⑤−2	※⑤-2欄は、課税売上割合が95%未満、かつ、特定課税仕入れがある事業者のみ記載する。		※第二表の⑲欄へ
貸 倒 れ に 係 る 税 額	⑥			※第一表の⑥欄へ
控除税額小計 （④＋⑤＋⑥）	⑦	93,600	4,748,640	※第一表の⑦欄へ 4,842,240
控除不足還付税額 （⑦−②−③）	⑧			※第一表の⑧欄へ
差 引 税 額 （②＋③−⑦）	⑨			※第一表の⑨欄へ 1,522,500
地方消費税の課税標準となる消費税額 控除不足還付税額 （⑧）	⑩			※第一表の⑰欄へ ※マイナス「−」を付して第二表の⑳及び㉑欄へ
差 引 税 額 （⑨）	⑪			※第一表の⑱欄へ ※第二表の⑳及び㉑欄へ 1,522,500
譲渡割額 還 付 額	⑫			⑩C欄×22/78 ※第一表の⑲欄へ
納 税 額	⑬			⑪C欄×22/78 ※第一表の⑳欄へ 429,400

注意　金額の計算においては、1円未満の端数を切り捨てる。

付表2－3　課税売上割合・控除対象仕入税額等の計算表

一般

課税期間	令和 6. 4. 1～令和 7. 3.31	氏名又は名称	X株式会社

項　目		税率 6.24 % 適用分 A	税率 7.8 % 適用分 B	合 計 C （A＋B）
課 税 売 上 額（税 抜 き）	①	2,000,000 円	80,000,000 円	82,000,000 円
免 税 売 上 額	②			
非課税資産の輸出等の金額、海外支店等へ移送した資産の価額	③			
課税資産の譲渡等の対価の額（①＋②＋③）	④			※第一表の⑮欄へ 82,000,000
課税資産の譲渡等の対価の額（④の金額）	⑤			82,000,000
非 課 税 売 上 額	⑥			300,000
資産の譲渡等の対価の額（⑤＋⑥）	⑦			※第一表の⑯欄へ 82,300,000
課 税 売 上 割 合（④ ／ ⑦）	⑧			〔 99.63 % 〕※端数切捨て
課税仕入れに係る支払対価の額（税込み）	⑨	1,620,000	66,880,000	68,500,000
課 税 仕 入 れ に 係 る 消 費 税 額	⑩	93,600	4,742,400	4,836,000
適格請求書発行事業者以外の者から行った課税仕入れに係る経過措置の適用を受ける課税仕入れに係る支払対価の額（税込み）	⑪		110,000	110,000
適格請求書発行事業者以外の者から行った課税仕入れに係る経過措置により課税仕入れに係る消費税額とみなされる額	⑫		6,240	6,240
特 定 課 税 仕 入 れ に 係 る 支 払 対 価 の 額	⑬	※⑬及び⑭欄は、課税売上割合が95%未満、かつ、特定課税仕入れがある事業者のみ記載する。		
特 定 課 税 仕 入 れ に 係 る 消 費 税 額	⑭		（⑬B欄×7.8/100）	
課 税 貨 物 に 係 る 消 費 税 額	⑮			
納税義務の免除を受けない（受ける）こととなった場合における消費税額の調整（加算又は減算）額	⑯			
課税仕入れ等の税額の合計額（⑩＋⑫＋⑭＋⑮±⑯）	⑰	93,600	4,748,640	4,842,240
課税売上高が5億円以下、かつ、課税売上割合が95%以上の場合（⑰の金額）	⑱	93,600	4,748,640	4,842,240
課税売上高が5億円超又は課税売上割合が95%未満の場合	個別対応方式	⑰のうち、課税売上げにのみ要するもの	⑲			
		⑰のうち、課税売上げと非課税売上げに共通して要するもの	⑳			
		個別対応方式により控除する課税仕入れ等の税額 〔⑲＋（⑳×④／⑦）〕	㉑			
	一括比例配分方式により控除する課税仕入れ等の税額 （⑰ × ④ ／ ⑦）		㉒			
控除税額の調整	課税売上割合変動時の調整対象固定資産に係る消費税額の調整（加算又は減算）額		㉓			
	調整対象固定資産を課税業務用（非課税業務用）に転用した場合の調整（加算又は減算）額		㉔			
	居住用賃貸建物を課税賃貸用に供した（譲渡した）場合の加算額		㉕			
差引	控 除 対 象 仕 入 税 額 〔（⑱、㉑又は㉒の金額）±㉓±㉔＋㉕〕がプラスの時		㉖	※付表1-3の④A欄へ 93,600	※付表1-3の④B欄へ 4,748,640	4,842,240
	控 除 過 大 調 整 税 額 〔（⑱、㉑又は㉒の金額）±㉓±㉔＋㉕〕がマイナスの時		㉗	※付表1-3の③A欄へ	※付表1-3の③B欄へ	
貸 倒 回 収 に 係 る 消 費 税 額		㉘	※付表1-3の③A欄へ	※付表1-3の③B欄へ	

注意　1　金額の計算においては、1円未満の端数を切り捨てる。
　　　2　⑨、⑪及び⑬欄には、値引き、割戻し、割引きなど仕入対価の返還等の金額がある場合（仕入対価の返還等の金額を仕入金額から直接減額している場合を除く。）には、その金額を控除した後の金額を記載する。
　　　3　⑪及び⑫欄の経過措置とは、所得税法等の一部を改正する法律（平成28年法律第15号）附則第52条又は第53条の適用がある場合をいう。

課税仕入れ等に係る消費税額の計算と経理処理

(1) 一般課税

① 全額控除

　その課税期間における課税売上高が 5 億円以下、かつ、課税売上割合が95％以上の場合は、課税仕入れ等に係る消費税額の全額が控除可能です。

　いずれかを満たさない場合は個別対応方式又は一括比例配分方式により計算を行います。個別対応方式又は一括比例配分方式はいずれも、非課税売上げに対応する課税仕入れ等に係る消費税額は控除しないという考え方に基づく計算方法で、課税仕入れ等に係る消費税額の全額を控除するとこはできません。

② 個別対応方式

(a) 特徴

　個別対応方式では、課税仕入れ等※を、「課税売上げにのみ要する課税仕入れ等」、「非課税売上げにのみ要する課税仕入れ等」、「課税売上げと非課税売上げに共通して要する課税仕入れ等」の 3 つに用途区分し、以下の算式により計算した金額を控除対象仕入税額とする方法です（消法30②一）。

※課税仕入れ等とは、課税仕入れと課税貨物の引取り（第 3 章 6 . 輸入取引 参照）をいいます。

個別対応方式による控除対象仕入税額	＝	課税売上げにのみ要する課税仕入れ等に係る消費税額	＋	課税売上げと非課税売上げに共通して要する課税仕入れ等に係る消費税額	×	課税売上割合

　用途区分の具体例は次の表の通りです。

用途区分	仕入税額控除の対象となる金額	具体例
課税売上げにのみ要する課税仕入れ等	消費税額の全額	・課税商品の仕入れ・課税製品の原材料仕入れ ・課税製品製造用の機械装置・工具器具備品の購入費 ・課税商品・製品に係る倉庫料、荷造運搬費、広告宣伝費 ・課税商品のみ販売する店舗・課税製品のみ製造する工場の取得（建設）費、支払家賃、修繕費
非課税売上げにのみ要する課税仕入れ等	控除できない	・販売用土地の造成費 ・土地譲渡に係る仲介手数料 ・住宅の賃貸に係る仲介手数料 ・有価証券譲渡に係る手数料 ・非課税製品製造用の機械装置・工具器具備品の購入費 ・非課税商品・製品に係る倉庫料、荷造運搬費、広告宣伝費 ・非課税商品のみ販売する店舗・非課税製品のみ製造する工場の取得（建設）費、支払家賃、修繕費
課税売上げと非課税売上げに共通して要する課税仕入れ等	消費税額に課税売上割合を乗じて計算した金額	・本社事務所で生じる消耗品費、通信費、水道光熱費、福利厚生費、工具器具備品の購入費 ・本社建物の取得（建設）費、支払家賃、修繕費

　用途区分は、課税仕入れ等を行った日において、その課税仕入れ等を自社のどの売上げに貢献させるつもりで行ったのかで判定を行います（消基通11‐2‐20）。

(b)　経理処理

　個別対応方式により仕入税額控除を行う場合は、経理処理の際に各課税仕入れ等の用途区分を行います。それにより、消費税集計表には各課税仕入れ等が用途区分ごと、かつ、税率別に集計され、その集計額に基づいて消費税申告書を作成することが可能になります。

【個別対応方式の経理処理例】

◆国内に所在する工場A（自動車部品を製造）の電気料金として11万円（税込み）を支払った。インボイスは保存している。

借方勘定科目 借方補助科目	借方税区分	税率	借方金額 （消費税額）	貸方勘定科目 貸方補助科目	貸方税区分	税率	貸方金額 （消費税額）	摘要
水道光熱費	課税仕入 （課税売上対応）	10%	110,000 内 (10,000)	普通預金	対象外		110,000	工場A電気料金○月分 ㈱△△

自動車部品の売上げ（課税売上げ）に貢献する課税仕入れなので、「課税売上げにのみ要する課税仕入れ」として計上する。

◆国内に所在する工場B（車いすを製造）の電気料金として11万円（税込み）を支払った。インボイスは保存している。

借方勘定科目 借方補助科目	借方税区分	税率	借方金額 （消費税額）	貸方勘定科目 貸方補助科目	貸方税区分	税率	貸方金額 （消費税額）	摘要
水道光熱費	課税仕入 （非課税売上対応）	10%	110,000 内 (10,000)	普通預金	対象外		110,000	工場B電気料金○月分 ㈱△△

車いすの売上げ（非課税売上げ）に貢献する課税仕入れなので、「非課税売上げにのみ要する課税仕入れ」として計上する。

◆本社（国内に所在）の電気料金として11万円（税込み）を支払った。インボイスは保存している。

借方勘定科目 借方補助科目	借方税区分	税率	借方金額 （消費税額）	貸方勘定科目 貸方補助科目	貸方税区分	税率	貸方金額 （消費税額）	摘要
水道光熱費	課税仕入 （共通対応）	10%	110,000 内 (10,000)	普通預金	対象外		110,000	本社電気料金○月分 ㈱△△

会社全体の売上げ（課税売上げと非課税売上げの両方）に貢献する課税仕入れなので、「課税売上げと非課税売上げに共通して要する課税仕入れ」として計上する。

③　一括比例配分方式

(a)　特徴

　一括比例配分方式は、課税仕入れ等に係る消費税額に課税売上割合を乗じて計算した金額を控除対象仕入税額とする方法です（消法30②二）。一括比例配分方式は、個別対応方式における用途区分を省略し、すべての課税仕入れ等を「課税売上げと非課税売上げに共通して要する課税仕入れ等」と捉えて計算する簡便的な方法です。

$$\begin{array}{l}\text{一括比例配分方式による}\\\text{控除対象仕入税額}\end{array} = \text{課税仕入れ等に係る消費税額} \times \text{課税売上割合}$$

(b)　経理処理

　　一括比例配分方式では、課税仕入れ等の用途区分は不要です。

【一括比例配分方式の経理処理例】

◆国内に所在する工場の電気料金として11万円（税込み）を支払った。インボイスは保存している。

借方勘定科目 借方補助科目	借方税区分	税率	借方金額 (消費税額)	貸方勘定科目 貸方補助科目	貸方税区分	税率	貸方金額 (消費税額)	摘要
水道光熱費	課税仕入	10%	110,000 内 (10,000)	普通預金	対象外		110,000	××工場電気料金○月分　㈱△△

用途区分は不要。

④　課税売上割合計算上の留意点

　　課税売上割合の分母には非課税売上げを算入しますが、有価証券及び金銭債権の譲渡による非課税売上げは、その対価の額の５％相当額のみを算入します（法令48⑤）。一般に会計システムには「有価証券譲渡」といった税区分が設けられていますので、その税区分により経理処理を行い、消費税集計表に集計された「有価証券譲渡」の金額に５％を乗じた金額を課税売上割合の分母に算入します。

【有価証券の譲渡を行った場合の経理処理】

◆内国法人の株式を500万円で譲渡した。譲渡直前の株式の帳簿価額は200万円だった。

借方勘定科目 借方補助科目	借方税区分	税率	借方金額 (消費税額)	貸方勘定科目 貸方補助科目	貸方税区分	税率	貸方金額 (消費税額)	摘要
普通預金	対象外		5,000,000	投資有価証券	有価証券譲渡		2,000,000	㈱○○株式譲渡
				投資有価証券売却益	有価証券譲渡		3,000,000	㈱○○株式譲渡

税区分を「有価証券譲渡」にする。消費税集計表に集計された金額×５％を課税売上割合の分母に算入する。

⑤　居住用賃貸建物を取得した場合

(a)　居住用賃貸建物とは

　居住用賃貸建物とは、住宅として賃貸するための建物で税抜き取得価額が1千万円以上のものをいいます※。

※　厳密には、住宅の貸付けの用に供しないことが明らかな建物（その附属設備を含みます）以外の建物であって、税抜き支払対価の額が一取引あたり1千万円以上のものをいいます。棚卸資産として取得するか固定資産として取得するかは問いません。自ら建設等をした建物で建設等に要した課税仕入れに係る税抜き支払対価の額の累計額が1千万円以上となったものも含みます（消法30⑩）。

(b)　仕入税額控除からの除外

　居住用賃貸建物の取得は課税仕入れですが、その貸付け収入は住宅の貸付けとして非課税売上げになります。非課税売上げに対応する課税仕入れに係る消費税額は控除しないというのが仕入税額控除の基本的な考え方であるため、特に高額な課税仕入れである居住用賃貸建物は、仕入税額控除の計算方式にかかわらず（個別対応方式はもちろん、全額控除や一括比例配分方式であっても）、仕入税額控除の対象から除外されています（消法30⑩）。

(c)　経理処理

● 税込経理の場合

　税込金額を建物勘定に計上し、税区分は「対象外」とします。

【居住用賃貸建物の経理処理例―税込経理の場合】

◆国内に所在する一戸建てを購入した。売買契約書には建物部分の売買金額として2,200万円（税込み）と記載されている。取得後は居住用として賃貸している。

借方勘定科目 借方補助科目	借方税区分	税率	借方金額 (消費税額)	貸方勘定科目 貸方補助科目	貸方税区分	税率	貸方金額 (消費税額)	摘要
建物	対象外		22,000,000	普通預金	対象外		22,000,000	〇〇市建物購入　△△㈱　居住用賃貸建物

「対象外」とする。

※土地取得の計上部分は省略しています。

● 税抜経理の場合

　税抜金額を建物勘定に計上し、税区分は「対象外」とします。

　税抜経理では、建物取得に係る消費税額は仮払消費税等に計上しますが、居住用賃貸建物の取得に係る消費税額については仕入税額控除の適用を受けることはできません。控除できない仮払消費税等のことを「控除対象外消費税額等」といい、経理処理としては、①長期前

払費用に計上する方法、②雑損失等の費用に計上する方法、③建物の取得価額に算入する方法、などが考えられます。自社の経理処理方針を確認しましょう。

【居住用賃貸建物の経理処理例―税抜経理の場合】

◆国内に所在する一戸建てを購入した。売買契約書には建物部分の売買金額として2,200万円（税込み）と記載されている。取得後は居住用として賃貸している。インボイスは保存している。

借方勘定科目 借方補助科目	借方税区分	税率	借方金額 （消費税額）	貸方勘定科目 貸方補助科目	貸方税区分	税率	貸方金額 （消費税額）	摘要
建物	対象外		20,000,000	普通預金	対象外		22,000,000	○○市建物購入　△△ ㈱　居住用賃貸建物
長期前払費用	対象外		2,000,000					○○市建物購入　△△ ㈱　居住用賃貸建物

※土地取得の計上部分は省略しています。

仮払消費税部分の計上科目は、
①長期前払費用　②費用計上
③建物　などが考えられる。

「対象外」
とする。

⑥　特定課税仕入れがある場合

(a)　特定課税仕入れとは

特定課税仕入れとは、次に掲げる取引をいいます（消法2①八の二、八の三、八の四、八の五、4①、5①、消令2の2、消基通5-8-3～5-8-6）。

●国外事業者から受ける事業者向け電気通信利用役務の提供（ネット広告の配信料など）

●国外事業者から受ける芸能・スポーツ等の役務の提供（外国人俳優が日本でCM撮影を行ったことに対する出演料など）で、当該国外事業者が他の事業者に対して行うもの

(b)　特定課税仕入れの申告義務

国外事業者に日本の消費税の適切な納税申告を求めることには限界があります。そこで、特定課税仕入れについては、国外事業者に対価を支払う日本の事業者（買手）に対して納税義務を課しています（消法5①）。この方式を一般に、「リバースチャージ」といいます。

なお、事務負担を考慮し、一般課税により申告を行う事業者で、その課税期間の課税売上割合が95％未満の事業者に限り、特定課税仕入れに係る申告を行うこととされています（平成27改正法附則42、44②）。特定課税仕入れの申告義務がある事業者は、課税標準額及び控除対象仕入税額の計算上、以下の通り特定課税仕入れの金額を含めて計算を行います。

● 課税標準額の計算

　課税標準額に、特定課税仕入れの支払対価の額を含めることとされています（消法28②）。

● 控除対象仕入税額の計算

　控除対象仕入税額は、特定課税仕入れに係る消費税額（特定課税仕入れに係る支払対価の額×7.8/100）を含めて計算を行うこととされています（消法30①）。

【特定課税仕入れがある場合の納付税額計算】

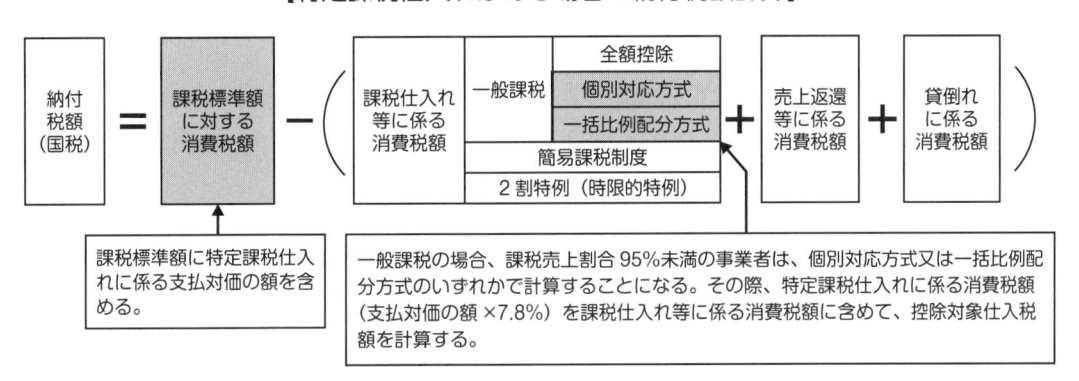

(c)　経理処理

　特定課税仕入れに係る申告義務は、特定課税仕入れを行った事業者の課税売上割合が95％未満の課税期間に限られます。対象となる事業者が少ないためか、特定課税仕入れ専用の税区分を設けている会計システムはあまりないようです。したがって、特定課税仕入れに係る申告義務のある事業者は、消費税申告書作成時に会計システムから必要な情報を抽出できるような経理処理の工夫が必要であると考えます。経理処理の一案は次の通りです。

【特定課税仕入れの経理処理例】

◆ 国外事業者に対しネット広告配信料150万円（円換算後）を支払った。

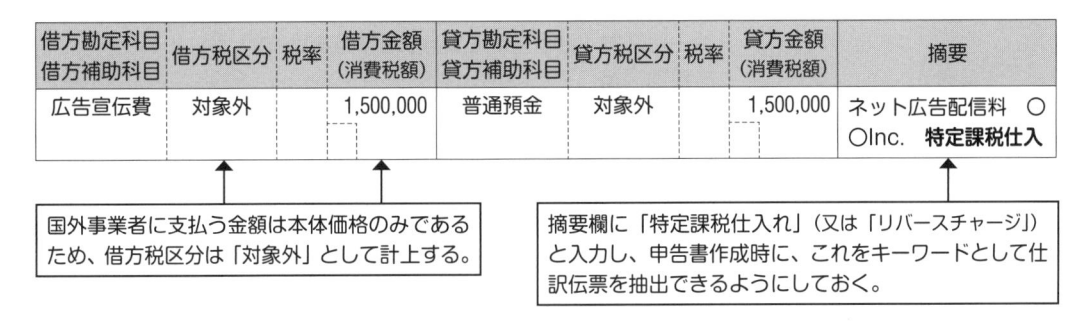

　なお、上記の経理処理に追加して、「（借方）仮払消費税150,000円　（貸方）仮受消費税150,000

円」と計上する方法も考えられます。自社の経理処理方針を確認しましょう。

(2) 簡易課税制度

(a)　特徴

　簡易課税制度は、中小事業者の事務負担を軽減するために設けられている計算方法で、課税標準額に対する消費税額（売上税額）に基づいて控除対象仕入税額の計算を行います（消法37①）。簡易課税制度は、課税仕入れ等に係る消費税額を集計する必要がないというところに大きな特徴があります。基準期間における課税売上高が5千万円以下の事業者が、事前に税務署長に対し一定の届出書を提出することで適用が可能です。

　簡易課税制度による控除対象仕入税額は、売上税額に一定割合（これを「みなし仕入率」といいます）を乗じて計算します。みなし仕入率は6つの事業区分に応じて次のように定められています（消法37①、消令57①⑤⑥）。

【みなし仕入率】

事業区分	みなし仕入率	該当する事業
第1種事業	90%	・卸売業（他の者から購入した商品を性質及び形状を変更しないで他の事業者に販売する事業）
第2種事業	80%	・小売業（他の者から購入した商品を性質及び形状を変更しないで消費者に販売する事業） ・農業、林業、漁業（飲食料品の譲渡に係る事業）
第3種事業	70%	・農業、林業、漁業（飲食料品の譲渡に係る事業を除く） ・鉱業 ・建設業 ・製造業（製造小売業を含む） ・電気業、ガス業、熱供給業、水道業 　（加工賃その他これに類する料金を対価とする役務の提供は第4種）
第4種事業	60%	・飲食店業 ・他のいずれにも該当しない事業
第5種事業	50%	・サービス業（飲食店業に該当する事業を除く） ・情報通信業 ・運輸業、郵便業 ・金融業、保険業 ・物品賃貸業
第6種事業	40%	・不動産業（賃貸、管理、仲介など。不動産の販売は、他の者から購入したものを他の事業者に販売する場合は第1種、他の者から購入したものを消費者に販売する場合は第2種、自ら建設施工したものを販売する場合は第3種)

　例えば、その課税期間中の課税売上げがすべて飲食店業の売上げであった場合、控除対象仕入税額は次のように計算します。

簡易課税制度による 控除対象仕入税額	＝	飲食店業の売上げ に係る消費税額	×	60% （飲食店業のみなし仕入率）

　すなわち、飲食店業の売上げ時に預かった消費税額の40%が納付税額になります。

(b)　経理処理

　簡易課税制度による場合の事業区分は、課税売上げごとに行います（消基通13-2-1）。通常は、会計システムの基本情報設定画面で簡易課税制度を適用することを選択すると、課税売上げ計上時に事業区分が入力できるようになります。主に発生する事業区分を予め基本情報として設定できる会計システムでは、課税売上げ計上時にその事業区分が自動的に反映されます。その場合は、予め設定した事業区分とは異なる事業区分を選択したい時のみ、事業区分を手動で変更します。

　このようにして課税売上げ計上時に適正な事業区分を入力することで、消費税集計表には各課税売上げが事業区分ごとに集計され、その集計額に基づいて消費税申告書を作成することが可能になります。

　簡易課税制度を適用する場合の経理処理のイメージは次の通りです。

【簡易課税制度による場合の経理処理イメージ】

◆国内において商品（清涼飲料水）5,400円（税込み）を飲食店に対して売上げ、代金を売掛金とした。

借方勘定科目 借方補助科目	借方税区分	税率	借方金額 （消費税額）	貸方勘定科目 貸方補助科目	貸方税区分	税率	貸方金額 （消費税額）	摘要
売掛金	対象外		5,400	売上高	課税売上 （第一種）	8％ （軽）内	5,400 （400）	清涼飲料水売上　㈱○ ○

> 簡易課税制度では、課税売上げを6つの事業に区分する。他の事業者に対する商品の売上げは卸売業として第一種事業に該当する。

◆国内で経営する飲食店で、飲食代金として11,000円（税込み）を受領した。

借方勘定科目 借方補助科目	借方税区分	税率	借方金額 （消費税額）	貸方勘定科目 貸方補助科目	貸方税区分	税率	貸方金額 （消費税額）	摘要
現金	対象外		11,000	売上高	課税売上 （第四種）	10% 内	11,000 （1,000）	店舗売上

> 飲食店業による売上げは第四種事業に該当する。

◆国内に所在する事務所の賃貸料22万円（税込み）を受領した。

借方勘定科目 借方補助科目	借方税区分	税率	借方金額 （消費税額）	貸方勘定科目 貸方補助科目	貸方税区分	税率	貸方金額 （消費税額）	摘要
普通預金	対象外		220,000	雑収入	課税売上 （第六種）	10% 内	220,000 （20,000）	△△事務所賃料　㈱× ×

> 勘定科目にかかわらず、課税売上げはすべて事業区分の入力が必要。

> 不動産賃貸収入は第六種事業に該当する。

(3)　2割特例

(a)　特徴

　2割特例は、免税事業者がインボイス発行事業者として登録を受けたことにより課税事業者になった場合に適用ができる計算方法です。控除対象仕入税額は売上税額に80％を乗じた金額になり（平成28年改正法附則51の2①、②）、納付税額が売上税額の2割になることから2割特例といいます。

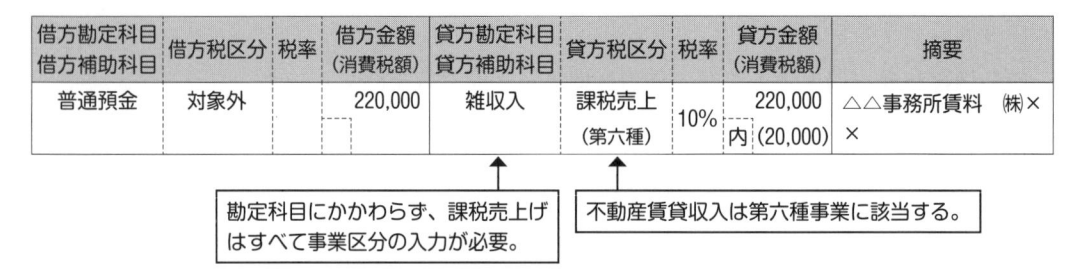

$$\text{2割特例による控除対象仕入税額} = \text{売上げに係る消費税額} \times 80\%$$

　2割特例は、2023年10月1日から2026年9月30日までの日の属する課税期間において適用が可能です。2割特例の適用を受けるか否かは事業者の任意であり、適用を受ける場合は、消費税申告書（第一表）の「税額控除に係る経過措置の適用（2割特例）」欄にチェックを付すこととされています。

【消費税申告書（第一表）のチェック欄】

2割特例の適用を受ける場合は、ここに〇を付す

（b）経理処理

●売上げの税区分と税率判定

　2割特例では売上税額だけを使用して納付税額を計算するため、売上げの税区分や税率などの判定は適正に行うことが必要です。

●簡易課税制度を選択している事業者の留意点

　簡易課税制度と２割特例の有利な方（納付税額が少なくなる方）の選択が可能です。主な売上げが卸売業による売上げ（みなし仕入率90％）である場合には、簡易課税制度による計算の方が有利になります。したがって、主たる売上げが卸売業による売上げである事業者、及び、卸売業による多額の売上げが臨時的に発生することが見込まれる事業者は、日々の経理処理において課税売上げの事業区分を行っておく必要があります。

●一般課税により控除対象仕入税額の計算を行う事業者の留意点

　一般課税と２割特例の有利な方の選択が可能です。どちらが有利かは、その課税期間の課税売上げと課税仕入れの多寡によります。２割特例では実際に支払った消費税額は計算に使用しないため、仕入取引の税区分などは結果として不要になりますが、明らかに２割特例の方が有利な課税期間を除き、日々の経理処理では、仕入取引の税区分などを省略しないで入力することが望ましいと考えます。

売上返還等に係る消費税額の計算と経理処理

(1) 概要

　課税売上げについて売上返還等（売上返品、売上値引き、売上割戻し、売上割引、本章1.（1）④売上返還等に係る消費税額　参照）を行った場合は、売上返還等に係る消費税額を、売上返還等が生じた課税期間の課税標準額に対する消費税額から控除することとされています（消法38①）。控除する金額は、次の算式により計算します。

売上返還等に係る消費税額	＝	売上返還等の金額（税込み）	×	7.8/110(or 6.24/108)

　なお、非課税売上げや輸出免税売上げは、当初売上げ時に預かっている消費税額はありませんので、売上返還等の発生時に控除する金額もありません。また、免税事業者時代の売上げについて課税事業者になった後に売上返還等を行っても、控除の対象にはなりません。

(2) 経理処理

① 「売上戻り高」「売上値引高」「売上割戻高」「売上割引」等の勘定科目で処理する場合

　一般に会計システムには、売上返還等を行った場合に選択する税区分（下記経理処理例では「課税売上返還」）が設けられていますので、その税区分により経理処理を行い、消費税集計表で自動集計することにより売上返還等に係る消費税額の計算基礎とします。

【売上戻り高勘定で処理する場合】

◆先月売り上げた商品（標準税率対象）77,000円（税込み）につき返品を受け、代金を返金した。

借方勘定科目 借方補助科目	借方税区分	税率	借方金額（消費税額）	貸方勘定科目 貸方補助科目	貸方税区分	税率	貸方金額（消費税額）	摘要
売上戻り高	課税売上返還	10%内	77,000 (7,000)	普通預金	対象外		77,000	商品A○月分売上返品 ㈱△△

税区分を「課税売上返還」にする。消費税集計表に集計された金額に基づき、売上返還等に係る消費税額の控除を行う。

② 「売上高」勘定のマイナスで処理する場合

　事業者が、売上返還等の金額を売上げから控除する経理処理を継続して行っている場合に

は、その処理も認められます（消基通10-1-15）。この処理を行っている場合には、課税標準額に対する消費税額が売上返還等の金額分小さくなっていますので、改めて売上返還等に係る消費税額の控除を行うことはありません。

【売上高勘定のマイナスで処理する場合】

◆先月売り上げた商品（標準税率対象）77,000円（税込み）につき返品を受け、代金を返金した。

借方勘定科目 借方補助科目	借方税区分	税率	借方金額 （消費税額）	貸方勘定科目 貸方補助科目	貸方税区分	税率	貸方金額 （消費税額）	摘要
売上高	課税売上	10% 内	77,000 (7,000)	普通預金	対象外		77,000	商品A○月分売上返品 ㈱△△

「売上高」勘定のマイナスで処理している場合は、売上返還等に係る消費税額の控除は行わない。

③　どちらの経理処理が一般的か

売上返品、売上値引き、売上割戻しは、「売上高」勘定のマイナスで処理するのが一般的ですが、「売上戻り高」などの独立した勘定科目で処理している会社もあります。

売上割引は、支払期日よりも前に支払いを受けたことに伴って対価を割り引くことであり、利息としての性質があるため営業外費用で処理します。販売促進の目的で販売数量や販売高などに応じて取引先に支払う販売奨励金は売上返還等に該当しますが、「販売促進費」などの勘定科目で処理されていることが多いように思います。

どのような経理処理によることとしているか、自社の方針を確認しましょう。

◆仕入返還等を行った場合の経理処理◆

事業者（買手）が、商品の返品をしたり、仕入値引きや仕入割戻し、仕入割引を受けたりすることを、消費税法では「仕入れに係る対価の返還等」といいます（消法32①）。一般には、略して「仕入返還等」といいます。

仕入割引は、支払期日よりも前に支払いを行ったことに伴って対価が割り引かれることであり、利息としての性質があるため営業外収益で処理します。仕入返品、仕入値引き、仕入割戻しの経理処理は次の2通りがあります。

いずれの方法によっても、仕入返還等に係る消費税額は課税仕入れ等に係る消費税額から控除して納付税額の計算を行います。

【仕入戻し高勘定で処理する場合】

◆先月仕入れた商品（軽減税率対象）10,800円（税込み）につき返品を行い、代金の返金を受けた。

借方勘定科目 借方補助科目	借方税区分	税率	借方金額 （消費税額）	貸方勘定科目 貸方補助科目	貸方税区分	税率	貸方金額 （消費税額）	摘要
普通預金	対象外		10,800	仕入戻し高	課税仕入返還	8％ （軽）　内	10,800 （800）	商品B○月分仕入返品　㈱△△

「仕入戻し高」勘定で処理し、税区分を「課税仕入返還」にする。

【仕入高勘定のマイナスで処理する場合】

◆先月仕入れた商品（軽減税率対象）10,800円（税込み）につき返品を行い、代金の返金を受けた。

借方勘定科目 借方補助科目	借方税区分	税率	借方金額 （消費税額）	貸方勘定科目 貸方補助科目	貸方税区分	税率	貸方金額 （消費税額）	摘要
普通預金	対象外		10,800	仕入高	課税仕入	8％ （軽）　内	10,800 （800）	商品B○月分仕入返品　㈱△△

「仕入高」勘定のマイナスで処理する。

❺ 貸倒れに係る消費税額の計算と経理処理

(1) 概要

　課税売上げとして計上した売掛金が貸倒れた場合、預かるはずだった消費税額が結果として預かれなかったことになります。そこで、貸倒れた債権に係る消費税額は、貸倒れが生じた課税期間の課税標準額に対する消費税額から控除することとされています（消法39①）。控除する金額は、次の算式により計算します。

$$\text{貸倒れに係る消費税額} = \text{貸倒れの金額（税込み）} \times 7.8/110 \ (\text{or} \ 6.24/108)$$

　貸倒れに係る消費税額は、当初の売上げが課税売上げであったからこそ貸倒れ時に控除できるのであって、非課税売上げや輸出免税売上げにより生じた売掛金や貸付金については、貸倒れ時に控除する金額はありません。また、免税事業者時代に発生した売掛金が貸し倒れても、控除の対象にはなりません。

(2) 経理処理

① 税区分

　一般に会計システムには、貸倒れが発生した場合に選択する税区分（下記経理処理例では「課税貸倒」）が設けられていますので、その税区分により経理処理を行い、消費税集計表で自動集計することにより貸倒れに係る消費税額の計算基礎とします。

【貸倒れの経理処理】

◆2023年の売上げ（標準税率対象）に係る売掛金1,100,000円（税込み）が、会社更生法の規定により切り捨てられた。

借方勘定科目 借方補助科目	借方税区分	税率	借方金額（消費税額）	貸方勘定科目 貸方補助科目	貸方税区分	税率	貸方金額（消費税額）	摘要
貸倒損失	課税貸倒	10%	1,100,000 内(100,000)	売掛金	対象外		1,100,000	㈱△△に対する売掛金貸倒処理

税区分を「課税貸倒」にする。消費税集計表に集計された金額に基づき、貸倒れに係る消費税額の控除を行う。

② 税率

　貸倒れに係る消費税額の控除は、その貸し倒れた債権が発生した時の税率により行います。

したがって、次の例のように債権発生日が旧税率8％適用時であれば、貸倒れ処理も旧税率8％で行います。

【旧税率適用時の売掛金が貸し倒れた場合】

◆2018年の売上げ（旧税率8％対象）に係る売掛金2,160,000円（税込み）が、会社更生法の規定により切り捨てられた。

借方勘定科目 借方補助科目	借方税区分	税率	借方金額 （消費税額）	貸方勘定科目 貸方補助科目	貸方税区分	税率	貸方金額 （消費税額）	摘要
貸倒損失	課税貸倒	8％ （旧）	2,160,000 内（160,000）	売掛金	対象外		2,160,000	㈱△△に対する売掛金 貸倒処理

貸倒れ処理は、債権発生時の税率で行う。

③　経理処理時の留意点

　「第2章2.(1)②勘定科目ごとの税区分設定」で解説した通り、勘定科目ごとに税区分を予め設定できる会計システムがほとんどで、経理処理上は、勘定科目を選択するとその税区分が自動的に反映されます。

　「貸倒損失」勘定の税区分設定が「課税貸倒」である場合、貸付金の貸倒れを課税処理してしまうミスが発生しやすくなり、逆に、税区分設定が「対象外」である場合、課税売上げに係る売掛金の貸倒れを対象外処理してしまうミスが発生しやすくなります。貸倒れ処理する場合には貸し倒れた債権の内容を必ず確認し、税区分を誤ることのないよう注意しましょう。

❻ 積上げ計算による場合の経理処理

(1) 積上げ計算とは

インボイス制度においては、課税標準額に対する消費税額（売上税額）・課税仕入れに係る消費税額（仕入税額）とも、インボイスに記載された消費税額等を積み上げて納付税額を計算することも認められています。この計算方法を「積上げ計算」といいます。他方、本章「2.経理処理から申告書作成までの流れ」で解説した計算方法（売上税額・仕入税額とも税込み取引総額から計算する方法）を「割戻し計算」といいます。

売上税額を積上げ計算により計算できるのはインボイス発行事業者に限定されています（消法45⑤）。売上税額を積上げ計算により計算する場合は、仕入税額も積上げ計算により計算しなければなりません（消令46①③、消基通11-1-9）。積上げ計算の方法は、次の通りです。

【積上げ計算による売上税額の計算】（消法45⑤、消令62①）

課税標準額に対する 消費税額	＝	適格請求書等に記載した 消費税額等の合計額	×	78/100

【積上げ計算による仕入税額の計算（請求書等積上げ計算）】（消法30①、消令46①）

課税仕入れに係る 消費税額	＝	適格請求書等に記載された課税 仕入れに係る消費税額等の合計額	×	78/100

(2) 仕入税額の計算における「帳簿積上げ計算」と経理処理

事業者が預かった消費税額等を最も正確に計算する方法は、事業者が売手として発行したインボイスに記載した消費税額等を合計することです。また、事業者が買手として支払った消費税額を最も正確に計算する方法は、事業者が受領したインボイスに記載された消費税額等を合計することです。積上げ計算は、事業者が実際に預かった消費税額と実際に支払った消費税額により納付税額を計算する方法であることから、本来のあるべき納付税額の計算方法といえます。

しかしながら、預かった消費税額等は自らが発行したインボイスから自動的に集計できても、支払った消費税額等を自動的に集計することは、各種経費支出時に受領するすべてのインボイスがデジタルインボイスにならない限り困難を伴います。そこで、仕入税額については、帳簿上積み上げた金額を仕入税額とすることが認められています。この方法により仕入

税額を計算する方法を「帳簿積上げ計算」といいます。

帳簿積上げ計算による場合は、課税仕入れの都度、課税仕入れに係る支払対価の額から計算した消費税額を仮払消費税等として帳簿に記載すること、消費税額に1円未満の端数が生じた場合には切捨て又は四捨五入により端数処理を行うことという経理処理上の要件を課されています。

【帳簿積上げ計算による仕入税額の計算】 (消法30①、消令46②)

$$
\begin{array}{c}
\text{課税仕入れに係る} \\
\text{消費税額}
\end{array}
=
\begin{array}{c}
\text{帳簿に記載された課税仕入れに} \\
\text{係る消費税額※の合計額}
\end{array}
\times\ 78/100
$$

※課税仕入れの都度、課税仕入れに係る支払対価の額に
10/110（軽減税率の対象である場合は8/108）を乗じて計
算した金額（1円未満の端数は切捨て又は四捨五入）を仮
払消費税等として帳簿に記載する必要があります。

◆ 国内電話料金として12,000円（税込み）を支払った。インボイスは保存している。

借方勘定科目 借方補助科目	借方税区分	税率	借方金額 （消費税額）	貸方勘定科目 貸方補助科目	貸方税区分	税率	貸方金額 （消費税額）	摘要
通信費	課税仕入	10%	12,000 （内）　(1,090)	普通預金	対象外		12,000 	国内電話料金○月分 (株)△△

帳簿に記載した消費税額等を積み上げて計算する。
消費税額の端数処理は、切捨て又は四捨五入のみ認められる。

課否判定表と
勘定科目別経理処理パターン

第1章

課否判定表

- 特に断りがない限り国内取引であることを前提としています。
- 「飲食料品」とは、酒類を除く飲食料品を前提としています。
- 製造原価科目を使用している場合は、「売上原価」「販売費及び一般管理費」で掲載している同様の科目をご参照ください。

① 売上高

勘定科目（経理処理例のページ）	内容	対象外	非課税	輸出免税	課税	税率
売上高（P166）（資産の譲渡）	商品、製品の譲渡（軽減税率対象資産、輸出免税、非課税以外）				○	10%
	飲食料品、週2回以上発行される新聞の定期購読契約による譲渡				○	8％（軽）
	国内からの輸出として行われる資産の譲渡			○		
	郵便切手類、印紙、証紙の譲渡（金券ショップ以外）		○			
	物品切手等の譲渡		○			
	物品切手等の発行	○				
	有価証券の譲渡		○（有価証券譲渡）			
	銀行券、政府紙幣、小額紙幣、硬貨、小切手、約束手形などの支払手段の譲渡		○			
	土地の譲渡		○			
	身体障害者用物品の譲渡		○			
	教科用図書の譲渡		○			
（資産の貸付け）	貸付期間が1か月未満である土地、住宅の貸付けによる賃貸料、一時金（返還不要のもの）				○	10%
	貸付期間が1か月以上である土地、住宅の貸付けによる賃貸料、一時金（返還不要のもの）		○			
	土地、住宅の貸付けによる一時金（返還を要するもの）	○				
	住宅以外の建物、駐車場、物品（機械装置、器具備品、車両等）の貸付けによる賃貸料、一時金（返還不要のもの）				○	10%
	住宅以外の建物、駐車場、物品（機械装置、器具備品、車両等）の貸付けによる一時金（返還を要するもの）	○				
	国内からの輸出として行われる資産の貸付けによる賃貸料、一時金（返還不要のもの）			○		
	国内からの輸出として行われる資産の貸付けによる一時金（返還を要するもの）	○				

勘定科目（経理処理例のページ）	内容	対象外	非課税	輸出免税	課税	税率
（役務の提供）	身体障害者用物品の貸付けによる利用料		○			
	非居住者以外の者に対する工業所有権、著作権等の無体財産権の貸付けによる利用料、一時金（返還不要のもの）				○	10%
	非居住者に対する工業所有権、著作権等の無体財産権の貸付けによる利用料、一時金（返還不要のもの）			○		
	工業所有権、著作権等の無体財産権の貸付けによる一時金（返還を要するもの）	○				
	預貯金・貸付金の利子		○			
	役務の提供（土木工事、修繕、運送、保管、印刷、広告、仲介、興行、宿泊、飲食、技術援助、情報の提供、便益、出演、著述、弁護士・公認会計士・税理士・作家・スポーツ選手・映画監督・棋士等によるその専門的知識・技能等に基づく役務の提供その他のサービスの提供）				○	10%
	非居住者に対する役務の提供（国内で直接便益を享受するもの）				○	10%
	非居住者に対する役務の提供（国内で直接便益を享受しないもの）			○		
	保険料収入		○			
	外国為替業務に係る役務の提供		○			
	社会保険医療の給付（健康保険法、国民健康保険法などによる医療、労災保険、自賠責保険の対象となる医療の報酬）		○			
	介護保険サービス（介護保険法に基づく保険給付の対象となる居宅サービス、施設サービス等の報酬）		○			
	社会福祉事業等（社会福祉法に規定する第一種社会福祉事業、第二種社会福祉事業、更生保護事業法に規定する更生保護事業などの社会福祉事業等によるサービスの提供等の報酬）		○			
	医師、助産師などによる助産に関するサービスの提供等		○			
	身体障害者用物品の製造請負、修理		○			
	学校教育（学校教育法に規定する学校等の授業料、入学金等）		○			

勘定科目 （経理処理例 のページ）	内容	対象外	非課税	輸出 免税	課税	税率
（国外取引）	国外で行われる資産の譲渡、資産の貸付け、役務の提供	○				
売上値引高 売上戻り高 売上割戻高 （P181）	資産の譲渡、貸付け対価（軽減税率対象資産、輸出免税、非課税以外）の値引き、割戻し、返品				○ （売上返還）	10%
	役務の提供の対価の値引き、割戻し				○ （売上返還）	10%
	飲食料品、週2回以上発行される新聞の定期購読契約による譲渡対価の値引き、割戻し、返品				○ （売上返還）	8％ （軽）
	輸出免税となる課税資産の譲渡等の対価の値引き、割戻し、返品			○ （売上返還）		
	資産の譲渡、貸付け対価（土地、身体障害者用物品等の非課税となるもの）の値引き、割戻し、返品		○ （売上返還）			
	国外における資産の譲渡等の対価の値引き、割戻し、返品	○				

売上原価

勘定科目 （経理処理例 のページ）	内容	課税以外 （対象外・ 非課税・ 輸出免税）	課税	税率
期首商品棚卸高 期首製品棚卸高 （P184）	期首商品、期首製品の振替処理	○		
	免税事業者が課税事業者となった場合の期首商品、期首製品の振替処理（課税仕入れ（10%）に係る部分）（経理処理例参照）		○	10%
	免税事業者が課税事業者となった場合の期首商品、期首製品の振替処理（課税仕入れ（8％（軽））に係る部分）（経理処理例参照）		○	8％ （軽）
仕入高 （P186）	商品仕入対価（土地、身体障害者用物品等の非課税となるもの）	○		
	商品仕入対価（飲食料品）		○	8％ （軽）
	商品仕入対価（非課税商品、輸入商品、飲食料品以外）		○	10%
	付随費用（引取運賃、荷役費、荷造費、保管料、購入手数料、買入事務・検収・選別等に要した費用のうち外部に委託したもの）		○	10%
	付随費用（運送保険料、関税等）	○		
	国外から輸入した商品仕入対価	○		
	輸入商品（飲食料品）につき、税関、輸入業者等に支払った輸入消費税		○	8％ （軽）
	輸入商品（飲食料品以外）につき、税関、輸入業者等に支払った輸入消費税		○	10%
	国外で購入した商品仕入対価（国外で販売する商品にかかるもの）	○		
期末商品棚卸高 期末製品棚卸高 （P184）	期末商品、期末製品の振替処理	○		
	課税事業者が免税事業者となる場合の期末商品、期末製品の振替処理（課税仕入れ（10%）に係る部分）（経理処理例参照）		○	10%
	課税事業者が免税事業者となる場合の期末商品、期末製品の振替処理（課税仕入れ（8％（軽））に係る部分）（経理処理例参照）		○	8％ （軽）
仕入値引高 仕入戻し高 仕入割戻高 （P193）	商品仕入対価（土地、身体障害者用物品等の非課税となるもの）の値引き、割戻し、返品	○		
	商品仕入対価（輸入商品）の値引き、割戻し、返品	○		
	商品仕入対価（飲食料品）の値引き、割戻し、返品		○ （仕入返還）	8％ （軽）

勘定科目 (経理処理例 のページ)	内容	課税以外 (対象外・ 非課税・ 輸出免税)	課税	税率
仕入値引高 仕入戻し高 仕入割戻高 (P193)	商品仕入対価（非課税商品、輸入商品、飲食料品以外）の値引き、割戻し、返品		○ (仕入返還)	10%
	協同組合等から支払いを受ける仕入額に応じた事業分量配当金（課税仕入れ（10%）に係るもの）		○ (仕入返還)	10%
	協同組合等から支払いを受ける仕入額に応じた事業分量配当金（課税仕入れ（8％（軽））に係るもの）		○ (仕入返還)	8％ （軽）
	事業分量配当金（非課税取引に係るもの）	○		
	国外で購入した商品仕入対価の値引き、割戻し、返品	○		

販売費及び一般管理費

勘定科目 （経理処理例 のページ）	内容	課税以外 （対象外・ 非課税・ 輸出免税）	課税	税率
役員報酬 役員賞与 給料手当 雑給 賞与 賞与引当金繰入 （P196）	役員報酬、役員賞与の支給	○		
	従業員に対する給与、賞与の支給	○		
	賞与の支給に備えるための引当金の繰入れ	○		
	出向負担金	○		
	出向負担金のうち通勤手当の負担金部分		○	10%
退職金 退職給付費用 （P199）	退職金の支給	○		
	中小企業退職金共済制度（中退共）の掛金	○		
	企業型確定拠出年金（企業型DC）の掛金	○		
	退職金の支給に備えるための引当金の繰入れ	○		
法定福利費 （P201）	社会保険料	○		
	労働保険料	○		
福利厚生費 （P202）	国内の施設、飲食店等で行った役員、従業員（以下「従業員等」という。）のための慰安会、歓送迎会、忘年会、新年会、親睦等のための飲食代、会場費、イベント費等		○	10%
	国外の施設、飲食店等で行った従業員等のための慰安会、歓送迎会、忘年会、新年会、親睦等のための飲食代、会場費、イベント費等	○		
	従業員等に金銭又は金券で支給した慶弔金、見舞金	○		
	従業員等に慰安、慶弔、見舞目的で支給するために購入した飲食料品代		○	8％ （軽）
	従業員等に慰安、慶弔、見舞目的で支給するために購入した物品代（飲食料品以外）		○	10%
	従業員等に慰安、慶弔、見舞目的で支給するために国外で購入した物品代	○		
	従業員等の国内慰安旅行のための旅費、宿泊費、飲食店における飲食代等		○	10%
	従業員等の国外慰安旅行のための旅費、宿泊費、飲食代等（国内で要するものを除く。）	○		
	従業員等の定期健康診断・人間ドック・インフルエンザ予防接種の費用		○	10%
	残業、夜間勤務等のための弁当代		○	8％ （軽）

勘定科目 （経理処理例 のページ）	内容	課税以外 （対象外・ 非課税・ 輸出免税）	課税	税率
福利厚生費 （P202）	永年勤続者に支給する金銭又は金券	○		
	永年勤続者に支給する記念品代（飲食料品）		○	8 % （軽）
	永年勤続者に支給する記念品代（飲食料品以外）		○	10%
	永年勤続者に支給する国内旅行費用		○	10%
	永年勤続者に支給する国外旅行費用（国内で要するものを除く。）	○		
	社宅の管理費、維持費等		○	10%
	事業所等に常備するために国内で購入した医薬品等		○	10%
	個人的費用の負担等で給与課税の対象となるもの	○		
求人採用費 （P210）	求人広告費用		○	10%
	人材紹介会社等へ支払う求人紹介料		○	10%
	求人説明会会場費用		○	10%
	内定者に支払う交通費		○	10%
	内定者向けの説明会等の費用（飲食料品）		○	8 % （軽）
	内定者向けの説明会等の費用（飲食料品以外）		○	10%
研修費 （P215）	社内研修会、講習会の会場費用		○	10%
	社内研修会、講習会参加者のための弁当代		○	8 % （軽）
	社内研修会、講習会参加のための交通費、宿泊費		○	10%
	社内研修会、講習会の講師料、交通費		○	10%
	社内研修のためのコンテンツ作成に係る外注費		○	10%
	社外で実施するセミナー参加費		○	10%
	国外で実施されるセミナー参加費（国外での交通費、宿泊費等を含む）	○		
	資格取得費用		○	10%
外注費 （P220）	人材派遣料		○	10%
	外交員報酬（給与所得に該当するもの）	○		
	外交員報酬（給与所得に該当しないもの）		○	10%
	国内の事業者に依頼する業務委託費		○	10%
	国外の事業者に依頼する業務委託費	○		
荷造運賃 （P226）	国内向けの宅配便、配送費		○	10%
	国外向けの宅配便、配送費	○		
	荷造梱包費		○	10%
	荷造梱包用品の期末未使用分の貯蔵品振替	○		

勘定科目 （経理処理例 のページ）	内容	課税以外 （対象外・ 非課税・ 輸出免税）	課税	税率
広告宣伝費 （P230）	新聞、雑誌、Web等への広告掲載費用		○	10%
	広告宣伝のためのSNS（ソーシャル・ネットワーキング・サービス）の利用料		○	10%
	テレビ、ラジオ等の広告放送費用		○	10%
	コマーシャルの制作費用		○	10%
	ポスター、チラシ、カタログ等の制作費用、発送費用		○	10%
	広告看板の制作費用		○	10%
	カレンダー等の広告物の制作費用、配布費用		○	10%
	広告宣伝用のプリペイドカードの購入費用	○		
	広告宣伝用の賞品、景品代等（飲食料品を除く）		○	10%
	広告宣伝用の賞金（金銭、商品券、プリペイドカード等）	○		
	展示会の開催費用		○	10%
	プロスポーツのスポンサー料、イベント等の協賛金		○	10%
	贈与する広告宣伝用資産の購入対価		○	10%
	見本品、試供品の購入費用（飲食料品を除く）		○	10%
	会社案内、カタログ等の期末未使用分の貯蔵品振替	○		
販売促進費 （P240）	販売量、売上高等に応じて支払う販売奨励金（売上げの税率が10%の場合）		○ （売上返還）	10%
	販売量、売上高等に応じて支払う販売奨励金（売上げの税率が8％（軽）の場合）		○ （売上返還）	8％ （軽）
	上記以外の販売奨励金		○	10%
	特約店の販売促進のための広告宣伝費の負担金		○	10%
	特約店に専属するセールスマンに対する国内での慰安費用		○	10%
	特約店に専属するセールスマンに対する国外での慰安費用	○		
	特約店の全従業員に対する健康診断費用		○	10%
接待交際費 （P243）	国内の飲食店での接待飲食代		○	10%
	国外の飲食店での接待飲食代	○		
	贈答用の金券代（商品券、ビール券等）	○		
	国内で購入した手土産代、贈答品代（飲食料品）		○	8％ （軽）
	国内で購入した手土産代、贈答品代（飲食料品及び金券以外）		○	10%

勘定科目 （経理処理例 のページ）	内容	課税以外 （対象外・ 非課税・ 輸出免税）	課税	税率
接待交際費 （P243）	国外で購入した手土産代、贈答品代	○		
	取引先を国内での観劇、国内旅行等に招待するための費用		○	10%
	取引先を国外での観劇、国外旅行等に招待するための費用	○		
	取引先に対する慶弔金の支出	○		
	取引先の慶弔に伴う電報、生花代		○	10%
	国内での接待のために取引先に渡したお車代	○		
	国内での接待のために当社従業員が利用した交通費（タクシー代等）		○	10%
	国内ゴルフクラブの年会費		○	10%
	国内ゴルフクラブにおける接待のためのゴルフプレー代		○	10%
	ゴルフ場利用税	○		
	国内で行った創立記念パーティー費用		○	10%
	同業者団体、異業種交流会等の懇親会費		○	10%
会議費 （P251）	会議のために要した弁当代		○	8％ （軽）
	外部の会議室利用料		○	10%
	会議用資料作成に係る外注費		○	10%
	国外で行われた会議のために要する費用	○		
旅費交通費 （P256）	国内での鉄道、バス、タクシー、航空券、船舶等の運賃		○	10%
	国外での鉄道、バス、タクシー、航空券、船舶等の運賃	○		
	国内⇔国外の航空券、船舶等の運賃	○		
	国内の空港利用料		○	10%
	国内でのホテル等宿泊費		○	10%
	国内でのホテル等宿泊税	○		
	国外でのホテル等宿泊費	○		
	国内での駐車料、高速料金、ガソリン代、軽油代、レンタカー代		○	10%
	時間制限駐車区間に設置されているパーキングメーターのチケット発給手数料	○		
	国外での駐車料、高速料金、ガソリン代、軽油代、レンタカー代	○		

勘定科目 (経理処理例 のページ)	内容	課税以外 (対象外・ 非課税・ 輸出免税)	課税	税率
旅費交通費 (P256)	軽油引取税	○		
	通勤手当		○	10%
	国内出張に係る日当		○	10%
	国内における転勤のための引越費用、支度金		○	10%
	単身赴任者に定期的に支給する帰省旅費	○		
通信費 (P265)	国内電話料金		○	10%
	金融機関のファクシミリサービス利用料		○	10%
	国際電話料金	○		
	国内郵便料金（切手、ハガキ、レターパック等）		○	10%
	国際郵便料金	○		
	国内インターネット利用料		○	10%
	国外インターネット利用料	○		
	NHK受信料		○	10%
	切手、ハガキ、レターパック等の期末未使用分の貯蔵品振替	○		
消耗品費 (P270)	事務用品の購入対価		○	10%
	消耗品の購入対価		○	10%
	少額の備品等の購入対価		○	10%
	複合機のカウンター料		○	10%
	国外で購入した事務用品、消耗品、備品等の購入対価	○		
	消耗品の期末未使用分の貯蔵品振替	○		
修繕費 (P273)	固定資産の修理代		○	10%
	固定資産の部品等の交換代		○	10%
	固定資産の改良費用		○	10%
	車検費用（作業料部分）		○	10%
	車検費用（税金、保険料、法定費用）	○		
	固定資産の保守メンテナンス料		○	10%
	固定資産の移設費		○	10%
	ソフトウエアの機能障害除去、現状の効用の維持等の費用		○	10%
	国外にある固定資産の修理代、部品交換代、保守メンテナンス料等	○		
	賃借物件の原状回復費		○	10%

勘定科目 (経理処理例 のページ)	内容	課税以外 (対象外・ 非課税・ 輸出免税)	課税	
				税率
水道光熱費 (P280)	電気料金		○	10%
	ガス料金		○	10%
	上下水道料金		○	10%
	灯油等の燃料費		○	10%
新聞図書費 (P283)	週2回以上発行される新聞の定期購読料		○	8% (軽)
	上記以外の新聞の購入対価		○	10%
	書籍（電子書籍を含む）の購入対価		○	10%
	同業者団体等の会報、機関紙の購読料		○	10%
諸会費 (P287)	同業者団体、商工会議所、商工会、法人会、協会、組合、町内会等（以下「同業者団体等」という。）の会費のうち、対価性のないもの	○		
	同業者団体等の会費のうち、対価性があるもの		○	10%
	クレジットカードの年会費		○	10%
支払手数料 (P290)	振込手数料		○	10%
	残高証明手数料、通帳発行手数料、両替手数料（外貨両替手数料を除く）		○	10%
	海外送金手数料、外貨両替手数料	○		
	クレジット手数料（クレジットカード発行会社に対する加盟店手数料）	○		
	集金代行サービス手数料		○	10%
	手形取立手数料		○	10%
	国、地方公共団体等の行政手数料（法令等により定められているもの）	○		
	国、地方公共団体等の行政手数料（法令等により定められていないもの）		○	10%
	公証人の手数料	○		
	仲介手数料		○	10%
	情報提供料、紹介料		○	10%
	日本のみで登録されている特許権の使用料		○	10%
	外国で登録されている特許権の使用料（一の国のみで登録されている場合）	○		
	特許権の使用料（同一の特許権が2以上の国に登録されている場合で、特許権の貸付けを行う者の住所地が国内）		○	10%

勘定科目 （経理処理例 のページ）	内容	課税以外 （対象外・ 非課税・ 輸出免税）	課税	税率
支払手数料 （P290）	特許権の使用料（同一の特許権が2以上の国に登録されている場合で、特許権の貸付けを行う者の住所地が国外）	○		
	国内事業者が提供するクラウドサービス利用料		○	10%
	国外事業者が提供するクラウドサービス利用料（事業者向け電気通信利用役務の提供で、自社の課税売上割合が95％以上）	○ （当分の間）		
	国外事業者が提供するクラウドサービス利用料（事業者向け電気通信利用役務の提供で、自社の課税売上割合が95％未満）		○ （リバース チャージ）	10%
	国外事業者が提供するクラウドサービス利用料（消費者向け電気通信利用役務の提供）		○	10%
保険料 （P298）	火災保険、地震保険、自動車保険等の損害保険料	○		
	定期保険、終身保険、養老保険、医療保険等の生命保険料	○		
	火災共済、中小企業倒産防止共済（経営セーフティ共済）等の共済掛金	○		
支払報酬料 （P300）	弁護士、会計士、監査法人、司法書士、税理士、社会保険労務士等の報酬		○	10%
	コンサルタント報酬		○	10%
	国外のコンサルタント会社に支払う国外の市場調査に係る報酬	○		
寄付金 （P305）	金銭による寄付	○		
	課税物品（飲食料品以外）の購入による寄付（給与認定される場合を除く）		○	10%
	課税物品の購入による寄付（給与認定される場合）	○		
	非課税物品の購入による寄付	○		
	自社商品、製品等の寄付	○		
研究開発費 （P307）	国の機関、大学、民間企業等への研究開発の委託費用		○	10%
	研究開発用の資産、備品、消耗品等の購入対価		○	10%
	研究開発部門の人件費	○		
減価償却費 長期前払費用償却 繰延資産償却 （P311）	減価償却費	○		
	長期前払費用償却	○		
	繰延資産償却	○		

勘定科目 （経理処理例 のページ）	内容	課税以外 （対象外・ 非課税・ 輸出免税）	課税	税率
地代家賃 （P312）	土地の賃借料	○		
	事務所、店舗、工場等の家賃、共益費		○	10%
	社宅の家賃、共益費	○		
	駐車場代（マンションの区分所有者がマンション管理組合に支払うもの及び土地の賃貸借となるものを除く）		○	10%
	マンションの区分所有者がマンション管理組合に支払う駐車場代	○		
	マンスリーマンション、ウィークリーマンションの利用料		○	10%
	国外不動産の地代、家賃等	○		
賃借料 リース料 （P317）	機械装置、車両、備品等のリース料、レンタル料（身体障害者用物品のリース料、レンタル料を除く）		○	10%
	身体障害者用物品のリース料、レンタル料	○		
	国外資産のリース、レンタル料	○		
租税公課 （P321）	事業税（付加価値割、資本割）、事業所税、消費税、固定資産税（償却資産税）、自動車税、自動車重量税、登録免許税、加算税、加算金、延滞税、延滞金、利子税、酒税、入湯税、ゴルフ場利用税、ガソリン税、たばこ税、宿泊税、関税等の租税	○		
	国外で納付する租税	○		
	印紙、証紙の購入（金券ショップでの購入を除く）	○		
	金券ショップでの印紙、証紙の購入		○	10%
	罰金、過料、科料	○		
貸倒損失 貸倒引当金繰入 （P323）	課税売上げに係る売掛金、未収入金等の貸倒れ（10%）		○ （貸倒）	10%
	課税売上げに係る売掛金、未収入金等の貸倒れ（8％（軽））		○ （貸倒）	8％ （軽）
	課税売上げに係る売掛金、未収入金等の貸倒れ（8％（旧））		○ （貸倒）	8％ （旧）
	課税売上げに係る売掛金、未収入金等の貸倒れ（5％（旧））		○ （貸倒）	5％ （旧）
	上記のうち、法人税法上損金算入が認められない貸倒れ	○		
	輸出売上げに係る売掛金、未収入金等の貸倒れ	○		
	非課税売上げに係る売掛金、未収入金等の貸倒れ	○		
	貸付金、立替金等の貸倒れ	○		

勘定科目 (経理処理例 のページ)	内容	課税以外 (対象外・ 非課税・ 輸出免税)	課税	税率
貸倒損失 貸倒引当金繰入 (P323)	免税事業者であった期間に生じた売上げに係る売掛金、未収入金等の貸倒れ	○		
	他者から購入した売掛金、未収入金、貸付金等の貸倒れ	○		
	貸倒引当金の繰入れ、戻入れ	○		
雑費 (P326)	廃棄物処理業者に支払う廃棄物処理代		○	10%
	引越し費用		○	10%
	初穂料、祈祷料、玉串料	○		

営業外収益

勘定科目 (経理処理例 のページ)	内容	対象外	非課税	輸出 免税	課税	税率
受取利息 (P328)	預貯金の利子		○			
	貸付金の利子		○			
	公社債の利子、償還差益		○			
	金銭債権の買取差益		○			
	有価証券（株券）の貸付料		○			
	借入金の返済遅延や買掛金の支払遅延に伴う遅延損害金		○			
	非居住者から受け取る貸付金等の利子 (経理処理例参照)		○ (非課税資産の輸出等)			
受取配当金 (P330)	剰余金の配当若しくは利益の配当又は剰余金の分配（出資に係るものに限る）	○				
	証券投資信託等の収益の分配金		○			
	オープン型証券投資信託の特別分配金	○				
	従事分量配当金 (事業分量配当金は「仕入値引高、仕入戻し高、仕入割戻高」参照)				○	10%
	保険契約に基づく契約者配当金	○				
仕入割引 (P331)	課税仕入れ（10%）に係る仕入割引				○ (仕入返還)	10%
	課税仕入れ（8%（軽））に係る仕入割引				○ (仕入返還)	8% (軽)
	課税仕入れ以外に係る仕入割引	○				
有価証券売却 (損)益 (P332)	株式等有価証券の譲渡対価		○ (有価証券譲渡)			
	債券の償還額	○				
	債券の譲渡対価		○ (有価証券譲渡)			
為替差(損)益 (P334)	外貨建取引に係る為替差損益	○				
雑収入 (P335)	還付加算金	○				
	研修講師、原稿執筆に対する報酬、謝礼				○	10%
	自動販売機設置手数料				○	10%
	作業くず、廃材、不要物品等の売却対価				○	10%
	建物の屋上に設置するアンテナの設置料				○	10%

勘定科目 （経理処理例 のページ）	内容	対象外	非課税	輸出 免税	課税	税率
雑収入 （P335）	電柱敷地料		○			
	社宅家賃		○			
	保険金、解約返戻金	○				
	違約金、損害賠償金（実質的に資産の譲渡等とみられないもの）	○				
	違約金、損害賠償金（実質的に軽減税率対象資産の譲渡とみられるもの）				○	8％ （軽）
	違約金、損害賠償金（実質的に資産の譲渡等とみられるもので上記以外）				○	10%
	現金過多	○				
	クレジット会社から受けるキャッシュバック	○				
	消費税差額	○				

❺ 営業外費用

勘定科目（経理処理例のページ）	内容	課税以外（対象外・非課税・輸出免税）	課税	税率
支払利息（P339）	借入金の利子	○		
	公社債の利子、社債発行差金	○		
	有価証券（株券）の借入料	○		
	借入金の返済遅延や買掛金の支払遅延に伴う遅延損害金	○		
	信用保証協会の保証料	○		
	非居住者に支払う借入金利子	○		
売上割引（P340）	売上割引（課税売上げ（10％）から生じた金銭債権等に係るもの）		○（売上返還）	10%
	売上割引（課税売上げ（8％（軽））から生じた金銭債権等に係るもの）		○（売上返還）	8％（軽）
	売上割引（非課税売上げから生じた金銭債権等に係るもの）	○（売上返還）		
	売上割引（輸出免税売上げから生じた金銭債権等に係るもの）	○（売上返還）		
有価証券売却損（P332）	「有価証券売却（損）益」参照			
手形売却損（P341）	手形割引料	○		
雑損失（P342）	現金不足	○		
	消費税差額	○		
	違約金、損害賠償金（実質的に資産の譲渡等とみられないもの）	○		
	違約金、損害賠償金（実質的に軽減税率対象資産の譲渡とみられるもの）		○	8％（軽）
	違約金、損害賠償金（実質的に資産の譲渡等とみられるもので上記以外）		○	10%

特別利益

勘定科目 （経理処理例 のページ）	内容	対象外	非課税	輸出 免税	課税	税率
固定資産売却 （損）益 （P344）	土地、借地権の譲渡対価（未経過固定資産税相当額含む）		○			
	建物、建物附属設備、構築物、機械装置、工具器具備品、車両の譲渡対価（未経過固定資産税相当額、未経過自動車税相当額含む）				○	10%
	ゴルフ会員権、工業所有権、営業権、ソフトウエア等の無形固定資産の譲渡対価				○	10%
	国外にある資産の譲渡対価	○				
投資有価証券 売却益 （P332）	「有価証券売却（損）益」参照					
債権償却取立益 （P352）	過年度に貸倒処理した債権の回収（課税売上げ（10%）に係る債権）				○	10%
	過年度に貸倒処理した債権の回収（課税売上げ（8%（軽））に係る債権）				○	8% （軽）
	過年度に貸倒処理した債権の回収（課税売上げ（8%（旧））に係る債権）				○	8% （旧）
	過年度に貸倒処理した債権の回収（課税売上げ（5%（旧））に係る債権）				○	5% （旧）
	過年度に貸倒処理した債権の回収（課税売上げ以外に係る債権）	○				
受贈益 （P353）	金銭の受贈益	○				
	資産を無償で譲り受けた場合の受贈益、資産を低額譲受けした場合の時価と対価との差額	○				
	債務免除益	○				
前期損益修正 （損）益 （P354）	過年度の課税取引の修正（税率10%）				○	10%
	過年度の課税取引の修正（税率8%（軽））				○	8% （軽）
	過年度の課税取引の修正（税率8%（旧））				○	8% （旧）
	過年度の輸出免税取引の修正			○		
	過年度の非課税取引の修正		○			
	過年度の対象外取引の修正	○				

特別損失

勘定科目 （経理処理例 のページ）	内容	課税以外 （対象外・ 非課税・ 輸出免税）	課税	税率
固定資産売却損 （P344）	「固定資産売却（損）益」参照			
固定資産除却損 固定資産評価損 減損損失 （P356）	固定資産の除却損、廃棄損、評価損	○		
	減損損失	○		
	除却、廃棄に要する手数料		○	10%
	リサイクル預託金（廃棄時）		○	10%
投資有価証券 売却損 （P332）	「有価証券売却（損）益」参照			
前期損益修正損 （P354）	「前期損益修正（損）益」参照			

法人税等

勘定科目 （経理処理例 のページ）	内容	課税以外 （対象外・ 非課税・ 輸出免税）	課税	税率
法人税、住民税 及び事業税 （P357）	法人税、源泉所得税、事業税（所得割）、都道府県民税、市町村民税	○		
	法人税等調整額	○		

 資産

勘定科目 (経理処理例 のページ)	内容	課税以外 (対象外・ 非課税・ 輸出免税)	課税	税率
受取手形 (P358)	手形の受取り	○		
	受取手形の不渡り	○		
	受取手形の裏書譲渡	○		
売掛金 (P359)	資産の譲渡等による売掛金の発生	○		
	他の事業者の有する売掛金の買取り	○		
	売掛金の回収	○		
	他の事業者から買い取った売掛金の譲渡	○ (有価証券譲渡)		
短期貸付金 長期貸付金 (P360)	貸付金の発生	○		
	貸付金の回収	○		
	貸付金の譲渡	○ (有価証券譲渡)		
有価証券 投資有価証券 関係会社株式 出資金 (P361)	有価証券の購入、出資	○		
	有価証券の購入・出資に係る手数料		○	10%
	有価証券の購入・出資に係るデューデリジェンス、調査費用等		○	10%
	投資事業有限責任組合の当社帰属分の課税取引 (税率10%)		○	10%
	投資事業有限責任組合の当社帰属分の課税取引 (税率8％(軽))		○	8％ (軽)
	国外で要した購入手数料等	○		
	有価証券の評価損益	○		
	有価証券の譲渡	「有価証券売却損(損)益」参照		
未成工事支出金 (P363)	未成工事に係る給与、賞与、法定福利費等(課税以外の取引)	○		
	未成工事に係る材料費、外注費等(課税取引)		○	10%
	国外で生じた未成工事支出金	○		
土地 借地権 (P366)	土地の購入対価	○		
	土地購入に係る付随費用(購入手数料等)		○	10%
	土地購入に係る未経過固定資産税相当額	○		
	名義変更に係る司法書士報酬		○	10%
	名義変更に係る登録免許税、不動産取得税	○		

勘定科目 （経理処理例 のページ）	内容	課税以外 （対象外・ 非課税・ 輸出免税）	課税	税率
土地 借地権 （P366）	土地の造成費		○	10%
	借地権、地上権、地役権の設定の対価、更新料	○		
	国外で要した購入手数料等	○		
	土地、借地権の譲渡	「固定資産売却（損）益」参照		
建物 （P371）	建物（居住用賃貸建物を除く）の購入、建設対価		○	10%
	建物（居住用賃貸建物）の購入、建設対価	○		
	建物購入、建設に係る付随費用（購入手数料等）		○	10%
	建物購入に係る未経過固定資産税相当額		○	10%
	名義変更に係る司法書士報酬		○	10%
	名義変更に係る登録免許税、不動産取得税	○		
	建物の修繕費		○	10%
	国外で要した購入手数料等	○		
	建物の譲渡	「固定資産売却（損）益」参照		
建物附属設備 構築物 （P375）	建物附属設備、構築物の購入対価		○	10%
	建物附属設備、構築物購入の際の付随費用（購入手数料等）		○	10%
	賃借している建物の内装工事、附属設備工事対価		○	10%
	建物附属設備、構築物の修繕費		○	10%
	建物附属設備、構築物の譲渡	「固定資産売却（損）益」参照		
機械装置 工具器具備品 （P378）	機械装置、器具備品の購入、製造対価		○	10%
	割賦購入に係る手数料、リース契約に係る利息相当額（契約において金額が明示されているもの）	○		
	贈与を受けた機械装置、器具備品等	○		
	機械装置、器具備品等の修繕費		○	10%
	機械装置、器具備品等の譲渡	「固定資産売却（損）益」参照		
車両運搬具 （P383）	車両（身体障害者用物品に該当するもの）の購入対価	○		
	車両（身体障害者用物品を除く）の購入対価		○	10%
	車両購入に係る付随費用（法定費用、自動車重量税、自賠責保険料、リサイクル預託金）	○		
	車両購入に係る付随費用（上記以外）		○	10%
	車両購入に係る未経過自動車税相当額		○	10%
	割賦購入に係る手数料、リース契約に係る利息相当額（契約において金額が明示されているもの）	○		

勘定科目 （経理処理例 のページ）	内容	課税以外 （対象外・ 非課税・ 輸出免税）	課税	税率
車両運搬具 （P383）	車両運搬具の譲渡	「固定資産売却（損）益」参照		
建設仮勘定 （P386）	建物購入、建設に係る手付金、中間金等	○		
	建物を自社で建設した場合の給与、賞与、法定福利費等（課税以外の取引）	○		
	建物を自社で建設した場合の材料費、外注費等（課税取引）		○	10%
	建物建設に係る設計料		○	10%
	地鎮祭、上棟式の費用（神主に支払うものを除く）		○	10%
	地鎮祭、上棟式の費用（神主に支払うもの）	○		
施設利用権 （P392）	ゴルフクラブ・レジャー施設利用のための入会金（返還されないもの）		○	10%
	ゴルフクラブ・レジャー施設利用のための入会金（返還されるもの）	○		
	ゴルフ会員権の購入対価（ゴルフクラブに直接支払うもののうち、出資金又は預託金部分）	○		
	ゴルフ会員権の購入対価（市場から購入するもの）		○	10%
	ゴルフ会員権の預託金返還部分	○		
	専用側線利用権、電気ガス供給施設利用権、水道施設利用権、電気通信施設利用権等の権利の設定の対価		○	10%
	施設利用権の取得のために要する付随費用（購入手数料、名義書換料等）		○	10%
	施設利用権の譲渡	「固定資産売却（損）益」参照		
工業所有権 （P395）	他者の有する工業所有権（特許権、実用新案権、意匠権、商標権及び回路配置利用権等）の購入、実施権の設定の対価		○	10%
	工業所有権の購入に係る付随費用		○	10%
	工業所有権の取得費用（特許（登録）料及び登録免許税を除く）		○	10%
	工業所有権の取得費用（特許（登録）料及び登録免許税）	○		
	工業所有権の譲渡	「固定資産売却（損）益」参照		
営業権 （のれん） （P398）	営業権（法令の規定、行政官庁の指導等による規制に基づく登録、認可、許可、割当て等の権利）の購入対価		○	10%
	営業権の購入に係る付随費用（購入手数料等）		○	10%

勘定科目 （経理処理例 のページ）	内容	課税以外 （対象外・ 非課税・ 輸出免税）	課税	税率
営業権 （のれん） （P398）	事業の譲受け対価（売掛金、土地等の非課税対象資産に係るもの）	○		
	事業の譲受け対価（商品、建物、機械装置等の課税対象資産に係るもの（軽減税率対象資産を除く））		○	10%
	事業の譲受け対価（軽減税率対象資産に係るもの）		○	8 % （軽）
	営業権の譲渡	「固定資産売却（損）益」参照		
ソフトウエア ソフトウエア 仮勘定 （P401）	ソフトウエアの購入対価		○	10%
	外部に委託したソフトウエアの開発費用		○	10%
	ソフトウエアの購入、開発のために要した付随費用		○	10%
	国外の事業者等に委託したソフトウエアの開発費用	○		
	自社で開発したソフトウエアの開発費用（材料費、外注費等の課税取引）		○	10%
	自社で開発したソフトウエアの開発費用（給与、賞与、法定福利費等の課税以外の取引）	○		
	国外事業者から購入するソフトウエア（消費者向け電気通信利用役務の提供）		○	10%
	ソフトウエアの譲渡	「固定資産売却（損）益」参照		
繰延資産 （P406）	創立費、開業費、開発費、株式交付費、社債等発行費		○	10%
	上記のうち、給与、賞与、法定福利費、登録免許税、法定費用等の課税以外の取引	○		
	建物を借りるための保証金、敷金のうち返還される部分	○		
	建物を借りるための権利金、礼金、更新料、保証金・敷金（返還されない部分）で居住用以外のもの		○	10%
	建物を借りるための権利金、礼金、更新料、保証金・敷金（返還されない部分）で居住用のもの	○		
	賃貸借契約の解除に伴い賃借人に支払う立退料	○		
	公共的施設等の負担金（対象外取引であることの通知を受けているもの）	○		
	公共的施設等の負担金（対象外取引であることの通知を受けていないもの）		○	10%
	電子計算機、システム等の資産の賃借に伴う一時金		○	10%

勘定科目 (経理処理例 のページ)	内容	課税以外 (対象外・ 非課税・ 輸出免税)	課税	税率
繰延資産 (P406)	ノウハウの設定契約の際の一時金又は頭金等		○	10%
	同業者団体等の入会金（対象外取引であることの通知を受けているもの）	○		
	同業者団体等の入会金（対象外取引であることの通知を受けていないもの）		○	10%
	贈与する広告宣伝用資産の購入対価		○	10%

第2章

勘定科目別経理処理パターン

● 「当社」は内国法人であり、特に断りがない限り国内取引であることを前提としています。

● 「飲食料品」とは、酒類を除く飲食料品を前提としています。

● 一部を除き、税抜経理・内税入力方式による経理処理例を示しています。

● 課税仕入れ以外の仕入れの税区分はすべて「対象外」として入力することを前提としています。

● 個別対応方式を適用している場合の経理処理は、インボイスの保存があることを前提としています。

● 80％控除の適用を受ける経理処理は、一定の事項が記載された請求書等の保存があることを前提としています。請求書等の記載事項の詳細は、「第Ⅰ部　第5章　2．⑸インボイス発行事業者以外の者からの課税仕入れに係る経過措置（80％控除・50％控除）」をご参照ください。

● 一定の中小事業者に適用される少額特例は、「第Ⅰ部　第5章　2．⑷②一定の中小事業者にのみ適用される時限的特例（少額特例）」をご参照ください。

（1）経理処理例

◆商品（清涼飲料水）5,400円（税込み）を販売したが、代金は翌月末に入金予定である。

001

借方勘定科目 借方補助科目	借方税区分	税率	借方金額 （消費税額）	貸方勘定科目 貸方補助科目	貸方税区分	税率	貸方金額 （消費税額）	摘要
売掛金	対象外		5,400	売上高	課税売上	8％ （軽）　内	5,400 （400）	○○㈱　清涼飲料水売上

◆商品（清涼飲料水）5,400円（税込み）を販売し、配送料550円（税込み）とともに代金は現金で収受した。

002

借方勘定科目 借方補助科目	借方税区分	税率	借方金額 （消費税額）	貸方勘定科目 貸方補助科目	貸方税区分	税率	貸方金額 （消費税額）	摘要
現金	対象外		5,950	売上高	課税売上	8％ （軽）　内	5,400 （400）	○○㈱　清涼飲料水売上
				売上高	課税売上	10％　内	550 （50）	○○㈱　配送料

⚠　一の売上げに10％売上げ、8％（軽）売上げ、免税売上げ、非課税売上げ、対象外売上げが混在する場合には、その区分ごとに入力する必要があります。

◆商品（酒類）8,800円（税込み）を販売し、代金は現金で収受した。

003

借方勘定科目 借方補助科目	借方税区分	税率	借方金額 （消費税額）	貸方勘定科目 貸方補助科目	貸方税区分	税率	貸方金額 （消費税額）	摘要
現金	対象外		8,800	売上高	課税売上	10％　内	8,800 （800）	酒類売上

◆商品（自動車用部品）1,650,000円（税込み）を販売し、代金は翌月末に入金予定である。

004

借方勘定科目 借方補助科目	借方税区分	税率	借方金額 （消費税額）	貸方勘定科目 貸方補助科目	貸方税区分	税率	貸方金額 （消費税額）	摘要
売掛金	対象外		1,650,000	売上高	課税売上	10％　内	1,650,000 （150,000）	○○㈱　自動車用部品売上

◆商品（自動車用部品）1,500,000円を国外の事業者に販売し、代金は翌月末に入金予定である（輸出取引）。

005

借方勘定科目 借方補助科目	借方税区分	税率	借方金額 （消費税額）	貸方勘定科目 貸方補助科目	貸方税区分	税率	貸方金額 （消費税額）	摘要
売掛金	対象外		1,500,000	売上高	輸出免税売上		1,500,000	○○Ltd　自動車用部品売上

◆商品（生活用品）33,000円（税込み）の販売の際に自社ポイント300円相当を充当し、残りの代金32,700円は現金で収受した。

借方勘定科目 借方補助科目	借方税区分	税率	借方金額（消費税額）	貸方勘定科目 貸方補助科目	貸方税区分	税率	貸方金額（消費税額）	摘要	006
現金	対象外		32,700	売上高	課税売上	10% 内	32,700 (2,972)	生活用品売上	

⚠ 自社ポイントの充当による売上げは、①上記経理処理のように実際に収受した金額を課税売上げとして計上する方法、②33,000円を課税売上げとし300円を売上値引きとして計上する方法、が考えられます。なお、「収益認識に関する会計基準」を適用している会社では上記経理処理とは異なる処理が行われる場合があります。自社の経理処理方針を確認しましょう。

◆当社の商品券を発行し、代金として30,000円を収受した。

借方勘定科目 借方補助科目	借方税区分	税率	借方金額（消費税額）	貸方勘定科目 貸方補助科目	貸方税区分	税率	貸方金額（消費税額）	摘要	007
現金	対象外		30,000	前受金	対象外		30,000	商品券発行	

⚠ 自社の商品券の発行は資産の譲渡に該当しないため、税区分は「対象外」になります。商品券の利用により資産の譲渡等が行われたときに、課税売上げとして計上します。

◆商品（生活用品）13,200円（税込み）を販売した。支払いには当社が発行した商品券が利用された。

借方勘定科目 借方補助科目	借方税区分	税率	借方金額（消費税額）	貸方勘定科目 貸方補助科目	貸方税区分	税率	貸方金額（消費税額）	摘要	008
前受金	対象外		13,200	売上高	課税売上	10% 内	13,200 (1,200)	生活用品売上	

◆当社は商品（生活用品）の委託販売を行っているが、委託先から売上計算書220,000円（税込み　月単位）を受領した。代金はまだ収受しておらず、委託手数料11,000円（税込み）が差し引かれることとなっている。

借方勘定科目 借方補助科目	借方税区分	税率	借方金額（消費税額）	貸方勘定科目 貸方補助科目	貸方税区分	税率	貸方金額（消費税額）	摘要	009
売掛金	対象外		209,000	売上高	課税売上	10% 内	220,000 (20,000)	生活用品売上　委託販売	
支払手数料	課税仕入	10%	11,000 (1,000)					生活用品売上　委託販売	

⚠ 委託販売は受託者が販売の都度、委託者において課税売上げを計上することが原則ですが、受託者における売上計算書の作成が週、旬、月を単位としたものであり、委託者において継続してその計算書が到達した日の属する課税期間の課税売上げとしている場合には、その処理も認められます。

◆製品（電化製品）55,000円（税込み）を販売し、代金は現金で収受した。

010

借方勘定科目 借方補助科目	借方税区分	税率	借方金額 （消費税額）	貸方勘定科目 貸方補助科目	貸方税区分	税率	貸方金額 （消費税額）	摘要
現金	対象外		55,000	売上高	課税売上	10%	55,000 内 (5,000)	製品売上

◆製品（電化製品）330,000円（税込み）を販売した。代金は分割払いにより来月以降5回にわたって入金予定である。

011

借方勘定科目 借方補助科目	借方税区分	税率	借方金額 （消費税額）	貸方勘定科目 貸方補助科目	貸方税区分	税率	貸方金額 （消費税額）	摘要
売掛金	対象外		330,000	売上高	課税売上	10%	330,000 内 (30,000)	製品売上

◆店舗（輸出物品販売場）において非居住者に商品（電化製品）50,000円を販売し、代金は現金で収受した。免税販売の要件は満たしている。

012

借方勘定科目 借方補助科目	借方税区分	税率	借方金額 （消費税額）	貸方勘定科目 貸方補助科目	貸方税区分	税率	貸方金額 （消費税額）	摘要
現金	対象外		50,000	売上高	輸出免税売上		50,000	商品売上（免税販売）

⚠ 免税販売の要件を満たさない場合には、非居住者への販売であっても課税売上げとなります。

◆棚卸資産である土地及び建物を販売し、手付金として5,000,000円（販売代金は土地40,000,000円、建物11,000,000円（税込み））が普通預金に入金された。土地及び建物の引渡しは行われていない。

013

借方勘定科目 借方補助科目	借方税区分	税率	借方金額 （消費税額）	貸方勘定科目 貸方補助科目	貸方税区分	税率	貸方金額 （消費税額）	摘要
普通預金	対象外		5,000,000	前受金	対象外		5,000,000	○○㈱ 土地建物手付金

◆棚卸資産である土地及び建物を販売し、販売代金から手付金5,000,000円を差し引いた46,000,000円（販売代金は土地40,000,000円、建物11,000,000円（税込み））が普通預金に入金され、土地及び建物の引渡しを行った。その他未経過固定資産税相当額130,000円（内訳：土地分100,000円、建物分30,000円）が普通預金に入金された。

014

借方勘定科目 借方補助科目	借方税区分	税率	借方金額 (消費税額)	貸方勘定科目 貸方補助科目	貸方税区分	税率	貸方金額 (消費税額)	摘要
普通預金	対象外		46,130,000	売上高	非課税売上		40,100,000	○○㈱　土地売上
前受金	対象外		5,000,000	売上高	課税売上	10%	11,030,000 内 (1,002,727)	○○㈱　建物売上

⚠　土地、建物の未経過固定資産税相当額は譲渡対価の一部を構成します。未経過固定資産「税」だからといって「対象外」にするのではなく、土地に係るものであれば「非課税売上」、建物に係るものであれば「課税売上」にする必要があります。

◆個人事業者が仕入れた飲食料品（通常の販売代金は3,240円（税込み）である）を自分で消費した。

015

借方勘定科目 借方補助科目	借方税区分	税率	借方金額 (消費税額)	貸方勘定科目 貸方補助科目	貸方税区分	税率	貸方金額 (消費税額)	摘要
事業主貸	対象外		3,240	売上高	課税売上	8% (軽)	3,240 内 (240)	自家消費分

⚠　消費税では、無償の取引は課税の対象になりません。ただし、個人事業者が棚卸資産を自家消費した場合には、時価相当額を課税売上げに計上します。なお、その棚卸資産の仕入価額以上の金額、かつ、通常の販売価額のおおむね50％に相当する金額以上の金額を課税売上げとすることも認められます。

◆役員に対し自社商品を55,000円（税込み）で販売し、代金は現金で受領した。当該商品の仕入代金は363,000円（税込み）であり、通常の販売代金は440,000円（税込み）である（源泉所得税の処理は省略）。

016

借方勘定科目 借方補助科目	借方税区分	税率	借方金額 (消費税額)	貸方勘定科目 貸方補助科目	貸方税区分	税率	貸方金額 (消費税額)	摘要
現金	対象外		55,000	売上高	課税売上	10%	440,000 内 (40,000)	商品役員販売分
役員賞与	対象外		385,000					商品役員販売分

⚠　消費税では、原則として取引の対価の額を売上げとして計上します。ただし、法人が役員に対して、棚卸資産を贈与又は著しく低い金額（その資産の仕入価額未満、又は、通常の販売価額のおおむね50％に相当する金額未満）により譲渡した場合は、時価相当額を課税売上げに計上します。

◆受託開発したソフトウエアが完成したので相手先に引渡したが、売上代金11,000,000円（税込み）は翌月末に入金予定である。

017

借方勘定科目 借方補助科目	借方税区分	税率	借方金額 （消費税額）	貸方勘定科目 貸方補助科目	貸方税区分	税率	貸方金額 （消費税額）	摘要
売掛金	対象外		11,000,000	売上高	課税売上	10%	11,000,000 内 (1,000,000)	○○㈱　ソフトウエア 受注

◆受託開発したソフトウエアは完成していないが、中間金として6,600,000円が普通預金に入金された。

018

借方勘定科目 借方補助科目	借方税区分	税率	借方金額 （消費税額）	貸方勘定科目 貸方補助科目	貸方税区分	税率	貸方金額 （消費税額）	摘要
普通預金	対象外		6,600,000	前受金	対象外		6,600,000	○○㈱　ソフトウエア 受注

◆受託開発したソフトウエアが完成したので相手先に引き渡した。売上代金は17,600,000円（税込み）であるが、中間金として受け取った6,600,000円は前受金に計上しており、残額は翌月末に入金予定である。

019

借方勘定科目 借方補助科目	借方税区分	税率	借方金額 （消費税額）	貸方勘定科目 貸方補助科目	貸方税区分	税率	貸方金額 （消費税額）	摘要
売掛金	対象外		11,000,000	売上高	課税売上	10%	17,600,000 内 (1,600,000)	○○㈱　ソフトウエア 受注
前受金	対象外		6,600,000					○○㈱　ソフトウエア 受注

◆受託開発したソフトウエアが完成したので相手先（外国の会社）にインターネット経由で引き渡したが、売上代金5,000,000円は翌月末に入金予定である。

020

借方勘定科目 借方補助科目	借方税区分	税率	借方金額 （消費税額）	貸方勘定科目 貸方補助科目	貸方税区分	税率	貸方金額 （消費税額）	摘要
売掛金	対象外		5,000,000	売上高	輸出免税売上		5,000,000	○○Ltd　ソフトウエア受注

⚠　インターネットを利用してはいますが、ソフトウエア（著作物）の制作という他の資産の譲渡等に付随してインターネットが利用される取引は電気通信利用役務の提供には該当しません。国内で制作されたソフトウエア（著作権）を非居住者に譲渡していますので、輸出免税売上げとなります。

◆請負工事につき法人税法上、工事進行基準を適用しているが、当期に売上計上すべき金額は330,000,000円（税込み）であった。消費税においても工事進行基準を適用することとする。

021

借方勘定科目 借方補助科目	借方税区分	税率	借方金額 （消費税額）	貸方勘定科目 貸方補助科目	貸方税区分	税率	貸方金額 （消費税額）	摘要
完成工事未収入金	対象外		330,000,000	完成工事高	課税売上	10%	330,000,000 内 (30,000,000)	○○㈱　工事進行基準 適用分

◆請負工事につき法人税法上、工事進行基準を適用しているが、当期に売上計上すべき金額は300,000,000円（税抜き）であった。消費税では引渡基準を適用することとするが、当期において引渡しは行っていない。

022

借方勘定科目 借方補助科目	借方税区分	税率	借方金額 （消費税額）	貸方勘定科目 貸方補助科目	貸方税区分	税率	貸方金額 （消費税額）	摘要
完成工事未収入金	対象外		300,000,000	完成工事高	対象外		300,000,000	○○㈱　工事進行基準 適用分

◆請負工事につき法人税上、工事進行基準を適用しているが、当期に売上計上すべき金額は400,000,000円（税抜き）であった。消費税では引渡基準を適用することとしており、当期において引渡しを行い工事代金の総額は1,320,000,000円（税込み）、前期までに計上した完成工事未収入金及び完成工事高は800,000,000円である。

023

借方勘定科目 借方補助科目	借方税区分	税率	借方金額 （消費税額）	貸方勘定科目 貸方補助科目	貸方税区分	税率	貸方金額 （消費税額）	摘要
完成工事未収入金	対象外		400,000,000	完成工事高	対象外		400,000,000	○○㈱　工事進行基準 適用分　当期売上
完成工事高	対象外		1,200,000,000	完成工事高	課税売上	10%	1,320,000,000 内 (120,000,000)	○○㈱　工事進行基準 適用分消費税調整
完成工事未収入金	対象外		120,000,000					○○㈱　工事進行基準 適用分消費税

⚠ 法人税法上、工事進行基準を適用する場合であっても、消費税では引渡基準を適用することも認められます。引渡基準を適用する場合には、引き渡した事業年度において工事代金の総額を「課税売上10%」として計上する必要があります。

◆経営している飲食店において、店内で飲食を提供した代金として11,000円（税込み）、テイクアウトの代金として5,400円（税込み）を現金で受領した。

024

借方勘定科目 借方補助科目	借方税区分	税率	借方金額 （消費税額）	貸方勘定科目 貸方補助科目	貸方税区分	税率	貸方金額 （消費税額）	摘要
現金	対象外		11,000	売上高	課税売上	10%	11,000 内 (1,000)	店内飲食売上
現金	対象外		5,400	売上高	課税売上	8%（軽）	5,400 内 (400)	テイクアウト売上

◆経営している飲食店において、店内で非居住者に飲食を提供した代金として11,000円（税込み）を現金で収受した。

025

借方勘定科目 借方補助科目	借方税区分	税率	借方金額 （消費税額）	貸方勘定科目 貸方補助科目	貸方税区分	税率	貸方金額 （消費税額）	摘要
現金	対象外		11,000	売上高	課税売上	10%	11,000 内 (1,000)	店内飲食売上

⚠ 非居住者に対する役務の提供ですが、国内において直接便益を享受するものは輸出免税売上げではなく課税売上げとなります。

◆土地を貸付け（月額賃料400,000円）、賃料（当月分当月払い）は契約通りの期日に普通預金に入金された。

026

借方勘定科目 借方補助科目	借方税区分	税率	借方金額 (消費税額)	貸方勘定科目 貸方補助科目	貸方税区分	税率	貸方金額 (消費税額)	摘要
普通預金	対象外		400,000	売上高	非課税売上		400,000	○○㈱　土地賃料

◆機械装置を貸付け（月額賃料税込み220,000円）、賃料（当月分当月払い）は契約通りの期日に普通預金に入金された。

027

借方勘定科目 借方補助科目	借方税区分	税率	借方金額 (消費税額)	貸方勘定科目 貸方補助科目	貸方税区分	税率	貸方金額 (消費税額)	摘要
普通預金	対象外		220,000	売上高	課税売上	10%	220,000 内 (20,000)	○○㈱　機械装置賃料

◆建物（店舗）を貸付け、賃料等1,830,000円が普通預金に入金された。内訳は、当月分賃料330,000円（税込み）、預り保証金1,500,000円である。預り保証金のうち330,000円は契約において返還を要しないことが明記されている。

028

借方勘定科目 借方補助科目	借方税区分	税率	借方金額 (消費税額)	貸方勘定科目 貸方補助科目	貸方税区分	税率	貸方金額 (消費税額)	摘要
普通預金	対象外		1,830,000	売上高	課税売上	10%	330,000 内 (30,000)	○○㈱　店舗賃料
				売上高	課税売上	10%	330,000 内 (30,000)	○○㈱　店舗保証金償却
				預り保証金	対象外		1,170,000	○○㈱　店舗預り保証金

◆賃貸している建物（店舗）の月額家賃として、330,000円（税込み）が普通預金に入金された。賃貸借契約において月額家賃は当月分前月25日払いとなっているため、入金時に前受収益として処理している。

029

借方勘定科目 借方補助科目	借方税区分	税率	借方金額 (消費税額)	貸方勘定科目 貸方補助科目	貸方税区分	税率	貸方金額 (消費税額)	摘要
普通預金	対象外		330,000	前受収益	対象外		330,000	○○㈱　店舗賃料

◆前受収益に計上していた当月分の店舗家賃330,000円（税込み）を売上高に振り替えた。

030

借方勘定科目 借方補助科目	借方税区分	税率	借方金額 （消費税額）	貸方勘定科目 貸方補助科目	貸方税区分	税率	貸方金額 （消費税額）	摘要
前受収益	対象外		330,000	売上高	課税売上	10%	330,000 内 (30,000)	○○㈱　店舗賃料

> ⚠ 不動産の賃貸借契約では、月額家賃の支払いが「当月分前月払い」となっていることが多いと思います。そのため、その受取家賃がいつの分であるかを確認して勘定科目と税区分を入力する必要があります。例えば、6月分家賃を5月に収受した場合、5月の入金時は前受収益として「対象外」に計上、6月に売上高として「課税売上」（土地、居住用建物の場合は「非課税売上」）に計上します。

◆賃貸している建物（店舗）の更新料として、330,000円（税込み）が普通預金に入金された。

031

借方勘定科目 借方補助科目	借方税区分	税率	借方金額 （消費税額）	貸方勘定科目 貸方補助科目	貸方税区分	税率	貸方金額 （消費税額）	摘要
普通預金	対象外		330,000	売上高	課税売上	10%	330,000 内 (30,000)	㈱○○　店舗更新料

◆建物（居住用マンション）を貸付け、賃料等800,000円が普通預金に入金された。内訳は当月分家賃200,000円、礼金200,000円、敷金400,000円（契約終了時に原状回復費を除き返金を要するもの）である。

032

借方勘定科目 借方補助科目	借方税区分	税率	借方金額 （消費税額）	貸方勘定科目 貸方補助科目	貸方税区分	税率	貸方金額 （消費税額）	摘要
普通預金	対象外		800,000	売上高	非課税売上		200,000	××　マンション家賃
				売上高	非課税売上		200,000	××　マンション礼金
				預り敷金	対象外		400,000	××　マンション敷金

◆賃貸している建物（居住用）の月額家賃として、200,000円が普通預金に入金された。賃貸借契約において月額家賃は当月分前月25日払いとなっており、入金時に前受収益として処理している。

033

借方勘定科目 借方補助科目	借方税区分	税率	借方金額 （消費税額）	貸方勘定科目 貸方補助科目	貸方税区分	税率	貸方金額 （消費税額）	摘要
普通預金	対象外		200,000	前受収益	対象外		200,000	××　マンション家賃

◆前受収益に計上していた当月分の居住用マンション家賃200,000円を売上高に振り替えた。

034

借方勘定科目 借方補助科目	借方税区分	税率	借方金額 （消費税額）	貸方勘定科目 貸方補助科目	貸方税区分	税率	貸方金額 （消費税額）	摘要
前受収益	対象外		200,000	売上高	非課税売上		200,000	××　マンション家賃

◆賃貸している居住用マンションの更新料として、200,000円が普通預金に入金された。

借方勘定科目 借方補助科目	借方税区分	税率	借方金額 (消費税額)	貸方勘定科目 貸方補助科目	貸方税区分	税率	貸方金額 (消費税額)	摘要
普通預金	対象外		200,000	売上高	非課税売上		200,000	×× マンション更新料

035

◆賃貸している居住用マンションの解約に伴い、敷金400,000円から原状回復費相当額55,000円（税込み）を差し引いて普通預金から支払った。

借方勘定科目 借方補助科目	借方税区分	税率	借方金額 (消費税額)	貸方勘定科目 貸方補助科目	貸方税区分	税率	貸方金額 (消費税額)	摘要
預り敷金	対象外		400,000	普通預金	対象外		345,000	×× マンション解約返金
				売上高	課税売上	10%	55,000 内 (5,000)	×× マンション解約原状回復費

036

⚠ 一般に賃借人は退去に際して室内の原状回復義務がありますが、賃借人に代わって賃貸人が原状回復工事を行うことは、賃貸人の賃借人に対する役務の提供に該当しますので、保証金や敷金から差し引く原状回復費相当額は課税売上げとなります。

◆国外において建物及び土地を貸付け、賃貸料1,000,000円が普通預金に入金された。

借方勘定科目 借方補助科目	借方税区分	税率	借方金額 (消費税額)	貸方勘定科目 貸方補助科目	貸方税区分	税率	貸方金額 (消費税額)	摘要
普通預金	対象外		1,000,000	売上高	対象外		1,000,000	○○Ltd 建物土地貸付

037

◆役務提供（コンサルタント業務）を行ったが、報酬440,000円（税込み）は翌月末に入金予定である。

借方勘定科目 借方補助科目	借方税区分	税率	借方金額 (消費税額)	貸方勘定科目 貸方補助科目	貸方税区分	税率	貸方金額 (消費税額)	摘要
売掛金	対象外		440,000	売上高	課税売上	10%	440,000 内 (40,000)	○○㈱ コンサルタント報酬

038

◆国外において役務提供（コンサルタント業務）を行ったが、報酬400,000円は翌月末に入金予定である。

借方勘定科目 借方補助科目	借方税区分	税率	借方金額 (消費税額)	貸方勘定科目 貸方補助科目	貸方税区分	税率	貸方金額 (消費税額)	摘要
売掛金	対象外		400,000	売上高	対象外		400,000	○○Ltd コンサルタント報酬

039

◆電気通信利用役務の提供（国内向けクラウドサービス）を行ったが、利用料16,500円（税込み）は翌月末に入金予定である。

040

借方勘定科目 借方補助科目	借方税区分	税率	借方金額 （消費税額）	貸方勘定科目 貸方補助科目	貸方税区分	税率	貸方金額 （消費税額）	摘要
売掛金	対象外		16,500	売上高	課税売上	10% 内	16,500 (1,500)	クラウドサービス利用料

◆電気通信利用役務の提供（国外向けクラウドサービス）を行ったが、利用料15,000円は翌月末に入金予定である。

041

借方勘定科目 借方補助科目	借方税区分	税率	借方金額 （消費税額）	貸方勘定科目 貸方補助科目	貸方税区分	税率	貸方金額 （消費税額）	摘要
売掛金	対象外		15,000	売上高	対象外		15,000	クラウドサービス利用料

⚠　電気通信利用役務の提供に係る内外判定は、電気通信利用役務の提供を受ける者の住所地、本店等の所在地が国内であれば「国内取引（課税）」、国外であれば「国外取引（対象外）」となります。電気通信利用役務の提供を行う事業者の所在地で判定するのではないことにご留意ください。

◆子会社から事務代行手数料33,000円（税込み）が普通預金に入金された。なお、当社は子会社以外の第三者にも同じ内容の事務代行サービスを提供しているが、第三者に対する事務代行手数料は88,000円（税込み）であり、法人税法上、事務代行手数料の差額は子会社に対する寄付金と認められる。

042

借方勘定科目 借方補助科目	借方税区分	税率	借方金額 （消費税額）	貸方勘定科目 貸方補助科目	貸方税区分	税率	貸方金額 （消費税額）	摘要
普通預金	対象外		33,000	売上高	課税売上	10%	33,000 (3,000)	○○㈱　事務代行手数料
寄付金	対象外		50,000	売上高	対象外		50,000	○○㈱　事務代行手数料

⚠　法人税法上、寄付金と認められる部分の金額があるとしても、消費税では実際の対価の額が課税売上げになります。

（2）簡易課税制度の事業区分

◆商品（清涼飲料水）5,400円（税込み）を小売店に販売したが、代金は翌月末に入金予定である。

043

借方勘定科目 借方補助科目	借方税区分	税率	借方金額 （消費税額）	貸方勘定科目 貸方補助科目	貸方税区分	税率	貸方金額 （消費税額）	摘要
売掛金	対象外		5,400	売上高	課税売上 （第一種）	8％ （軽）内	5,400 （400）	○○㈱　清涼飲料水売上

◆商品（清涼飲料水）5,400円（税込み）を一般消費者に販売し、配送料550円（税込み）とともに代金は現金で収受した。

044

借方勘定科目 借方補助科目	借方税区分	税率	借方金額 （消費税額）	貸方勘定科目 貸方補助科目	貸方税区分	税率	貸方金額 （消費税額）	摘要
現金	対象外		5,950	売上高	課税売上 （第二種）	8％ （軽）内	5,400 （400）	○○㈱　清涼飲料水売上
				売上高	課税売上 （第五種）	10％ 内	550 （50）	○○㈱　配送料

⚠　一の売上げに複数の事業区分がある場合には、その区分ごとに入力する必要があります。

◆商品（酒類）8,800円（税込み）を一般消費者に販売し、代金は現金で収受した。

045

借方勘定科目 借方補助科目	借方税区分	税率	借方金額 （消費税額）	貸方勘定科目 貸方補助科目	貸方税区分	税率	貸方金額 （消費税額）	摘要
現金	対象外		8,800	売上高	課税売上 （第二種）	10％ 内	8,800 （800）	酒類売上

◆商品（自動車用部品）1,650,000円（税込み）を修理事業者に販売し、代金は翌月末に入金予定である。

046

借方勘定科目 借方補助科目	借方税区分	税率	借方金額 （消費税額）	貸方勘定科目 貸方補助科目	貸方税区分	税率	貸方金額 （消費税額）	摘要
売掛金	対象外		1,650,000	売上高	課税売上 （第一種）	10％ 内	1,650,000 （150,000）	○○㈱　自動車用部品売上

◆商品（生活用品）33,000円（税込み）の販売（一般消費者向け）の際に自社ポイント300円相当を充当し、残りの代金32,700円は現金で収受した。

047

借方勘定科目 借方補助科目	借方税区分	税率	借方金額 （消費税額）	貸方勘定科目 貸方補助科目	貸方税区分	税率	貸方金額 （消費税額）	摘要
現金	対象外		32,700	売上高	課税売上 （第二種）	10％ 内	32,700 （2,972）	生活用品売上

◆商品（生活用品）13,200円（税込み）を一般消費者に販売した。支払いには当社が発行した商品券が利用された。

借方勘定科目 借方補助科目	借方税区分	税率	借方金額 (消費税額)	貸方勘定科目 貸方補助科目	貸方税区分	税率	貸方金額 (消費税額)	摘要	048
前受金	対象外		13,200	売上高	課税売上 (第二種)	10%	13,200 内 (1,200)	生活用品売上	

◆当社は一般消費者向けに商品（生活用品）の委託販売を行っているが、委託先から売上計算書220,000円（税込み　月単位）を受領した。代金はまだ収受しておらず、委託手数料11,000円（税込み）が差し引かれることとなっている。

借方勘定科目 借方補助科目	借方税区分	税率	借方金額 (消費税額)	貸方勘定科目 貸方補助科目	貸方税区分	税率	貸方金額 (消費税額)	摘要	049
売掛金	対象外		209,000	売上高	課税売上 (第二種)	10%	220,000 内 (20,000)	生活用品売上　委託販売	
支払手数料	課税仕入	10%	11,000 内 (1,000)					生活用品売上　委託販売手数料	

◆当社製造の製品（電化製品）55,000円（税込み）を一般消費者に販売し、代金は現金で収受した。

借方勘定科目 借方補助科目	借方税区分	税率	借方金額 (消費税額)	貸方勘定科目 貸方補助科目	貸方税区分	税率	貸方金額 (消費税額)	摘要	050
現金	対象外		55,000	売上高	課税売上 (第三種)	10%	55,000 内 (5,000)	製品売上	

◆当社製造の製品（電化製品）330,000円（税込み）を家電販売店に販売した。代金は分割払いにより来月以降5回にわたって入金予定である。

借方勘定科目 借方補助科目	借方税区分	税率	借方金額 (消費税額)	貸方勘定科目 貸方補助科目	貸方税区分	税率	貸方金額 (消費税額)	摘要	051
売掛金	対象外		330,000	売上高	課税売上 (第三種)	10%	330,000 内 (30,000)	製品売上	

◆棚卸資産（他の者から仕入れたもの）である土地及び建物を一般消費者に販売し、販売代金から手付金5,000,000円を差し引いた46,000,000円（販売代金は土地40,000,000円、建物11,000,000円（税込み）が普通預金に入金され、土地及び建物の引渡しを行った。その他未経過固定資産税相当額130,000円（内訳：土地分100,000円、建物分30,000円）が普通金に入金された。

借方勘定科目 借方補助科目	借方税区分	税率	借方金額 (消費税額)	貸方勘定科目 貸方補助科目	貸方税区分	税率	貸方金額 (消費税額)	摘要	052
普通預金	対象外		46,130,000	売上高	非課税売上		40,100,000	○○㈱　土地売上	
前受金	対象外		5,000,000	売上高	課税売上 (第二種)	10%	11,030,000 内 (1,002,727)	○○㈱　建物売上	

◆個人事業者が仕入れた飲食料品（通常の販売代金は3,240円（税込み）である）を自分で消費した。

借方勘定科目 借方補助科目	借方税区分	税率	借方金額 （消費税額）	貸方勘定科目 貸方補助科目	貸方税区分	税率	貸方金額 （消費税額）	摘要
事業主貸	対象外		3,240	売上高	課税売上 （第二種）	8 % （軽）内	3,240 （240）	自家消費分

053

◆役員に対し自社商品を55,000円（税込み）で販売し、代金は現金で受領した。当該商品の仕入代金は363,000円（税込み）であり、通常の販売代金は440,000円（税込み）である（源泉所得税の処理は省略）。

借方勘定科目 借方補助科目	借方税区分	税率	借方金額 （消費税額）	貸方勘定科目 貸方補助科目	貸方税区分	税率	貸方金額 （消費税額）	摘要
現金	対象外		55,000	売上高	課税売上 （第二種）	10%内	440,000 （40,000）	商品役員販売分
役員賞与	対象外		385,000					商品役員販売分

054

◆受託開発したソフトウエアが完成したので相手先に引渡したが、売上代金11,000,000円（税込み）は翌月末に入金予定である。

借方勘定科目 借方補助科目	借方税区分	税率	借方金額 （消費税額）	貸方勘定科目 貸方補助科目	貸方税区分	税率	貸方金額 （消費税額）	摘要
売掛金	対象外		11,000,000	売上高	課税売上 （第五種）	10%内	11,000,000 （1,000,000）	○○㈱ ソフトウエア 受注

055

◆請負工事につき法人税法上、工事進行基準を適用しているが、当期に売上計上すべき金額は330,000,000円（税込み）であった。消費税においても工事進行基準を適用することとする。

借方勘定科目 借方補助科目	借方税区分	税率	借方金額 （消費税額）	貸方勘定科目 貸方補助科目	貸方税区分	税率	貸方金額 （消費税額）	摘要
完成工事未収入金	対象外		330,000,000	完成工事高	課税売上 （第三種）	10%内	330,000,000 （30,000,000）	○○㈱ 工事進行基準 適用分

056

◆経営している飲食店において、店内で飲食を提供した代金として11,000円（税込み）、テイクアウト（店内で調理したもの）の代金として5,400円（税込み）を現金で受領した。

借方勘定科目 借方補助科目	借方税区分	税率	借方金額 （消費税額）	貸方勘定科目 貸方補助科目	貸方税区分	税率	貸方金額 （消費税額）	摘要
現金	対象外		11,000	売上高	課税売上 （第四種）	10%内	11,000 （1,000）	店内飲食売上
現金	対象外		5,400	売上高	課税売上 （第三種）	8 % （軽）内	5,400 （400）	テイクアウト売上

057

⚠ 飲食店の店内で飲食サービスを提供するもの及び宅配による飲食の提供は第四種事業となりますが、テイクアウト（店内で調理したもの）は第三種事業に該当します。

◆経営している飲食店において、店内で非居住者に飲食を提供した代金として11,000円（税込み）を現金で収受した。

058

借方勘定科目 借方補助科目	借方税区分	税率	借方金額 （消費税額）	貸方勘定科目 貸方補助科目	貸方税区分	税率	貸方金額 （消費税額）	摘要
現金	対象外		11,000	売上高	課税売上 （第四種）	10%	11,000 内 (1,000)	店内飲食売上

◆機械装置を貸付け（月額賃料税込み220,000円）、賃料（当月分当月払い）は契約通りの期日に普通預金に入金された。

059

借方勘定科目 借方補助科目	借方税区分	税率	借方金額 （消費税額）	貸方勘定科目 貸方補助科目	貸方税区分	税率	貸方金額 （消費税額）	摘要
普通預金	対象外		220,000	売上高	課税売上 （第五種）	10%	220,000 内 (20,000)	○○㈱　機械装置賃料

◆建物（店舗）を貸付け、賃料等1,830,000円が普通預金に入金された。内訳は、当月分賃料330,000円（税込み）、預り保証金1,500,000円である。預り保証金のうち330,000円は契約において返還を要しないことが明記されている。

060

借方勘定科目 借方補助科目	借方税区分	税率	借方金額 （消費税額）	貸方勘定科目 貸方補助科目	貸方税区分	税率	貸方金額 （消費税額）	摘要
普通預金	対象外		1,830,000	売上高	課税売上 （第六種）	10%	330,000 内 (30,000)	○○㈱　店舗賃料
				売上高	課税売上 （第六種）	10%	330,000 内 (30,000)	○○㈱　店舗保証金償却
				預り保証金	対象外		1,170,000	○○㈱　店舗預り保証金

◆賃貸している建物（店舗）の更新料として、330,000円（税込み）が普通預金に入金された。

061

借方勘定科目 借方補助科目	借方税区分	税率	借方金額 （消費税額）	貸方勘定科目 貸方補助科目	貸方税区分	税率	貸方金額 （消費税額）	摘要
普通預金	対象外		330,000	売上高	課税売上 （第六種）	10%	330,000 内 (30,000)	㈱○○　店舗更新料

◆賃貸している居住用マンションの解約に伴い、敷金400,000円から原状回復費相当額55,000円（税込み）を差し引いて普通預金から支払った。

062

借方勘定科目 借方補助科目	借方税区分	税率	借方金額 (消費税額)	貸方勘定科目 貸方補助科目	貸方税区分	税率	貸方金額 (消費税額)	摘要
預り敷金	対象外		400,000	普通預金	対象外		345,000	×× マンション解約返金
				売上高	課税売上 (第三種)	10% 内	55,000 (5,000)	×× マンション解約原状回復費

⚠ 内装工事を施すための原状回復費相当額は、第三種に該当すると考えられます。

◆役務提供（コンサルタント業務）を行ったが、報酬440,000円（税込み）は翌月末に入金予定である。

063

借方勘定科目 借方補助科目	借方税区分	税率	借方金額 (消費税額)	貸方勘定科目 貸方補助科目	貸方税区分	税率	貸方金額 (消費税額)	摘要
売掛金	対象外		440,000	売上高	課税売上 (第五種)	10% 内	440,000 (40,000)	○○㈱ コンサルタント報酬

◆電気通信利用役務の提供（国内向けクラウドサービス）を行ったが、利用料16,500円（税込み）は翌月末に入金予定である。

064

借方勘定科目 借方補助科目	借方税区分	税率	借方金額 (消費税額)	貸方勘定科目 貸方補助科目	貸方税区分	税率	貸方金額 (消費税額)	摘要
売掛金	対象外		16,500	売上高	課税売上 (第五種)	10% 内	16,500 (1,500)	クラウドサービス利用料

◆子会社から事務代行手数料33,000円（税込み）が普通預金に入金された。なお、当社は子会社以外の第三者にも同じ内容の事務代行サービスを提供しているが、第三者に対する事務代行手数料は88,000円（税込み）であり、法人税法上、事務代行手数料の差額は子会社に対する寄付金と認められる。

065

借方勘定科目 借方補助科目	借方税区分	税率	借方金額 (消費税額)	貸方勘定科目 貸方補助科目	貸方税区分	税率	貸方金額 (消費税額)	摘要
普通預金	対象外		33,000	売上高	課税売上 (第五種)	10%	33,000 (3,000)	○○㈱ 事務代行手数料
寄付金	対象外		50,000	売上高	対象外		50,000	○○㈱ 事務代行手数料

（1）経理処理例

◆商品（清涼飲料水）5,400円（税込み）を販売したが、代金は翌月末に入金予定である。販売後に代金の一部540円（税込み）を値引きすることとなった。

066

借方勘定科目 借方補助科目	借方税区分	税率	借方金額 （消費税額）	貸方勘定科目 貸方補助科目	貸方税区分	税率	貸方金額 （消費税額）	摘要
売上値引高	課税売上返還	8％ （軽） 内	540 (40)	売掛金	対象外		540	○○㈱　清涼飲料水売上値引き

> ⚠ 売上げに係る対価の返還等は、その元となった売上げの税区分（課税売上げ、輸出免税売上げ、非課税売上げ、対象外）と税率により処理を行う必要があります。

◆商品（酒類）8,800円（税込み）を販売し、代金は現金で収受したが、その後販売した商品の返品を受け、代金を現金で支払った。

067

借方勘定科目 借方補助科目	借方税区分	税率	借方金額 （消費税額）	貸方勘定科目 貸方補助科目	貸方税区分	税率	貸方金額 （消費税額）	摘要
売上戻り高	課税売上返還	10％ 内	8,800 (800)	現金	対象外		8,800	酒類売上返品

◆前期に販売した商品（自動車用部品）1,650,000円が当期に返品された。代金は受け取っていない。なお、当社は、前期において免税事業者であった。

068

借方勘定科目 借方補助科目	借方税区分	税率	借方金額 （消費税額）	貸方勘定科目 貸方補助科目	貸方税区分	税率	貸方金額 （消費税額）	摘要
売上戻り高	対象外		1,650,000	売掛金	対象外		1,650,000	○○㈱　自動車用部品売上返品

> ⚠ 免税事業者であった課税期間に売り上げたものの値引き、返品等があった場合には、売上げに係る対価の返還等の対象とはなりません。

◆小売店に販売した商品（生活用品）につき、今月の販売数量に基づく売上割戻しが550,000円（税込み）となったので、販売先に売掛金の減額を通知した。

069

借方勘定科目 借方補助科目	借方税区分	税率	借方金額 （消費税額）	貸方勘定科目 貸方補助科目	貸方税区分	税率	貸方金額 （消費税額）	摘要
売上割戻高	課税売上返還	10％ 内	550,000 (50,000)	売掛金	対象外		550,000	○○㈱　売上割戻し

◆土地の販売代金の値引きとして、1,000,000円を普通預金より支払った。

070

借方勘定科目 借方補助科目	借方税区分	税率	借方金額 （消費税額）	貸方勘定科目 貸方補助科目	貸方税区分	税率	貸方金額 （消費税額）	摘要
売上値引高	非課税売上返還		1,000,000	普通預金	対象外		1,000,000	○○㈱　土地売上値引き

◆工事の一部に瑕疵が見つかったため、工事代金の値引きとして330,000円（税込み）を普通預金より支払った。

借方勘定科目 借方補助科目	借方税区分	税率	借方金額 （消費税額）	貸方勘定科目 貸方補助科目	貸方税区分	税率	貸方金額 （消費税額）	摘要
売上値引高	課税売上返還	10%	330,000 内(30,000)	普通預金	対象外		330,000	○○㈱　工事売上値引き

071

（2）簡易課税制度の事業区分

◆商品（清涼飲料水）5,400円（税込み）を小売店に販売したが、代金は翌月末に入金予定である。販売後に代金の一部540円（税込み）を値引きすることとなった。

072

借方勘定科目 借方補助科目	借方税区分	税率	借方金額 （消費税額）	貸方勘定科目 貸方補助科目	貸方税区分	税率	貸方金額 （消費税額）	摘要
売上値引高	課税売上返還 （第一種）	8% （軽） 内	540 (40)	売掛金	対象外		540	○○㈱　清涼飲料水売上値引き

⚠　売上返還等の事業区分は、その元となった売上げの事業区分によることとなります。

◆商品（酒類）8,800円（税込み）を一般消費者に販売し、代金は現金で収受したが、その後販売した商品の返品を受け、代金を現金で支払った。

073

借方勘定科目 借方補助科目	借方税区分	税率	借方金額 （消費税額）	貸方勘定科目 貸方補助科目	貸方税区分	税率	貸方金額 （消費税額）	摘要
売上戻り高	課税売上返還 （第二種）	10% 内	8,800 (800)	現金	対象外		8,800	酒類売上返品

◆小売店に販売した商品（生活用品）につき、今月の販売数量に基づく売上割戻しが550,000円（税込み）となったので、販売先に売掛金の減額を通知した。

074

借方勘定科目 借方補助科目	借方税区分	税率	借方金額 （消費税額）	貸方勘定科目 貸方補助科目	貸方税区分	税率	貸方金額 （消費税額）	摘要
売上割戻高	課税売上返還 （第一種）	10% 内	550,000 (50,000)	売掛金	対象外		550,000	○○㈱　売上割戻し

◆工事の一部に瑕疵が見つかったため、工事代金の値引きとして330,000円（税込み）を普通預金より支払った。

075

借方勘定科目 借方補助科目	借方税区分	税率	借方金額 （消費税額）	貸方勘定科目 貸方補助科目	貸方税区分	税率	貸方金額 （消費税額）	摘要
売上値引高	課税売上返還 （第三種）	10% 内	330,000 (30,000)	普通預金	対象外		330,000	○○㈱　工事売上値引き

（1）経理処理例

◆決算において、期首商品1,000,000円（税抜き）、期末商品1,200,000円（税抜き）の振替処理を行った。当社は税抜経理を採用している。

借方勘定科目 借方補助科目	借方税区分	税率	借方金額 （消費税額）	貸方勘定科目 貸方補助科目	貸方税区分	税率	貸方金額 （消費税額）	摘要
期首商品棚卸高	対象外		1,000,000	商品	対象外		1,000,000	期首商品振替
商品	対象外		1,200,000	期末商品棚卸高	対象外		1,200,000	期末商品振替

⚠ 商品を仕入れた場合には仕入時に、製品を製造した場合には製造に係る個々の課税仕入れがあったときに、課税仕入れとして処理します。

◆決算において、期首商品1,100,000円（税込み）、期末商品1,320,000円（税込み）の振替処理を行った。当社は税込経理を採用している。

借方勘定科目 借方補助科目	借方税区分	税率	借方金額 （消費税額）	貸方勘定科目 貸方補助科目	貸方税区分	税率	貸方金額 （消費税額）	摘要
期首商品棚卸高	対象外		1,100,000	商品	対象外		1,100,000	期首商品振替
商品	対象外		1,320,000	期末商品棚卸高	対象外		1,320,000	期末商品振替

◆決算において、期首製品2,000,000円（税抜き）、期末製品2,500,000円（税抜き）の振替処理を行った。当社は税抜経理を採用している。

借方勘定科目 借方補助科目	借方税区分	税率	借方金額 （消費税額）	貸方勘定科目 貸方補助科目	貸方税区分	税率	貸方金額 （消費税額）	摘要
期首製品棚卸高	対象外		2,000,000	製品	対象外		2,000,000	期首製品振替
製品	対象外		2,500,000	期末製品棚卸高	対象外		2,500,000	期末製品振替

◆決算において、期首商品1,100,000円（税込み）、期末商品1,200,000円（税抜き）の振替処理を行った。当社は当課税期間から課税事業者となったため当課税期間から税抜経理を採用することとした。

079

借方勘定科目 借方補助科目	借方税区分	税率	借方金額 （消費税額）	貸方勘定科目 貸方補助科目	貸方税区分	税率	貸方金額 （消費税額）	摘要
期首商品棚卸高	課税仕入	10%	1,100,000 内 (100,000)	商品	対象外		1,100,000	期首商品振替
商品	対象外		1,200,000	期末商品棚卸高	対象外		1,200,000	期末商品振替

⚠　免税事業者が課税事業者になった場合は、免税事業者期間中に仕入れた棚卸資産に係る消費税額を、課税事業者になった課税期間の課税仕入れ等の税額に加算する調整を行います。税率はその棚卸資産に適用される税率によることとされ、その棚卸資産がインボイス発行事業者以外の者からの課税仕入れであった場合でも80％相当額に減額する必要はありません。

◆決算において、期首商品1,000,000円（税抜き）、期末商品1,200,000円（税抜き）の振替処理を行った。当社は税抜経理を採用しており、翌課税期間から免税事業者となる。

080

借方勘定科目 借方補助科目	借方税区分	税率	借方金額 （消費税額）	貸方勘定科目 貸方補助科目	貸方税区分	税率	貸方金額 （消費税額）	摘要
期首商品棚卸高	対象外		1,000,000	商品	対象外		1,000,000	期首商品振替
商品	対象外		1,320,000	期末商品棚卸高	課税仕入	10%	1,320,000 内 (120,000)	期末商品振替

⚠　課税事業者が免税事業者になる場合は、免税事業者になる課税期間の直前課税期間に仕入れた棚卸資産に係る消費税額を、その直前課税期間の課税仕入れ等の税額から減算する調整を行います。税率はその棚卸資産に適用される税率によることとされ、その棚卸資産がインボイス発行事業者以外の者からの課税仕入れであった場合には、仕入税額相当額の80％を減算します。

（1）経理処理例

◆国内で商品（飲食料品）756,000円（税込み）を仕入れ、代金は翌月払いとした。

①インボイスを保存している。

081

借方勘定科目 借方補助科目	借方税区分	税率	借方金額 （消費税額）	貸方勘定科目 貸方補助科目	貸方税区分	税率	貸方金額 （消費税額）	摘要
仕入高	課税仕入	8％ （軽）	756,000 内（56,000）	買掛金	対象外		756,000	○○㈱　商品仕入

②請求書等（インボイスに該当しない）を保存している。

082

借方勘定科目 借方補助科目	借方税区分	税率	借方金額 （消費税額）	貸方勘定科目 貸方補助科目	貸方税区分	税率	貸方金額 （消費税額）	摘要
仕入高	課税仕入 （80％控除）	8％ （軽）	756,000 内（44,800）	買掛金	対象外		756,000	○○㈱　商品仕入

◆国内で商品（電化製品）1,650,000円（税込み）を仕入れ、代金は翌月払いとした。

①インボイスを保存している。

083

借方勘定科目 借方補助科目	借方税区分	税率	借方金額 （消費税額）	貸方勘定科目 貸方補助科目	貸方税区分	税率	貸方金額 （消費税額）	摘要
仕入高	課税仕入	10%	1,650,000 内（150,000）	買掛金	対象外		1,650,000	○○㈱　商品仕入

②請求書等（インボイスに該当しない）を保存している。

084

借方勘定科目 借方補助科目	借方税区分	税率	借方金額 （消費税額）	貸方勘定科目 貸方補助科目	貸方税区分	税率	貸方金額 （消費税額）	摘要
仕入高	課税仕入 （80％控除）	10%	1,650,000 内（120,000）	買掛金	対象外		1,650,000	○○㈱　商品仕入

◆当社は仕入先との間で商品（生活用品）の消化仕入れの契約を締結しており、販売時に販売価額の95％相当額で仕入れを計上している。販売価額は1,100,000円（税込み）であった。

①インボイスを保存している。

085

借方勘定科目 借方補助科目	借方税区分	税率	借方金額 （消費税額）	貸方勘定科目 貸方補助科目	貸方税区分	税率	貸方金額 （消費税額）	摘要
仕入高	課税仕入	10%	1,045,000 内（95,000）	買掛金	対象外		1,045,000	○○㈱　商品仕入

②請求書等（インボイスに該当しない）を保存している。

086

借方勘定科目 借方補助科目	借方税区分	税率	借方金額 （消費税額）	貸方勘定科目 貸方補助科目	貸方税区分	税率	貸方金額 （消費税額）	摘要
仕入高	課税仕入 （80％控除）	10%	1,045,000 内（76,000）	買掛金	対象外		1,045,000	○○㈱　商品仕入

◆当社は中古車販売業を営んでいるが、販売用中古車を一般消費者より購入し、2,000,000円（税込み）を普通預金より支払った。

借方勘定科目 借方補助科目	借方税区分	税率	借方金額 （消費税額）	貸方勘定科目 貸方補助科目	貸方税区分	税率	貸方金額 （消費税額）	摘要
仕入高	課税仕入	10%	2,000,000 内 (181,818)	普通預金	対象外		2,000,000	×× 商品（自動車）仕入 古物商特例

087

⚠ 古物営業法上の許可を受けて古物営業を営む古物商が、インボイス発行事業者以外の者から同法に規定する古物（古物商が事業として販売する棚卸資産に該当するものに限ります。）を購入した場合には、一定の事項が記載された帳簿のみの保存で仕入税額控除が認められます。

◆当社は不動産業を営んでいるが、販売用の土地及び建物（事業用）を一般消費者より購入し、50,000,000円（土地35,000,000円、建物15,000,000円）を普通預金より支払った。

借方勘定科目 借方補助科目	借方税区分	税率	借方金額 （消費税額）	貸方勘定科目 貸方補助科目	貸方税区分	税率	貸方金額 （消費税額）	摘要
仕入高	対象外		35,000,000	普通預金	対象外		50,000,000	×× 商品（土地）仕入
仕入高	課税仕入	10%	15,000,000 内 (1,363,636)					×× 商品（建物）仕入 宅建業特例

088

⚠ 宅地建物取引業法に規定する宅地建物取引業者が、インボイス発行事業者以外の者から同法に規定する建物（宅地建物取引業者が事業として販売する棚卸資産に該当するものに限ります。）を購入する場合には、一定の事項が記載された帳簿のみの保存で仕入税額控除が認められます。

◆商品（車椅子）250,000円を仕入れ、代金は翌月払いとした。

借方勘定科目 借方補助科目	借方税区分	税率	借方金額 （消費税額）	貸方勘定科目 貸方補助科目	貸方税区分	税率	貸方金額 （消費税額）	摘要
仕入高	対象外		250,000	買掛金	対象外		250,000	○○㈱ 商品仕入

089

◆商品仕入れに伴い、引取運賃22,000円（税込み）、購入手数料11,000円（税込み）、運送保険料7,000円を普通預金より支払った。

①インボイスを保存している。

借方勘定科目 借方補助科目	借方税区分	税率	借方金額 （消費税額）	貸方勘定科目 貸方補助科目	貸方税区分	税率	貸方金額 （消費税額）	摘要
仕入高	課税仕入	10%	22,000 内 (2,000)	普通預金	対象外		22,000	○○㈱ 商品引取運賃
仕入高	課税仕入	10%	11,000 内 (1,000)	普通預金	対象外		11,000	○○㈱ 商品購入手数料
仕入高	対象外		7,000	普通預金	対象外		7,000	○○㈱ 商品運送保険料

090

②請求書等（インボイスに該当しない）を保存している。

091

借方勘定科目 借方補助科目	借方税区分	税率	借方金額 （消費税額）	貸方勘定科目 貸方補助科目	貸方税区分	税率	貸方金額 （消費税額）	摘要
仕入高	課税仕入 （80%控除）	10% 内	22,000 (1,600)	普通預金	対象外		22,000	○○㈱ 商品引取運賃
仕入高	課税仕入 （80%控除）	10% 内	11,000 (800)	普通預金	対象外		11,000	○○㈱ 商品購入手数料
仕入高	対象外		7,000	普通預金	対象外		7,000	○○㈱ 商品運送保険料

◆国外から商品（飲食料品）800,000円を輸入し、代金は普通預金より支払った。

092

借方勘定科目 借方補助科目	借方税区分	税率	借方金額 （消費税額）	貸方勘定科目 貸方補助科目	貸方税区分	税率	貸方金額 （消費税額）	摘要
仕入高	対象外		800,000	普通預金	対象外		800,000	○○Ltd 商品仕入

◆上記輸入に際し、輸入代行業者に関税2,000円、消費税80,000円（国税62,400円、地方税17,600円）を現金で支払った。

093

借方勘定科目 借方補助科目	借方税区分	税率	借方金額 （消費税額）	貸方勘定科目 貸方補助科目	貸方税区分	税率	貸方金額 （消費税額）	摘要
仕入高	対象外		2,000	現金	対象外		82,000	○○㈱ 関税
仮払消費税	輸入消費税	6.24% （軽）	62,400					○○㈱ 輸入消費税等
仮払消費税	輸入地方消費税	1.76% （軽）	17,600					○○㈱ 輸入消費税等

⚠ 国外からの輸入仕入れを行う場合、商品代金自体には消費税が含まれず、輸入の際に輸入消費税等を別途支払うことになります。会計システムでは輸入消費税等を国税分と地方税分に区分して入力することが多いため、利用している会計システムの入力方法を確認するようにしましょう。

⚠ 輸入消費税等は、輸入許可通知書の保存をもって仕入税額控除の適用を受けることができます。

◆国内で販売するための商品（家具）を国外から輸入し、輸入代行業者に関税2,000円、消費税100,000円（国税78,000円、地方税22,000円）を現金で支払った。

094

借方勘定科目 借方補助科目	借方税区分	税率	借方金額 （消費税額）	貸方勘定科目 貸方補助科目	貸方税区分	税率	貸方金額 （消費税額）	摘要
仕入高	対象外		2,000	現金	対象外		102,000	○○㈱ 関税
仮払消費税	輸入消費税	7.8%	78,000					○○㈱ 輸入消費税等
仮払消費税	輸入地方消費税	2.2%	22,000					○○㈱ 輸入消費税等

◆国外で販売するための商品1,200,000円を国外で仕入れ、代金は翌月払いとした。

借方勘定科目 借方補助科目	借方税区分	税率	借方金額 （消費税額）	貸方勘定科目 貸方補助科目	貸方税区分	税率	貸方金額 （消費税額）	摘要
仕入高	対象外		1,200,000	買掛金	対象外		1,200,000	○○Ltd　商品仕入

(2) 個別対応方式の用途区分

◆国内で商品（飲食料品）756,000円（税込み）を仕入れ、代金は翌月払いとした。

096

借方勘定科目 借方補助科目	借方税区分	税率	借方金額 (消費税額)	貸方勘定科目 貸方補助科目	貸方税区分	税率	貸方金額 (消費税額)	摘要
仕入高	課税仕入 (課税売上対応)	8 % (軽)	756,000 内 (56,000)	買掛金	対象外		756,000	○○㈱　商品仕入

⚠　商品仕入れの場合の用途区分は、その商品の売上げが課税売上げであれば「課税売上対応」、非課税売上げであれば「非課税売上対応」となります。

◆国内で商品（電化製品）1,650,000円（税込み）を仕入れ、代金は翌月払いとした。

097

借方勘定科目 借方補助科目	借方税区分	税率	借方金額 (消費税額)	貸方勘定科目 貸方補助科目	貸方税区分	税率	貸方金額 (消費税額)	摘要
仕入高	課税仕入 (課税売上対応)	10%	1,650,000 内 (150,000)	買掛金	対象外		1,650,000	○○㈱　商品仕入

◆当社は仕入先との間で商品（生活用品）の消化仕入れの契約を締結しており、販売時に販売価額の95%相当額で仕入れを計上している。販売価額は1,100,000円（税込み）であった。

098

借方勘定科目 借方補助科目	借方税区分	税率	借方金額 (消費税額)	貸方勘定科目 貸方補助科目	貸方税区分	税率	貸方金額 (消費税額)	摘要
仕入高	課税仕入 (課税売上対応)	10%	1,045,000 内 (95,000)	買掛金	対象外		1,045,000	○○㈱　商品仕入

◆当社は中古車販売業を営んでいるが、販売用中古車を一般消費者より購入し、2,000,000円（税込み）を普通預金より支払った。

099

借方勘定科目 借方補助科目	借方税区分	税率	借方金額 (消費税額)	貸方勘定科目 貸方補助科目	貸方税区分	税率	貸方金額 (消費税額)	摘要
仕入高	課税仕入 (課税売上対応)	10%	2,000,000 内 (181,818)	普通預金	対象外		2,000,000	××　商品（自動車）仕入　古物商特例

◆当社は不動産業を営んでいるが、販売用の土地及び建物（事業用）を一般消費者より購入し、50,000,000円（土地35,000,000円、建物15,000,000円）を普通預金より支払った。

借方勘定科目 借方補助科目	借方税区分	税率	借方金額 （消費税額）	貸方勘定科目 貸方補助科目	貸方税区分	税率	貸方金額 （消費税額）	摘要
仕入高	対象外		35,000,000	普通預金	対象外		50,000,000	×× 商品（土地）仕入
仕入高	課税仕入 （課税売上対応）	10%	15,000,000 内(1,363,636)					×× 商品（建物）仕入 宅建業特例

⚠ 建物の仕入れは「課税売上げに対応する課税仕入れ」となりますが、土地及び建物の仕入れに係る付随費用は課税売上げと非課税売上げのいずれにも要するものであることから「共通対応」となります。
なお、土地及び建物を一括購入した場合には、その購入代金を時価等により土地と建物部分に合理的に区分することとされていますので、土地及び建物の仕入れに係る付随費用をその購入代金の割合で按分して、建物分を「課税売上対応」、土地分を「非課税売上対応」として区分することも可能です。

◆商品仕入れに伴い、引取運賃22,000円（税込み）、購入手数料11,000円（税込み）、運送保険料7,000円を普通預金より支払った。当社商品の売上げは非課税売上げとなるものである。

借方勘定科目 借方補助科目	借方税区分	税率	借方金額 （消費税額）	貸方勘定科目 貸方補助科目	貸方税区分	税率	貸方金額 （消費税額）	摘要
仕入高	課税仕入 （非課税売上対応）	10%	22,000 内(2,000)	普通預金	対象外		22,000	○○㈱ 商品引取運賃
仕入高	課税仕入 （非課税売上対応）	10%	11,000 内(1,000)	普通預金	対象外		11,000	○○㈱ 商品購入手数料
仕入高	対象外		7,000	普通預金	対象外		7,000	○○㈱ 商品運送保険料

◆国内で販売するための商品（飲食料品）を国外から輸入し、輸入代行業者に関税2,000円、消費税80,000円（国税62,400円、地方税17,600円）を現金で支払った。

借方勘定科目 借方補助科目	借方税区分	税率	借方金額 （消費税額）	貸方勘定科目 貸方補助科目	貸方税区分	税率	貸方金額 （消費税額）	摘要
仕入高	対象外		2,000	現金	対象外		82,000	○○㈱ 関税
仮払消費税	輸入消費税 （課税売上対応）	6.24% （軽）	62,400					○○㈱ 輸入消費税等
仮払消費税	輸入地方消費税 （課税売上対応）	1.76% （軽）	17,600					○○㈱ 輸入消費税等

◆国内で販売するための商品（家具）を国外から輸入し、輸入代行業者に関税2,000円、消費税100,000円（国税78,000円、地方税22,000円）を現金で支払った。

借方勘定科目 借方補助科目	借方税区分	税率	借方金額 （消費税額）	貸方勘定科目 貸方補助科目	貸方税区分	税率	貸方金額 （消費税額）	摘要
仕入高	対象外		2,000	現金	対象外		102,000	○○㈱　関税
仮払消費税	輸入消費税 （課税売上対応）	7.8%	78,000					○○㈱　輸入消費税等
仮払消費税	輸入地方消費税 （課税売上対応）	2.2%	22,000					○○㈱　輸入消費税等

103

（1）経理処理例

◆商品仕入れ（飲食料品）につき108,000円（税込み）の値引きとなり、買掛金が減額された。

①当該仕入れに係るインボイスを保存している。

104

借方勘定科目 借方補助科目	借方税区分	税率	借方金額 (消費税額)	貸方勘定科目 貸方補助科目	貸方税区分	税率	貸方金額 (消費税額)	摘要
買掛金	対象外		108,000	仕入値引高	課税仕入返還	8％ (軽) 内	108,000 (8,000)	○○㈱　商品仕入代値引き

②当該仕入れに係る請求書等（インボイスに該当しない）を保存している。

105

借方勘定科目 借方補助科目	借方税区分	税率	借方金額 (消費税額)	貸方勘定科目 貸方補助科目	貸方税区分	税率	貸方金額 (消費税額)	摘要
買掛金	対象外		108,000	仕入値引高	課税仕入返還 (80％控除)	8％ (軽) 内	108,000 (6,400)	○○㈱　商品仕入代値引き

⚠　仕入値引き、返品、割戻し（以下「仕入返還等」といいます。）があった場合、それぞれの科目で処理する方法と、「仕入高」のマイナスとして処理する方法が考えられます。いずれの処理とするかは事業者ごとの判断となりますが、消費税区分についても「課税仕入返還」ではなく、継続して「課税仕入」で処理することも認められます。

　仕入返還等に係る消費税区分を「課税仕入返還」とした場合、消費税集計表には「課税仕入」と「課税仕入返還」がそれぞれ集計されます。仕入返還等に係る消費税区分を「課税仕入」とした場合には「課税仕入」が純額で集計されます。どちらの方法であっても仕入税額控除の金額は同額になります。

⚠　「免税事業者であった課税期間において行った課税仕入れにつき、課税事業者となった後の課税期間において受ける仕入返還等」及び「課税事業者であった課税期間において行った課税仕入れにつき、事業を廃止し、又は免税事業者となった後の課税期間において受ける仕入返還等」の税区分は「対象外」になります。

　また、「保税地域からの引取りに係る課税貨物について、輸入品に係る仕入割戻しとして課税貨物の購入先から受けたもの」、「債務免除として事業者が課税仕入れの相手方に対する買掛金その他の債務の全部又は一部について免除を受けたもの」についても、税区分は「対象外」になります。

◆商品仕入れ（生活用品）につき、多額の取引を行ったため仕入先から55,000円（税込み）のリベート（返戻金）が普通預金に入金された。

①当該仕入れに係るインボイスを保存している。

106

借方勘定科目 借方補助科目	借方税区分	税率	借方金額 (消費税額)	貸方勘定科目 貸方補助科目	貸方税区分	税率	貸方金額 (消費税額)	摘要
普通預金	対象外		55,000	仕入割戻高	課税仕入返還	10％ 内	55,000 (5,000)	○○㈱　商品仕入代リベート

②当該仕入れに係る請求書等（インボイスに該当しない）を保存している。

107

借方勘定科目 借方補助科目	借方税区分	税率	借方金額 (消費税額)	貸方勘定科目 貸方補助科目	貸方税区分	税率	貸方金額 (消費税額)	摘要
普通預金	対象外		55,000	仕入割戻高	課税仕入返還 (80％控除)	10％ 内	55,000 (4,000)	○○㈱　商品仕入代リベート

◆商品仕入れ（服飾品）につき、欠陥が見つかったため商品を返品し、仕入代金330,000円（税込み）が普通預金に入金された。

①当該仕入れに係るインボイスを保存している。

借方勘定科目 借方補助科目	借方税区分	税率	借方金額 (消費税額)	貸方勘定科目 貸方補助科目	貸方税区分	税率	貸方金額 (消費税額)	摘要
普通預金	対象外		330,000	仕入戻し高	課税仕入返還	10%	330,000 内 (30,000)	○○㈱　商品仕入代返金

108

②当該仕入れに係る請求書等（インボイスに該当しない）を保存している。

借方勘定科目 借方補助科目	借方税区分	税率	借方金額 (消費税額)	貸方勘定科目 貸方補助科目	貸方税区分	税率	貸方金額 (消費税額)	摘要
普通預金	対象外		330,000	仕入戻し高	課税仕入返還 (80%控除)	10%	330,000 内 (24,000)	○○㈱　商品仕入代返金

109

◆商品仕入れ（車椅子）につき30,000円の値引きとなり、買掛金が減額された。

借方勘定科目 借方補助科目	借方税区分	税率	借方金額 (消費税額)	貸方勘定科目 貸方補助科目	貸方税区分	税率	貸方金額 (消費税額)	摘要
買掛金	対象外		30,000	仕入値引高	対象外		30,000	○○㈱　商品仕入代値引き

110

◆協同組合から事業分量配当金（課税仕入れ（税率10%）に係るものである）として、22,000円（税込み）が普通預金に入金された。

①当該仕入れに係るインボイスを保存している。

借方勘定科目 借方補助科目	借方税区分	税率	借方金額 (消費税額)	貸方勘定科目 貸方補助科目	貸方税区分	税率	貸方金額 (消費税額)	摘要
普通預金	対象外		22,000	仕入割戻高	課税仕入返還	10%	22,000 内 (2,000)	○○協同組合　事業分量配当金

111

②当該仕入れに係る請求書等（インボイスに該当しない）を保存している。

借方勘定科目 借方補助科目	借方税区分	税率	借方金額 (消費税額)	貸方勘定科目 貸方補助科目	貸方税区分	税率	貸方金額 (消費税額)	摘要
普通預金	対象外		22,000	仕入割戻高	課税仕入返還 (80%控除)	10%	22,000 内 (1,600)	○○協同組合　事業分量配当金

112

◆国外での商品仕入れ（飲食料品）につき200,000円の値引きとなり、買掛金が減額された。

借方勘定科目 借方補助科目	借方税区分	税率	借方金額 (消費税額)	貸方勘定科目 貸方補助科目	貸方税区分	税率	貸方金額 (消費税額)	摘要
買掛金	対象外		200,000	仕入値引高	対象外		200,000	○○Ltd　商品仕入代値引き

113

(2) 個別対応方式の用途区分

◆商品仕入れ（飲食料品）につき108,000円（税込み）の値引きとなり、買掛金が減額された。

借方勘定科目 借方補助科目	借方税区分	税率	借方金額 (消費税額)	貸方勘定科目 貸方補助科目	貸方税区分	税率	貸方金額 (消費税額)	摘要	
買掛金	対象外		108,000	仕入値引高	課税仕入返還 (課税売上対応)	8 % (軽)	108,000	○○㈱　商品仕入代値 引き	114
						内	(8,000)		

> ⚠ 個別対応方式を適用する場合、仕入れに係る対価の返還等の用途区分は、その元となる課税仕入れと同じ用途区分となります。非課税売上げに対応する課税仕入れに係る対価の返還等の場合には「非課税売上対応」となることにご注意ください。

◆商品仕入れ（生活用品）につき、多額の取引を行ったため仕入先から55,000円（税込み）のリベート（返戻金）が普通預金に入金された。

借方勘定科目 借方補助科目	借方税区分	税率	借方金額 (消費税額)	貸方勘定科目 貸方補助科目	貸方税区分	税率	貸方金額 (消費税額)	摘要	
普通預金	対象外		55,000	仕入割戻高	課税仕入返還 (課税売上対応)	10%	55,000	○○㈱　商品仕入代リ ベート	115
						内	(5,000)		

◆商品仕入れ（服飾品）につき、欠陥が見つかったため商品を返品し、仕入代金330,000円（税込み）が普通預金に入金された。

借方勘定科目 借方補助科目	借方税区分	税率	借方金額 (消費税額)	貸方勘定科目 貸方補助科目	貸方税区分	税率	貸方金額 (消費税額)	摘要	
普通預金	対象外		330,000	仕入戻し高	課税仕入返還 (課税売上対応)	10%	330,000	○○㈱　商品仕入代返 金	116
						内	(30,000)		

◆協同組合から事業分量配当金（課税売上げ対応の課税仕入れ（税率10%）に係るものである）として、22,000円（税込み）が普通預金に入金された。

借方勘定科目 借方補助科目	借方税区分	税率	借方金額 (消費税額)	貸方勘定科目 貸方補助科目	貸方税区分	税率	貸方金額 (消費税額)	摘要	
普通預金	対象外		22,000	仕入割戻高	課税仕入返還 (課税売上対応)	10%	22,000	○○協同組合　事業分 量配当金	117
						内	(2,000)		

(1) 経理処理例

◆役員に対して月額報酬500,000円を普通預金より支払った。

借方勘定科目 借方補助科目	借方税区分	税率	借方金額 (消費税額)	貸方勘定科目 貸方補助科目	貸方税区分	税率	貸方金額 (消費税額)	摘要
役員報酬	対象外		500,000	普通預金	対象外		402,790	●月分給与
				預り金 社会保険料	対象外		74,700	●月分給与　社会保険料
				預り金 源泉所得税	対象外		18,710	●月分給与　源泉所得税
				預り金 住民税	対象外		3,800	●月分給与　特別徴収住民税

> ⚠ 所得税法第28条第1項給与所得に規定する給与等を対価とする役務提供（俸給、給料、賃金、歳費及び賞与並びにこれらの性質を有する給与を対価として、雇用契約又はこれに準ずる契約に基づき労務を提供すること）は、「事業者が事業として行うもの」に該当しないため、給与、賞与は課税仕入れに該当しません。

◆従業員に対する月額給与7,000,000円を未払費用として計上した（当社は当月末締め翌月10日払いとしている）。

借方勘定科目 借方補助科目	借方税区分	税率	借方金額 (消費税額)	貸方勘定科目 貸方補助科目	貸方税区分	税率	貸方金額 (消費税額)	摘要
給料手当	対象外		7,000,000	未払費用 従業員給与	対象外		7,000,000	●月分給与

◆役員及び従業員に対して賞与（役員分60万円、従業員分240万円）を普通預金より支払った。

借方勘定科目 借方補助科目	借方税区分	税率	借方金額 (消費税額)	貸方勘定科目 貸方補助科目	貸方税区分	税率	貸方金額 (消費税額)	摘要
役員賞与	対象外		600,000	普通預金	対象外		2,282,100	●月分賞与
賞与	対象外		2,400,000	預り金 源泉所得税	対象外		253,500	●月分賞与　源泉所得税
				預り金 社会保険料	対象外		450,000	●月分賞与　社会保険料
				預り金 雇用保険料	対象外		14,400	●月分賞与　雇用保険料

◆従業員への賞与の支給に備えるため、賞与引当金2,300,000円を繰り入れた。

借方勘定科目 借方補助科目	借方税区分	税率	借方金額 (消費税額)	貸方勘定科目 貸方補助科目	貸方税区分	税率	貸方金額 (消費税額)	摘要
賞与引当金繰入	対象外		2,300,000	賞与引当金	対象外		2,300,000	●月支給予定賞与引当金繰入

◆親会社に対し出向負担金（給与及び社会保険料相当額）として、300,000円を普通預金より支払った。

122

借方勘定科目 借方補助科目	借方税区分	税率	借方金額 （消費税額）	貸方勘定科目 貸方補助科目	貸方税区分	税率	貸方金額 （消費税額）	摘要
出向負担金	対象外		300,000	普通預金	対象外		300,000	㈱○○　出向負担金

◆役員に対し社用車を帳簿価額相当額1,000,000円で売却し、代金が普通預金に入金された。なお当該車両の時価は2,750,000円（税込み）と認められる。役員賞与に対する源泉所得税は357,350円であり、現金で収受した。

123

借方勘定科目 借方補助科目	借方税区分	税率	借方金額 （消費税額）	貸方勘定科目 貸方補助科目	貸方税区分	税率	貸方金額 （消費税額）	摘要
普通預金	対象外		1,000,000	車両運搬具	課税売上	10%	1,100,000 内(100,000)	××　社用車譲渡
役員賞与	対象外		1,750,000	固定資産売却益	課税売上	10%	1,650,000 内(150,000)	××　社用車譲渡
現金	対象外		357,350	預り金 源泉所得税	対象外		357,350	××　社用車譲渡分源泉所得税

※固定資産売却時の仕訳、税区分については「固定資産売却（損）益」をご参照ください。

⚠　消費税では原則として、無償の譲渡等があった場合の課税標準は零、低額譲渡等があった場合の課税標準は実際の対価の額となります。ただし、①個人事業者の自家消費及び②法人が役員に対して行う資産の贈与及び著しく低い金額による譲渡（その資産の時価のおおむね50％に相当する金額に満たない金額による譲渡）があった場合には、原則として時価相当額を課税標準として消費税が課されることになります。

◆役員に対し当社サービスの無償提供（200,000円相当）を行ったが代金は受領しないこととなった。役員賞与に対する源泉所得税は40,840円であり、来月の役員報酬支給時に徴収する。

124

借方勘定科目 借方補助科目	借方税区分	税率	借方金額 （消費税額）	貸方勘定科目 貸方補助科目	貸方税区分	税率	貸方金額 （消費税額）	摘要
役員賞与	対象外		200,000	売上高	対象外		200,000	××　無償提供分
未収入金	対象外		40,840	預り金 源泉所得税	対象外		40,840	××　無償提供分源泉所得税

◆役員に対し社宅家賃として月額20,000円を徴収しているが、月額家賃の適正額は300,000円である。役員給与に対する源泉所得税は57,176円であり、来月の役員報酬支給時に徴収する。

借方勘定科目 借方補助科目	借方税区分	税率	借方金額 (消費税額)	貸方勘定科目 貸方補助科目	貸方税区分	税率	貸方金額 (消費税額)	摘要
普通預金	対象外		20,000	受取家賃	非課税売上		20,000	×× 社宅家賃
役員報酬	対象外		280,000	受取家賃	対象外		280,000	×× 社宅家賃
未収入金	対象外		57,176	預り金 源泉所得税	対象外		57,176	×× 社宅家賃分源泉所得税

⚠　時価相当額を課税標準として消費税が課されるのは、「資産の贈与及び譲渡」とされており、資産の貸付け及び役務の提供は含まれていないため、上記事例のうち時価が課税対象となるのは「社用車の低額譲渡」のみになります。「社宅家賃」については実際の収受額が非課税売上げとなります。

(1) 経理処理例

◆従業員に対して退職金4,000,000円を普通預金より支払った（源泉所得税は生じていない）。

借方勘定科目 借方補助科目	借方税区分	税率	借方金額 (消費税額)	貸方勘定科目 貸方補助科目	貸方税区分	税率	貸方金額 (消費税額)	摘要
退職金	対象外		4,000,000	普通預金	対象外		4,000,000	×× 退職金支給

126

⚠️ 給与、賞与と同様に、退職金は「事業者が事業として行う役務提供に係る対価」に該当しないため、課税仕入れとはなりません。

◆株主総会において役員に対する退職金2,500,000円の支給を決議し、未払金に計上した。

借方勘定科目 借方補助科目	借方税区分	税率	借方金額 (消費税額)	貸方勘定科目 貸方補助科目	貸方税区分	税率	貸方金額 (消費税額)	摘要
退職金	対象外		2,500,000	未払金	対象外		2,500,000	×× 退職金支給

127

◆当社が加入する中退共共済掛金100,000円を普通預金より支払った。

借方勘定科目 借方補助科目	借方税区分	税率	借方金額 (消費税額)	貸方勘定科目 貸方補助科目	貸方税区分	税率	貸方金額 (消費税額)	摘要
退職給付費用	対象外		100,000	普通預金	対象外		100,000	●月分中退共掛金

128

◆当社が加入する企業型DC掛金150,000円を普通預金より支払った。なお事務手数料として5,500円（税込み）を支払っている。

①インボイスを保存している。

借方勘定科目 借方補助科目	借方税区分	税率	借方金額 (消費税額)	貸方勘定科目 貸方補助科目	貸方税区分	税率	貸方金額 (消費税額)	摘要
退職給付費用	対象外		150,000	普通預金	対象外		155,500	●月分企業型DC掛金
支払手数料	課税仕入	10% 内	5,500 (500)					●月分企業型DC掛金

129

②請求書等（インボイスに該当しない）を保存している。

借方勘定科目 借方補助科目	借方税区分	税率	借方金額 (消費税額)	貸方勘定科目 貸方補助科目	貸方税区分	税率	貸方金額 (消費税額)	摘要
退職給付費用	対象外		150,000	普通預金	対象外		155,500	●月分企業型DC掛金
支払手数料	課税仕入 (80%控除)	10% 内	5,500 (400)					●月分企業型DC掛金

130

③当社は少額特例の対象となる中小事業者である。

借方勘定科目 借方補助科目	借方税区分	税率	借方金額 （消費税額）	貸方勘定科目 貸方補助科目	貸方税区分	税率	貸方金額 （消費税額）	摘要
退職給付費用	対象外		150,000	普通預金	対象外		155,500	●月分企業型DC掛金
支払手数料	課税仕入	10% 内	5,500 (500)					●月分企業型DC掛金

⚠ 中退共や企業型DC等の掛金は課税仕入れとはなりませんが、掛金とともに支払う事務手数料は課税仕入れに該当しますので、経理処理を区分する必要があります。なお、個別対応方式を適用する場合の事務手数料は、その掛金対象となる従業員の所属部門等で用途区分を行うことが考えられます。

◆従業員への退職金の支給に備えるため、退職給付引当金1,400,000円を繰り入れた。

借方勘定科目 借方補助科目	借方税区分	税率	借方金額 （消費税額）	貸方勘定科目 貸方補助科目	貸方税区分	税率	貸方金額 （消費税額）	摘要
退職給付費用	対象外		1,400,000	退職給付引当金	対象外		1,400,000	当期分繰入

◆従業員へ退職金1,400,000円を普通預金より支給し、退職給付引当金を同額取り崩した（源泉所得税は生じていない）。

借方勘定科目 借方補助科目	借方税区分	税率	借方金額 （消費税額）	貸方勘定科目 貸方補助科目	貸方税区分	税率	貸方金額 （消費税額）	摘要
退職給付引当金	対象外		1,400,000	普通預金	対象外		1,400,000	×× 退職金支給

（1）経理処理例

◆今月分の社会保険料1,420,000円を普通預金より支払った。うち会社負担分は720,000円である。

134

借方勘定科目 借方補助科目	借方税区分	税率	借方金額 (消費税額)	貸方勘定科目 貸方補助科目	貸方税区分	税率	貸方金額 (消費税額)	摘要
法定福利費	対象外		720,000	普通預金	対象外		1,420,000	●月分社会保険料 事業主負担分
預り金 社会保険料	対象外		700,000					●月分社会保険料 従業員負担分

⚠　社会保険料、労働保険料の経理処理を行う場合の従業員負担分については「預り金」のほか、「法定福利費」や「立替金」で処理する方法も考えられます。いずれの科目で処理しても消費税は対象外となります。

◆未払賞与に伴う会社負担分の社会保険料1,500,000円を未払費用に計上した。

135

借方勘定科目 借方補助科目	借方税区分	税率	借方金額 (消費税額)	貸方勘定科目 貸方補助科目	貸方税区分	税率	貸方金額 (消費税額)	摘要
法定福利費	対象外		1,500,000	未払費用 社会保険料	対象外		1,500,000	賞与分社会保険料 事業主負担分

◆賞与引当金の計上に伴う会社負担分の社会保険料1,200,000円を未払費用に計上した。

136

借方勘定科目 借方補助科目	借方税区分	税率	借方金額 (消費税額)	貸方勘定科目 貸方補助科目	貸方税区分	税率	貸方金額 (消費税額)	摘要
法定福利費	対象外		1,200,000	未払費用 社会保険料	対象外		1,200,000	賞与引当金分社会保険料 事業主負担分

◆賞与引当金の計上に伴う会社負担分の社会保険料1,200,000円を「賞与引当金繰入」として計上した。

137

借方勘定科目 借方補助科目	借方税区分	税率	借方金額 (消費税額)	貸方勘定科目 貸方補助科目	貸方税区分	税率	貸方金額 (消費税額)	摘要
賞与引当金繰入	対象外		1,200,000	賞与引当金	対象外		1,200,000	賞与引当金分社会保険料 事業主負担分

◆当年度分の労働保険料300,000円を普通預金より支払った。うち事業主負担分は180,000円である。

138

借方勘定科目 借方補助科目	借方税区分	税率	借方金額 (消費税額)	貸方勘定科目 貸方補助科目	貸方税区分	税率	貸方金額 (消費税額)	摘要
法定福利費	対象外		180,000	普通預金	対象外		300,000	当年度分労働保険料 事業主負担分
預り金 労働保険料	対象外		120,000					当年度分労働保険料 従業員負担分

（1）経理処理例

◆飲食店で新入社員の歓迎会を行い、飲食代として55,000円（税込み）を現金で支払った。

①インボイスを保存している。

借方勘定科目 借方補助科目	借方税区分	税率	借方金額 （消費税額）	貸方勘定科目 貸方補助科目	貸方税区分	税率	貸方金額 （消費税額）	摘要
福利厚生費	課税仕入	10%	55,000 内 (5,000)	現金	対象外		55,000	○○飯店　新入社員歓迎会費用

②請求書等（インボイスに該当しない）を保存している。

借方勘定科目 借方補助科目	借方税区分	税率	借方金額 （消費税額）	貸方勘定科目 貸方補助科目	貸方税区分	税率	貸方金額 （消費税額）	摘要
福利厚生費	課税仕入 (80%控除)	10%	55,000 内 (4,000)	現金	対象外		55,000	○○飯店　新入社員歓迎会費用

⚠ チェーン店で同一屋号の飲食店であっても、フランチャイズ契約等で運営会社が異なる場合には、その運営会社（店舗）ごとにインボイス発行事業者か否かが異なることが考えられます。利用前に必要に応じて確認した方が良いでしょう。

◆ホテルで社内の忘年会を行い、忘年会費用（飲食代及び会場代）660,000円（税込み）を普通預金より支払った。

①インボイスを保存している。

借方勘定科目 借方補助科目	借方税区分	税率	借方金額 （消費税額）	貸方勘定科目 貸方補助科目	貸方税区分	税率	貸方金額 （消費税額）	摘要
福利厚生費	課税仕入	10%	660,000 内 (60,000)	普通預金	対象外		660,000	○○ホテル　社内忘年会費用

②請求書等（インボイスに該当しない）を保存している。

借方勘定科目 借方補助科目	借方税区分	税率	借方金額 （消費税額）	貸方勘定科目 貸方補助科目	貸方税区分	税率	貸方金額 （消費税額）	摘要
福利厚生費	課税仕入 (80%控除)	10%	660,000 内 (48,000)	普通預金	対象外		660,000	○○ホテル　社内忘年会費用

◆従業員が結婚したため、結婚祝い金として10,000円を現金で支給した。

借方勘定科目 借方補助科目	借方税区分	税率	借方金額 （消費税額）	貸方勘定科目 貸方補助科目	貸方税区分	税率	貸方金額 （消費税額）	摘要
福利厚生費	対象外		10,000	現金	対象外		10,000	××　結婚祝金

⚠ 福利厚生費は課税仕入れと対象外取引が混在する科目です。その内容に応じて適切な課税区分を入力するように注意が必要です。

◆従業員の親族が亡くなったため、香典として30,000円を現金で支給し、葬儀の生花代11,000円（税込み）を普通預金より支払った。

①インボイスを保存している。

借方勘定科目 借方補助科目	借方税区分	税率	借方金額（消費税額）	貸方勘定科目 貸方補助科目	貸方税区分	税率	貸方金額（消費税額）	摘要
福利厚生費	対象外		30,000	現金	対象外		30,000	従業員△△　香典
福利厚生費	課税仕入	10%	内 11,000 (1,000)	普通預金	対象外		11,000	従業員△△　親族葬儀生花代

144

②請求書等（インボイスに該当しない）を保存している。

借方勘定科目 借方補助科目	借方税区分	税率	借方金額（消費税額）	貸方勘定科目 貸方補助科目	貸方税区分	税率	貸方金額（消費税額）	摘要
福利厚生費	対象外		30,000	現金	対象外		30,000	従業員△△　香典
福利厚生費	課税仕入（80%控除）	10%	内 11,000 (800)	普通預金	対象外		11,000	従業員△△　親族葬儀生花代

145

◆従業員に子供が生まれたため、出産祝いとしてベビーグッズ8,800円（税込み）を購入して支給した。

①インボイスを保存している。

借方勘定科目 借方補助科目	借方税区分	税率	借方金額（消費税額）	貸方勘定科目 貸方補助科目	貸方税区分	税率	貸方金額（消費税額）	摘要
福利厚生費	課税仕入	10%	内 8,800 (800)	普通預金	対象外		8,800	○○㈱　××出産祝い

146

②請求書等（インボイスに該当しない）を保存している。

借方勘定科目 借方補助科目	借方税区分	税率	借方金額（消費税額）	貸方勘定科目 貸方補助科目	貸方税区分	税率	貸方金額（消費税額）	摘要
福利厚生費	課税仕入（80%控除）	10%	内 8,800 (640)	普通預金	対象外		8,800	○○㈱　××出産祝い

147

③当社は少額特例の対象となる中小事業者である。

借方勘定科目 借方補助科目	借方税区分	税率	借方金額（消費税額）	貸方勘定科目 貸方補助科目	貸方税区分	税率	貸方金額（消費税額）	摘要
福利厚生費	課税仕入	10%	内 8,800 (800)	普通預金	対象外		8,800	○○㈱　××出産祝い

148

◆従業員の国外慰安旅行費用（旅費、宿泊費の他、現地での食事代等も含まれている）800,000円を普通預金より支払った。

借方勘定科目 借方補助科目	借方税区分	税率	借方金額（消費税額）	貸方勘定科目 貸方補助科目	貸方税区分	税率	貸方金額（消費税額）	摘要
福利厚生費	対象外		800,000	普通預金	対象外		800,000	○○旅行　従業員国外慰安旅行費用

149

◆従業員の国内慰安旅行費用（旅費、宿泊費の他、現地での食事代等も含まれている）550,000円を普通預金より支払った。

①インボイスを保存している。

150

借方勘定科目 借方補助科目	借方税区分	税率	借方金額 （消費税額）	貸方勘定科目 貸方補助科目	貸方税区分	税率	貸方金額 （消費税額）	摘要
福利厚生費	課税仕入	10%	550,000 内 (50,000)	普通預金	対象外		550,000	○○旅行　従業員国内慰安旅行費用

②請求書等（インボイスに該当しない）を保存している。

151

借方勘定科目 借方補助科目	借方税区分	税率	借方金額 （消費税額）	貸方勘定科目 貸方補助科目	貸方税区分	税率	貸方金額 （消費税額）	摘要
福利厚生費	課税仕入 (80%控除)	10%	550,000 内 (40,000)	普通預金	対象外		550,000	○○旅行　従業員国内慰安旅行費用

◆従業員の健康診断費用6,600円（税込み）を、現金で支払った。

①インボイスを保存している。

152

借方勘定科目 借方補助科目	借方税区分	税率	借方金額 （消費税額）	貸方勘定科目 貸方補助科目	貸方税区分	税率	貸方金額 （消費税額）	摘要
福利厚生費	課税仕入	10%	6,600 内 (600)	現金	対象外		6,600	○○　従業員健康診断費用

②請求書等（インボイスに該当しない）を保存している。

153

借方勘定科目 借方補助科目	借方税区分	税率	借方金額 （消費税額）	貸方勘定科目 貸方補助科目	貸方税区分	税率	貸方金額 （消費税額）	摘要
福利厚生費	課税仕入 (80%控除)	10%	6,600 内 (480)	現金	対象外		6,600	○○　従業員健康診断費用

③当社は少額特例の対象となる中小事業者である。

154

借方勘定科目 借方補助科目	借方税区分	税率	借方金額 （消費税額）	貸方勘定科目 貸方補助科目	貸方税区分	税率	貸方金額 （消費税額）	摘要
福利厚生費	課税仕入	10%	6,600 内 (600)	現金	対象外		6,600	○○　従業員健康診断費用

◆夜間勤務の従業員のためのお弁当代172,800円（税込み）を、普通預金より支払った。

①インボイスを保存している。

155

借方勘定科目 借方補助科目	借方税区分	税率	借方金額 （消費税額）	貸方勘定科目 貸方補助科目	貸方税区分	税率	貸方金額 （消費税額）	摘要
福利厚生費	課税仕入	8% （軽）	172,800 内 (12,800)	普通預金	対象外		172,800	○○㈱　夜間勤務用お弁当代

②請求書等（インボイスに該当しない）を保存している。

156

借方勘定科目 借方補助科目	借方税区分	税率	借方金額 （消費税額）	貸方勘定科目 貸方補助科目	貸方税区分	税率	貸方金額 （消費税額）	摘要
福利厚生費	課税仕入 (80%控除)	8% （軽）	172,800 内 (10,240)	普通預金	対象外		172,800	○○㈱　夜間勤務用お弁当代

◆永年勤続者表彰として国外旅行を支給し、旅行費用300,000円を普通預金より支払った。

157

借方勘定科目 借方補助科目	借方税区分	税率	借方金額 （消費税額）	貸方勘定科目 貸方補助科目	貸方税区分	税率	貸方金額 （消費税額）	摘要
福利厚生費	対象外		300,000	普通預金	対象外		300,000	○○旅行　永年勤続者 旅行費用

◆永年勤続者への支給のために購入した記念品代77,000円（税込み）を普通預金より支払った。

①インボイスを保存している。

158

借方勘定科目 借方補助科目	借方税区分	税率	借方金額 （消費税額）	貸方勘定科目 貸方補助科目	貸方税区分	税率	貸方金額 （消費税額）	摘要
福利厚生費	課税仕入	10%	77,000 内　(7,000)	普通預金	対象外		77,000	○○百貨店　永年勤続 者記念品代

②請求書等（インボイスに該当しない）を保存している。

159

借方勘定科目 借方補助科目	借方税区分	税率	借方金額 （消費税額）	貸方勘定科目 貸方補助科目	貸方税区分	税率	貸方金額 （消費税額）	摘要
福利厚生費	課税仕入 （80%控除）	10%	77,000 内　(5,600)	普通預金	対象外		77,000	○○百貨店　永年勤続 者記念品代

◆社宅管理費用22,000円（税込み）を普通預金より支払った。

①インボイスを保存している。

160

借方勘定科目 借方補助科目	借方税区分	税率	借方金額 （消費税額）	貸方勘定科目 貸方補助科目	貸方税区分	税率	貸方金額 （消費税額）	摘要
福利厚生費	課税仕入	10%	22,000 内　(2,000)	普通預金	対象外		22,000	○○管理会社　社宅管 理費用

②請求書等（インボイスに該当しない）を保存している。

161

借方勘定科目 借方補助科目	借方税区分	税率	借方金額 （消費税額）	貸方勘定科目 貸方補助科目	貸方税区分	税率	貸方金額 （消費税額）	摘要
福利厚生費	課税仕入 （80%控除）	10%	22,000 内　(1,600)	普通預金	対象外		22,000	○○管理会社　社宅管 理費用

◆事務所に常備するための医薬品4,400円（税込み）を現金で支払った。

①インボイスを保存している。

162

借方勘定科目 借方補助科目	借方税区分	税率	借方金額 （消費税額）	貸方勘定科目 貸方補助科目	貸方税区分	税率	貸方金額 （消費税額）	摘要
福利厚生費	課税仕入	10%	4,400 内　(400)	現金	対象外		4,400	○○ドラッグ　常備薬 代

②請求書等（インボイスに該当しない）を保存している。

163

借方勘定科目 借方補助科目	借方税区分	税率	借方金額 （消費税額）	貸方勘定科目 貸方補助科目	貸方税区分	税率	貸方金額 （消費税額）	摘要
福利厚生費	課税仕入 （80%控除）	10%	4,400 内　(320)	現金	対象外		4,400	○○ドラッグ　常備薬 代

③当社は少額特例の対象となる中小事業者である。

借方勘定科目 借方補助科目	借方税区分	税率	借方金額 （消費税額）	貸方勘定科目 貸方補助科目	貸方税区分	税率	貸方金額 （消費税額）	摘要	164
福利厚生費	課税仕入	10% 内	4,400 (400)	現金	対象外		4,400	○○ドラッグ　常備薬代	

◆特定の役員を対象とした飲食代330,000円（税込み）を法人カードで支払い、福利厚生費として処理したが、個人的費用の負担であったため給与課税の対象とした（源泉所得税の処理は省略）。

借方勘定科目 借方補助科目	借方税区分	税率	借方金額 （消費税額）	貸方勘定科目 貸方補助科目	貸方税区分	税率	貸方金額 （消費税額）	摘要	165
福利厚生費	対象外		330,000	未払金 法人カード	対象外		330,000	○○　××取締役個人負担分	

⚠　福利厚生費として処理したものであっても、その内容によって給与課税の対象となることがあります。給与課税の対象となった場合、税区分は原則として対象外になります。

（2）個別対応方式の用途区分

◆飲食店で新入社員（製造部門所属）の歓迎会を行い、飲食代として55,000円（税込み）を現金で支払った。当社製品の売上げは課税売上げとなるものである。

166

借方勘定科目 借方補助科目	借方税区分	税率	借方金額 (消費税額)	貸方勘定科目 貸方補助科目	貸方税区分	税率	貸方金額 (消費税額)	摘要
福利厚生費	課税仕入 (課税売上対応)	10%	55,000 内 (5,000)	現金	対象外		55,000	○○飯店　新入社員歓迎会費用

⚠　個別対応方式を適用する場合の「課税売上対応」「非課税売上対応」「共通対応」の区分は、福利厚生を行う従業員等の所属部門等によって判断することになります。例えば従業員等が課税売上げに該当する売上げに係る部門の所属であれば「課税売上対応」、従業員等が非課税売上げに該当する売上げに係る部門の所属であれば「非課税売上対応」、いずれにも該当しない従業員等（本社所属の管理部門等）や課税部門と非課税部門を兼務している従業員等であれば「共通対応」になるものと考えられます。

忘年会や社員旅行等で全部門の従業員等が参加するものについては、基本的には「共通対応」になりますが、部門別の人数比で按分して、それぞれに区分する方法も考えられます。

◆ホテルで社内の忘年会を行い、忘年会費用（飲食代及び会場代）660,000円（税込み）を普通預金より支払った。全部門の社員が参加している。

167

借方勘定科目 借方補助科目	借方税区分	税率	借方金額 (消費税額)	貸方勘定科目 貸方補助科目	貸方税区分	税率	貸方金額 (消費税額)	摘要
福利厚生費	課税仕入 (共通対応)	10%	660,000 内 (60,000)	普通預金	対象外		660,000	○○ホテル　社内忘年会費用

◆従業員（営業部門所属）の親族が亡くなったため、香典として30,000円を現金で支給し、葬儀の生花代11,000円（税込み）を普通預金より支払った。当社の売上げは課税売上げとなるものである。

168

借方勘定科目 借方補助科目	借方税区分	税率	借方金額 (消費税額)	貸方勘定科目 貸方補助科目	貸方税区分	税率	貸方金額 (消費税額)	摘要
福利厚生費	対象外		30,000	現金	対象外		30,000	従業員△△　香典
福利厚生費	課税仕入 (課税売上対応)	10%	11,000 内 (1,000)	普通預金	対象外		11,000	従業員△△　親族葬儀生花代

◆従業員（販売部門所属）に子供が生まれたため、出産祝いとしてベビーグッズ8,800円（税込み）を購入して支給した。当該従業員の所属する販売部門の売上げは非課税売上げとなるものである。

169

借方勘定科目 借方補助科目	借方税区分	税率	借方金額 (消費税額)	貸方勘定科目 貸方補助科目	貸方税区分	税率	貸方金額 (消費税額)	摘要
福利厚生費	課税仕入 (非課税売上対応)	10%	8,800 内 (800)	普通預金	対象外		8,800	○○㈱　××出産祝い

◆従業員の国内慰安旅行費用（旅費、宿泊費の他、現地での食事代等も含まれている）550,000円を普通預金より支払った。この旅行は製造部門（製品売上げは課税売上げとなる）の従業員が参加したものであり、他の部門に所属する従業員は、別途企画した慰安旅行に参加している。

170

借方勘定科目 借方補助科目	借方税区分	税率	借方金額 (消費税額)	貸方勘定科目 貸方補助科目	貸方税区分	税率	貸方金額 (消費税額)	摘要
福利厚生費	課税仕入 (課税売上対応)	10%	550,000 内 (50,000)	普通預金	対象外		550,000	○○旅行　従業員国内慰安旅行費用

◆従業員（管理部門所属）の健康診断費用6,600円（税込み）を、現金で支払った。

171

借方勘定科目 借方補助科目	借方税区分	税率	借方金額 (消費税額)	貸方勘定科目 貸方補助科目	貸方税区分	税率	貸方金額 (消費税額)	摘要
福利厚生費	課税仕入 (共通対応)	10%	6,600 内 (600)	現金	対象外		6,600	○○　従業員健康診断費用

◆夜間勤務の従業員（製造部門所属）のためのお弁当代172,800円（税込み）を、普通預金より支払った。当社製品の売上げは課税売上げとなるものである。

172

借方勘定科目 借方補助科目	借方税区分	税率	借方金額 (消費税額)	貸方勘定科目 貸方補助科目	貸方税区分	税率	貸方金額 (消費税額)	摘要
福利厚生費	課税仕入 (課税売上対応)	8%(軽)	172,800 内 (12,800)	普通預金	対象外		172,800	○○㈱　夜間勤務用お弁当代

◆永年勤続者（販売部門所属）への支給のために購入した記念品代77,000円（税込み）を普通預金より支払った。当社の売上げは課税売上げとなるものである。

173

借方勘定科目 借方補助科目	借方税区分	税率	借方金額 (消費税額)	貸方勘定科目 貸方補助科目	貸方税区分	税率	貸方金額 (消費税額)	摘要
福利厚生費	課税仕入 (課税売上対応)	10%	77,000 内 (7,000)	普通預金	対象外		77,000	○○百貨店　永年勤続者記念品代

◆社宅管理費用22,000円（税込み）を普通預金より支払った。なお、従業員より社宅家賃を徴収している。

借方勘定科目 借方補助科目	借方税区分	税率	借方金額 （消費税額）	貸方勘定科目 貸方補助科目	貸方税区分	税率	貸方金額 （消費税額）	摘要
福利厚生費	課税仕入 （非課税売上対応）	10%	22,000 内 (2,000)	普通預金	対象外		22,000	○○管理会社　社宅管理費用

174

⚠ 従業員から徴収している社宅家賃は当社の非課税売上げに該当するため、社宅家賃を徴収する場合の社宅管理費用は非課税売上対応に該当することになります。従業員等の所属部門等は関係ありません。

◆事務所（本社）に常備するための医薬品4,400円（税込み）を現金で支払った。

借方勘定科目 借方補助科目	借方税区分	税率	借方金額 （消費税額）	貸方勘定科目 貸方補助科目	貸方税区分	税率	貸方金額 （消費税額）	摘要
福利厚生費	課税仕入 （共通対応）	10%	4,400 内 (400)	現金	対象外		4,400	○○ドラッグ　常備薬代

175

（1）経理処理例

◆求人採用広告サイト及び雑誌への掲載料として、110,000円（税込み）を普通預金より支払った。

①インボイスを保存している。

176

借方勘定科目 借方補助科目	借方税区分	税率	借方金額 （消費税額）	貸方勘定科目 貸方補助科目	貸方税区分	税率	貸方金額 （消費税額）	摘要
求人採用費	課税仕入	10%	110,000 内 (10,000)	普通預金	対象外		110,000	○○㈱　求人サイト掲載料

②請求書等（インボイスに該当しない）を保存している。

177

借方勘定科目 借方補助科目	借方税区分	税率	借方金額 （消費税額）	貸方勘定科目 貸方補助科目	貸方税区分	税率	貸方金額 （消費税額）	摘要
求人採用費	課税仕入 (80%控除)	10%	110,000 内 (8,000)	普通預金	対象外		110,000	○○㈱　求人サイト掲載料

◆求人採用案内のためのホームページ作成費用として、198,000円（税込み）を普通預金より支払った。

①インボイスを保存している。

178

借方勘定科目 借方補助科目	借方税区分	税率	借方金額 （消費税額）	貸方勘定科目 貸方補助科目	貸方税区分	税率	貸方金額 （消費税額）	摘要
求人採用費	課税仕入	10%	198,000 内 (18,000)	普通預金	対象外		198,000	○○㈱　採用HP作成費用

②請求書等（インボイスに該当しない）を保存している。

179

借方勘定科目 借方補助科目	借方税区分	税率	借方金額 （消費税額）	貸方勘定科目 貸方補助科目	貸方税区分	税率	貸方金額 （消費税額）	摘要
求人採用費	課税仕入 (80%控除)	10%	198,000 内 (14,400)	普通預金	対象外		198,000	○○㈱　採用HP作成費用

◆人材紹介会社に対して、紹介料770,000円（税込み）を普通預金より支払った。

①インボイスを保存している。

180

借方勘定科目 借方補助科目	借方税区分	税率	借方金額 （消費税額）	貸方勘定科目 貸方補助科目	貸方税区分	税率	貸方金額 （消費税額）	摘要
求人採用費	課税仕入	10%	770,000 内 (70,000)	普通預金	対象外		770,000	○○㈱　人材紹介料

②請求書等（インボイスに該当しない）を保存している。

181

借方勘定科目 借方補助科目	借方税区分	税率	借方金額 （消費税額）	貸方勘定科目 貸方補助科目	貸方税区分	税率	貸方金額 （消費税額）	摘要
求人採用費	課税仕入 (80%控除)	10%	770,000 内 (56,000)	普通預金	対象外		770,000	○○㈱　人材紹介料

◆ 求人説明会開催のための会場費用550,000円（税込み）を普通預金より支払った。

①インボイスを保存している。

182

借方勘定科目 借方補助科目	借方税区分	税率	借方金額 (消費税額)	貸方勘定科目 貸方補助科目	貸方税区分	税率	貸方金額 (消費税額)	摘要
求人採用費	課税仕入	10%	550,000 内 (50,000)	普通預金	対象外		550,000	○○㈱　求人説明会会場費

②請求書等（インボイスに該当しない）を保存している。

183

借方勘定科目 借方補助科目	借方税区分	税率	借方金額 (消費税額)	貸方勘定科目 貸方補助科目	貸方税区分	税率	貸方金額 (消費税額)	摘要
求人採用費	課税仕入 (80%控除)	10%	550,000 内 (40,000)	普通預金	対象外		550,000	○○㈱　求人説明会会場費

◆ 内定者に対し、内定式参加のための交通費3,300円（税込み）を現金で支払った。出張旅費等特例の適用を受ける。

184

借方勘定科目 借方補助科目	借方税区分	税率	借方金額 (消費税額)	貸方勘定科目 貸方補助科目	貸方税区分	税率	貸方金額 (消費税額)	摘要
求人採用費	課税仕入	10%	3,300 内 (300)	現金	対象外		3,300	××　内定式交通費 出張旅費等特例

⚠ 出張旅費等特例については、旅費交通費勘定を参照してください。

◆ 内定者向けの説明会を行うため、会場費220,000円（税込み）を普通預金より支払った。また、内定者に配布するペットボトルのお茶代として4,320円（税込み）を現金で支払った。

①インボイスを保存している。

185

借方勘定科目 借方補助科目	借方税区分	税率	借方金額 (消費税額)	貸方勘定科目 貸方補助科目	貸方税区分	税率	貸方金額 (消費税額)	摘要
求人採用費	課税仕入	10%	220,000 内 (20,000)	普通預金	対象外		220,000	○○㈱　内定者説明会会場費
求人採用費	課税仕入	8% (軽)	4,320 内 (320)	現金	対象外		4,320	○○㈱　内定者用お茶代

②請求書等（インボイスに該当しない）を保存している。

186

借方勘定科目 借方補助科目	借方税区分	税率	借方金額 (消費税額)	貸方勘定科目 貸方補助科目	貸方税区分	税率	貸方金額 (消費税額)	摘要
求人採用費	課税仕入 (80%控除)	10%	220,000 内 (16,000)	普通預金	対象外		220,000	○○㈱　内定者説明会会場費
求人採用費	課税仕入 (80%控除)	8% (軽)	4,320 内 (256)	現金	対象外		4,320	○○㈱　内定者用お茶代

③当社は少額特例の対象となる中小事業者である（会場費はインボイスを保存している）。

借方勘定科目 借方補助科目	借方税区分	税率	借方金額 （消費税額）	貸方勘定科目 貸方補助科目	貸方税区分	税率	貸方金額 （消費税額）	摘要
求人採用費	課税仕入	10%	220,000 内 (20,000)	普通預金	対象外		220,000	○○㈱　内定者説明会会場費
求人採用費	課税仕入	8% （軽）	4,320 内 (320)	現金	対象外		4,320	○○㈱　内定者用お茶代

(2) 個別対応方式の用途区分

◆求人採用広告サイト及び雑誌への掲載料として、110,000円（税込み）を普通預金より支払った。採用対象は営業部門の人材であり、当社の売上げは課税売上げとなるものである。

借方勘定科目 借方補助科目	借方税区分	税率	借方金額 （消費税額）	貸方勘定科目 貸方補助科目	貸方税区分	税率	貸方金額 （消費税額）	摘要	188
求人採用費	課税仕入 （課税売上対応）	10%	110,000 内 (10,000)	普通預金	対象外		110,000	○○㈱ 求人サイト掲載料	

⚠ 個別対応方式を適用する場合の「課税売上対応」「非課税売上対応」「共通対応」の区分は、採用予定の従業員等の所属部門等によって判断することになります。例えば従業員等が課税売上げに該当する売上げに係る部門の所属であれば「課税売上対応」、従業員等が非課税売上げに該当する売上げに係る部門の所属であれば「非課税売上対応」、いずれにも該当しない従業員等（本社所属の管理部門等）や課税部門と非課税部門を兼務する従業員等であれば「共通対応」になるものと考えられます。
　まとめて全部門の従業員等を募集する場合は、基本的には「共通対応」になります。

◆求人採用案内のためのホームページ作成費用として、198,000円（税込み）を普通預金より支払った。採用対象は営業部門の人材であり、当社の売上げは非課税売上げとなるものである。

借方勘定科目 借方補助科目	借方税区分	税率	借方金額 （消費税額）	貸方勘定科目 貸方補助科目	貸方税区分	税率	貸方金額 （消費税額）	摘要	189
求人採用費	課税仕入 （非課税売上対応）	10%	198,000 内 (18,000)	普通預金	対象外		198,000	○○㈱ 採用HP作成費用	

◆人材紹介会社に対して、紹介料770,000円（税込み）を普通預金より支払った。採用対象は経理部門の人材である。

借方勘定科目 借方補助科目	借方税区分	税率	借方金額 （消費税額）	貸方勘定科目 貸方補助科目	貸方税区分	税率	貸方金額 （消費税額）	摘要	190
求人採用費	課税仕入 （共通対応）	10%	770,000 内 (70,000)	普通預金	対象外		770,000	○○㈱ 人材紹介料	

◆求人説明会開催のための会場費用550,000円（税込み）を普通預金より支払った。採用対象は全部門の人材である。

借方勘定科目 借方補助科目	借方税区分	税率	借方金額 （消費税額）	貸方勘定科目 貸方補助科目	貸方税区分	税率	貸方金額 （消費税額）	摘要	191
求人採用費	課税仕入 （共通対応）	10%	550,000 内 (50,000)	普通預金	対象外		550,000	○○㈱ 求人説明会会場費	

◆内定者に対し、内定式参加のための交通費3,300円（税込み）を現金で支払った。当該内定者は営業部門に配属されることが決定しており、当社の売上げは課税売上げとなるものである。

借方勘定科目 借方補助科目	借方税区分	税率	借方金額 （消費税額）	貸方勘定科目 貸方補助科目	貸方税区分	税率	貸方金額 （消費税額）	摘要
求人採用費	課税仕入 （課税売上対応）	10%	3,300 内 （300）	現金	対象外		3,300	×× 内定式交通費 出張旅費等特例

192

◆内定者向けの説明会を行うため、会場費220,000円（税込み）を普通預金より支払った。また、内定者に配布するペットボトルのお茶代として4,320円（税込み）を現金で支払った。採用対象は全部門の人材である。

借方勘定科目 借方補助科目	借方税区分	税率	借方金額 （消費税額）	貸方勘定科目 貸方補助科目	貸方税区分	税率	貸方金額 （消費税額）	摘要
求人採用費	課税仕入 （共通対応）	10%	220,000 内 (20,000)	普通預金	対象外		220,000	○○㈱ 内定者説明会 会場費
求人採用費	課税仕入 （共通対応）	8% （軽）	4,320 内 （320）	現金	対象外		4,320	○○㈱ 内定者用お茶代

193

（1）経理処理例

◆社内研修のための会場費用として、165,000円（税込み）を普通預金より支払った。

①インボイスを保存している。

194

借方勘定科目 借方補助科目	借方税区分	税率	借方金額 （消費税額）	貸方勘定科目 貸方補助科目	貸方税区分	税率	貸方金額 （消費税額）	摘要
研修費	課税仕入	10%	165,000 内 (15,000)	普通預金	対象外		165,000	○○㈱ 社内研修会場費

②請求書等（インボイスに該当しない）を保存している。

195

借方勘定科目 借方補助科目	借方税区分	税率	借方金額 （消費税額）	貸方勘定科目 貸方補助科目	貸方税区分	税率	貸方金額 （消費税額）	摘要
研修費	課税仕入 (80%控除)	10%	165,000 内 (12,000)	普通預金	対象外		165,000	○○㈱ 社内研修会場費

◆社内研修に参加した者のお弁当代及びお茶代として、32,400円（税込み）を現金で支払った。

①インボイスを保存している。

196

借方勘定科目 借方補助科目	借方税区分	税率	借方金額 （消費税額）	貸方勘定科目 貸方補助科目	貸方税区分	税率	貸方金額 （消費税額）	摘要
研修費	課税仕入	8% (軽)	32,400 内 (2,400)	現金	対象外		32,400	○○㈱ 社内研修お弁当代等

②請求書等（インボイスに該当しない）を保存している。

197

借方勘定科目 借方補助科目	借方税区分	税率	借方金額 （消費税額）	貸方勘定科目 貸方補助科目	貸方税区分	税率	貸方金額 （消費税額）	摘要
研修費	課税仕入 (80%控除)	8% (軽)	32,400 内 (1,920)	現金	対象外		32,400	○○㈱ 社内研修お弁当代等

◆地方の支店の従業員が本社で行う社内研修に参加するための旅費及び宿泊費として、88,000円（税込み）を普通預金より支払った。

①インボイスを保存している。

198

借方勘定科目 借方補助科目	借方税区分	税率	借方金額 （消費税額）	貸方勘定科目 貸方補助科目	貸方税区分	税率	貸方金額 （消費税額）	摘要
研修費	課税仕入	10%	88,000 内 (8,000)	普通預金	対象外		88,000	○○ホテル 社内研修宿泊費等

②請求書等（インボイスに該当しない）を保存している。

199

借方勘定科目 借方補助科目	借方税区分	税率	借方金額 （消費税額）	貸方勘定科目 貸方補助科目	貸方税区分	税率	貸方金額 （消費税額）	摘要
研修費	課税仕入 (80%控除)	10%	88,000 内 (6,400)	普通預金	対象外		88,000	○○ホテル 社内研修宿泊費等

◆社内研修のための外部講師料として、55,000円（税込み）を普通預金より支払った。

①インボイスを保存している。

借方勘定科目 借方補助科目	借方税区分	税率	借方金額 （消費税額）	貸方勘定科目 貸方補助科目	貸方税区分	税率	貸方金額 （消費税額）	摘要
研修費	課税仕入	10% 内	55,000 (5,000)	普通預金	対象外		55,000	○○㈱　社内研修講師料

200

②請求書等（インボイスに該当しない）を保存している。

借方勘定科目 借方補助科目	借方税区分	税率	借方金額 （消費税額）	貸方勘定科目 貸方補助科目	貸方税区分	税率	貸方金額 （消費税額）	摘要
研修費	課税仕入 (80%控除)	10% 内	55,000 (4,000)	普通預金	対象外		55,000	○○㈱　社内研修講師料

201

◆社内研修のためのテキスト及び動画作成費用として、264,000円（税込み）を普通預金より支払った。

①インボイスを保存している。

借方勘定科目 借方補助科目	借方税区分	税率	借方金額 （消費税額）	貸方勘定科目 貸方補助科目	貸方税区分	税率	貸方金額 （消費税額）	摘要
研修費	課税仕入	10% 内	264,000 (24,000)	普通預金	対象外		264,000	○○㈱　社内研修コンテンツ

202

②請求書等（インボイスに該当しない）を保存している。

借方勘定科目 借方補助科目	借方税区分	税率	借方金額 （消費税額）	貸方勘定科目 貸方補助科目	貸方税区分	税率	貸方金額 （消費税額）	摘要
研修費	課税仕入 (80%控除)	10% 内	264,000 (19,200)	普通預金	対象外		264,000	○○㈱　社内研修コンテンツ

203

◆社外で実施されるセミナー参加費として、27,500円（税込み）を現金で支払った。

①インボイスを保存している。

借方勘定科目 借方補助科目	借方税区分	税率	借方金額 （消費税額）	貸方勘定科目 貸方補助科目	貸方税区分	税率	貸方金額 （消費税額）	摘要
研修費	課税仕入	10% 内	27,500 (2,500)	現金	対象外		27,500	○○㈱　セミナー参加費

204

②請求書等（インボイスに該当しない）を保存している。

借方勘定科目 借方補助科目	借方税区分	税率	借方金額 （消費税額）	貸方勘定科目 貸方補助科目	貸方税区分	税率	貸方金額 （消費税額）	摘要
研修費	課税仕入 (80%控除)	10% 内	27,500 (2,000)	現金	対象外		27,500	○○㈱　セミナー参加費

205

◆国外の本社で実施される研修に参加するための航空券及び現地での宿泊費として、320,000円を普通預金より支払った。

206

借方勘定科目 借方補助科目	借方税区分	税率	借方金額 （消費税額）	貸方勘定科目 貸方補助科目	貸方税区分	税率	貸方金額 （消費税額）	摘要
研修費	対象外		320,000	普通預金	対象外		320,000	○○　国外研修参加旅費

◆当社の業務に必要な従業員の資格取得費用として、22,000円（税込み）を現金で支払った。

①インボイスを保存している。

207

借方勘定科目 借方補助科目	借方税区分	税率	借方金額 （消費税額）	貸方勘定科目 貸方補助科目	貸方税区分	税率	貸方金額 （消費税額）	摘要
研修費	課税仕入	10%	22,000 内 (2,000)	現金	対象外		22,000	○○㈱　従業員資格取得費用

②請求書等（インボイスに該当しない）を保存している。

208

借方勘定科目 借方補助科目	借方税区分	税率	借方金額 （消費税額）	貸方勘定科目 貸方補助科目	貸方税区分	税率	貸方金額 （消費税額）	摘要
研修費	課税仕入 (80%控除)	10%	22,000 内 (1,600)	現金	対象外		22,000	○○㈱　従業員資格取得費用

(2) 個別対応方式の用途区分

◆社内研修のための会場費用として、165,000円（税込み）を普通預金より支払った。研修対象は営業部門の従業員であり、当社の売上げは課税売上げとなるものである。

借方勘定科目 借方補助科目	借方税区分	税率	借方金額 (消費税額)	貸方勘定科目 貸方補助科目	貸方税区分	税率	貸方金額 (消費税額)	摘要
研修費	課税仕入 (課税売上対応)	10%	165,000 内 (15,000)	普通預金	対象外		165,000	○○㈱　社内研修会場費

⚠️　個別対応方式を適用する場合の「課税売上対応」「非課税売上対応」「共通対応」の区分は、研修に参加する従業員等の所属部門等によって判断することになります。例えば従業員等が課税売上げに該当する売上げに係る部門の所属であれば「課税売上対応」、従業員等が非課税売上げに該当する売上げに係る部門の所属であれば「非課税売上対応」、いずれにも該当しない従業員等（本社所属の管理部門等）や課税部門と非課税部門を兼務している従業員等であれば「共通対応」になるものと考えられます。
　　全部門の従業員等が参加するものについては、基本的には「共通対応」になりますが、部門別の人数比で按分して、それぞれに区分する方法も考えられます。

◆社内研修に参加した者のお弁当代及びお茶代として、32,400円（税込み）を現金で支払った。研修対象は営業部門の従業員であり、当社の売上げは非課税売上げとなるものである。

借方勘定科目 借方補助科目	借方税区分	税率	借方金額 (消費税額)	貸方勘定科目 貸方補助科目	貸方税区分	税率	貸方金額 (消費税額)	摘要
研修費	課税仕入 (非課税売上対応)	8% (軽)	32,400 内 (2,400)	現金	対象外		32,400	○○㈱　社内研修お弁当代等

◆地方の支店の従業員が本社で行う社内研修に参加するための旅費及び宿泊費として、88,000円（税込み）を普通預金より支払った。研修対象は営業部門の従業員であり、当社の売上げは課税売上げと非課税売上げが混在する。

借方勘定科目 借方補助科目	借方税区分	税率	借方金額 (消費税額)	貸方勘定科目 貸方補助科目	貸方税区分	税率	貸方金額 (消費税額)	摘要
研修費	課税仕入 (共通対応)	10%	88,000 内 (8,000)	普通預金	対象外		88,000	○○ホテル　社内研修宿泊費等

◆社内研修（コンプライアンス研修）のための外部講師料として、55,000円（税込み）を普通預金より支払った。研修対象は役員全員となっている。

借方勘定科目 借方補助科目	借方税区分	税率	借方金額 (消費税額)	貸方勘定科目 貸方補助科目	貸方税区分	税率	貸方金額 (消費税額)	摘要
研修費	課税仕入 (共通対応)	10%	55,000 内 (5,000)	普通預金	対象外		55,000	○○㈱　社内研修講師料

◆社内研修のためのテキスト及び動画作成費用として、264,000円（税込み）を普通預金より
支払った。研修対象は製造部門の従業員であり、当社製品の売上げは課税売上げとなるも
のである。

借方勘定科目 借方補助科目	借方税区分	税率	借方金額 （消費税額）	貸方勘定科目 貸方補助科目	貸方税区分	税率	貸方金額 （消費税額）	摘要
研修費	課税仕入 （課税売上対応）	10%	264,000 内 (24,000)	普通預金	対象外		264,000	○○㈱ 社内研修コン テンツ

213

◆社外で実施されるセミナー参加費として、27,500円（税込み）を現金で支払った。研修対象
は労務部門の従業員である。

借方勘定科目 借方補助科目	借方税区分	税率	借方金額 （消費税額）	貸方勘定科目 貸方補助科目	貸方税区分	税率	貸方金額 （消費税額）	摘要
研修費	課税仕入 （共通対応）	10%	27,500 内 (2,500)	現金	対象外		27,500	○○㈱ セミナー参加 費

214

◆当社の業務に必要な従業員の資格取得費用として、22,000円（税込み）を現金で支払った。
研修対象は営業部門の従業員であり、当社の売上げは非課税売上げとなるものである。

借方勘定科目 借方補助科目	借方税区分	税率	借方金額 （消費税額）	貸方勘定科目 貸方補助科目	貸方税区分	税率	貸方金額 （消費税額）	摘要
研修費	課税仕入 （非課税売上対応）	10%	22,000 内 (2,000)	現金	対象外		22,000	○○㈱ 従業員資格取 得費用

215

（1）経理処理例

◆人材派遣会社に対し人材派遣料として、165,000円（税込み）を普通預金より支払った。

①インボイスを保存している。

216

借方勘定科目 借方補助科目	借方税区分	税率	借方金額 （消費税額）	貸方勘定科目 貸方補助科目	貸方税区分	税率	貸方金額 （消費税額）	摘要
外注費	課税仕入	10%	165,000 内 (15,000)	普通預金	対象外		165,000	○○㈱　人材派遣料

②請求書等（インボイスに該当しない）を保存している。

217

借方勘定科目 借方補助科目	借方税区分	税率	借方金額 （消費税額）	貸方勘定科目 貸方補助科目	貸方税区分	税率	貸方金額 （消費税額）	摘要
外注費	課税仕入 （80%控除）	10%	165,000 内 (12,000)	普通預金	対象外		165,000	○○㈱　人材派遣料

◆当社専属の外交員に対し報酬として、94,000円を普通預金より支払った。なお、給与所得に該当する部分の金額は50,000円、給与所得に該当しない部分の金額は44,000円（税込み）となっている（源泉所得税の処理は省略）。

①インボイスを保存している。

218

借方勘定科目 借方補助科目	借方税区分	税率	借方金額 （消費税額）	貸方勘定科目 貸方補助科目	貸方税区分	税率	貸方金額 （消費税額）	摘要
給料手当	対象外		50,000	普通預金	対象外		94,000	××　外交員報酬（固定分）
外注費	課税仕入	10%	44,000 内 (4,000)					××　外交員報酬（変動分）

②請求書等（インボイスに該当しない）を保存している。

219

借方勘定科目 借方補助科目	借方税区分	税率	借方金額 （消費税額）	貸方勘定科目 貸方補助科目	貸方税区分	税率	貸方金額 （消費税額）	摘要
給料手当	対象外		50,000	普通預金	対象外		94,000	××　外交員報酬（固定分）
外注費	課税仕入 （80%控除）	10%	44,000 内 (3,200)					××　外交員報酬（変動分）

⚠ 外交員に支払われる報酬については通常、固定給部分は給与、成績等によって変動する部分は報酬、料金として取り扱われます。したがって給与部分は対象外、報酬、料金部分は課税仕入れとなります。

◆当社製品の一部組立てを依頼した業者に対し報酬として、2,200,000円（税込み）を普通預金より支払った。

①インボイスを保存している。

220

借方勘定科目 借方補助科目	借方税区分	税率	借方金額 （消費税額）	貸方勘定科目 貸方補助科目	貸方税区分	税率	貸方金額 （消費税額）	摘要
外注費	課税仕入	10%	2,200,000 内 (200,000)	普通預金	対象外		2,200,000	○○㈱　組立作業報酬

②請求書等（インボイスに該当しない）を保存している。

借方勘定科目 借方補助科目	借方税区分	税率	借方金額 (消費税額)	貸方勘定科目 貸方補助科目	貸方税区分	税率	貸方金額 (消費税額)	摘要	
外注費	課税仕入 (80%控除)	10%	2,200,000 内 (160,000)	普通預金	対象外		2,200,000	○○㈱　組立作業報酬	221

◆バックオフィス業務代行会社に対し経理業務及び給与計算業務報酬として、66,000円（税込み）を普通預金より支払った。

①インボイスを保存している。

借方勘定科目 借方補助科目	借方税区分	税率	借方金額 (消費税額)	貸方勘定科目 貸方補助科目	貸方税区分	税率	貸方金額 (消費税額)	摘要	
外注費	課税仕入	10%	66,000 内 (6,000)	普通預金	対象外		66,000	○○㈱　経理業務他代行報酬	222

②請求書等（インボイスに該当しない）を保存している。

借方勘定科目 借方補助科目	借方税区分	税率	借方金額 (消費税額)	貸方勘定科目 貸方補助科目	貸方税区分	税率	貸方金額 (消費税額)	摘要	
外注費	課税仕入 (80%控除)	10%	66,000 内 (4,800)	普通預金	対象外		66,000	○○㈱　経理業務他代行報酬	223

◆所有不動産の管理業務委託報酬として、16,500円（税込み）を普通預金より支払った。

①インボイスを保存している。

借方勘定科目 借方補助科目	借方税区分	税率	借方金額 (消費税額)	貸方勘定科目 貸方補助科目	貸方税区分	税率	貸方金額 (消費税額)	摘要	
外注費	課税仕入	10%	16,500 内 (1,500)	普通預金	対象外		16,500	○○㈱　不動産管理報酬	224

②請求書等（インボイスに該当しない）を保存している。

借方勘定科目 借方補助科目	借方税区分	税率	借方金額 (消費税額)	貸方勘定科目 貸方補助科目	貸方税区分	税率	貸方金額 (消費税額)	摘要	
外注費	課税仕入 (80%控除)	10%	16,500 内 (1,200)	普通預金	対象外		16,500	○○㈱　不動産管理報酬	225

◆本社ビルのエレベーターの保守管理業務報酬として、22,000円（税込み）を普通預金より支払った。

①インボイスを保存している。

借方勘定科目 借方補助科目	借方税区分	税率	借方金額 (消費税額)	貸方勘定科目 貸方補助科目	貸方税区分	税率	貸方金額 (消費税額)	摘要	
外注費	課税仕入	10%	22,000 内 (2,000)	普通預金	対象外		22,000	○○㈱　エレベーター保守	226

②請求書等（インボイスに該当しない）を保存している。

借方勘定科目 借方補助科目	借方税区分	税率	借方金額 （消費税額）	貸方勘定科目 貸方補助科目	貸方税区分	税率	貸方金額 （消費税額）	摘要
外注費	課税仕入 （80%控除）	10% 内	22,000 (1,600)	普通預金	対象外		22,000	○○㈱　エレベーター 保守

227

◆受注システム開発に係る外部のシステムエンジニアへの報酬として、682,000円（税込み） を普通預金より支払った。

①インボイスを保存している。

借方勘定科目 借方補助科目	借方税区分	税率	借方金額 （消費税額）	貸方勘定科目 貸方補助科目	貸方税区分	税率	貸方金額 （消費税額）	摘要
外注費	課税仕入	10% 内	682,000 (62,000)	普通預金	対象外		682,000	××　SE報酬

228

②請求書等（インボイスに該当しない）を保存している。

借方勘定科目 借方補助科目	借方税区分	税率	借方金額 （消費税額）	貸方勘定科目 貸方補助科目	貸方税区分	税率	貸方金額 （消費税額）	摘要
外注費	課税仕入 （80%控除）	10% 内	682,000 (49,600)	普通預金	対象外		682,000	××　SE報酬

229

◆当社商品のパッケージデザイン料として、550,000円（税込み）を普通預金より支払った。

①インボイスを保存している。

借方勘定科目 借方補助科目	借方税区分	税率	借方金額 （消費税額）	貸方勘定科目 貸方補助科目	貸方税区分	税率	貸方金額 （消費税額）	摘要
外注費	課税仕入	10% 内	550,000 (50,000)	普通預金	対象外		550,000	○○㈱　デザイン料

230

②請求書等（インボイスに該当しない）を保存している。

借方勘定科目 借方補助科目	借方税区分	税率	借方金額 （消費税額）	貸方勘定科目 貸方補助科目	貸方税区分	税率	貸方金額 （消費税額）	摘要
外注費	課税仕入 （80%控除）	10% 内	550,000 (40,000)	普通預金	対象外		550,000	○○㈱　デザイン料

231

◆フリーランスに対し社内の総務業務の委託報酬として、110,000円（税込み）を普通預金よ り支払った。

①インボイスを保存している。

借方勘定科目 借方補助科目	借方税区分	税率	借方金額 （消費税額）	貸方勘定科目 貸方補助科目	貸方税区分	税率	貸方金額 （消費税額）	摘要
外注費	課税仕入	10% 内	110,000 (10,000)	普通預金	対象外		110,000	××　総務業務委託報 酬

232

②請求書等（インボイスに該当しない）を保存している。

借方勘定科目 借方補助科目	借方税区分	税率	借方金額 （消費税額）	貸方勘定科目 貸方補助科目	貸方税区分	税率	貸方金額 （消費税額）	摘要	233
外注費	課税仕入 （80%控除）	10%	110,000 内 (8,000)	普通預金	対象外		110,000	×× 総務業務委託報酬	

⚠ 個人事業主やフリーランスはインボイス発行事業者の登録をしていない者も多いと思われるため、それらの者に対する外注費の仕入税額控除については注意が必要です。契約当初はインボイス発行事業者ではなかったものの、契約期間の中途でインボイス発行事業者になることも考えられます。

◆国外の事業者に対し国外の市場調査報酬として、800,000円を普通預金より支払った。

借方勘定科目 借方補助科目	借方税区分	税率	借方金額 （消費税額）	貸方勘定科目 貸方補助科目	貸方税区分	税率	貸方金額 （消費税額）	摘要	234
外注費	対象外		800,000	普通預金	対象外		800,000	○○Ltd 国外市場調査費	

◆非居住者に対し当社商品のパッケージデザイン料として、636,640円（源泉所得税163,360円控除後）を普通預金より支払った。作業は国外で行われている。

借方勘定科目 借方補助科目	借方税区分	税率	借方金額 （消費税額）	貸方勘定科目 貸方補助科目	貸方税区分	税率	貸方金額 （消費税額）	摘要	235
外注費	対象外		800,000	普通預金	対象外		636,640	×× デザイン料	
				預り金 源泉所得税	対象外		163,360	×× デザイン料源泉所得税	

(2) 個別対応方式の用途区分

◆人材派遣会社に対し人材派遣料（総務部門）として、165,000円（税込み）を普通預金より支払った。

236

借方勘定科目 借方補助科目	借方税区分	税率	借方金額 (消費税額)	貸方勘定科目 貸方補助科目	貸方税区分	税率	貸方金額 (消費税額)	摘要
外注費	課税仕入 (共通対応)	10%	165,000 内 (15,000)	普通預金	対象外		165,000	○○㈱　人材派遣料

◆当社専属の外交員に対し報酬として、94,000円を普通預金より支払った。なお、給与所得に該当する部分の金額は50,000円、給与所得に該当しない部分の金額は44,000円（税込み）となっている（源泉所得税の処理は省略）。当社の売上げは課税売上げとなるものである。

237

借方勘定科目 借方補助科目	借方税区分	税率	借方金額 (消費税額)	貸方勘定科目 貸方補助科目	貸方税区分	税率	貸方金額 (消費税額)	摘要
給与手当	対象外		50,000	普通預金	対象外		94,000	××　外交員報酬（固定分）
外注費	課税仕入 (課税売上対応)	10%	44,000 内 (4,000)					××　外交員報酬（変動分）

◆当社製品の一部組立てを依頼した業者に対し報酬として、2,200,000円（税込み）を普通預金より支払った。当社製品の売上げは非課税売上げとなるものである。

238

借方勘定科目 借方補助科目	借方税区分	税率	借方金額 (消費税額)	貸方勘定科目 貸方補助科目	貸方税区分	税率	貸方金額 (消費税額)	摘要
外注費	課税仕入 (非課税売上対応)	10%	2,200,000 内 (200,000)	普通預金	対象外		2,200,000	○○㈱　組立作業報酬

◆バックオフィス業務代行会社に対し経理業務及び給与計算業務報酬として、66,000円（税込み）を普通預金より支払った。

239

借方勘定科目 借方補助科目	借方税区分	税率	借方金額 (消費税額)	貸方勘定科目 貸方補助科目	貸方税区分	税率	貸方金額 (消費税額)	摘要
外注費	課税仕入 (共通対応)	10%	66,000 内 (6,000)	普通預金	対象外		66,000	○○㈱　経理業務他代行報酬

◆所有不動産の管理業務委託報酬として、16,500円（税込み）を普通預金より支払った。当該不動産からは居住用家賃収入を得ている。

借方勘定科目 借方補助科目	借方税区分	税率	借方金額 （消費税額）	貸方勘定科目 貸方補助科目	貸方税区分	税率	貸方金額 （消費税額）	摘要
外注費	課税仕入 （非課税売上対応）	10%	16,500 内 (1,500)	普通預金	対象外		16,500	○○㈱　不動産管理報酬

240

◆本社ビルのエレベーターの保守管理業務報酬として、22,000円（税込み）を普通預金より支払った。

借方勘定科目 借方補助科目	借方税区分	税率	借方金額 （消費税額）	貸方勘定科目 貸方補助科目	貸方税区分	税率	貸方金額 （消費税額）	摘要
外注費	課税仕入 （共通対応）	10%	22,000 内 (2,000)	普通預金	対象外		22,000	○○㈱　エレベーター保守

241

◆受注システムの開発に係る外部のシステムエンジニアへの報酬として、682,000円（税込み）を普通預金より支払った。受注システムの売上げは課税売上げとなるものである。

借方勘定科目 借方補助科目	借方税区分	税率	借方金額 （消費税額）	貸方勘定科目 貸方補助科目	貸方税区分	税率	貸方金額 （消費税額）	摘要
外注費	課税仕入 （課税売上対応）	10%	682,000 内 (62,000)	普通預金	対象外		682,000	××　SE報酬

242

◆当社商品のパッケージデザイン料として、550,000円（税込み）を普通預金より支払った。当社商品の売上げは課税売上げとなるものである。

借方勘定科目 借方補助科目	借方税区分	税率	借方金額 （消費税額）	貸方勘定科目 貸方補助科目	貸方税区分	税率	貸方金額 （消費税額）	摘要
外注費	課税仕入 （課税売上対応）	10%	550,000 内 (50,000)	普通預金	対象外		550,000	○○㈱　デザイン料

243

◆フリーランスに対し社内の総務業務の委託報酬として、110,000円（税込み）を普通預金より支払った。

借方勘定科目 借方補助科目	借方税区分	税率	借方金額 （消費税額）	貸方勘定科目 貸方補助科目	貸方税区分	税率	貸方金額 （消費税額）	摘要
外注費	課税仕入 （共通対応）	10%	110,000 内 (10,000)	普通預金	対象外		110,000	××　総務業務委託報酬

244

（1）経理処理例

◆取引先への宅配便代として、1,100円（税込み）を現金で支払った。

①インボイスを保存している。

245

借方勘定科目 借方補助科目	借方税区分	税率	借方金額 （消費税額）	貸方勘定科目 貸方補助科目	貸方税区分	税率	貸方金額 （消費税額）	摘要
荷造運賃	課税仕入	10% 内	1,100 (100)	現金	対象外		1,100	○○運輸　宅配便

②請求書等（インボイスに該当しない）を保存している。

246

借方勘定科目 借方補助科目	借方税区分	税率	借方金額 （消費税額）	貸方勘定科目 貸方補助科目	貸方税区分	税率	貸方金額 （消費税額）	摘要
荷造運賃 （80%控除）	課税仕入	10% 内	1,100 (80)	現金	対象外		1,100	○○運輸　宅配便

③当社は少額特例の対象となる中小事業者である。

247

借方勘定科目 借方補助科目	借方税区分	税率	借方金額 （消費税額）	貸方勘定科目 貸方補助科目	貸方税区分	税率	貸方金額 （消費税額）	摘要
荷造運賃	課税仕入	10% 内	1,100 (100)	現金	対象外		1,100	○○運輸　宅配便

◆取引先への商品配送費用として、165,000円（税込み）を普通預金より支払った。

①インボイスを保存している。

248

借方勘定科目 借方補助科目	借方税区分	税率	借方金額 （消費税額）	貸方勘定科目 貸方補助科目	貸方税区分	税率	貸方金額 （消費税額）	摘要
荷造運賃	課税仕入	10% 内	165,000 (15,000)	普通預金	対象外		165,000	○○運輸　商品配送費

②請求書等（インボイスに該当しない）を保存している。

249

借方勘定科目 借方補助科目	借方税区分	税率	借方金額 （消費税額）	貸方勘定科目 貸方補助科目	貸方税区分	税率	貸方金額 （消費税額）	摘要
荷造運賃 （80%控除）	課税仕入	10% 内	165,000 (12,000)	普通預金	対象外		165,000	○○運輸　商品配送費

◆国内支店への宅配便代として、1,430円（税込み）を現金で支払った。

①インボイスを保存している。

250

借方勘定科目 借方補助科目	借方税区分	税率	借方金額 （消費税額）	貸方勘定科目 貸方補助科目	貸方税区分	税率	貸方金額 （消費税額）	摘要
荷造運賃	課税仕入	10% 内	1,430 (130)	現金	対象外		1,430	○○運輸　宅配便

②請求書等（インボイスに該当しない）を保存している。

251

借方勘定科目 借方補助科目	借方税区分	税率	借方金額 （消費税額）	貸方勘定科目 貸方補助科目	貸方税区分	税率	貸方金額 （消費税額）	摘要
荷造運賃 （80%控除）	課税仕入	10% 内	1,430 (104)	現金	対象外		1,430	○○運輸　宅配便

③当社は少額特例の対象となる中小事業者である。

借方勘定科目 借方補助科目	借方税区分	税率	借方金額 （消費税額）	貸方勘定科目 貸方補助科目	貸方税区分	税率	貸方金額 （消費税額）	摘要
荷造運賃	課税仕入	10% 内	1,430 (130)	現金	対象外		1,430	○○運輸　宅配便

252

◆顧問税理士への宅配便代として、1,650円（税込み）を現金で支払った。

①インボイスを保存している。

借方勘定科目 借方補助科目	借方税区分	税率	借方金額 （消費税額）	貸方勘定科目 貸方補助科目	貸方税区分	税率	貸方金額 （消費税額）	摘要
荷造運賃	課税仕入	10% 内	1,650 (150)	現金	対象外		1,650	○○運輸　宅配便

253

②請求書等（インボイスに該当しない）を保存している。

借方勘定科目 借方補助科目	借方税区分	税率	借方金額 （消費税額）	貸方勘定科目 貸方補助科目	貸方税区分	税率	貸方金額 （消費税額）	摘要
荷造運賃	課税仕入 (80%控除)	10% 内	1,650 (120)	現金	対象外		1,650	○○運輸　宅配便

254

③当社は少額特例の対象となる中小事業者である。

借方勘定科目 借方補助科目	借方税区分	税率	借方金額 （消費税額）	貸方勘定科目 貸方補助科目	貸方税区分	税率	貸方金額 （消費税額）	摘要
荷造運賃	課税仕入	10% 内	1,650 (150)	現金	対象外		1,650	○○運輸　宅配便

255

◆国外の事業所へ荷物を送るための国際郵便代として、3,000円を現金で支払った。

借方勘定科目 借方補助科目	借方税区分	税率	借方金額 （消費税額）	貸方勘定科目 貸方補助科目	貸方税区分	税率	貸方金額 （消費税額）	摘要
荷造運賃	対象外		3,000	現金	対象外		3,000	○○郵便局　国際郵便

256

◆商品配送のための荷造梱包の材料費として、44,000円（税込み）を現金で支払った。

①インボイスを保存している。

借方勘定科目 借方補助科目	借方税区分	税率	借方金額 （消費税額）	貸方勘定科目 貸方補助科目	貸方税区分	税率	貸方金額 （消費税額）	摘要
荷造運賃	課税仕入	10% 内	44,000 (4,000)	現金	対象外		44,000	○○㈱　梱包材料費

257

②請求書等（インボイスに該当しない）を保存している。

借方勘定科目 借方補助科目	借方税区分	税率	借方金額 （消費税額）	貸方勘定科目 貸方補助科目	貸方税区分	税率	貸方金額 （消費税額）	摘要
荷造運賃	課税仕入 (80%控除)	10% 内	44,000 (3,200)	現金	対象外		44,000	○○㈱　梱包材料費

258

◆当期に購入した荷造梱包用品の期末未使用分200,000円（税抜き）につき、貯蔵品に振り替えた。

借方勘定科目 借方補助科目	借方税区分	税率	借方金額 （消費税額）	貸方勘定科目 貸方補助科目	貸方税区分	税率	貸方金額 （消費税額）	摘要
貯蔵品	対象外		200,000	荷造運賃	対象外		200,000	梱包用品期末未使用分

⚠　包装材料については、毎期おおむね一定数量を取得し、かつ、経常的に使用するものは、その取得をした時に取得費用の全額を費用とすることができ、期末未使用分を貯蔵品に振り替える必要はありません。毎期おおむね一定数量を取得していないような包装材料については、期末未使用分を貯蔵品に計上する必要があります。

　消費税は、上記の取扱いに関係なく購入時に課税仕入れになります。

（2）個別対応方式の用途区分

◆取引先（課税売上げが生ずる取引先）への宅配便代として、1,100円（税込み）を現金で支払った。

²⁶⁰

借方勘定科目 借方補助科目	借方税区分	税率	借方金額 （消費税額）	貸方勘定科目 貸方補助科目	貸方税区分	税率	貸方金額 （消費税額）	摘要
荷造運賃	課税仕入		1,100	現金	対象外		1,100	
	（課税売上対応）	10%						○○運輸　宅配便
			内　（100）					

◆取引先への商品配送費用として、165,000円（税込み）を普通預金より支払った。当社商品の売上げは課税売上げとなるものである。

²⁶¹

借方勘定科目 借方補助科目	借方税区分	税率	借方金額 （消費税額）	貸方勘定科目 貸方補助科目	貸方税区分	税率	貸方金額 （消費税額）	摘要
荷造運賃	課税仕入		165,000	普通預金	対象外		165,000	
	（課税売上対応）	10%						○○運輸　商品配送費
			内 （15,000）					

◆国内支店（管理部宛）への宅配便代として、1,430円（税込み）を現金で支払った。

²⁶²

借方勘定科目 借方補助科目	借方税区分	税率	借方金額 （消費税額）	貸方勘定科目 貸方補助科目	貸方税区分	税率	貸方金額 （消費税額）	摘要
荷造運賃	課税仕入		1,430	現金	対象外		1,430	
	（共通対応）	10%						○○運輸　宅配便
			内 （130）					

◆顧問税理士への宅配便代として、1,650円（税込み）を現金で支払った。

²⁶³

借方勘定科目 借方補助科目	借方税区分	税率	借方金額 （消費税額）	貸方勘定科目 貸方補助科目	貸方税区分	税率	貸方金額 （消費税額）	摘要
荷造運賃	課税仕入		1,650	現金	対象外		1,650	
	（共通対応）	10%						○○運輸　宅配便
			内 （150）					

◆商品配送のための荷造梱包の材料費として、44,000円（税込み）を現金で支払った。当社の商品売上げは課税売上げとなるものである。

²⁶⁴

借方勘定科目 借方補助科目	借方税区分	税率	借方金額 （消費税額）	貸方勘定科目 貸方補助科目	貸方税区分	税率	貸方金額 （消費税額）	摘要
荷造運賃	課税仕入		44,000	現金	対象外		44,000	
	（課税売上対応）	10%						㈱○○　梱包材料費
			内 （4,000）					

（1）経理処理例

◆新聞の折込チラシ制作費用として、242,000円（税込み）を普通預金より支払った。

①インボイスを保存している。

借方勘定科目 借方補助科目	借方税区分	税率	借方金額（消費税額）	貸方勘定科目 貸方補助科目	貸方税区分	税率	貸方金額（消費税額）	摘要	265
広告宣伝費	課税仕入	10%	242,000 内 (22,000)	普通預金	対象外		242,000	○○㈱　新聞折込チラシ	

②請求書等（インボイスに該当しない）を保存している。

借方勘定科目 借方補助科目	借方税区分	税率	借方金額（消費税額）	貸方勘定科目 貸方補助科目	貸方税区分	税率	貸方金額（消費税額）	摘要	266
広告宣伝費	課税仕入（80%控除）	10%	242,000 内 (17,600)	普通預金	対象外		242,000	○○㈱　新聞折込チラシ	

◆WEB広告掲載費用として、77,000円（税込み）を普通預金より支払った。

①インボイスを保存している。

借方勘定科目 借方補助科目	借方税区分	税率	借方金額（消費税額）	貸方勘定科目 貸方補助科目	貸方税区分	税率	貸方金額（消費税額）	摘要	267
広告宣伝費	課税仕入	10%	77,000 内 (7,000)	普通預金	対象外		77,000	○○㈱　WEB広告掲載料	

②請求書等（インボイスに該当しない）を保存している。

借方勘定科目 借方補助科目	借方税区分	税率	借方金額（消費税額）	貸方勘定科目 貸方補助科目	貸方税区分	税率	貸方金額（消費税額）	摘要	268
広告宣伝費	課税仕入（80%控除）	10%	77,000 内 (5,600)	普通預金	対象外		77,000	○○㈱　WEB広告掲載料	

⚠　WEB広告掲載費用は電気通信利用役務の提供に該当します。電気通信利用役務の提供に係る内外判定は、電気通信利用役務の提供を受ける者の住所地、本店等の所在地が国内であれば「国内取引（課税）」、国外であれば「国外取引（対象外）」となります。電気通信利用役務の提供を行う事業者の所在地で判定するのではないことにご留意ください。

◆当社商品のPRのために利用しているSNS（ソーシャル・ネットワーキング・サービス）の利用料として、22,000円（税込み）を法人カードにより支払った。

①インボイスを保存している。

借方勘定科目 借方補助科目	借方税区分	税率	借方金額（消費税額）	貸方勘定科目 貸方補助科目	貸方税区分	税率	貸方金額（消費税額）	摘要	269
広告宣伝費	課税仕入	10%	22,000 内 (2,000)	未払金 法人カード	対象外		22,000	SNS利用料	

②請求書等（インボイスに該当しない）を保存している。

借方勘定科目 借方補助科目	借方税区分	税率	借方金額（消費税額）	貸方勘定科目 貸方補助科目	貸方税区分	税率	貸方金額（消費税額）	摘要	270
広告宣伝費	課税仕入（80%控除）	10%	22,000 内 (1,600)	未払金 法人カード	対象外		22,000	SNS利用料	

◆テレビコマーシャルの制作費用として、1,100,000円（税込み）を普通預金より支払った。なお、コマーシャルの出演者に対し、出演料として別途165,000円（税込み）を現金で支払った。

①インボイスを保存している。

借方勘定科目 借方補助科目	借方税区分	税率	借方金額 (消費税額)	貸方勘定科目 貸方補助科目	貸方税区分	税率	貸方金額 (消費税額)	摘要
広告宣伝費	課税仕入	10%	1,100,000 内 (100,000)	普通預金	対象外		1,100,000	○○㈱　CM制作費用
広告宣伝費	課税仕入	10%	165,000 内 (15,000)	現金	対象外		149,685	××　CM出演料
				預り金 源泉所得税	対象外		15,315	××　CM出演料源泉所得税

②請求書等（インボイスに該当しない）を保存している。

借方勘定科目 借方補助科目	借方税区分	税率	借方金額 (消費税額)	貸方勘定科目 貸方補助科目	貸方税区分	税率	貸方金額 (消費税額)	摘要
広告宣伝費	課税仕入 (80%控除)	10%	1,100,000 内 (80,000)	普通預金	対象外		1,100,000	○○㈱　CM制作費用
広告宣伝費	課税仕入 (80%控除)	10%	165,000 内 (12,000)	現金	対象外		149,685	××　CM出演料
				預り金 源泉所得税	対象外		15,315	××　CM出演料源泉所得税

◆会社案内のパンフレットの制作費用として、660,000円（税込み）を普通預金より支払った。

①インボイスを保存している。

借方勘定科目 借方補助科目	借方税区分	税率	借方金額 (消費税額)	貸方勘定科目 貸方補助科目	貸方税区分	税率	貸方金額 (消費税額)	摘要
広告宣伝費	課税仕入	10%	660,000 内 (60,000)	普通預金	対象外		660,000	○○㈱　パンフレット制作費用

②請求書等（インボイスに該当しない）を保存している。

借方勘定科目 借方補助科目	借方税区分	税率	借方金額 (消費税額)	貸方勘定科目 貸方補助科目	貸方税区分	税率	貸方金額 (消費税額)	摘要
広告宣伝費	課税仕入 (80%控除)	10%	660,000 内 (48,000)	普通預金	対象外		660,000	○○㈱　パンフレット制作費用

◆広告看板制作費用として、88,000円（税込み）を普通預金より支払った。

①インボイスを保存している。

借方勘定科目 借方補助科目	借方税区分	税率	借方金額 (消費税額)	貸方勘定科目 貸方補助科目	貸方税区分	税率	貸方金額 (消費税額)	摘要
広告宣伝費	課税仕入	10%	88,000 内 (8,000)	普通預金	対象外		88,000	○○㈱　広告看板制作費

②請求書等（インボイスに該当しない）を保存している。

借方勘定科目 借方補助科目	借方税区分	税率	借方金額 （消費税額）	貸方勘定科目 貸方補助科目	貸方税区分	税率	貸方金額 （消費税額）	摘要
広告宣伝費	課税仕入 （80%控除）	10%	88,000 内 (6,400)	普通預金	対象外		88,000	○○㈱　広告看板制作費

> ⚠　看板等の広告宣伝用資産を取得した場合には、その金額に応じて資産又は費用計上を行うことになります。

◆駅の広告スペースへの広告掲載費用として、330,000円（税込み）を普通預金より支払った。

①インボイスを保存している。

借方勘定科目 借方補助科目	借方税区分	税率	借方金額 （消費税額）	貸方勘定科目 貸方補助科目	貸方税区分	税率	貸方金額 （消費税額）	摘要
広告宣伝費	課税仕入	10%	330,000 内 (30,000)	普通預金	対象外		330,000	○○㈱　広告スペース掲載費

②請求書等（インボイスに該当しない）を保存している。

借方勘定科目 借方補助科目	借方税区分	税率	借方金額 （消費税額）	貸方勘定科目 貸方補助科目	貸方税区分	税率	貸方金額 （消費税額）	摘要
広告宣伝費	課税仕入 （80%控除）	10%	330,000 内 (24,000)	普通預金	対象外		330,000	○○㈱　広告スペース掲載費

◆取引先に配布するためのカレンダー制作費用として、660,000円（税込み）を普通預金より支払った。

①インボイスを保存している。

借方勘定科目 借方補助科目	借方税区分	税率	借方金額 （消費税額）	貸方勘定科目 貸方補助科目	貸方税区分	税率	貸方金額 （消費税額）	摘要
広告宣伝費	課税仕入	10%	660,000 内 (60,000)	普通預金	対象外		660,000	○○㈱　カレンダー制作費

②請求書等（インボイスに該当しない）を保存している。

借方勘定科目 借方補助科目	借方税区分	税率	借方金額 （消費税額）	貸方勘定科目 貸方補助科目	貸方税区分	税率	貸方金額 （消費税額）	摘要
広告宣伝費	課税仕入 （80%控除）	10%	660,000 内 (48,000)	普通預金	対象外		660,000	○○㈱　カレンダー制作費

◆一般消費者に配布するための自社の商品名をプリントしたプリペイドカードの購入費用として、322,000円を普通預金より支払った。なお、プリペイドカード本体の購入代金は300,000円、プリント代は22,000円（税込み）となっている。

①インボイスを保存している。

281

借方勘定科目 借方補助科目	借方税区分	税率	借方金額 (消費税額)	貸方勘定科目 貸方補助科目	貸方税区分	税率	貸方金額 (消費税額)	摘要
広告宣伝費	対象外		300,000	普通預金	対象外		322,000	○○㈱　プリペイドカード代
広告宣伝費	課税仕入	10%	22,000 内 (2,000)					○○㈱　プリペイドカードプリント代

②請求書等（インボイスに該当しない）を保存している。

282

借方勘定科目 借方補助科目	借方税区分	税率	借方金額 (消費税額)	貸方勘定科目 貸方補助科目	貸方税区分	税率	貸方金額 (消費税額)	摘要
広告宣伝費	対象外		300,000	普通預金	対象外		322,000	○○㈱　プリペイドカード代
広告宣伝費	課税仕入 (80%控除)	10%	22,000 内 (1,600)					○○㈱　プリペイドカードプリント代

⚠ 配布用に購入したプリペイドカード、商品券等は「対象外」となります。

◆当社商品を購入した一般消費者の国内旅行招待費用として、715,000円（税込み）を普通預金より支払った。

①インボイスを保存している。

283

借方勘定科目 借方補助科目	借方税区分	税率	借方金額 (消費税額)	貸方勘定科目 貸方補助科目	貸方税区分	税率	貸方金額 (消費税額)	摘要
広告宣伝費	課税仕入	10%	715,000 内 (65,000)	普通預金	対象外		715,000	○○旅行　一般消費者旅行費用

②請求書等（インボイスに該当しない）を保存している。

284

借方勘定科目 借方補助科目	借方税区分	税率	借方金額 (消費税額)	貸方勘定科目 貸方補助科目	貸方税区分	税率	貸方金額 (消費税額)	摘要
広告宣伝費	課税仕入 (80%控除)	10%	715,000 内 (52,000)	普通預金	対象外		715,000	○○旅行　一般消費者旅行費用

◆当社商品を購入した一般消費者への賞金支払いとして、30,000円を現金により支払った。

285

借方勘定科目 借方補助科目	借方税区分	税率	借方金額 (消費税額)	貸方勘定科目 貸方補助科目	貸方税区分	税率	貸方金額 (消費税額)	摘要
広告宣伝費	対象外		30,000	現金	対象外		30,000	一般消費者向け賞金支給

◆新製品発表のための展示会費用（会場費、備品代等）として、1,320,000円（税込み）を普通預金より支払った。

①インボイスを保存している。

借方勘定科目 借方補助科目	借方税区分	税率	借方金額 (消費税額)	貸方勘定科目 貸方補助科目	貸方税区分	税率	貸方金額 (消費税額)	摘要	286
広告宣伝費	課税仕入	10%	1,320,000 内 (120,000)	普通預金	対象外		1,320,000	○○㈱　展示会費用	

②請求書等（インボイスに該当しない）を保存している。

借方勘定科目 借方補助科目	借方税区分	税率	借方金額 (消費税額)	貸方勘定科目 貸方補助科目	貸方税区分	税率	貸方金額 (消費税額)	摘要	287
広告宣伝費	課税仕入 (80%控除)	10%	1,320,000 内 (96,000)	普通預金	対象外		1,320,000	○○㈱　展示会費用	

◆○○市が開催するイベントへの協賛金（当社名が掲載される）として、330,000円（税込み）を普通預金より支払った。

①インボイスを保存している。

借方勘定科目 借方補助科目	借方税区分	税率	借方金額 (消費税額)	貸方勘定科目 貸方補助科目	貸方税区分	税率	貸方金額 (消費税額)	摘要	288
広告宣伝費	課税仕入	10%	330,000 内 (30,000)	普通預金	対象外		330,000	○○市　イベント協賛金	

②請求書等（インボイスに該当しない）を保存している。

借方勘定科目 借方補助科目	借方税区分	税率	借方金額 (消費税額)	貸方勘定科目 貸方補助科目	貸方税区分	税率	貸方金額 (消費税額)	摘要	289
広告宣伝費	課税仕入 (80%控除)	10%	330,000 内 (24,000)	普通預金	対象外		330,000	○○市　イベント協賛金	

◆当社の商品名がプリントされた陳列棚の購入費用として、88,000円（税込み）を普通預金より支払った。なお、陳列棚は当社商品を販売しているスーパーに寄贈している。

①インボイスを保存している。

借方勘定科目 借方補助科目	借方税区分	税率	借方金額 (消費税額)	貸方勘定科目 貸方補助科目	貸方税区分	税率	貸方金額 (消費税額)	摘要	290
広告宣伝費	課税仕入	10%	88,000 内 (8,000)	普通預金	対象外		88,000	○○㈱　寄贈用商品陳列棚	

②請求書等（インボイスに該当しない）を保存している。

借方勘定科目 借方補助科目	借方税区分	税率	借方金額 (消費税額)	貸方勘定科目 貸方補助科目	貸方税区分	税率	貸方金額 (消費税額)	摘要	291
広告宣伝費	課税仕入 (80%控除)	10%	88,000 内 (6,400)	普通預金	対象外		88,000	○○㈱　寄贈用商品陳列棚	

⚠　広告宣伝用資産を取得後に贈与した場合、支出した金額が20万円未満であれば広告宣伝費、20万円以上であれば繰延資産として計上することになります。

◆当社商品の見本品の購入費用として、143,000円（税込み）を普通預金より支払った。

①インボイスを保存している。

借方勘定科目 借方補助科目	借方税区分	税率	借方金額 （消費税額）	貸方勘定科目 貸方補助科目	貸方税区分	税率	貸方金額 （消費税額）	摘要
広告宣伝費	課税仕入	10%	143,000 内 (13,000)	普通預金	対象外		143,000	○○㈱　見本品代

②請求書等（インボイスに該当しない）を保存している。

借方勘定科目 借方補助科目	借方税区分	税率	借方金額 （消費税額）	貸方勘定科目 貸方補助科目	貸方税区分	税率	貸方金額 （消費税額）	摘要
広告宣伝費	課税仕入 （80%控除）	10%	143,000 内 (10,400)	普通預金	対象外		143,000	○○㈱　見本品代

◆製品案内パンフレットの期末未使用分400,000円（税抜き）につき、貯蔵品に振り替えた。

借方勘定科目 借方補助科目	借方税区分	税率	借方金額 （消費税額）	貸方勘定科目 貸方補助科目	貸方税区分	税率	貸方金額 （消費税額）	摘要
貯蔵品	対象外		400,000	広告宣伝費	対象外		400,000	パンフレット期末未使用分

⚠　広告宣伝用印刷物については、毎期おおむね一定数量を取得し、かつ、経常的に使用するものは、その取得をした時に取得費用の全額を費用とすることができ、期末未使用分を貯蔵品に振り替える必要はありません。毎期おおむね一定数量を取得していないような広告宣伝用印刷物については、期末未使用分を貯蔵品に計上する必要があります。

　　消費税は、上記の取扱いに関係なく購入時に課税仕入れになります。

（2）個別対応方式の用途区分

◆新聞の折込チラシ制作費用として、242,000円（税込み）を普通預金より支払った。当社の売上げは課税売上げとなるものである。

借方勘定科目 借方補助科目	借方税区分	税率	借方金額 （消費税額）	貸方勘定科目 貸方補助科目	貸方税区分	税率	貸方金額 （消費税額）	摘要	295
広告宣伝費	課税仕入		242,000	普通預金	対象外		242,000	○○㈱　新聞折込チラシ	
	（課税売上対応）	10%	内（22,000）						

> ⚠️　個別対応方式を適用する場合の「課税売上対応」「非課税売上対応」「共通対応」の区分は、その広告宣伝が会社全体のPRを目的とするならば「共通対応」、特定の自社製品、商品、役務提供等のPRを目的とするならば、その製品等の売上げが課税売上げに該当する場合は「課税売上対応」、非課税売上げに該当する場合は「非課税売上対応」に区分することになります。

◆WEB広告掲載費用として、77,000円（税込み）を普通預金より支払った。当社の売上げは非課税売上げとなるものである。

借方勘定科目 借方補助科目	借方税区分	税率	借方金額 （消費税額）	貸方勘定科目 貸方補助科目	貸方税区分	税率	貸方金額 （消費税額）	摘要	296
広告宣伝費	課税仕入		77,000	普通預金	対象外		77,000	○○㈱　WEB広告掲載料	
	（非課税売上対応）	10%	内（7,000）						

◆当社商品のPRのために利用しているSNS（ソーシャル・ネットワーキング・サービス）の利用料として、22,000円（税込み）を法人カードにより支払った。当社商品の売上げは課税売上げとなるものである。

借方勘定科目 借方補助科目	借方税区分	税率	借方金額 （消費税額）	貸方勘定科目 貸方補助科目	貸方税区分	税率	貸方金額 （消費税額）	摘要	297
広告宣伝費	課税仕入		22,000	未払金	対象外		22,000	SNS利用料	
	（課税売上対応）	10%	内（2,000）	法人カード					

◆テレビコマーシャルの制作費用として、1,100,000円（税込み）を普通預金より支払った。なお、コマーシャルの出演者に対し、出演料として別途165,000円（税込み）を現金で支払った。当該CMは会社全体のイメージアップを図る目的である。

298

借方勘定科目 借方補助科目	借方税区分	税率	借方金額 （消費税額）	貸方勘定科目 貸方補助科目	貸方税区分	税率	貸方金額 （消費税額）	摘要
広告宣伝費	課税仕入 （共通対応）	10%	1,100,000 内 (100,000)	普通預金	対象外		1,100,000	○○㈱　CM制作費用
広告宣伝費	課税仕入 （共通対応）	10%	165,000 内 (15,000)	現金	対象外		149,685	×× 　CM出演料
				預り金 源泉所得税	対象外		15,315	×× 　CM出演料源泉所得税

◆会社案内のパンフレットの制作費用として、660,000円（税込み）を普通預金より支払った。

299

借方勘定科目 借方補助科目	借方税区分	税率	借方金額 （消費税額）	貸方勘定科目 貸方補助科目	貸方税区分	税率	貸方金額 （消費税額）	摘要
広告宣伝費	課税仕入 （共通対応）	10%	660,000 内 (60,000)	普通預金	対象外		660,000	○○㈱　パンフレット制作費用

◆広告看板制作費用として、88,000円（税込み）を普通預金より支払った。当該看板は当社商品のPRが目的であり、当社商品の売上げは課税売上げとなるものである。

300

借方勘定科目 借方補助科目	借方税区分	税率	借方金額 （消費税額）	貸方勘定科目 貸方補助科目	貸方税区分	税率	貸方金額 （消費税額）	摘要
広告宣伝費	課税仕入 （課税売上対応）	10%	88,000 内 (8,000)	普通預金	対象外		88,000	○○㈱　広告看板制作費

◆駅の広告スペースへの広告掲載費用として、330,000円（税込み）を普通預金より支払った。当該広告は当社商品のPRが目的であり、当社商品の売上げは課税売上げとなるものである。

301

借方勘定科目 借方補助科目	借方税区分	税率	借方金額 （消費税額）	貸方勘定科目 貸方補助科目	貸方税区分	税率	貸方金額 （消費税額）	摘要
広告宣伝費	課税仕入 （課税売上対応）	10%	330,000 内 (30,000)	普通預金	対象外		330,000	○○㈱　広告スペース掲載費

◆取引先に配布するためのカレンダー制作費用として、660,000円（税込み）を普通預金より支払った。

借方勘定科目 借方補助科目	借方税区分	税率	借方金額 (消費税額)	貸方勘定科目 貸方補助科目	貸方税区分	税率	貸方金額 (消費税額)	摘要
広告宣伝費	課税仕入 (共通対応)	10%	660,000 内 (60,000)	普通預金	対象外		660,000	○○㈱　カレンダー制作費

302

◆一般消費者に配布するための自社の商品名をプリントしたプリペイドカードの購入費用として、322,000円を普通預金より支払った。なお、プリペイドカード本体の購入代金は300,000円、プリント代は22,000円（税込み）となっている。当社商品の売上げは課税売上げとなるものである。

借方勘定科目 借方補助科目	借方税区分	税率	借方金額 (消費税額)	貸方勘定科目 貸方補助科目	貸方税区分	税率	貸方金額 (消費税額)	摘要
広告宣伝費	対象外		300,000	普通預金	対象外		322,000	○○㈱　プリペイドカード代
広告宣伝費	課税仕入 (課税売上対応)	10%	22,000 内 (2,000)					○○㈱　プリペイドカードプリント代

303

◆当社商品を購入した一般消費者の国内旅行招待費用として、715,000円（税込み）を普通預金より支払った。当社商品の売上げは課税売上げとなるものである。

借方勘定科目 借方補助科目	借方税区分	税率	借方金額 (消費税額)	貸方勘定科目 貸方補助科目	貸方税区分	税率	貸方金額 (消費税額)	摘要
広告宣伝費	課税仕入 (課税売上対応)	10%	715,000 内 (65,000)	普通預金	対象外		715,000	○○旅行　一般消費者旅行費用

304

◆新製品発表のための展示会費用（会場費、備品代等）として、1,320,000円（税込み）を普通預金より支払った。当社製品の売上げは課税売上げとなるものである。

借方勘定科目 借方補助科目	借方税区分	税率	借方金額 (消費税額)	貸方勘定科目 貸方補助科目	貸方税区分	税率	貸方金額 (消費税額)	摘要
広告宣伝費	課税仕入 (課税売上対応)	10%	1,320,000 内 (120,000)	普通預金	対象外		1,320,000	○○㈱　展示会費用

305

◆○○市が開催するイベントへの協賛金（当社名が掲載される）として、330,000円（税込み）を普通預金より支払った。

306

借方勘定科目 借方補助科目	借方税区分	税率	借方金額 （消費税額）	貸方勘定科目 貸方補助科目	貸方税区分	税率	貸方金額 （消費税額）	摘要
広告宣伝費	課税仕入 （共通対応）	10%	330,000 内 (30,000)	普通預金	対象外		330,000	○○市　イベント協賛金

◆当社の商品名がプリントされた陳列棚の購入費用として、88,000円（税込み）を普通預金より支払った。なお、陳列棚は当社商品を販売しているスーパーに寄贈している。当社商品の売上げは課税売上げとなるものである。

307

借方勘定科目 借方補助科目	借方税区分	税率	借方金額 （消費税額）	貸方勘定科目 貸方補助科目	貸方税区分	税率	貸方金額 （消費税額）	摘要
広告宣伝費	課税仕入 （課税売上対応）	10%	88,000 内 (8,000)	普通預金	対象外		88,000	○○㈱　寄贈用商品陳列棚

◆当社商品の見本品の購入費用として、143,000円（税込み）を普通預金より支払った。当社商品の売上げは非課税売上げに該当する。

308

借方勘定科目 借方補助科目	借方税区分	税率	借方金額 （消費税額）	貸方勘定科目 貸方補助科目	貸方税区分	税率	貸方金額 （消費税額）	摘要
広告宣伝費	課税仕入 （非課税売上対応）	10%	143,000 内 (13,000)	普通預金	対象外		143,000	○○㈱　見本品代

（1）経理処理例

◆特約店に対し売上高に応じた販売奨励金として、220,000円（税込み）を普通預金より支払った。

借方勘定科目 借方補助科目	借方税区分	税率	借方金額 （消費税額）	貸方勘定科目 貸方補助科目	貸方税区分	税率	貸方金額 （消費税額）	摘要	
販売促進費	課税売上返還	10%	220,000 内 (20,000)	普通預金	対象外		220,000	○○㈱　販売奨励金	309

> ⚠　販売数量、販売高等に応じて取引先に対して金銭により支払われる販売奨励金等は、売上げに係る対価の返還等となります。なお、軽減税率対象の売上げに係る販売奨励金の場合、税率は「8％（軽）」になります。

◆特約店に対し販売奨励金として、275,000円（税込み）を普通預金より支払った。当該販売奨励金は販売数量、売上高等に応じて支払うものではなく、特約店で販路拡大費用に充てるために支払ったものである。

①インボイスを保存している。

借方勘定科目 借方補助科目	借方税区分	税率	借方金額 （消費税額）	貸方勘定科目 貸方補助科目	貸方税区分	税率	貸方金額 （消費税額）	摘要	
販売促進費	課税仕入	10%	275,000 内 (25,000)	普通預金	対象外		275,000	○○㈱　販売奨励金	310

②請求書等（インボイスに該当しない）を保存している。

借方勘定科目 借方補助科目	借方税区分	税率	借方金額 （消費税額）	貸方勘定科目 貸方補助科目	貸方税区分	税率	貸方金額 （消費税額）	摘要	
販売促進費	課税仕入 (80%控除)	10%	275,000 内 (20,000)	普通預金	対象外		275,000	○○㈱　販売奨励金	311

◆特約店の業績向上を目的として行う研修費の当社負担分として、385,000円（税込み）を普通預金より支払った。

①インボイスを保存している。

借方勘定科目 借方補助科目	借方税区分	税率	借方金額 （消費税額）	貸方勘定科目 貸方補助科目	貸方税区分	税率	貸方金額 （消費税額）	摘要	
販売促進費	課税仕入	10%	385,000 内 (35,000)	普通預金	対象外		385,000	○○㈱　特約店研修費用	312

②請求書等（インボイスに該当しない）を保存している。

借方勘定科目 借方補助科目	借方税区分	税率	借方金額 （消費税額）	貸方勘定科目 貸方補助科目	貸方税区分	税率	貸方金額 （消費税額）	摘要	
販売促進費	課税仕入 (80%控除)	10%	385,000 内 (28,000)	普通預金	対象外		385,000	○○㈱　特約店研修費用	313

◆特約店に専属するセールスマンの国内慰安旅行として、550,000円（税込み）を普通預金より支払った。

①インボイスを保存している。

借方勘定科目 借方補助科目	借方税区分	税率	借方金額 (消費税額)	貸方勘定科目 貸方補助科目	貸方税区分	税率	貸方金額 (消費税額)	摘要
販売促進費	課税仕入	10%	550,000 内 (50,000)	普通預金	対象外		550,000	○○旅行　特約店慰安旅行費用

314

②請求書等（インボイスに該当しない）を保存している。

借方勘定科目 借方補助科目	借方税区分	税率	借方金額 (消費税額)	貸方勘定科目 貸方補助科目	貸方税区分	税率	貸方金額 (消費税額)	摘要
販売促進費	課税仕入 (80%控除)	10%	550,000 内 (40,000)	普通預金	対象外		550,000	○○旅行　特約店慰安旅行費用

315

◆特約店に専属するセールスマンの海外慰安旅行として、500,000円を普通預金より支払った。

借方勘定科目 借方補助科目	借方税区分	税率	借方金額 (消費税額)	貸方勘定科目 貸方補助科目	貸方税区分	税率	貸方金額 (消費税額)	摘要
販売促進費	対象外		500,000	普通預金	対象外		500,000	○○旅行　特約店慰安旅行費用

316

◆特約店の全従業員の健康診断費用として、330,000円（税込み）を普通預金より支払った。

①インボイスを保存している。

借方勘定科目 借方補助科目	借方税区分	税率	借方金額 (消費税額)	貸方勘定科目 貸方補助科目	貸方税区分	税率	貸方金額 (消費税額)	摘要
販売促進費	課税仕入	10%	330,000 内 (30,000)	普通預金	対象外		330,000	○○病院　特約店健康診断費用

317

②請求書等（インボイスに該当しない）を保存している。

借方勘定科目 借方補助科目	借方税区分	税率	借方金額 (消費税額)	貸方勘定科目 貸方補助科目	貸方税区分	税率	貸方金額 (消費税額)	摘要
販売促進費	課税仕入 (80%控除)	10%	330,000 内 (24,000)	普通預金	対象外		330,000	○○病院　特約店健康診断費用

318

（2）個別対応方式の用途区分

◆特約店に対し販売奨励金として、275,000円（税込み）を普通預金より支払った。当該販売
奨励金は販売数量、売上高等に応じて支払うものではなく、特約店で販路拡大費用に充て
るために支払ったものである。当社の売上げは課税売上げとなるものである。

319

借方勘定科目 借方補助科目	借方税区分	税率	借方金額 (消費税額)	貸方勘定科目 貸方補助科目	貸方税区分	税率	貸方金額 (消費税額)	摘要
販売促進費	課税仕入		275,000	普通預金	対象外		275,000	○○㈱　販売奨励金
	（課税売上対応）	10%						
			内 (25,000)					

◆特約店の業績向上を目的として行う研修費の当社負担分として、385,000円（税込み）を普
通預金より支払った。当社の売上げは課税売上げとなるものである。

320

借方勘定科目 借方補助科目	借方税区分	税率	借方金額 (消費税額)	貸方勘定科目 貸方補助科目	貸方税区分	税率	貸方金額 (消費税額)	摘要
販売促進費	課税仕入		385,000	普通預金	対象外		385,000	○○㈱　特約店研修費用
	（課税売上対応）	10%						
			内 (35,000)					

◆特約店に専属するセールスマンの国内慰安旅行として、550,000円（税込み）を普通預金よ
り支払った。当社の売上げは課税売上げとなるものである。

321

借方勘定科目 借方補助科目	借方税区分	税率	借方金額 (消費税額)	貸方勘定科目 貸方補助科目	貸方税区分	税率	貸方金額 (消費税額)	摘要
販売促進費	課税仕入		550,000	普通預金	対象外		550,000	○○旅行　特約店慰安旅行費用
	（課税売上対応）	10%						
			内 (50,000)					

◆特約店の全従業員の健康診断費用として、330,000円（税込み）を普通預金より支払った。
当社の売上げは非課税売上げとなるものである。

322

借方勘定科目 借方補助科目	借方税区分	税率	借方金額 (消費税額)	貸方勘定科目 貸方補助科目	貸方税区分	税率	貸方金額 (消費税額)	摘要
販売促進費	課税仕入		330,000	普通預金	対象外		330,000	○○病院　特約店健康診断費用
	（非課税売上対応）	10%						
			内 (30,000)					

（1）経理処理例

◆レストランで取引先を接待し、飲食代として33,000円（税込み）を現金で支払った。

①インボイスを保存している。

借方勘定科目 借方補助科目	借方税区分	税率	借方金額 (消費税額)	貸方勘定科目 貸方補助科目	貸方税区分	税率	貸方金額 (消費税額)	摘要	
接待交際費	課税仕入	10%	33,000 内 (3,000)	現金	対象外		33,000	○○レストラン飲食代 △△㈱××部長接待	323

②請求書等（インボイスに該当しない）を保存している。

借方勘定科目 借方補助科目	借方税区分	税率	借方金額 (消費税額)	貸方勘定科目 貸方補助科目	貸方税区分	税率	貸方金額 (消費税額)	摘要	
接待交際費	課税仕入 (80%控除)	10%	33,000 内 (2,400)	現金	対象外		33,000	○○レストラン飲食代 △△㈱××部長接待	324

⚠　税抜経理方式を採用している場合、インボイス制度のもとでは、控除できない仮払消費税等（令和5年10月1日から令和8年9月30日までは仮払消費税等の20%相当額）は、取引の本体価額として取り扱われます。交際費等の場合、控除できない仮払消費税等は、交際費等に係る控除対象外消費税額等ではなく交際費等の額として取り扱うことになり、法人税法上、交際費等から除外される1人あたり1万円以下の接待飲食費の判定、接待飲食費の額の50%相当額の損金算入の計算、中小法人等における定額控除限度額（年800万円）を超える金額の計算等、様々な計算に影響を及ぼすことになります。

⚠　チェーン店で同一屋号の飲食店であっても、フランチャイズ契約等で運営会社が異なる場合には、その運営会社（店舗）ごとにインボイス発行事業者か否かが異なることが考えられます。利用前に必要に応じて確認した方が良いでしょう。

◆百貨店で取引先にお中元として交付する商品券50,000円を購入し、現金で支払った。

借方勘定科目 借方補助科目	借方税区分	税率	借方金額 (消費税額)	貸方勘定科目 貸方補助科目	貸方税区分	税率	貸方金額 (消費税額)	摘要	
接待交際費	対象外		50,000	現金	対象外		50,000	○○百貨店　贈答用商品券代	325

⚠　交際費は課税仕入れと対象外取引が混在する科目です。その内容に応じて適切な税区分を入力するように注意が必要です。

◆駅ナカショップで取引先への手土産（お菓子）5,400円（税込み）を購入し、法人カードで支払った。

①インボイスを保存している。

借方勘定科目 借方補助科目	借方税区分	税率	借方金額 (消費税額)	貸方勘定科目 貸方補助科目	貸方税区分	税率	貸方金額 (消費税額)	摘要	
接待交際費	課税仕入	8% (軽)	5,400 内 (400)	未払金 法人カード	対象外		5,400	○○㈱　贈答用お菓子代	326

②請求書等（インボイスに該当しない）を保存している。

327

借方勘定科目 借方補助科目	借方税区分	税率	借方金額 （消費税額）	貸方勘定科目 貸方補助科目	貸方税区分	税率	貸方金額 （消費税額）	摘要
接待交際費	課税仕入 （80％控除）	8％ （軽） 内	5,400 （320）	未払金 法人カード	対象外		5,400	○○㈱　贈答用お菓子 代

③当社は少額特例の対象となる中小事業者である。

328

借方勘定科目 借方補助科目	借方税区分	税率	借方金額 （消費税額）	貸方勘定科目 貸方補助科目	貸方税区分	税率	貸方金額 （消費税額）	摘要
接待交際費	課税仕入	8％ （軽） 内	5,400 （400）	未払金 法人カード	対象外		5,400	○○㈱　贈答用お菓子 代

◆百貨店で取引先の本店移転祝のための調度品33,000円（税込み）を購入し、法人カードで支払った。

①インボイスを保存している。

329

借方勘定科目 借方補助科目	借方税区分	税率	借方金額 （消費税額）	貸方勘定科目 貸方補助科目	貸方税区分	税率	貸方金額 （消費税額）	摘要
接待交際費	課税仕入	10％ 内	33,000 （3,000）	未払金 法人カード	対象外		33,000	○○百貨店　△△社移 転祝調度品代

②請求書等（インボイスに該当しない）を保存している。

330

借方勘定科目 借方補助科目	借方税区分	税率	借方金額 （消費税額）	貸方勘定科目 貸方補助科目	貸方税区分	税率	貸方金額 （消費税額）	摘要
接待交際費	課税仕入 （80％控除）	10％ 内	33,000 （2,400）	未払金 法人カード	対象外		33,000	○○百貨店　△△社移 転祝調度品代

◆取引先を国内旅行に招待するための費用（旅費、宿泊費）550,000円（税込み）を普通預金より支払った。

①インボイスを保存している。

331

借方勘定科目 借方補助科目	借方税区分	税率	借方金額 （消費税額）	貸方勘定科目 貸方補助科目	貸方税区分	税率	貸方金額 （消費税額）	摘要
接待交際費	課税仕入	10％ 内	550,000 （50,000）	普通預金	対象外		550,000	○○旅行　取引先国内 旅行費用

②請求書等（インボイスに該当しない）を保存している。

332

借方勘定科目 借方補助科目	借方税区分	税率	借方金額 （消費税額）	貸方勘定科目 貸方補助科目	貸方税区分	税率	貸方金額 （消費税額）	摘要
接待交際費	課税仕入 （80％控除）	10％ 内	550,000 （40,000）	普通預金	対象外		550,000	○○旅行　取引先国内 旅行費用

◆取引先を国外旅行に招待するための費用（旅費、宿泊費の他、現地での食事代等も含まれている）800,000円を普通預金より支払った。

借方勘定科目 借方補助科目	借方税区分	税率	借方金額 (消費税額)	貸方勘定科目 貸方補助科目	貸方税区分	税率	貸方金額 (消費税額)	摘要	333
接待交際費	対象外		800,000	普通預金	対象外		800,000	○○旅行　取引先国外旅行費用	

◆取引先の役員が亡くなったため、香典30,000円を現金で渡し、葬儀の生花代11,000円（税込み）を普通預金より支払った。

①インボイスを保存している。

借方勘定科目 借方補助科目	借方税区分	税率	借方金額 (消費税額)	貸方勘定科目 貸方補助科目	貸方税区分	税率	貸方金額 (消費税額)	摘要	334
接待交際費	対象外		30,000	現金	対象外		30,000	㈱△△××取締役　香典	
接待交際費	課税仕入	10%	11,000 内 (1,000)	普通預金	対象外		11,000	㈱△△××取締役　葬儀生花代	

②請求書等（インボイスに該当しない）を保存している。

借方勘定科目 借方補助科目	借方税区分	税率	借方金額 (消費税額)	貸方勘定科目 貸方補助科目	貸方税区分	税率	貸方金額 (消費税額)	摘要	335
接待交際費	対象外		30,000	現金	対象外		30,000	㈱△△××取締役　香典	
接待交際費	課税仕入 (80%控除)	10%	11,000 内 (800)	普通預金	対象外		11,000	㈱△△××取締役　葬儀生花代	

◆取引先を接待した際にお渡しするお車代10,000円を、現金で支払った。

借方勘定科目 借方補助科目	借方税区分	税率	借方金額 (消費税額)	貸方勘定科目 貸方補助科目	貸方税区分	税率	貸方金額 (消費税額)	摘要	336
接待交際費	対象外		10,000	現金	対象外		10,000	△△㈱××部長接待お車代	

◆取引先を接待した際に自社の従業員が帰宅のために利用したタクシー代3,000円（税込み）を、現金で支払った。

①インボイスを保存している。

借方勘定科目 借方補助科目	借方税区分	税率	借方金額 (消費税額)	貸方勘定科目 貸方補助科目	貸方税区分	税率	貸方金額 (消費税額)	摘要	337
接待交際費	課税仕入	10%	3,000 内 (272)	現金	対象外		3,000	○○タクシー　△△㈱××部長接待利用	

②出張旅費等特例の適用を受ける。

借方勘定科目 借方補助科目	借方税区分	税率	借方金額 (消費税額)	貸方勘定科目 貸方補助科目	貸方税区分	税率	貸方金額 (消費税額)	摘要	338
接待交際費	課税仕入	10%	3,000 内 (272)	現金	対象外		3,000	○○タクシー　△△㈱ ××部長接待利用　出張旅費等特例	

⚠　出張旅費等特例については、旅費交通費勘定を参照してください。

③当社は少額特例の対象となる中小事業者である。

借方勘定科目 借方補助科目	借方税区分	税率	借方金額 (消費税額)	貸方勘定科目 貸方補助科目	貸方税区分	税率	貸方金額 (消費税額)	摘要	339
接待交際費	課税仕入	10%	3,000 内 (272)	現金	対象外		3,000	○○タクシー　△△㈱ ××部長接待利用	

◆当社の保有するゴルフ会員権の年会費275,000円（税込み）を、普通預金より支払った。

①インボイスを保存している。

借方勘定科目 借方補助科目	借方税区分	税率	借方金額 (消費税額)	貸方勘定科目 貸方補助科目	貸方税区分	税率	貸方金額 (消費税額)	摘要	340
接待交際費	課税仕入	10%	275,000 内 (25,000)	普通預金	対象外		275,000	○○カントリークラブ 年会費	

②請求書等（インボイスに該当しない）を保存している。

借方勘定科目 借方補助科目	借方税区分	税率	借方金額 (消費税額)	貸方勘定科目 貸方補助科目	貸方税区分	税率	貸方金額 (消費税額)	摘要	341
接待交際費	課税仕入 (80%控除)	10%	275,000 内 (20,000)	普通預金	対象外		275,000	○○カントリークラブ 年会費	

◆取引先とのゴルフプレー費用23,200円（うちゴルフ場利用税1,200円）を、法人カードで支払った。

①インボイスを保存している。

借方勘定科目 借方補助科目	借方税区分	税率	借方金額 (消費税額)	貸方勘定科目 貸方補助科目	貸方税区分	税率	貸方金額 (消費税額)	摘要	342
接待交際費	課税仕入	10%	22,000 内 (2,000)	未払金 法人カード	対象外		23,200	○○カントリークラブ ゴルフプレー費	
接待交際費	対象外		1,200					○○カントリークラブ ゴルフ場利用税	

②請求書等（インボイスに該当しない）を保存している。

借方勘定科目 借方補助科目	借方税区分	税率	借方金額 (消費税額)	貸方勘定科目 貸方補助科目	貸方税区分	税率	貸方金額 (消費税額)	摘要	343
接待交際費	課税仕入 (80%控除)	10%	22,000 内 (1,600)	未払金 法人カード	対象外		23,200	○○カントリークラブ ゴルフプレー費	
接待交際費	対象外		1,200					○○カントリークラブ ゴルフ場利用税	

◆ホテルで行った当社の30周年記念パーティー費用（会場費及び飲食代）3,300,000円を、普通預金より支払った。

①インボイスを保存している。

344

借方勘定科目 借方補助科目	借方税区分	税率	借方金額 (消費税額)	貸方勘定科目 貸方補助科目	貸方税区分	税率	貸方金額 (消費税額)	摘要
接待交際費	課税仕入	10%	3,300,000 内(300,000)	普通預金	対象外		3,300,000	○○ホテル　30周年記念パーティー費用

②請求書等（インボイスに該当しない）を保存している。

345

借方勘定科目 借方補助科目	借方税区分	税率	借方金額 (消費税額)	貸方勘定科目 貸方補助科目	貸方税区分	税率	貸方金額 (消費税額)	摘要
接待交際費	課税仕入 (80%控除)	10%	3,300,000 内(240,000)	普通預金	対象外		3,300,000	○○ホテル　30周年記念パーティー費用

（2）個別対応方式の用途区分

◆レストランで売上先（課税売上げに該当）を接待し、飲食代として33,000円（税込み）を現金で支払った。

借方勘定科目 借方補助科目	借方税区分	税率	借方金額 （消費税額）	貸方勘定科目 貸方補助科目	貸方税区分	税率	貸方金額 （消費税額）	摘要
接待交際費	課税仕入 （課税売上対応）	10%	33,000 内　(3,000)	現金	対象外		33,000	○○レストラン飲食代 △△㈱××部長接待

346

⚠　個別対応方式を適用する場合の「課税売上対応」「非課税売上対応」「共通対応」の区分は、接待等を行う相手先によって判断することになります。例えば相手先が課税売上げに該当する売上先や課税売上げを得るための仕入先であれば「課税売上対応」、相手先が非課税売上げに該当する売上先や非課税売上げを得るための仕入先であれば「非課税売上対応」、いずれにも該当しない相手先（顧問弁護士、顧問税理士、株主等）であれば「共通対応」になるものと考えられます。

◆駅ナカショップで顧問税理士への手土産（お菓子）5,400円（税込み）を購入し、法人カードで支払った。

借方勘定科目 借方補助科目	借方税区分	税率	借方金額 （消費税額）	貸方勘定科目 貸方補助科目	貸方税区分	税率	貸方金額 （消費税額）	摘要
接待交際費	課税仕入 （共通対応）	8％ （軽）	5,400 内　(400)	未払金 法人カード	対象外		5,400	○○㈱　贈答用お菓子代

347

◆百貨店で仕入先（課税売上げのための仕入れに該当）の本店移転祝のための調度品33,000円（税込み）を購入し、法人カードで支払った。

借方勘定科目 借方補助科目	借方税区分	税率	借方金額 （消費税額）	貸方勘定科目 貸方補助科目	貸方税区分	税率	貸方金額 （消費税額）	摘要
接待交際費	課税仕入 （課税売上対応）	10%	33,000 内　(3,000)	未払金 法人カード	対象外		33,000	○○百貨店　△△社移転祝調度品代

348

◆売上先（課税売上げに該当）を国内旅行に招待するための費用（旅費、宿泊費）550,000円（税込み）を普通預金より支払った。

借方勘定科目 借方補助科目	借方税区分	税率	借方金額 （消費税額）	貸方勘定科目 貸方補助科目	貸方税区分	税率	貸方金額 （消費税額）	摘要
接待交際費	課税仕入 （課税売上対応）	10%	550,000 内　(50,000)	普通預金	対象外		550,000	○○旅行　取引先国内旅行費用

349

◆売上先（非課税売上げに該当）の役員が亡くなったため、香典30,000円を現金で渡し、葬儀の生花代11,000円（税込み）を普通預金より支払った。

350

借方勘定科目 借方補助科目	借方税区分	税率	借方金額 （消費税額）	貸方勘定科目 貸方補助科目	貸方税区分	税率	貸方金額 （消費税額）	摘要
接待交際費	対象外		30,000	現金	対象外		30,000	㈱△△××取締役　香典
接待交際費	課税仕入 （非課税売上対応）	10%	11,000 内 (1,000)	普通預金	対象外		11,000	㈱△△××取締役　葬儀生花代

◆売上先（課税売上げに該当）を接待した際に自社の従業員が帰宅のために利用したタクシー代3,000円（税込み）を、現金で支払った。

351

借方勘定科目 借方補助科目	借方税区分	税率	借方金額 （消費税額）	貸方勘定科目 貸方補助科目	貸方税区分	税率	貸方金額 （消費税額）	摘要
接待交際費	課税仕入 （課税売上対応）	10%	3,000 内 (272)	現金	対象外		3,000	○○タクシー　△△㈱××部長接待利用

◆当社の保有するゴルフ会員権の年会費275,000円（税込み）を、普通預金より支払った。

352

借方勘定科目 借方補助科目	借方税区分	税率	借方金額 （消費税額）	貸方勘定科目 貸方補助科目	貸方税区分	税率	貸方金額 （消費税額）	摘要
接待交際費	課税仕入 （共通対応）	10%	275,000 内 (25,000)	普通預金	対象外		275,000	○○カントリークラブ年会費

◆顧問弁護士とのゴルフプレー費用23,200円（うちゴルフ場利用税1,200円）を、法人カードで支払った。

353

借方勘定科目 借方補助科目	借方税区分	税率	借方金額 （消費税額）	貸方勘定科目 貸方補助科目	貸方税区分	税率	貸方金額 （消費税額）	摘要
接待交際費	課税仕入 （共通対応）	10%	22,000 内 (2,000)	未払金 法人カード	対象外		23,200	○○カントリークラブゴルフプレー費
接待交際費	対象外		1,200					○○カントリークラブゴルフ場利用税

◆ホテルで行った当社の30周年記念パーティー費用（会場費及び飲食代）3,300,000円を、普通預金より支払った。

借方勘定科目 借方補助科目	借方税区分	税率	借方金額 （消費税額）	貸方勘定科目 貸方補助科目	貸方税区分	税率	貸方金額 （消費税額）	摘要
接待交際費	課税仕入 （共通対応）	10%	3,300,000 内 (300,000)	普通預金	対象外		3,300,000	○○ホテル　30周年記念パーティー費用

354

(1) 経理処理例

◆20人が参加した社内会議の際に提供したお弁当代及びお茶代として、21,600円（税込み）を現金で支払った。

①インボイスを保存している。

借方勘定科目 借方補助科目	借方税区分	税率	借方金額 (消費税額)	貸方勘定科目 貸方補助科目	貸方税区分	税率	貸方金額 (消費税額)	摘要	355
会議費	課税仕入	8％ (軽) 内	21,600 (1,600)	現金	対象外		21,600	○○㈱　社内会議昼食代	

②請求書等（インボイスに該当しない）を保存している。

借方勘定科目 借方補助科目	借方税区分	税率	借方金額 (消費税額)	貸方勘定科目 貸方補助科目	貸方税区分	税率	貸方金額 (消費税額)	摘要	356
会議費	課税仕入 (80%控除)	8％ (軽) 内	21,600 (1,280)	現金	対象外		21,600	○○㈱　社内会議昼食代	

⚠ 会議に要する飲食代は税率10%と8％（軽）が混在しやすいため、注意しましょう。

◆取引先との商談に使用する茶菓子代として、5,400円（税込み）を法人カードで支払った。

①インボイスを保存している。

借方勘定科目 借方補助科目	借方税区分	税率	借方金額 (消費税額)	貸方勘定科目 貸方補助科目	貸方税区分	税率	貸方金額 (消費税額)	摘要	357
会議費	課税仕入	8％ (軽) 内	5,400 (400)	未払金 法人カード	対象外		5,400	○○㈱　商談茶菓子代	

②請求書等（インボイスに該当しない）を保存している。

借方勘定科目 借方補助科目	借方税区分	税率	借方金額 (消費税額)	貸方勘定科目 貸方補助科目	貸方税区分	税率	貸方金額 (消費税額)	摘要	358
会議費	課税仕入 (80%控除)	8％ (軽) 内	5,400 (320)	未払金 法人カード	対象外		5,400	○○㈱　商談茶菓子代	

③当社は少額特例の対象となる中小事業者である。

借方勘定科目 借方補助科目	借方税区分	税率	借方金額 (消費税額)	貸方勘定科目 貸方補助科目	貸方税区分	税率	貸方金額 (消費税額)	摘要	359
会議費	課税仕入	8％ (軽) 内	5,400 (400)	未払金 法人カード	対象外		5,400	○○㈱　商談茶菓子代	

◆飲食店で顧問税理士と会議を行い、昼食代3,300円（税込み）を法人カードで支払った。

①インボイスを保存している。

借方勘定科目 借方補助科目	借方税区分	税率	借方金額 (消費税額)	貸方勘定科目 貸方補助科目	貸方税区分	税率	貸方金額 (消費税額)	摘要	
会議費	課税仕入	10% 内	3,300 (300)	未払金 法人カード	対象外		3,300	○○レストラン　会議 飲料代	360

②請求書等（インボイスに該当しない）を保存している。

借方勘定科目 借方補助科目	借方税区分	税率	借方金額 (消費税額)	貸方勘定科目 貸方補助科目	貸方税区分	税率	貸方金額 (消費税額)	摘要	
会議費	課税仕入 (80%控除)	10% 内	3,300 (240)	未払金 法人カード	対象外		3,300	○○レストラン　会議 飲料代	361

③当社は少額特例の対象となる中小事業者である。

借方勘定科目 借方補助科目	借方税区分	税率	借方金額 (消費税額)	貸方勘定科目 貸方補助科目	貸方税区分	税率	貸方金額 (消費税額)	摘要	
会議費	課税仕入	10% 内	3,300 (300)	未払金 法人カード	対象外		3,300	○○レストラン　会議 飲料代	362

◆喫茶店で社内プロジェクトの会議を行い、コーヒー代2,200円（税込み）を現金で支払った。

①インボイスを保存している。

借方勘定科目 借方補助科目	借方税区分	税率	借方金額 (消費税額)	貸方勘定科目 貸方補助科目	貸方税区分	税率	貸方金額 (消費税額)	摘要	
会議費	課税仕入	10% 内	2,200 (200)	現金	対象外		2,200	○○コーヒー　会議飲 料代	363

②請求書等（インボイスに該当しない）を保存している。

借方勘定科目 借方補助科目	借方税区分	税率	借方金額 (消費税額)	貸方勘定科目 貸方補助科目	貸方税区分	税率	貸方金額 (消費税額)	摘要	
会議費	課税仕入 (80%控除)	10% 内	2,200 (160)	現金	対象外		2,200	○○コーヒー　会議飲 料代	364

③当社は少額特例の対象となる中小事業者である。

借方勘定科目 借方補助科目	借方税区分	税率	借方金額 (消費税額)	貸方勘定科目 貸方補助科目	貸方税区分	税率	貸方金額 (消費税額)	摘要	
会議費	課税仕入	10% 内	2,200 (200)	現金	対象外		2,200	○○コーヒー　会議飲 料代	365

⚠ チェーン店で同一屋号の飲食店であっても、フランチャイズ契約等で運営会社が異なる場合には、その運営会社（店舗）ごとにインボイス発行事業者か否かが異なることが考えられます。利用前に必要に応じて確認した方が良いでしょう。

◆社内会議のため外部のレンタルスペースの利用料として、27,500円（税込み）を普通預金より支払った。

①インボイスを保存している。

366

借方勘定科目 借方補助科目	借方税区分	税率	借方金額 （消費税額）	貸方勘定科目 貸方補助科目	貸方税区分	税率	貸方金額 （消費税額）	摘要
会議費	課税仕入	10% 内	27,500 (2,500)	普通預金	対象外		27,500	○○㈱　レンタルスペース利用料

②請求書等（インボイスに該当しない）を保存している。

367

借方勘定科目 借方補助科目	借方税区分	税率	借方金額 （消費税額）	貸方勘定科目 貸方補助科目	貸方税区分	税率	貸方金額 （消費税額）	摘要
会議費	課税仕入 (80%控除)	10% 内	27,500 (2,000)	普通預金	対象外		27,500	○○㈱　レンタルスペース利用料

◆取引先との商談に利用する会議資料の作成費用として、66,000円（税込み）を普通預金より支払った。

①インボイスを保存している。

368

借方勘定科目 借方補助科目	借方税区分	税率	借方金額 （消費税額）	貸方勘定科目 貸方補助科目	貸方税区分	税率	貸方金額 （消費税額）	摘要
会議費	課税仕入	10% 内	66,000 (6,000)	普通預金	対象外		66,000	○○㈱　商談用資料作成費

②請求書等（インボイスに該当しない）を保存している。

369

借方勘定科目 借方補助科目	借方税区分	税率	借方金額 （消費税額）	貸方勘定科目 貸方補助科目	貸方税区分	税率	貸方金額 （消費税額）	摘要
会議費	課税仕入 (80%控除)	10% 内	66,000 (4,800)	普通預金	対象外		66,000	○○㈱　商談用資料作成費

◆海外出張で取引先と商談の際に要した昼食代として、6,000円を現金で支払った。

370

借方勘定科目 借方補助科目	借方税区分	税率	借方金額 （消費税額）	貸方勘定科目 貸方補助科目	貸方税区分	税率	貸方金額 （消費税額）	摘要
会議費	対象外		6,000	現金	対象外		6,000	○○　商談費用

（2）個別対応方式の用途区分

◆20人が参加した社内会議の際に提供したお弁当代及びお茶代として、21,600円（税込み）を現金で支払った。参加対象は営業部門の従業員であり、当社の売上げは課税売上げとなるものである。

借方勘定科目 借方補助科目	借方税区分	税率	借方金額 （消費税額）	貸方勘定科目 貸方補助科目	貸方税区分	税率	貸方金額 （消費税額）	摘要
会議費	課税仕入 （課税売上対応）	8％ （軽）	21,600 内 (1,600)	現金	対象外		21,600	○○㈱　社内会議昼食代

371

⚠ 個別対応方式を適用する場合の「課税売上対応」「非課税売上対応」「共通対応」の区分は、会議を行う相手先によって判断することになります。例えば相手先が課税売上げに該当する売上先や課税売上げを得るための仕入先であれば「課税売上対応」、相手先が非課税売上げに該当する売上先や非課税売上げを得るための仕入先であれば「非課税売上対応」、いずれにも該当しない相手先（顧問弁護士、顧問税理士、株主等）であれば「共通対応」になるものと考えられます。

◆取引先（課税売上げの対象となる得意先）との商談に使用する茶菓子代として、5,400円（税込み）を法人カードで支払った。

借方勘定科目 借方補助科目	借方税区分	税率	借方金額 （消費税額）	貸方勘定科目 貸方補助科目	貸方税区分	税率	貸方金額 （消費税額）	摘要
会議費	課税仕入 （課税売上対応）	8％ （軽）	5,400 内 (400)	未払金 法人カード	対象外		5,400	○○㈱　商談茶菓子代

372

◆飲食店で顧問税理士と会議を行い、昼食代3,300円（税込み）を法人カードで支払った。

借方勘定科目 借方補助科目	借方税区分	税率	借方金額 （消費税額）	貸方勘定科目 貸方補助科目	貸方税区分	税率	貸方金額 （消費税額）	摘要
会議費	課税仕入 （共通対応）	10％	3,300 内 (300)	未払金 法人カード	対象外		3,300	○○レストラン　会議飲料代

373

◆喫茶店で社内プロジェクトの会議を行い、コーヒー代2,200円（税込み）を現金で支払った。参加対象は製造部門の従業員であり、当社製品の売上げは課税売上げとなるものである。

借方勘定科目 借方補助科目	借方税区分	税率	借方金額 （消費税額）	貸方勘定科目 貸方補助科目	貸方税区分	税率	貸方金額 （消費税額）	摘要
会議費	課税仕入 （課税売上対応）	10％	2,200 内 (200)	現金	対象外		2,200	○○コーヒー　会議飲料代

374

◆社内会議のため外部のレンタルスペースの利用料として、27,500円（税込み）を普通預金より支払った。参加対象は役員全員である。

借方勘定科目 借方補助科目	借方税区分	税率	借方金額 (消費税額)	貸方勘定科目 貸方補助科目	貸方税区分	税率	貸方金額 (消費税額)	摘要
会議費	課税仕入 (共通対応)	10%	27,500 内 (2,500)	普通預金	対象外		27,500	○○㈱ レンタルスペース利用料

375

◆取引先（課税売上げの対象となる得意先）との商談に利用する会議資料の作成費用として、66,000円（税込み）を普通預金より支払った。

借方勘定科目 借方補助科目	借方税区分	税率	借方金額 (消費税額)	貸方勘定科目 貸方補助科目	貸方税区分	税率	貸方金額 (消費税額)	摘要
会議費	課税仕入 (課税売上対応)	10%	66,000 内 (6,000)	普通預金	対象外		66,000	○○㈱ 商談用資料作成費

376

(1) 経理処理例

◆当社従業員が、取引先へ訪問するための電車代として550円（税込み）を支払った。当社は後日、当該電車代を従業員との間で実費精算した。

①出張旅費等特例の適用を受ける。

借方勘定科目 借方補助科目	借方税区分	税率	借方金額 （消費税額）	貸方勘定科目 貸方補助科目	貸方税区分	税率	貸方金額 （消費税額）	摘要	377
旅費交通費	課税仕入	10% 内	550 (50)	現金	対象外		550	○○訪問電車代　出張旅費等特例	

②当社は少額特例の対象となる中小事業者である。

借方勘定科目 借方補助科目	借方税区分	税率	借方金額 （消費税額）	貸方勘定科目 貸方補助科目	貸方税区分	税率	貸方金額 （消費税額）	摘要	378
旅費交通費	課税仕入	10% 内	550 (50)	現金	対象外		550	○○訪問電車代	

> ⚠ 役員や従業員に支給する出張旅費、交通費、宿泊費、日当、通勤手当のうち、通常必要と認められる部分の金額については、特例により、帳簿に特例対象である旨（記載例：出張旅費等特例、通勤手当）と記載することで、帳簿のみの保存で仕入税額控除の適用を受けることができます。
> 　なお、少額特例の対象となる中小事業者は、税込み1万円未満の課税仕入れについて、帳簿に特例対象である旨を記載することなく仕入税額控除の適用を受けることができます。

◆従業員の国内出張に際し日当として、10,000円（税込み）を現金で支払った。

借方勘定科目 借方補助科目	借方税区分	税率	借方金額 （消費税額）	貸方勘定科目 貸方補助科目	貸方税区分	税率	貸方金額 （消費税額）	摘要	379
旅費交通費	課税仕入	10% 内	10,000 (909)	現金	対象外		10,000	××　出張日当　出張旅費等特例	

> ⚠ 出張旅費として支給する旅費、宿泊費及び日当等であっても、その旅行に通常必要と認められる範囲を超える部分の金額として給与に該当するものは、課税仕入れとなりません。

◆当社従業員が、取引先から帰社するためのタクシー代として2,200円（税込み）を支払った。当社は後日、当該タクシー代を従業員との間で実費精算した。

①インボイスを保存している。

借方勘定科目 借方補助科目	借方税区分	税率	借方金額 （消費税額）	貸方勘定科目 貸方補助科目	貸方税区分	税率	貸方金額 （消費税額）	摘要	380
旅費交通費	課税仕入	10% 内	2,200 (200)	現金	対象外		2,200	○○タクシー代	

②出張旅費等特例の適用を受ける。

借方勘定科目 借方補助科目	借方税区分	税率	借方金額 （消費税額）	貸方勘定科目 貸方補助科目	貸方税区分	税率	貸方金額 （消費税額）	摘要	381
旅費交通費	課税仕入	10% 内	2,200 (200)	現金	対象外		2,200	○○タクシー代　出張旅費等特例	

③当社は少額特例の対象となる中小事業者である。

382

借方勘定科目 借方補助科目	借方税区分	税率	借方金額 （消費税額）	貸方勘定科目 貸方補助科目	貸方税区分	税率	貸方金額 （消費税額）	摘要
旅費交通費	課税仕入	10% 内	2,200 (200)	現金	対象外		2,200	○○タクシー代

◆役員及び従業員の通勤手当として、50,000円（税込み）を普通預金より支払った。

383

借方勘定科目 借方補助科目	借方税区分	税率	借方金額 （消費税額）	貸方勘定科目 貸方補助科目	貸方税区分	税率	貸方金額 （消費税額）	摘要
旅費交通費	課税仕入	10% 内	50,000 (4,545)	普通預金	対象外		50,000	従業員（××他）通勤手当

◆取引先と商談するための新幹線代として、9,900円（税込み）を法人カードで支払った。

①インボイスを保存している。

384

借方勘定科目 借方補助科目	借方税区分	税率	借方金額 （消費税額）	貸方勘定科目 貸方補助科目	貸方税区分	税率	貸方金額 （消費税額）	摘要
旅費交通費	課税仕入	10% 内	9,900 (900)	未払金 法人カード	対象外		9,900	JR　新幹線代

②公共交通機関特例の適用を受ける。

385

借方勘定科目 借方補助科目	借方税区分	税率	借方金額 （消費税額）	貸方勘定科目 貸方補助科目	貸方税区分	税率	貸方金額 （消費税額）	摘要
旅費交通費	課税仕入	10% 内	9,900 (900)	未払金 法人カード	対象外		9,900	JR　新幹線代　公共交通機関特例

③当社は少額特例の対象となる中小事業者である。

386

借方勘定科目 借方補助科目	借方税区分	税率	借方金額 （消費税額）	貸方勘定科目 貸方補助科目	貸方税区分	税率	貸方金額 （消費税額）	摘要
旅費交通費	課税仕入	10% 内	9,900 (900)	未払金 法人カード	対象外		9,900	JR　新幹線代

⚠　税込み3万円未満の公共交通機関（鉄道、バス、船舶）による旅客の運送については、消費税法において運航会社側のインボイスの交付義務が免除されていますが、実際に交付するか否かは各運航会社により方針が分かれているようです。利用者側においては、インボイスの交付を受けなかったとしても、特例により、帳簿に特例対象である旨（例：公共交通機関特例）と記載することで、帳簿のみの保存で仕入税額控除の適用を受けることができます。

　なお、少額特例の対象となる中小事業者は、税込み1万円未満の課税仕入れについて、帳簿に特例対象である旨を記載することなく仕入税額控除の適用を受けることができます。

◆国内の取引先と商談するための宿泊費として、7,700円（税込み）及び宿泊税200円を法人カードで支払った。

①インボイスを保存している。

387

借方勘定科目 借方補助科目	借方税区分	税率	借方金額 (消費税額)	貸方勘定科目 貸方補助科目	貸方税区分	税率	貸方金額 (消費税額)	摘要
旅費交通費	課税仕入	10%	7,700 内 (700)	未払金 法人カード	対象外		7,900	○○ホテル　宿泊費
旅費交通費	対象外		200					○○ホテル　宿泊税

②請求書等（インボイスに該当しない）を保存している。

388

借方勘定科目 借方補助科目	借方税区分	税率	借方金額 (消費税額)	貸方勘定科目 貸方補助科目	貸方税区分	税率	貸方金額 (消費税額)	摘要
旅費交通費	課税仕入 (80%控除)	10%	7,700 内 (560)	未払金 法人カード	対象外		7,900	○○ホテル　宿泊費
旅費交通費	対象外		200					○○ホテル　宿泊税

③当社は少額特例の対象となる中小事業者である。

389

借方勘定科目 借方補助科目	借方税区分	税率	借方金額 (消費税額)	貸方勘定科目 貸方補助科目	貸方税区分	税率	貸方金額 (消費税額)	摘要
旅費交通費	課税仕入	10%	7,700 内 (700)	未払金 法人カード	対象外		7,900	○○ホテル　宿泊費
旅費交通費	対象外		200					○○ホテル　宿泊税

⚠　出張に要する費用でも事業者が航空会社、ホテル等に直接支払う場合には出張旅費等特例の適用はありませんので、インボイスの有無によって仕入税額控除の金額が異なります。

◆海外出張のための航空券代150,000円及び国内空港の施設利用料3,300円（税込み）を、普通預金より支払った。

①インボイスを保存している。

390

借方勘定科目 借方補助科目	借方税区分	税率	借方金額 (消費税額)	貸方勘定科目 貸方補助科目	貸方税区分	税率	貸方金額 (消費税額)	摘要
旅費交通費	対象外		150,000	普通預金	対象外		153,300	○○航空　海外出張航空券代
旅費交通費	課税仕入	10%	3,300 内 (300)					○○空港施設利用料

②請求書等（インボイスに該当しない）を保存している。

391

借方勘定科目 借方補助科目	借方税区分	税率	借方金額 (消費税額)	貸方勘定科目 貸方補助科目	貸方税区分	税率	貸方金額 (消費税額)	摘要
旅費交通費	対象外		150,000	普通預金	対象外		153,300	○○航空　海外出張航空券代
旅費交通費	課税仕入 (80%控除)	10%	3,300 内 (240)					○○空港施設利用料

③当社は少額特例の対象となる中小事業者である。

借方勘定科目 借方補助科目	借方税区分	税率	借方金額 (消費税額)	貸方勘定科目 貸方補助科目	貸方税区分	税率	貸方金額 (消費税額)	摘要
旅費交通費	対象外		150,000	普通預金	対象外		153,300	○○航空　海外出張航空券代
旅費交通費	課税仕入	10% 内	3,300 (300)					○○空港施設利用料

392

◆海外出張での現地移動費用及び宿泊費として、200,000円を法人カードにより支払った。

借方勘定科目 借方補助科目	借方税区分	税率	借方金額 (消費税額)	貸方勘定科目 貸方補助科目	貸方税区分	税率	貸方金額 (消費税額)	摘要
旅費交通費	対象外		200,000	未払金 法人カード	対象外		200,000	海外出張旅費

393

◆時間制限駐車区間に設置されているパーキングメーターのチケット発給手数料300円を、現金で支払った。

借方勘定科目 借方補助科目	借方税区分	税率	借方金額 (消費税額)	貸方勘定科目 貸方補助科目	貸方税区分	税率	貸方金額 (消費税額)	摘要
旅費交通費	対象外		300	現金	対象外		300	パーキングメーターチケット発給手数料

394

◆取引先訪問のためのレンタカー代2,200円（税込み）及び高速料金770円（税込み）を、法人カードにより支払った。

①インボイスを保存している。

借方勘定科目 借方補助科目	借方税区分	税率	借方金額 (消費税額)	貸方勘定科目 貸方補助科目	貸方税区分	税率	貸方金額 (消費税額)	摘要
旅費交通費	課税仕入	10% 内	2,200 (200)	未払金 法人カード	対象外		2,200	○○レンタカー　レンタカー代
旅費交通費	課税仕入	10% 内	770 (70)	未払金 法人カード	対象外		770	高速料金

395

②請求書等（インボイスに該当しない）を保存している。

借方勘定科目 借方補助科目	借方税区分	税率	借方金額 (消費税額)	貸方勘定科目 貸方補助科目	貸方税区分	税率	貸方金額 (消費税額)	摘要
旅費交通費	課税仕入 (80%控除)	10% 内	2,200 (160)	未払金 法人カード	対象外		2,200	○○レンタカー　レンタカー代
旅費交通費	課税仕入 (80%控除)	10% 内	770 (56)	未払金 法人カード	対象外		770	高速料金

396

③当社は少額特例の対象となる中小事業者である。

借方勘定科目 借方補助科目	借方税区分	税率	借方金額 (消費税額)	貸方勘定科目 貸方補助科目	貸方税区分	税率	貸方金額 (消費税額)	摘要	
旅費交通費	課税仕入	10%	2,200 (200)	未払金 法人カード	対象外		2,200	○○レンタカー　レンタカー代	397
旅費交通費	課税仕入	10%	770 (70)	未払金 法人カード	対象外		770	高速料金	

◆社用車の軽油代として、7,400円（うち軽油引取税3,000円）を現金で支払った。

①インボイスを保存している。

借方勘定科目 借方補助科目	借方税区分	税率	借方金額 (消費税額)	貸方勘定科目 貸方補助科目	貸方税区分	税率	貸方金額 (消費税額)	摘要	
旅費交通費	課税仕入	10%	4,400 (400)	現金	対象外		7,400	○○㈱　軽油代	398
旅費交通費	対象外		3,000					○○㈱　軽油引取税	

②請求書等（インボイスに該当しない）を保存している。

借方勘定科目 借方補助科目	借方税区分	税率	借方金額 (消費税額)	貸方勘定科目 貸方補助科目	貸方税区分	税率	貸方金額 (消費税額)	摘要	
旅費交通費	課税仕入 (80%控除)	10%	4,400 (320)	現金	対象外		7,400	○○㈱　軽油代	399
旅費交通費	対象外		3,000					○○㈱　軽油引取税	

③当社は少額特例の対象となる中小事業者である。

借方勘定科目 借方補助科目	借方税区分	税率	借方金額 (消費税額)	貸方勘定科目 貸方補助科目	貸方税区分	税率	貸方金額 (消費税額)	摘要	
旅費交通費	課税仕入	10%	4,400 (400)	現金	対象外		7,400	○○㈱　軽油代	400
旅費交通費	対象外		3,000					○○㈱　軽油引取税	

◆従業員の転勤に際し引越費用として、66,000円（税込み）を普通預金より支払った。

①インボイスを保存している。

借方勘定科目 借方補助科目	借方税区分	税率	借方金額 (消費税額)	貸方勘定科目 貸方補助科目	貸方税区分	税率	貸方金額 (消費税額)	摘要	
旅費交通費	課税仕入	10%	66,000 (6,000)	普通預金	対象外		66,000	○○運輸　××転勤費用	401

②請求書等（インボイスに該当しない）を保存している。

借方勘定科目 借方補助科目	借方税区分	税率	借方金額 (消費税額)	貸方勘定科目 貸方補助科目	貸方税区分	税率	貸方金額 (消費税額)	摘要	
旅費交通費	課税仕入 (80%控除)	10%	66,000 (4,800)	普通預金	対象外		66,000	○○運輸　××転勤費用	402

◆本社勤務をしている単身赴任者の帰省旅費として4,400円（税込み）を普通預金から支払った。当社は単身赴任者に対して毎月定額の帰省旅費を支給しており、源泉徴収は給与支給時に合わせて行っている。

借方勘定科目 借方補助科目	借方税区分	税率	借方金額 (消費税額)	貸方勘定科目 貸方補助科目	貸方税区分	税率	貸方金額 (消費税額)	摘要
給料手当	対象外		4,400	普通預金	対象外		4,400	○○鉄道　単身赴任者 帰省旅費

403

（2）個別対応方式の用途区分

◆当社従業員が、取引先（課税売上げの対象となる得意先）へ訪問するための電車代として550円（税込み）を支払った。当社は後日、当該電車代を従業員との間で実費精算した。

借方勘定科目 借方補助科目	借方税区分	税率	借方金額 （消費税額）	貸方勘定科目 貸方補助科目	貸方税区分	税率	貸方金額 （消費税額）	摘要	404
旅費交通費	課税仕入 （課税売上対応）	10%	550 内　（50）	現金	対象外		550	○○㈱訪問電車代　出張旅費等特例	

◆従業員（管理部門）の国内出張に際し日当として、10,000円（税込み）を現金で支払った。

借方勘定科目 借方補助科目	借方税区分	税率	借方金額 （消費税額）	貸方勘定科目 貸方補助科目	貸方税区分	税率	貸方金額 （消費税額）	摘要	405
旅費交通費	課税仕入 （共通対応）	10%	10,000 内　（909）	現金	対象外		10,000	××　出張日当　出張旅費等特例	

◆当社従業員が、取引先（非課税売上げの対象となる得意先）から帰社するためのタクシー代として2,200円（税込み）を支払った。当社は後日、当該タクシー代を従業員との間で実費精算した。

借方勘定科目 借方補助科目	借方税区分	税率	借方金額 （消費税額）	貸方勘定科目 貸方補助科目	貸方税区分	税率	貸方金額 （消費税額）	摘要	406
旅費交通費	課税仕入 （非課税売上対応）	10%	2,200 内　（200）	現金	対象外		2,200	○○タクシー代	

◆役員及び従業員の通勤手当として、50,000円（税込み）を普通預金より支払った。内訳は役員（社長）15,000円、営業部門の従業員35,000円であり、当社の売上げは課税売上げとなるものである。

借方勘定科目 借方補助科目	借方税区分	税率	借方金額 （消費税額）	貸方勘定科目 貸方補助科目	貸方税区分	税率	貸方金額 （消費税額）	摘要	407
旅費交通費	課税仕入 （共通対応）	10%	15,000 内　（1,363）	普通預金	対象外		50,000	役員通勤手当	
旅費交通費	課税仕入 （課税売上対応）	10%	35,000 内　（3,181）					従業員（営業部門）通勤手当	

◆取引先（課税売上げの対象となる得意先）と商談するための新幹線代として、9,900円（税込み）を法人カードで支払った。

借方勘定科目 借方補助科目	借方税区分	税率	借方金額 （消費税額）	貸方勘定科目 貸方補助科目	貸方税区分	税率	貸方金額 （消費税額）	摘要	408
旅費交通費	課税仕入 （課税売上対応）	10%	9,900 内 (900)	未払金 法人カード	対象外		9,900	JR　新幹線代	

◆国内の取引先（課税売上げの対象となる得意先）と商談するための宿泊費として7,700円（税込み）及び宿泊税200円を法人カードで支払った。

借方勘定科目 借方補助科目	借方税区分	税率	借方金額 （消費税額）	貸方勘定科目 貸方補助科目	貸方税区分	税率	貸方金額 （消費税額）	摘要	409
旅費交通費	課税仕入 （課税売上対応）	10%	7,700 内 (700)	未払金 法人カード	対象外		7,900	○○ホテル　宿泊費	
旅費交通費	対象外		200					○○ホテル　宿泊税	

◆海外出張のための航空券代150,000円及び国内空港の施設利用料3,300円（税込み）を、普通預金より支払った。なお、出張の目的は当社商品の海外販路の開拓（輸出免税売上げ）である。

借方勘定科目 借方補助科目	借方税区分	税率	借方金額 （消費税額）	貸方勘定科目 貸方補助科目	貸方税区分	税率	貸方金額 （消費税額）	摘要	410
旅費交通費	対象外		150,000	普通預金	対象外		153,300	○○航空　海外出張航空券代	
旅費交通費	課税仕入 （課税売上対応）	10%	3,300 内 (300)					○○空港施設利用料	

◆取引先（非課税売上げの対象となる得意先）訪問のためのレンタカー代2,200円（税込み）及び高速料金770円（税込み）を、法人カードにより支払った。

借方勘定科目 借方補助科目	借方税区分	税率	借方金額 （消費税額）	貸方勘定科目 貸方補助科目	貸方税区分	税率	貸方金額 （消費税額）	摘要	411
旅費交通費	課税仕入 （非課税売上対応）	10%	2,200 内 (200)	未払金 法人カード	対象外		2,200	○○レンタカー　レンタカー代	
旅費交通費	課税仕入 （非課税売上対応）	10%	770 内 (70)	未払金 法人カード	対象外		770	高速料金	

◆社用車（全部門で使用）の軽油代として、7,400円（うち軽油引取税3,000円）を現金で支払った。

412

借方勘定科目 借方補助科目	借方税区分	税率	借方金額 （消費税額）	貸方勘定科目 貸方補助科目	貸方税区分	税率	貸方金額 （消費税額）	摘要
旅費交通費	課税仕入 （共通対応）	10%	4,400 内　（400）	現金	対象外		7,400	○○㈱　軽油代
旅費交通費	対象外		3,000					○○㈱　軽油引取税

◆従業員の転勤に際し引越費用として、66,000円（税込み）を普通預金より支払った。営業部門の従業員であり、当社の売上げは課税売上げとなるものである。

413

借方勘定科目 借方補助科目	借方税区分	税率	借方金額 （消費税額）	貸方勘定科目 貸方補助科目	貸方税区分	税率	貸方金額 （消費税額）	摘要
旅費交通費	課税仕入 （課税売上対応）	10%	66,000 内　（6,000）	普通預金	対象外		66,000	○○運輸　××転勤費用

（1）経理処理例

◆電話料金32,500円（内訳は国内電話分27,500円（税込み）、国際電話分5,000円である）を普通預金より支払った。

①インボイスを保存している。

414

借方勘定科目 借方補助科目	借方税区分	税率	借方金額 （消費税額）	貸方勘定科目 貸方補助科目	貸方税区分	税率	貸方金額 （消費税額）	摘要
通信費	課税仕入	10% 内	27,500 (2,500)	普通預金	対象外		32,500	○○㈱　国内電話料金
通信費	対象外		5,000					○○㈱　国際電話料金

②請求書等（インボイスに該当しない）を保存している。

415

借方勘定科目 借方補助科目	借方税区分	税率	借方金額 （消費税額）	貸方勘定科目 貸方補助科目	貸方税区分	税率	貸方金額 （消費税額）	摘要
通信費	課税仕入 （80%控除）	10% 内	27,500 (2,000)	普通預金	対象外		32,500	○○㈱　国内電話料金
通信費	対象外		5,000					○○㈱　国際電話料金

◆携帯電話の国内電話料金3,300円（税込み）、国内インターネット利用料2,200円（税込み）を現金で支払った。

①インボイスを保存している。

416

借方勘定科目 借方補助科目	借方税区分	税率	借方金額 （消費税額）	貸方勘定科目 貸方補助科目	貸方税区分	税率	貸方金額 （消費税額）	摘要
通信費	課税仕入	10% 内	5,500 (500)	現金	対象外		5,500	○○㈱　携帯電話利用料

②請求書等（インボイスに該当しない）を保存している。

417

借方勘定科目 借方補助科目	借方税区分	税率	借方金額 （消費税額）	貸方勘定科目 貸方補助科目	貸方税区分	税率	貸方金額 （消費税額）	摘要
通信費	課税仕入 （80%控除）	10% 内	5,500 (400)	現金	対象外		5,500	○○㈱　携帯電話利用料

③当社は少額特例の対象となる中小事業者である。

418

借方勘定科目 借方補助科目	借方税区分	税率	借方金額 （消費税額）	貸方勘定科目 貸方補助科目	貸方税区分	税率	貸方金額 （消費税額）	摘要
通信費	課税仕入	10% 内	5,500 (500)	現金	対象外		5,500	○○㈱　携帯電話利用料

◆銀行の取引明細のファクシミリサービス利用料として、4,400円（税込み）を普通預金より支払った。

①インボイスを保存している。

借方勘定科目 借方補助科目	借方税区分	税率	借方金額 （消費税額）	貸方勘定科目 貸方補助科目	貸方税区分	税率	貸方金額 （消費税額）	摘要
通信費	課税仕入	10% 内	4,400 (400)	普通預金	対象外		4,400	○○銀行　ファクシミリサービス利用料

419

②請求書等（インボイスに該当しない）を保存している。

借方勘定科目 借方補助科目	借方税区分	税率	借方金額 （消費税額）	貸方勘定科目 貸方補助科目	貸方税区分	税率	貸方金額 （消費税額）	摘要
通信費	課税仕入 （80%控除）	10% 内	4,400 (320)	普通預金	対象外		4,400	○○銀行　ファクシミリサービス利用料

420

③当社は少額特例の対象となる中小事業者である。

借方勘定科目 借方補助科目	借方税区分	税率	借方金額 （消費税額）	貸方勘定科目 貸方補助科目	貸方税区分	税率	貸方金額 （消費税額）	摘要
通信費	課税仕入	10% 内	4,400 (400)	普通預金	対象外		4,400	○○銀行　ファクシミリサービス利用料

421

◆郵便局にて郵便切手5,000円、レターパック7,000円を購入し、現金で支払った。

借方勘定科目 借方補助科目	借方税区分	税率	借方金額 （消費税額）	貸方勘定科目 貸方補助科目	貸方税区分	税率	貸方金額 （消費税額）	摘要
通信費	課税仕入	10% 内	12,000 (1,090)	現金	対象外		12,000	○○郵便局　切手、レターパック代　郵便特例

422

⚠　郵便切手は、原則として郵送サービスの提供を受けた時（例：郵便ポストに投函した時）の課税仕入れになります。ただし、郵便切手を購入した事業者自身が郵送サービスの提供を受けるのであれば（郵便切手を贈答用などに使用しないのであれば）、継続適用を要件として、郵便切手を購入した時に課税仕入れとして処理することも認められています。郵便局における郵便切手類（郵便切手、郵便はがき、レターパック等）の購入は、非課税取引に該当するためインボイスは交付されませんが、特例により、帳簿に特例対象である旨（記載例：郵便特例、切手、はがき、レターパック）と記載することで、帳簿のみの保存で仕入税額控除の適用を受けることができます。

　なお、少額特例の対象となる中小事業者は、税込み1万円未満の課税仕入れについて、帳簿に特例対象である旨を記載することなく仕入税額控除の適用を受けることができます。

◆郵便局にて国際郵便代として、2,000円を現金で支払った。

借方勘定科目 借方補助科目	借方税区分	税率	借方金額 （消費税額）	貸方勘定科目 貸方補助科目	貸方税区分	税率	貸方金額 （消費税額）	摘要
通信費	対象外		2,000	現金	対象外		2,000	○○郵便局　国際郵便

423

◆国内でのインターネット利用料として、8,800円（税込み）を法人カードにより支払った。

①インボイスを保存している。

借方勘定科目 借方補助科目	借方税区分	税率	借方金額 （消費税額）	貸方勘定科目 貸方補助科目	貸方税区分	税率	貸方金額 （消費税額）	摘要
通信費	課税仕入	10% 内	8,800 (800)	未払金 法人カード	対象外		8,800	○○㈱　インターネット利用料

424

②請求書等（インボイスに該当しない）を保存している。

借方勘定科目 借方補助科目	借方税区分	税率	借方金額 （消費税額）	貸方勘定科目 貸方補助科目	貸方税区分	税率	貸方金額 （消費税額）	摘要
通信費	課税仕入 （80%控除）	10% 内	8,800 (640)	未払金 法人カード	対象外		8,800	○○㈱　インターネット利用料

425

③当社は少額特例の対象となる中小事業者である。

借方勘定科目 借方補助科目	借方税区分	税率	借方金額 （消費税額）	貸方勘定科目 貸方補助科目	貸方税区分	税率	貸方金額 （消費税額）	摘要
通信費	課税仕入	10% 内	8,800 (800)	未払金 法人カード	対象外		8,800	○○㈱　インターネット利用料

426

◆切手、レターパックの期末未使用分31,818円（税抜き）につき、貯蔵品に振り替えた。なお、当社は継続して切手等の購入時に課税仕入れとして処理している。

借方勘定科目 借方補助科目	借方税区分	税率	借方金額 （消費税額）	貸方勘定科目 貸方補助科目	貸方税区分	税率	貸方金額 （消費税額）	摘要
貯蔵品	対象外		31,818	通信費	対象外		31,818	切手、レターパック期末未使用分

427

⚠ 郵便切手等の期末未使用分は貯蔵品に振り替えます。購入時に課税仕入れとして処理している場合の振替金額は税抜金額になり、購入時に課税仕入れとして処理していない場合の振替金額は税込金額になります。

（2）個別対応方式の用途区分

◆電話料金32,500円（内訳は国内電話分27,500円（税込み）、国際電話分5,000円である）を普通預金より支払った。当該料金は当社商品を販売する店舗のものであり、当社商品の売上げは課税売上げとなるものである。

428

借方勘定科目 借方補助科目	借方税区分	税率	借方金額 （消費税額）	貸方勘定科目 貸方補助科目	貸方税区分	税率	貸方金額 （消費税額）	摘要
通信費	課税仕入 （課税売上対応）	10%	27,500 内　(2,500)	普通預金	対象外		32,500	○○㈱　国内電話料金
通信費	対象外		5,000					○○㈱　国際電話料金

◆携帯電話の国内電話料金3,300円（税込み）、国内インターネット利用料2,200円（税込み）を現金で支払った。携帯電話利用者は管理部門の従業員である。

429

借方勘定科目 借方補助科目	借方税区分	税率	借方金額 （消費税額）	貸方勘定科目 貸方補助科目	貸方税区分	税率	貸方金額 （消費税額）	摘要
通信費	課税仕入 （共通対応）	10%	5,500 内　(500)	現金	対象外		5,500	○○㈱　携帯電話利用用

◆銀行の取引明細のファクシミリサービス利用料として、4,400円（税込み）を普通預金より支払った。

430

借方勘定科目 借方補助科目	借方税区分	税率	借方金額 （消費税額）	貸方勘定科目 貸方補助科目	貸方税区分	税率	貸方金額 （消費税額）	摘要
通信費	課税仕入 （共通対応）	10%	4,400 内　(400)	普通預金	対象外		4,400	○○銀行　ファクシミリサービス利用料

◆郵便局にて郵便切手5,000円、レターパック7,000円を購入し、現金で支払った。これらは全部門で使用するものである。

431

借方勘定科目 借方補助科目	借方税区分	税率	借方金額 （消費税額）	貸方勘定科目 貸方補助科目	貸方税区分	税率	貸方金額 （消費税額）	摘要
通信費	課税仕入 （共通対応）	10%	12,000 内　(1,090)	現金	対象外		12,000	○○郵便局　切手、レターパック代　郵便特例

◆国内でのインターネット利用料として、8,800円（税込み）を法人カードにより支払った。
当該料金は工場のものであり、当社製品の売上げは課税売上げとなるものである。

432

借方勘定科目 借方補助科目	借方税区分	税率	借方金額 （消費税額）	貸方勘定科目 貸方補助科目	貸方税区分	税率	貸方金額 （消費税額）	摘要
通信費	課税仕入 （課税売上対応）	10%	8,800 （800） 内	未払金 法人カード	対象外		8,800	○○㈱　インターネット利用料

（1）経理処理例

◆事務所で使用する文房具及び消耗品代として、55,000円（税込み）を普通預金より支払った。

①インボイスを保存している。 433

借方勘定科目 借方補助科目	借方税区分	税率	借方金額 （消費税額）	貸方勘定科目 貸方補助科目	貸方税区分	税率	貸方金額 （消費税額）	摘要
消耗品費	課税仕入	10% 内	55,000 (5,000)	普通預金	対象外		55,000	○○㈱　文房具及び消耗品代

②請求書等（インボイスに該当しない）を保存している。 434

借方勘定科目 借方補助科目	借方税区分	税率	借方金額 （消費税額）	貸方勘定科目 貸方補助科目	貸方税区分	税率	貸方金額 （消費税額）	摘要
消耗品費	課税仕入 (80%控除)	10% 内	55,000 (4,000)	普通預金	対象外		55,000	○○㈱　文房具及び消耗品代

◆事務所で使用する机及び椅子代として、33,000円（税込み）を法人カードにより支払った。

①インボイスを保存している。 435

借方勘定科目 借方補助科目	借方税区分	税率	借方金額 （消費税額）	貸方勘定科目 貸方補助科目	貸方税区分	税率	貸方金額 （消費税額）	摘要
消耗品費	課税仕入	10% 内	33,000 (3,000)	未払金 法人カード	対象外		33,000	○○㈱　机、椅子代

②請求書等（インボイスに該当しない）を保存している。 436

借方勘定科目 借方補助科目	借方税区分	税率	借方金額 （消費税額）	貸方勘定科目 貸方補助科目	貸方税区分	税率	貸方金額 （消費税額）	摘要
消耗品費	課税仕入 (80%控除)	10% 内	33,000 (2,400)	未払金 法人カード	対象外		33,000	○○㈱　机、椅子代

◆事務所で使用するノートパソコン代として、352,000円（税込み、1台当たり88,000円）を法人カードにより支払った。

①インボイスを保存している。 437

借方勘定科目 借方補助科目	借方税区分	税率	借方金額 （消費税額）	貸方勘定科目 貸方補助科目	貸方税区分	税率	貸方金額 （消費税額）	摘要
消耗品費	課税仕入	10% 内	352,000 (32,000)	未払金 法人カード	対象外		352,000	○○㈱　ノートパソコン4台

②請求書等（インボイスに該当しない）を保存している。 438

借方勘定科目 借方補助科目	借方税区分	税率	借方金額 （消費税額）	貸方勘定科目 貸方補助科目	貸方税区分	税率	貸方金額 （消費税額）	摘要
消耗品費	課税仕入 (80%控除)	10% 内	352,000 (25,600)	未払金 法人カード	対象外		352,000	○○㈱　ノートパソコン4台

⚠　一括償却資産（20万円未満）及び中小企業特例の適用を受けることのできる少額減価償却資産（30万円未満）を取得した場合も、消耗品費に計上することがあります。自社の経理処理方針を確認しましょう。

◆複合機のカウンター料金として、6,600円（税込み）を普通預金より支払った。

①インボイスを保存している。

借方勘定科目 借方補助科目	借方税区分	税率	借方金額 （消費税額）	貸方勘定科目 貸方補助科目	貸方税区分	税率	貸方金額 （消費税額）	摘要
消耗品費	課税仕入	10% 内	6,600 (600)	普通預金	対象外		6,600	○○㈱　複合機カウンター料

439

②請求書等（インボイスに該当しない）を保存している。

借方勘定科目 借方補助科目	借方税区分	税率	借方金額 （消費税額）	貸方勘定科目 貸方補助科目	貸方税区分	税率	貸方金額 （消費税額）	摘要
消耗品費	課税仕入 (80%控除)	10% 内	6,600 (480)	普通預金	対象外		6,600	○○㈱　複合機カウンター料

440

③当社は少額特例の対象となる中小事業者である。

借方勘定科目 借方補助科目	借方税区分	税率	借方金額 （消費税額）	貸方勘定科目 貸方補助科目	貸方税区分	税率	貸方金額 （消費税額）	摘要
消耗品費	課税仕入	10% 内	6,600 (600)	普通預金	対象外		6,600	○○㈱　複合機カウンター料

441

◆海外出張の際に文房具3,000円を購入し、現金で支払った。

借方勘定科目 借方補助科目	借方税区分	税率	借方金額 （消費税額）	貸方勘定科目 貸方補助科目	貸方税区分	税率	貸方金額 （消費税額）	摘要
消耗品費	対象外		3,000	現金	対象外		3,000	海外出張　文房具代

442

◆当期にノートパソコン（税抜き80,000円）を購入したが、期末時点において未使用のため貯蔵品に振り替えた。

借方勘定科目 借方補助科目	借方税区分	税率	借方金額 （消費税額）	貸方勘定科目 貸方補助科目	貸方税区分	税率	貸方金額 （消費税額）	摘要
貯蔵品	対象外		80,000	消耗品費	対象外		80,000	ノートPC期末未使用分

443

⚠ 取得価額が10万円未満の減価償却資産は、資産計上せずに消耗品費等の費用に計上することができますが、期末時点で未使用の場合は貯蔵品に振り替える必要があります。

なお、事務用消耗品（ファイル、ボールペン等）については、毎期おおむね一定数量を取得し、かつ、経常的に使用するものは、その取得をした時に取得費用の全額を費用とすることができ、期末未使用分を貯蔵品に振り替える必要はありません。毎期おおむね一定数量を取得していないような事務用消耗品については、期末未使用分を貯蔵品に計上する必要があります。

消費税は、上記の取扱いに関係なく購入時に課税入れになります。

(2) 個別対応方式の用途区分

◆事務所（管理部門）で使用する文房具及び消耗品代として、55,000円（税込み）を普通預金より支払った。

借方勘定科目 借方補助科目	借方税区分	税率	借方金額 (消費税額)	貸方勘定科目 貸方補助科目	貸方税区分	税率	貸方金額 (消費税額)	摘要
消耗品費	課税仕入 (共通対応)	10%	55,000 内 (5,000)	普通預金	対象外		55,000	○○㈱　文房具及び消耗品代

444

◆事務所（営業部門）で使用する机及び椅子代として、33,000円（税込み）を法人カードにより支払った。当社の売上げは課税売上げとなるものである。

借方勘定科目 借方補助科目	借方税区分	税率	借方金額 (消費税額)	貸方勘定科目 貸方補助科目	貸方税区分	税率	貸方金額 (消費税額)	摘要
消耗品費	課税仕入 (課税売上対応)	10%	33,000 内 (3,000)	未払金 法人カード	対象外		33,000	○○㈱　机、椅子代

445

◆事務所（営業部門）で使用するノートパソコン代として、352,000円（税込み、1台当たり88,000円）を法人カードにより支払った。当社の売上げは非課税売上げとなるものである。

借方勘定科目 借方補助科目	借方税区分	税率	借方金額 (消費税額)	貸方勘定科目 貸方補助科目	貸方税区分	税率	貸方金額 (消費税額)	摘要
消耗品費	課税仕入 (非課税売上対応)	10%	352,000 内 (32,000)	未払金 法人カード	対象外		352,000	○○㈱　ノートパソコン4台

446

◆複合機のカウンター料金として、6,600円（税込み）を普通預金より支払った。複合機は全部門で使用している。

借方勘定科目 借方補助科目	借方税区分	税率	借方金額 (消費税額)	貸方勘定科目 貸方補助科目	貸方税区分	税率	貸方金額 (消費税額)	摘要
消耗品費	課税仕入 (共通対応)	10%	6,600 内 (600)	普通預金	対象外		6,600	○○㈱　複合機カウンター料

447

（1）経理処理例

◆台風で損壊した商品保管用倉庫の修理費用として、330,000円（税込み）を普通預金より支払った。

①インボイスを保存している。

借方勘定科目 借方補助科目	借方税区分	税率	借方金額 （消費税額）	貸方勘定科目 貸方補助科目	貸方税区分	税率	貸方金額 （消費税額）	摘要	448
修繕費	課税仕入	10%	330,000 内 (30,000)	普通預金	対象外		330,000	○○㈱　倉庫修理代	

②請求書等（インボイスに該当しない）を保存している。

借方勘定科目 借方補助科目	借方税区分	税率	借方金額 （消費税額）	貸方勘定科目 貸方補助科目	貸方税区分	税率	貸方金額 （消費税額）	摘要	449
修繕費	課税仕入 (80%控除)	10%	330,000 内 (24,000)	普通預金	対象外		330,000	○○㈱　倉庫修理代	

◆事故で損壊した社用車の修理費用として、44,000円（税込み）を法人カードにより支払った。

①インボイスを保存している。

借方勘定科目 借方補助科目	借方税区分	税率	借方金額 （消費税額）	貸方勘定科目 貸方補助科目	貸方税区分	税率	貸方金額 （消費税額）	摘要	450
修繕費	課税仕入	10%	44,000 内 (4,000)	未払金 法人カード	対象外		44,000	○○自動車　車修理代	

②請求書等（インボイスに該当しない）を保存している。

借方勘定科目 借方補助科目	借方税区分	税率	借方金額 （消費税額）	貸方勘定科目 貸方補助科目	貸方税区分	税率	貸方金額 （消費税額）	摘要	451
修繕費	課税仕入 (80%控除)	10%	44,000 内 (3,200)	未払金 法人カード	対象外		44,000	○○自動車　車修理代	

◆機械装置につき劣化した部品の交換代として、121,000円（税込み）を普通預金より支払った。

①インボイスを保存している。

借方勘定科目 借方補助科目	借方税区分	税率	借方金額 （消費税額）	貸方勘定科目 貸方補助科目	貸方税区分	税率	貸方金額 （消費税額）	摘要	452
修繕費	課税仕入	10%	121,000 内 (11,000)	普通預金	対象外		121,000	○○㈱　機械部品交換代	

②請求書等（インボイスに該当しない）を保存している。

借方勘定科目 借方補助科目	借方税区分	税率	借方金額 （消費税額）	貸方勘定科目 貸方補助科目	貸方税区分	税率	貸方金額 （消費税額）	摘要	453
修繕費	課税仕入 (80%控除)	10%	121,000 内 (8,800)	普通預金	対象外		121,000	○○㈱　機械部品交換代	

◆備品の性能向上のための改良費用として、165,000円（税込み）を普通預金より支払った。

①インボイスを保存している。

454

借方勘定科目 借方補助科目	借方税区分	税率	借方金額 （消費税額）	貸方勘定科目 貸方補助科目	貸方税区分	税率	貸方金額 （消費税額）	摘要
修繕費	課税仕入	10%	165,000 内 (15,000)	普通預金	対象外		165,000	○○㈱　備品改良費

②請求書等（インボイスに該当しない）を保存している。

455

借方勘定科目 借方補助科目	借方税区分	税率	借方金額 （消費税額）	貸方勘定科目 貸方補助科目	貸方税区分	税率	貸方金額 （消費税額）	摘要
修繕費	課税仕入 (80%控除)	10%	165,000 内 (12,000)	普通預金	対象外		165,000	○○㈱　備品改良費

> ⚠ 固定資産の修理、改良等のために支出した金額のうち、固定資産の価値を高め、又は、その耐久性を増すこととなると認められる部分の金額は、資本的支出として資産計上します。但し、一の修理、改良等に要した費用の額が20万円未満の場合は修繕費として費用処理できます。消費税は、いずれの場合であっても課税仕入れになります。

◆社用車の車検代金として、175,000円を普通預金より支払った。金額の内訳は車検作業代110,000円（税込み）、自賠責保険料27,000円、自動車重量税38,000円である。

①インボイスを保存している。

456

借方勘定科目 借方補助科目	借方税区分	税率	借方金額 （消費税額）	貸方勘定科目 貸方補助科目	貸方税区分	税率	貸方金額 （消費税額）	摘要
修繕費	課税仕入	10%	110,000 内 (10,000)	普通預金	対象外		175,000	○○自動車　車検費用
保険料	対象外		27,000					○○自動車　自賠責保険料
租税公課	対象外		38,000					○○自動車　自動車重量税

②請求書等（インボイスに該当しない）を保存している。

457

借方勘定科目 借方補助科目	借方税区分	税率	借方金額 （消費税額）	貸方勘定科目 貸方補助科目	貸方税区分	税率	貸方金額 （消費税額）	摘要
修繕費	課税仕入 (80%控除)	10%	110,000 内 (8,000)	普通預金	対象外		175,000	○○自動車　車検費用
保険料	対象外		27,000					○○自動車　自賠責保険料
租税公課	対象外		38,000					○○自動車　自動車重量税

◆備品の定期点検費用として、11,000円（税込み）を普通預金より支払った。

①インボイスを保存している。

458

借方勘定科目 借方補助科目	借方税区分	税率	借方金額 （消費税額）	貸方勘定科目 貸方補助科目	貸方税区分	税率	貸方金額 （消費税額）	摘要
修繕費	課税仕入	10%	11,000 内 (1,000)	普通預金	対象外		11,000	○○㈱　備品点検費用

②請求書等（インボイスに該当しない）を保存している。

459

借方勘定科目 借方補助科目	借方税区分	税率	借方金額 （消費税額）	貸方勘定科目 貸方補助科目	貸方税区分	税率	貸方金額 （消費税額）	摘要
修繕費	課税仕入 （80%控除）	10%	11,000 内 (800)	普通預金	対象外		11,000	○○㈱　備品点検費用

◆他の工場への機械装置の移設費用として、341,000円（税込み）を普通預金より支払った。

①インボイスを保存している。

460

借方勘定科目 借方補助科目	借方税区分	税率	借方金額 （消費税額）	貸方勘定科目 貸方補助科目	貸方税区分	税率	貸方金額 （消費税額）	摘要
修繕費	課税仕入	10%	341,000 内 (31,000)	普通預金	対象外		341,000	○○㈱　機械装置移設費

②請求書等（インボイスに該当しない）を保存している。

461

借方勘定科目 借方補助科目	借方税区分	税率	借方金額 （消費税額）	貸方勘定科目 貸方補助科目	貸方税区分	税率	貸方金額 （消費税額）	摘要
修繕費	課税仕入 （80%控除）	10%	341,000 内 (24,800)	普通預金	対象外		341,000	○○㈱　機械装置移設費

◆ソフトウエアのバグ解消のためのバージョンアップ費用として、66,000円（税込み）を法人カードにより支払った。

①インボイスを保存している。

462

借方勘定科目 借方補助科目	借方税区分	税率	借方金額 （消費税額）	貸方勘定科目 貸方補助科目	貸方税区分	税率	貸方金額 （消費税額）	摘要
修繕費	課税仕入	10%	66,000 内 (6,000)	未払金 法人カード	対象外		66,000	○○㈱　ソフトウエアバージョンアップ費用

②請求書等（インボイスに該当しない）を保存している。

463

借方勘定科目 借方補助科目	借方税区分	税率	借方金額 （消費税額）	貸方勘定科目 貸方補助科目	貸方税区分	税率	貸方金額 （消費税額）	摘要
修繕費	課税仕入 （80%控除）	10%	66,000 内 (4,800)	未払金 法人カード	対象外		66,000	○○㈱　ソフトウエアバージョンアップ費用

◆賃借していた事務所退去に伴い保証金（1,000,000円）から原状回復費用として330,000円（税込み）が差し引かれて、普通預金に入金された。

①インボイスを保存している。

借方勘定科目 借方補助科目	借方税区分	税率	借方金額 （消費税額）	貸方勘定科目 貸方補助科目	貸方税区分	税率	貸方金額 （消費税額）	摘要
普通預金	対象外		670,000	保証金	対象外		1,000,000	○○㈱　事務所退去
修繕費	課税仕入	10%	330,000 内 (30,000)					○○㈱　事務所退去原状回復費

②請求書等（インボイスに該当しない）を保存している。

借方勘定科目 借方補助科目	借方税区分	税率	借方金額 （消費税額）	貸方勘定科目 貸方補助科目	貸方税区分	税率	貸方金額 （消費税額）	摘要
普通預金	対象外		670,000	保証金	対象外		1,000,000	○○㈱　事務所退去
修繕費	課税仕入 (80%控除)	10%	330,000 内 (24,000)					○○㈱　事務所退去原状回復費

◆社宅として賃借していたマンションの原状回復費用として、110,000円（税込み）を普通預金より支払った。

①インボイスを保存している。

借方勘定科目 借方補助科目	借方税区分	税率	借方金額 （消費税額）	貸方勘定科目 貸方補助科目	貸方税区分	税率	貸方金額 （消費税額）	摘要
修繕費	課税仕入	10%	110,000 内 (10,000)	普通預金	対象外		110,000	○○㈱　社宅原状回復費

②請求書等（インボイスに該当しない）を保存している。

借方勘定科目 借方補助科目	借方税区分	税率	借方金額 （消費税額）	貸方勘定科目 貸方補助科目	貸方税区分	税率	貸方金額 （消費税額）	摘要
修繕費	課税仕入 (80%控除)	10%	110,000 内 (8,000)	普通預金	対象外		110,000	○○㈱　社宅原状回復費

◆国外にある建物の修繕費用として、300,000円を普通預金より支払った。

借方勘定科目 借方補助科目	借方税区分	税率	借方金額 （消費税額）	貸方勘定科目 貸方補助科目	貸方税区分	税率	貸方金額 （消費税額）	摘要
修繕費	対象外		300,000	普通預金	対象外		300,000	○○Ltd　建物修繕費

（2）個別対応方式の用途区分

◆台風で損壊した商品保管用倉庫の修理費用として、330,000円（税込み）を普通預金より支払った。当社商品の売上げは課税売上げとなるものである。

469

借方勘定科目 借方補助科目	借方税区分	税率	借方金額 （消費税額）	貸方勘定科目 貸方補助科目	貸方税区分	税率	貸方金額 （消費税額）	摘要
修繕費	課税仕入 （課税売上対応）	10%	330,000 内 (30,000)	普通預金	対象外		330,000	○○㈱　倉庫修理代

◆事故で損壊した社用車（社長専用）の修理費用として、44,000円（税込み）を法人カードにより支払った。

470

借方勘定科目 借方補助科目	借方税区分	税率	借方金額 （消費税額）	貸方勘定科目 貸方補助科目	貸方税区分	税率	貸方金額 （消費税額）	摘要
修繕費	課税仕入 （共通対応）	10%	44,000 内 (4,000)	未払金 法人カード	対象外		44,000	○○自動車　車修理代

◆機械装置につき劣化した部品の交換代として、121,000円（税込み）を普通預金より支払った。当社の売上げは課税売上げとなるものである。

471

借方勘定科目 借方補助科目	借方税区分	税率	借方金額 （消費税額）	貸方勘定科目 貸方補助科目	貸方税区分	税率	貸方金額 （消費税額）	摘要
修繕費	課税仕入 （課税売上対応）	10%	121,000 内 (11,000)	普通預金	対象外		121,000	○○㈱　機械部品交換代

◆器具備品の性能向上のための改良費用として、165,000円（税込み）を普通預金より支払った。この器具備品は商品を販売している店舗で使用しているものであり、当社商品の売上げは課税売上げとなるものである。

472

借方勘定科目 借方補助科目	借方税区分	税率	借方金額 （消費税額）	貸方勘定科目 貸方補助科目	貸方税区分	税率	貸方金額 （消費税額）	摘要
修繕費	課税仕入 （課税売上対応）	10%	165,000 内 (15,000)	普通預金	対象外		165,000	○○㈱　備品改良費

◆社用車（営業用）の車検代金として、175,000円を普通預金より支払った。金額の内訳は車検作業代110,000円（税込み）、自賠責保険料27,000円、自動車重量税38,000円である。当社の売上げは非課税売上げとなるものである。

473

借方勘定科目 借方補助科目	借方税区分	税率	借方金額 （消費税額）	貸方勘定科目 貸方補助科目	貸方税区分	税率	貸方金額 （消費税額）	摘要
修繕費	課税仕入 （非課税売上対応）	10%	110,000 内 (10,000)	普通預金	対象外		175,000	○○自動車　車検費用
保険料	対象外		27,000					○○自動車　自賠責保険料
租税公課	対象外		38,000					○○自動車　自動車重量税

◆備品の定期点検費用として、11,000円（税込み）を普通預金より支払った。この備品は管理部門で使用しているものである。

474

借方勘定科目 借方補助科目	借方税区分	税率	借方金額 （消費税額）	貸方勘定科目 貸方補助科目	貸方税区分	税率	貸方金額 （消費税額）	摘要
修繕費	課税仕入 （共通対応）	10%	11,000 内 (1,000)	普通預金	対象外		11,000	○○㈱　備品点検費用

◆他の工場への機械装置の移設費用として、341,000円（税込み）を普通預金より支払った。当社製品の売上げは課税売上げとなるものである。

475

借方勘定科目 借方補助科目	借方税区分	税率	借方金額 （消費税額）	貸方勘定科目 貸方補助科目	貸方税区分	税率	貸方金額 （消費税額）	摘要
修繕費	課税仕入 （課税売上対応）	10%	341,000 内 (31,000)	普通預金	対象外		341,000	○○㈱　機械装置移設費

◆ソフトウエアのバグ解消のためのバージョンアップ費用として、66,000円（税込み）を法人カードにより支払った。このソフトウエアは管理部門で使用しているものである。

476

借方勘定科目 借方補助科目	借方税区分	税率	借方金額 （消費税額）	貸方勘定科目 貸方補助科目	貸方税区分	税率	貸方金額 （消費税額）	摘要
修繕費	課税仕入 （共通対応）	10%	66,000 内 (6,000)	未払金 法人カード	対象外		66,000	○○㈱　ソフトウエアバージョンアップ費用

◆賃借していた事務所（本社）退去に伴い保証金（1,000,000円）から原状回復費用として330,000円（税込み）が差し引かれて普通預金に入金された。

477

借方勘定科目 借方補助科目	借方税区分	税率	借方金額 （消費税額）	貸方勘定科目 貸方補助科目	貸方税区分	税率	貸方金額 （消費税額）	摘要
普通預金	対象外		670,000	保証金	対象外		1,000,000	○○㈱　事務所退去
修繕費	課税仕入 （共通対応）	10%	330,000 内（30,000）					○○㈱　事務所退去原状回復費

◆社宅として賃借していたマンションの原状回復費用として、110,000円（税込み）を普通預金より支払った。従業員から社宅家賃を収受していた。

478

借方勘定科目 借方補助科目	借方税区分	税率	借方金額 （消費税額）	貸方勘定科目 貸方補助科目	貸方税区分	税率	貸方金額 （消費税額）	摘要
修繕費	課税仕入 （非課税売上対応）	10%	110,000 内（10,000）	普通預金	対象外		110,000	○○㈱　社宅原状回復費

（1）経理処理例

◆事務所の電気代として、22,000円（税込み）を普通預金より支払った。

①インボイスを保存している。

479

借方勘定科目 借方補助科目	借方税区分	税率	借方金額 （消費税額）	貸方勘定科目 貸方補助科目	貸方税区分	税率	貸方金額 （消費税額）	摘要
水道光熱費	課税仕入	10% 内	22,000 (2,000)	普通預金	対象外		22,000	○○㈱　事務所電気代

②請求書等（インボイスに該当しない）を保存している。

480

借方勘定科目 借方補助科目	借方税区分	税率	借方金額 （消費税額）	貸方勘定科目 貸方補助科目	貸方税区分	税率	貸方金額 （消費税額）	摘要
水道光熱費	課税仕入 (80%控除)	10% 内	22,000 (1,600)	普通預金	対象外		22,000	○○㈱　事務所電気代

◆店舗の水道代として、6,600円（税込み）を普通預金より支払った。

①インボイスを保存している。

481

借方勘定科目 借方補助科目	借方税区分	税率	借方金額 （消費税額）	貸方勘定科目 貸方補助科目	貸方税区分	税率	貸方金額 （消費税額）	摘要
水道光熱費	課税仕入	10% 内	6,600 (600)	普通預金	対象外		6,600	○○㈱　店舗水道代

②請求書等（インボイスに該当しない）を保存している。

482

借方勘定科目 借方補助科目	借方税区分	税率	借方金額 （消費税額）	貸方勘定科目 貸方補助科目	貸方税区分	税率	貸方金額 （消費税額）	摘要
水道光熱費	課税仕入 (80%控除)	10% 内	6,600 (480)	普通預金	対象外		6,600	○○㈱　店舗水道代

③当社は少額特例の対象となる中小事業者である。

483

借方勘定科目 借方補助科目	借方税区分	税率	借方金額 （消費税額）	貸方勘定科目 貸方補助科目	貸方税区分	税率	貸方金額 （消費税額）	摘要
水道光熱費	課税仕入	10% 内	6,600 (600)	普通預金	対象外		6,600	○○㈱　店舗水道代

◆当社は親会社の事務所を一部間借りしており、電気代の一部を負担している。今月の電気代として4,950円（税込み）を普通預金より支払った。親会社から立替金精算書を受領して保存している。

借方勘定科目 借方補助科目	借方税区分	税率	借方金額 （消費税額）	貸方勘定科目 貸方補助科目	貸方税区分	税率	貸方金額 （消費税額）	摘要
水道光熱費	課税仕入	10% 内	4,950 （450）	普通預金	対象外		4,950	○○㈱　電気代

484

⚠　親会社が複数のグループ会社の経費を一括して立替払いした場合、子会社が仕入税額控除を行うためには、子会社において、親会社が作成した立替金精算書と親会社宛のインボイスのコピーの保存が必要です。ただし、インボイスのコピーが大量になるなどの事情によりコピーの交付が困難なときは、子会社は親会社から交付を受けた立替金精算書（課税仕入れの相手方の名称、取引年月日、取引内容、子会社の負担額、適用税率、税率ごとの消費税額等の記載があるもの）の保存をもって仕入税額控除を行うことができます。課税仕入れの相手方がインボイス発行事業者であることを示す方法としては、立替金清算書にその相手方の登録番号を記載する方法のほか、「本精算書をもって仕入税額控除の適用を受けることができます。」と記載するなどの方法があります。

◆店舗の暖房器具利用のための灯油代として、3,850円（税込み）を現金で支払った。

①インボイスを保存している。

借方勘定科目 借方補助科目	借方税区分	税率	借方金額 （消費税額）	貸方勘定科目 貸方補助科目	貸方税区分	税率	貸方金額 （消費税額）	摘要
水道光熱費	課税仕入	10% 内	3,850 （350）	現金	対象外		3,850	○○㈱　灯油代

485

②請求書等（インボイスに該当しない）を保存している。

借方勘定科目 借方補助科目	借方税区分	税率	借方金額 （消費税額）	貸方勘定科目 貸方補助科目	貸方税区分	税率	貸方金額 （消費税額）	摘要
水道光熱費	課税仕入 （80%控除）	10% 内	3,850 （280）	現金	対象外		3,850	○○㈱　灯油代

486

③当社は少額特例の対象となる中小事業者である。

借方勘定科目 借方補助科目	借方税区分	税率	借方金額 （消費税額）	貸方勘定科目 貸方補助科目	貸方税区分	税率	貸方金額 （消費税額）	摘要
水道光熱費	課税仕入	10% 内	3,850 （350）	現金	対象外		3,850	○○㈱　灯油代

487

(2) 個別対応方式の用途区分

◆事務所（本社）の電気代として、22,000円（税込み）を普通預金より支払った。

借方勘定科目 借方補助科目	借方税区分	税率	借方金額 (消費税額)	貸方勘定科目 貸方補助科目	貸方税区分	税率	貸方金額 (消費税額)	摘要	
水道光熱費	課税仕入		22,000	普通預金	対象外		22,000		488
	(共通対応)	10%						○○㈱　事務所電気代	
		内	(2,000)						

◆店舗の水道代として、6,600円（税込み）を普通預金より支払った。当社商品の売上げは課税売上げとなるものである。

借方勘定科目 借方補助科目	借方税区分	税率	借方金額 (消費税額)	貸方勘定科目 貸方補助科目	貸方税区分	税率	貸方金額 (消費税額)	摘要	
水道光熱費	課税仕入		6,600	普通預金	対象外		6,600		489
	(課税売上対応)	10%						○○㈱　店舗水道代	
		内	(600)						

◆当社は親会社の事務所を本社として一部間借りしており、電気代の一部を負担している。今月の電気代として4,950円（税込み）を普通預金より支払った。

借方勘定科目 借方補助科目	借方税区分	税率	借方金額 (消費税額)	貸方勘定科目 貸方補助科目	貸方税区分	税率	貸方金額 (消費税額)	摘要	
水道光熱費	課税仕入		4,950	普通預金	対象外		4,950		490
	(共通対応)	10%						○○㈱　電気代	
		内	(450)						

◆店舗の暖房器具利用のための灯油代として、3,850円（税込み）を現金で支払った。当社商品の売上げは非課税売上げとなるものである。

借方勘定科目 借方補助科目	借方税区分	税率	借方金額 (消費税額)	貸方勘定科目 貸方補助科目	貸方税区分	税率	貸方金額 (消費税額)	摘要	
水道光熱費	課税仕入		3,850	現金	対象外		3,850		491
	(非課税売上対応)	10%						○○㈱　灯油代	
		内	(350)						

（1）経理処理例

◆日刊新聞の定期購読料として、3,300円（税込み）を現金で支払った。

①インボイスを保存している。 492

借方勘定科目 借方補助科目	借方税区分	税率	借方金額 （消費税額）	貸方勘定科目 貸方補助科目	貸方税区分	税率	貸方金額 （消費税額）	摘要
新聞図書費	課税仕入	8% （軽）内	3,300 （244）	現金	対象外		3,300	○○新聞　購読料

②請求書等（インボイスに該当しない）を保存している。 493

借方勘定科目 借方補助科目	借方税区分	税率	借方金額 （消費税額）	貸方勘定科目 貸方補助科目	貸方税区分	税率	貸方金額 （消費税額）	摘要
新聞図書費	課税仕入 （80%控除）	8% （軽）内	3,300 （195）	現金	対象外		3,300	○○新聞　購読料

③当社は少額特例の対象となる中小事業者である。 494

借方勘定科目 借方補助科目	借方税区分	税率	借方金額 （消費税額）	貸方勘定科目 貸方補助科目	貸方税区分	税率	貸方金額 （消費税額）	摘要
新聞図書費	課税仕入	8% （軽）内	3,300 （244）	現金	対象外		3,300	○○新聞　購読料

◆コンビニエンスストアで日刊新聞を購入し、150円（税込み）を現金で支払った。

①インボイスを保存している。 495

借方勘定科目 借方補助科目	借方税区分	税率	借方金額 （消費税額）	貸方勘定科目 貸方補助科目	貸方税区分	税率	貸方金額 （消費税額）	摘要
新聞図書費	課税仕入	10% 内	150 （13）	現金	対象外		150	○○新聞　購入代

②請求書等（インボイスに該当しない）を保存している。 496

借方勘定科目 借方補助科目	借方税区分	税率	借方金額 （消費税額）	貸方勘定科目 貸方補助科目	貸方税区分	税率	貸方金額 （消費税額）	摘要
新聞図書費	課税仕入 （80%控除）	10% 内	150 （10）	現金	対象外		150	○○新聞　購入代

③当社は少額特例の対象となる中小事業者である。 497

借方勘定科目 借方補助科目	借方税区分	税率	借方金額 （消費税額）	貸方勘定科目 貸方補助科目	貸方税区分	税率	貸方金額 （消費税額）	摘要
新聞図書費	課税仕入	10% 内	150 （13）	現金	対象外		150	○○新聞　購入代

◆業務に必要な書籍を書店で購入し、2,200円（税込み）を現金で支払った。

①インボイスを保存している。 498

借方勘定科目 借方補助科目	借方税区分	税率	借方金額 （消費税額）	貸方勘定科目 貸方補助科目	貸方税区分	税率	貸方金額 （消費税額）	摘要
新聞図書費	課税仕入	10% 内	2,200 （200）	現金	対象外		2,200	○○書店　書籍購入代

②請求書等（インボイスに該当しない）を保存している。

借方勘定科目 借方補助科目	借方税区分	税率	借方金額 （消費税額）	貸方勘定科目 貸方補助科目	貸方税区分	税率	貸方金額 （消費税額）	摘要
新聞図書費	課税仕入 （80%控除）	10% 内	2,200 (160)	現金	対象外		2,200	○○書店　書籍購入代

499

③当社は少額特例の対象となる中小事業者である。

借方勘定科目 借方補助科目	借方税区分	税率	借方金額 （消費税額）	貸方勘定科目 貸方補助科目	貸方税区分	税率	貸方金額 （消費税額）	摘要
新聞図書費	課税仕入	10% 内	2,200 (200)	現金	対象外		2,200	○○書店　書籍購入代

500

◆業務に必要な書籍（電子書籍）をインターネットで購入し、2,750円（税込み）を法人カードで支払った。

①インボイスを保存している。

借方勘定科目 借方補助科目	借方税区分	税率	借方金額 （消費税額）	貸方勘定科目 貸方補助科目	貸方税区分	税率	貸方金額 （消費税額）	摘要
新聞図書費	課税仕入	10% 内	2,750 (250)	未払金 法人カード	対象外		2,750	○○㈱　電子書籍購入代

501

②請求書等（インボイスに該当しない）を保存している。

借方勘定科目 借方補助科目	借方税区分	税率	借方金額 （消費税額）	貸方勘定科目 貸方補助科目	貸方税区分	税率	貸方金額 （消費税額）	摘要
新聞図書費	課税仕入 （80%控除）	10% 内	2,750 (200)	未払金 法人カード	対象外		2,750	○○㈱　電子書籍購入代

502

③当社は少額特例の対象となる中小事業者である。

借方勘定科目 借方補助科目	借方税区分	税率	借方金額 （消費税額）	貸方勘定科目 貸方補助科目	貸方税区分	税率	貸方金額 （消費税額）	摘要
新聞図書費	課税仕入	10% 内	2,750 (250)	未払金 法人カード	対象外		2,750	○○㈱　電子書籍購入代

503

⚠　電子書籍の販売は電気通信利用役務の提供に該当します。国外事業者が行う消費者向け電気通信利用役務の提供についてインボイスの保存がない場合、80%控除の適用はありません。

◆当社が所属する同業者団体の会報誌の購読料として、11,000円（税込み）を普通預金より支払った。

①インボイスを保存している。

借方勘定科目 借方補助科目	借方税区分	税率	借方金額 （消費税額）	貸方勘定科目 貸方補助科目	貸方税区分	税率	貸方金額 （消費税額）	摘要
新聞図書費	課税仕入	10% 内	11,000 (1,000)	普通預金	対象外		11,000	○○団体　会報誌購読料

504

②請求書等（インボイスに該当しない）を保存している。

借方勘定科目 借方補助科目	借方税区分	税率	借方金額 （消費税額）	貸方勘定科目 貸方補助科目	貸方税区分	税率	貸方金額 （消費税額）	摘要	
新聞図書費	課税仕入 （80%控除）	10%	内 11,000 (800)	普通預金	対象外		11,000	○○団体　会報誌購読料	505

◆自社で使用するための図書カードの購入代金として、20,000円（税込み）を現金で支払った。

借方勘定科目 借方補助科目	借方税区分	税率	借方金額 （消費税額）	貸方勘定科目 貸方補助科目	貸方税区分	税率	貸方金額 （消費税額）	摘要	
貯蔵品	対象外		20,000	現金	対象外		20,000	○○㈱　図書カード購入代金	506

⚠ 図書カードを使用して書籍等を購入した時に貯蔵品から新聞図書費に振り替え、その時に課税仕入れとして計上します。

(2) 個別対応方式の用途区分

◆日刊新聞の定期購読料として、3,300円（税込み）を現金で支払った。新聞は全部門の共有スペースに置いている。

借方勘定科目 借方補助科目	借方税区分	税率	借方金額 （消費税額）	貸方勘定科目 貸方補助科目	貸方税区分	税率	貸方金額 （消費税額）	摘要
新聞図書費	課税仕入	8% （軽）	3,300	現金	対象外		3,300	○○新聞　購読料
	（共通対応）		内　(244)					

507

◆コンビニエンスストアで日刊新聞を購入し、150円（税込み）を現金で支払った。購入者は営業部門の従業員であり、当社の売上げは課税売上げとなるものである。

借方勘定科目 借方補助科目	借方税区分	税率	借方金額 （消費税額）	貸方勘定科目 貸方補助科目	貸方税区分	税率	貸方金額 （消費税額）	摘要
新聞図書費	課税仕入	10%	150	現金	対象外		150	○○新聞　購入代
	（課税売上対応）		内　(13)					

508

◆業務に必要な書籍を書店で購入し、2,200円（税込み）を現金で支払った。当社サービスの改善を目的としたものであり、当社サービスの売上げは非課税売上げとなるものである。

借方勘定科目 借方補助科目	借方税区分	税率	借方金額 （消費税額）	貸方勘定科目 貸方補助科目	貸方税区分	税率	貸方金額 （消費税額）	摘要
新聞図書費	課税仕入	10%	2,200	現金	対象外		2,200	○○書店　書籍購入代
	（非課税売上対応）		内　(200)					

509

◆業務に必要な書籍（電子書籍）をインターネットで購入し、2,750円（税込み）を法人カードで支払った。管理部門のスキルアップを目的としたものである。

借方勘定科目 借方補助科目	借方税区分	税率	借方金額 （消費税額）	貸方勘定科目 貸方補助科目	貸方税区分	税率	貸方金額 （消費税額）	摘要
新聞図書費	課税仕入	10%	2,750	未払金	対象外		2,750	○○㈱　電子書籍購入代
	（共通対応）		内　(250)	法人カード				

510

◆当社が所属する同業者団体の会報誌の購読料として、11,000円（税込み）を普通預金より支払った。当社の売上げは課税売上げとなるものである。

借方勘定科目 借方補助科目	借方税区分	税率	借方金額 （消費税額）	貸方勘定科目 貸方補助科目	貸方税区分	税率	貸方金額 （消費税額）	摘要
新聞図書費	課税仕入	10%	11,000	普通預金	対象外		11,000	○○団体　会報誌購読料
	（課税売上対応）		内　(1,000)					

511

（1）経理処理例

◆当社の所属する同業者団体の年会費として、60,000円を普通預金より支払った。年会費は同業者団体から不課税であることが通知されている。

借方勘定科目 借方補助科目	借方税区分	税率	借方金額 （消費税額）	貸方勘定科目 貸方補助科目	貸方税区分	税率	貸方金額 （消費税額）	摘要
諸会費	対象外		60,000	普通預金	対象外		60,000	○○団体　年会費

512

◆当社の所属する商工会議所の年会費として、20,000円を普通預金より支払った。年会費は商工会議所から不課税であることが通知されている。

借方勘定科目 借方補助科目	借方税区分	税率	借方金額 （消費税額）	貸方勘定科目 貸方補助科目	貸方税区分	税率	貸方金額 （消費税額）	摘要
諸会費	対象外		20,000	普通預金	対象外		20,000	○○商工会議所　年会費

513

◆当社の加入する社会保険協会の年会費として、10,000円を普通預金より支払った。年会費は社会保険協会から不課税であることが通知されている。

借方勘定科目 借方補助科目	借方税区分	税率	借方金額 （消費税額）	貸方勘定科目 貸方補助科目	貸方税区分	税率	貸方金額 （消費税額）	摘要
諸会費	対象外		10,000	普通預金	対象外		10,000	○○社会保険協会　年会費

514

◆町内会の通常会費として、15,000円を現金で支払った。

借方勘定科目 借方補助科目	借方税区分	税率	借方金額 （消費税額）	貸方勘定科目 貸方補助科目	貸方税区分	税率	貸方金額 （消費税額）	摘要
諸会費	対象外		15,000	現金	対象外		15,000	○○町内会　会費

515

◆当社の所属する事業協同組合の事業会費として、33,000円（税込み）を普通預金より支払った。事業会費は事業協同組合から対価性のあるものとして通知を受けている。

①インボイスを保存している。

借方勘定科目 借方補助科目	借方税区分	税率	借方金額 （消費税額）	貸方勘定科目 貸方補助科目	貸方税区分	税率	貸方金額 （消費税額）	摘要
諸会費	課税仕入	10%	33,000 内 (3,000)	普通預金	対象外		33,000	○○事業協同組合　事業会費

516

②請求書等（インボイスに該当しない）を保存している。

借方勘定科目 借方補助科目	借方税区分	税率	借方金額 （消費税額）	貸方勘定科目 貸方補助科目	貸方税区分	税率	貸方金額 （消費税額）	摘要
諸会費	課税仕入 （80%控除）	10%	33,000 内 (2,400)	普通預金	対象外		33,000	○○事業協同組合　事業会費

517

◆業務に必要な法人カードの年会費として、16,500円（税込み）を法人カードにより支払った。

①インボイスを保存している。

借方勘定科目 借方補助科目	借方税区分	税率	借方金額 （消費税額）	貸方勘定科目 貸方補助科目	貸方税区分	税率	貸方金額 （消費税額）	摘要
諸会費	課税仕入	10% 内	16,500 (1,500)	未払金 法人カード	対象外		16,500	法人カード　年会費

②請求書等（インボイスに該当しない）を保存している。

借方勘定科目 借方補助科目	借方税区分	税率	借方金額 （消費税額）	貸方勘定科目 貸方補助科目	貸方税区分	税率	貸方金額 （消費税額）	摘要
諸会費	課税仕入 (80%控除)	10% 内	16,500 (1,200)	未払金 法人カード	対象外		16,500	法人カード　年会費

⚠　ゴルフクラブ、レジャークラブ、ライオンズクラブ、ロータリークラブ等の年会費については、「諸会費」ではなく、取引先の接待、交流等が目的であれば「接待交際費」、従業員の福利厚生が目的であれば「福利厚生費」となるなど、その目的に応じた勘定科目で処理することになります。
　一般的にゴルフクラブ、レジャークラブの年会費は課税仕入れ、ライオンズクラブ、ロータリークラブの年会費は対象外となります。

（2）個別対応方式の用途区分

◆当社の所属する事業協同組合の事業会費として、33,000円（税込み）を普通預金より支払った。事業会費は事業協同組合から対価性のあるものとして通知を受けている。当社の売上げは課税売上げとなるものである。

520

借方勘定科目 借方補助科目	借方税区分	税率	借方金額 （消費税額）	貸方勘定科目 貸方補助科目	貸方税区分	税率	貸方金額 （消費税額）	摘要
諸会費	課税仕入 （課税売上対応）	10%	33,000 内 (3,000)	普通預金	対象外		33,000	○○事業協同組合　事業会費

◆業務に必要な法人カードの年会費として、16,500円（税込み）を法人カードにより支払った。この法人カードは管理部門で使用している。

521

借方勘定科目 借方補助科目	借方税区分	税率	借方金額 （消費税額）	貸方勘定科目 貸方補助科目	貸方税区分	税率	貸方金額 （消費税額）	摘要
諸会費	課税仕入 （共通対応）	10%	16,500 内 (1,500)	未払金 法人カード	対象外		16,500	法人カード　年会費

（1）経理処理例

◆銀行のATMによる振込手数料として、220円（税込み）を普通預金より支払った。

①自動販売機等特例（ATM）の適用を受ける。

借方勘定科目 借方補助科目	借方税区分	税率	借方金額 （消費税額）	貸方勘定科目 貸方補助科目	貸方税区分	税率	貸方金額 （消費税額）	摘要	
支払手数料	課税仕入	10% 内	220 (20)	普通預金	対象外		220	○○銀行　振込手数料 ATM	522

②当社は少額特例の対象となる中小事業者である。

借方勘定科目 借方補助科目	借方税区分	税率	借方金額 （消費税額）	貸方勘定科目 貸方補助科目	貸方税区分	税率	貸方金額 （消費税額）	摘要	
支払手数料	課税仕入	10% 内	220 (20)	普通預金	対象外		220	○○銀行　振込手数料	523

⚠　ATMで3万円未満の振込手数料を支払った際には、特例により、帳簿に特例対象である旨（記載例：ATM）と記載することで、帳簿のみの保存で仕入税額控除の適用を受けることができます。

　　なお、少額特例の対象となる中小事業者は、税込み1万円未満の課税仕入れについて、帳簿に特例対象である旨を記載することなく仕入税額控除の適用を受けることができます。

◆決算に必要な残高証明手数料として、550円（税込み）を普通預金より支払った。

①インボイスを保存している。

借方勘定科目 借方補助科目	借方税区分	税率	借方金額 （消費税額）	貸方勘定科目 貸方補助科目	貸方税区分	税率	貸方金額 （消費税額）	摘要	
支払手数料	課税仕入	10% 内	550 (50)	普通預金	対象外		550	○○銀行　残高証明手数料	524

②請求書等（インボイスに該当しない）を保存している。

借方勘定科目 借方補助科目	借方税区分	税率	借方金額 （消費税額）	貸方勘定科目 貸方補助科目	貸方税区分	税率	貸方金額 （消費税額）	摘要	
支払手数料	課税仕入 （80%控除）	10% 内	550 (40)	普通預金	対象外		550	○○銀行　残高証明手数料	525

③当社は少額特例の対象となる中小事業者である。

借方勘定科目 借方補助科目	借方税区分	税率	借方金額 （消費税額）	貸方勘定科目 貸方補助科目	貸方税区分	税率	貸方金額 （消費税額）	摘要	
支払手数料	課税仕入	10% 内	550 (50)	普通預金	対象外		550	○○銀行　残高証明手数料	526

◆海外の取引先の口座へ商品代金１万ドル（1,400,000円）を送金したが、その際に送金手数料12,500円を普通預金より支払った。

527

借方勘定科目 借方補助科目	借方税区分	税率	借方金額 (消費税額)	貸方勘定科目 貸方補助科目	貸方税区分	税率	貸方金額 (消費税額)	摘要
商品仕入	対象外		1,400,000	普通預金	対象外		1,400,000	○○Ltd　商品代金
支払手数料	対象外		12,500	普通預金	対象外		12,500	○○Ltd　送金手数料

◆クレジットカードの利用による商品の販売代金66,000円（税込み）につき、クレジット会社に支払う手数料1,800円が差し引かれて普通預金に入金された。

528

借方勘定科目 借方補助科目	借方税区分	税率	借方金額 (消費税額)	貸方勘定科目 貸方補助科目	貸方税区分	税率	貸方金額 (消費税額)	摘要
普通預金	対象外		64,200	売掛金	対象外		66,000	○○クレジット　販売代金入金
支払手数料	対象外		1,800					○○クレジット　手数料

◆集金代行会社から当社売上代金129,360円（税込み）が入金されたが、代行会社に支払う手数料2,640円（税込み）が差し引かれている。

①インボイスを保存している。

529

借方勘定科目 借方補助科目	借方税区分	税率	借方金額 (消費税額)	貸方勘定科目 貸方補助科目	貸方税区分	税率	貸方金額 (消費税額)	摘要
普通預金	対象外		129,360	売掛金	対象外		132,000	○○㈱　代金回収
支払手数料	課税仕入	10%	2,640 内 (240)					○○㈱　集金代行手数料

②請求書等（インボイスに該当しない）を保存している。

530

借方勘定科目 借方補助科目	借方税区分	税率	借方金額 (消費税額)	貸方勘定科目 貸方補助科目	貸方税区分	税率	貸方金額 (消費税額)	摘要
普通預金	対象外		129,360	売掛金	対象外		132,000	○○㈱　代金回収
支払手数料	課税仕入 (80%控除)	10%	2,640 内 (192)					○○㈱　集金代行手数料

③当社は少額特例の対象となる中小事業者である。

531

借方勘定科目 借方補助科目	借方税区分	税率	借方金額 (消費税額)	貸方勘定科目 貸方補助科目	貸方税区分	税率	貸方金額 (消費税額)	摘要
普通預金	対象外		129,360	売掛金	対象外		132,000	○○㈱　代金回収
支払手数料	課税仕入	10%	2,640 内 (240)					○○㈱　集金代行手数料

◆法務局に対し登記事項証明書の取得の手数料として、300円を現金で支払った。

借方勘定科目 借方補助科目	借方税区分	税率	借方金額 （消費税額）	貸方勘定科目 貸方補助科目	貸方税区分	税率	貸方金額 （消費税額）	摘要
支払手数料	対象外		300	現金	対象外		300	○○法務局　謄本取得費用

532

◆公証人に対し公正証書による契約書作成のための手数料として、23,000円を現金で支払った。

借方勘定科目 借方補助科目	借方税区分	税率	借方金額 （消費税額）	貸方勘定科目 貸方補助科目	貸方税区分	税率	貸方金額 （消費税額）	摘要
支払手数料	対象外		23,000	現金	対象外		23,000	○○公証役場　公正証書作成手数料

533

◆不動産（土地及び建物）の売却に係る仲介手数料として、1,100,000円（税込み）を普通預金より支払った。

①インボイスを保存している。

借方勘定科目 借方補助科目	借方税区分	税率	借方金額 （消費税額）	貸方勘定科目 貸方補助科目	貸方税区分	税率	貸方金額 （消費税額）	摘要
支払手数料	課税仕入	10%	1,100,000 内（100,000）	普通預金	対象外		1,100,000	○○不動産　仲介手数料

534

②請求書等（インボイスに該当しない）を保存している。

借方勘定科目 借方補助科目	借方税区分	税率	借方金額 （消費税額）	貸方勘定科目 貸方補助科目	貸方税区分	税率	貸方金額 （消費税額）	摘要
支払手数料	課税仕入 （80%控除）	10%	1,100,000 内（80,000）	普通預金	対象外		1,100,000	○○不動産　仲介手数料

535

◆情報提供を行う業者に対し情報提供料として、220,000円（税込み）を普通預金より支払った。

①インボイスを保存している。

借方勘定科目 借方補助科目	借方税区分	税率	借方金額 （消費税額）	貸方勘定科目 貸方補助科目	貸方税区分	税率	貸方金額 （消費税額）	摘要
支払手数料	課税仕入	10%	220,000 内（20,000）	普通預金	対象外		220,000	○○㈱　情報提供料

536

②請求書等（インボイスに該当しない）を保存している。

借方勘定科目 借方補助科目	借方税区分	税率	借方金額 （消費税額）	貸方勘定科目 貸方補助科目	貸方税区分	税率	貸方金額 （消費税額）	摘要
支払手数料	課税仕入 （80%控除）	10%	220,000 内（16,000）	普通預金	対象外		220,000	○○㈱　情報提供料

537

◆日本のみで登録されている特許権の使用料として、550,000円（税込み）を普通預金より支払った。

①インボイスを保存している。

借方勘定科目 借方補助科目	借方税区分	税率	借方金額 （消費税額）	貸方勘定科目 貸方補助科目	貸方税区分	税率	貸方金額 （消費税額）	摘要	
支払手数料	課税仕入	10%	550,000 内 (50,000)	普通預金	対象外		550,000	○○㈱　特許権使用料	538

②請求書等（インボイスに該当しない）を保存している。

借方勘定科目 借方補助科目	借方税区分	税率	借方金額 （消費税額）	貸方勘定科目 貸方補助科目	貸方税区分	税率	貸方金額 （消費税額）	摘要	
支払手数料	課税仕入 (80%控除)	10%	550,000 内 (40,000)	普通預金	対象外		550,000	○○㈱　特許権使用料	539

◆アメリカのみで登録されている特許権の使用料として、500,000円を普通預金より支払った。

借方勘定科目 借方補助科目	借方税区分	税率	借方金額 （消費税額）	貸方勘定科目 貸方補助科目	貸方税区分	税率	貸方金額 （消費税額）	摘要	
支払手数料	対象外		500,000	普通預金	対象外		500,000	○○Ltd　特許権使用料	540

◆国内事業者が提供するクラウドサービスによる会計システムの利用料として、35,200円（税込み）を法人カードで支払った。

①インボイスを保存している。

借方勘定科目 借方補助科目	借方税区分	税率	借方金額 （消費税額）	貸方勘定科目 貸方補助科目	貸方税区分	税率	貸方金額 （消費税額）	摘要	
支払手数料	課税仕入	10%	35,200 内 (3,200)	未払金 法人カード	対象外		35,200	○○㈱　システム利用料	541

②請求書等（インボイスに該当しない）を保存している。

借方勘定科目 借方補助科目	借方税区分	税率	借方金額 （消費税額）	貸方勘定科目 貸方補助科目	貸方税区分	税率	貸方金額 （消費税額）	摘要	
支払手数料	課税仕入 (80%控除)	10%	35,200 内 (2,560)	未払金 法人カード	対象外		35,200	○○㈱　システム利用料	542

◆国外事業者が提供するクラウドサービスによるシステムの利用料として、33,000円を法人カードで支払った。本サービスはリバースチャージの対象である旨の通知を受けているが、当社の課税売上割合は95%以上である。

借方勘定科目 借方補助科目	借方税区分	税率	借方金額 （消費税額）	貸方勘定科目 貸方補助科目	貸方税区分	税率	貸方金額 （消費税額）	摘要	
支払手数料	対象外		33,000	未払金 法人カード	対象外		33,000	○○Ltd　システム利用料	543

◆国外事業者が提供するクラウドサービスによるシステムの利用料として、33,000円を法人カードで支払った。本サービスはリバースチャージの対象である旨の通知を受けているが、当社の課税売上割合は95%未満である。

借方勘定科目 借方補助科目	借方税区分	税率	借方金額 (消費税額)	貸方勘定科目 貸方補助科目	貸方税区分	税率	貸方金額 (消費税額)	摘要
支払手数料	対象外		33,000	未払金 法人カード	対象外		33,000	○○Ltd　システム利用料　特定課税仕入れ

544

⚠　国外事業者から電気通信利用役務の提供を受けた場合は、まず事業者向け（ネット広告の配信料など）又は消費者向け（電子書籍や音楽の配信など）のいずれであるかを確認します。

　事業者向け電気通信利用役務の提供はリバースチャージの対象であり、その旨が国外事業者から通知（請求書やホームページに記載）されますので、自社の課税売上割合が95%以上であれば申告不要、95%未満であれば特定課税仕入れとして申告が必要になります。会計システムにおいて税区分に「特定課税仕入」がある場合にはそれを入力しますが、該当する税区分が無い場合には「対象外」とし、摘要欄に「特定課税仕入れ」又は「リバースチャージ」と入力しておくなど、消費税申告書作成時に会計システムから必要な情報を抽出できるような工夫が必要です。

　他方、消費者向け電気通信利用役務の提供は、インボイスの保存がなければ仕入税額控除の適用を受けることはできません。また、国外事業者が行う消費者向け電気通信利用役務の提供は80%控除の適用を受けられないことに注意が必要です。

⚠　上記の経理処理に追加して、「（借方）仮払消費税3,300円　（貸方）仮受消費税3,300円」と計上する方法も考えられます。自社の経理処理方針を確認しましょう。

◆国外事業者が提供するクラウドサービスによるシステムの利用料（消費者向け電気通信利用役務の提供）として、8,800円（税込み）を法人カードで支払った。

①インボイスを保存している。

借方勘定科目 借方補助科目	借方税区分	税率	借方金額 (消費税額)	貸方勘定科目 貸方補助科目	貸方税区分	税率	貸方金額 (消費税額)	摘要
支払手数料	課税仕入	10% 内	8,800 (800)	未払金 法人カード	対象外		8,800	○○Ltd　システム利用料

545

②当社は少額特例の対象となる中小事業者である。

借方勘定科目 借方補助科目	借方税区分	税率	借方金額 (消費税額)	貸方勘定科目 貸方補助科目	貸方税区分	税率	貸方金額 (消費税額)	摘要
支払手数料	課税仕入	10% 内	8,800 (800)	未払金 法人カード	対象外		8,800	○○Ltd　システム利用料

546

⚠　国外事業者が行う消費者向け電気通信利用役務の提供についてインボイスの保存がない場合、80%控除の適用はありません。

（2）個別対応方式の用途区分

◆銀行ATMによる振込手数料として、220円（税込み）を普通預金より支払った。商品代金の支払いに係るものであるが、当社商品の売上げは課税売上げとなるものである。

547

借方勘定科目 借方補助科目	借方税区分	税率	借方金額 （消費税額）	貸方勘定科目 貸方補助科目	貸方税区分	税率	貸方金額 （消費税額）	摘要
支払手数料	課税仕入 （課税売上対応）	10%	220 内　（20）	普通預金	対象外		220	○○銀行　振込手数料 ATM

◆決算に必要な残高証明手数料として、550円（税込み）を普通預金より支払った。

548

借方勘定科目 借方補助科目	借方税区分	税率	借方金額 （消費税額）	貸方勘定科目 貸方補助科目	貸方税区分	税率	貸方金額 （消費税額）	摘要
支払手数料	課税仕入 （共通対応）	10%	550 内　（50）	普通預金	対象外		550	○○銀行　残高証明手数料

◆集金代行会社から当社売上代金129,360円（税込み）が入金されたが、代行会社に支払う手数料2,640円（税込み）が差し引かれている。当社の売上げは非課税売上げとなるものである。

549

借方勘定科目 借方補助科目	借方税区分	税率	借方金額 （消費税額）	貸方勘定科目 貸方補助科目	貸方税区分	税率	貸方金額 （消費税額）	摘要
普通預金	対象外		129,360	売掛金	対象外		132,000	○○㈱　代金回収
支払手数料	課税仕入 （非課税売上対応）	10%	2,640 内　（240）					○○㈱　集金代行手数料

◆不動産（土地及び建物）の売却に係る仲介手数料として、1,100,000円（税込み）を普通預金より支払った。

550

借方勘定科目 借方補助科目	借方税区分	税率	借方金額 （消費税額）	貸方勘定科目 貸方補助科目	貸方税区分	税率	貸方金額 （消費税額）	摘要
支払手数料	課税仕入 （共通対応）	10%	1,100,000 内（100,000）	普通預金	対象外		1,100,000	○○不動産　仲介手数料

⚠ 　土地及び建物を一括譲渡した場合の仲介手数料は課税売上げと非課税売上げのいずれにも要するものであることから「共通対応」となります。なお、土地及び建物を一括譲渡した場合には、その譲渡代金を時価等により土地と建物部分に合理的に区分することとされていますので、仲介手数料をその譲渡代金の割合で按分して、建物分を「課税売上対応」、土地分を「非課税売上対応」として区分することも可能です。

◆情報提供を行う業者に対し情報提供料として、220,000円（税込み）を普通預金より支払った。当該情報提供は当社サービスに関するものであるが、当社の売上げは課税売上げとなるものである。

551

借方勘定科目 借方補助科目	借方税区分	税率	借方金額 (消費税額)	貸方勘定科目 貸方補助科目	貸方税区分	税率	貸方金額 (消費税額)	摘要
支払手数料	課税仕入		220,000	普通預金	対象外		220,000	
	(課税売上対応)	10%						○○㈱　情報提供料
			内 (20,000)					

◆日本のみで登録されている特許権の使用料として、550,000円（税込み）を普通預金より支払った。当該特許は当社製品製造のためのものであり、当社製品の売上げは課税売上げとなるものである。

552

借方勘定科目 借方補助科目	借方税区分	税率	借方金額 (消費税額)	貸方勘定科目 貸方補助科目	貸方税区分	税率	貸方金額 (消費税額)	摘要
支払手数料	課税仕入		550,000	普通預金	対象外		550,000	
	(課税売上対応)	10%						○○㈱　特許権使用料
			内 (50,000)					

◆国内事業者が提供するクラウドサービスによる会計システムの利用料として、35,200円（税込み）を法人カードで支払った。

553

借方勘定科目 借方補助科目	借方税区分	税率	借方金額 (消費税額)	貸方勘定科目 貸方補助科目	貸方税区分	税率	貸方金額 (消費税額)	摘要
支払手数料	課税仕入		35,200	未払金	対象外		35,200	
	(共通対応)	10%						○○㈱　システム利用料
			内 (3,200)	法人カード				

◆国外事業者が提供するクラウドサービスによるシステムの利用料として、33,000円を法人カードで支払った。本サービスはリバースチャージの対象である旨の通知を受けているが、当社の課税売上割合は95％未満である。当該システムは営業部門で使用しているものであり、当社の売上げは課税売上げとなるものである。

554

借方勘定科目 借方補助科目	借方税区分	税率	借方金額 (消費税額)	貸方勘定科目 貸方補助科目	貸方税区分	税率	貸方金額 (消費税額)	摘要
支払手数料	対象外		33,000	未払金	対象外		33,000	
				法人カード				○○Ltd　システム利用料
仮払消費税	対象外		3,300	仮受消費税	対象外		3,300	
	(課税売上対応)							○○Ltd　システム利用料

⚠ 上記の「（借方）仮払消費税3,300円　（貸方）仮受消費税3,300円」を計上せずに、消費税申告書作成時に会計システムから特定課税仕入れを抽出して別途用途区分を行う方法も考えられます。自社の経理処理方針を確認しましょう。

◆国外事業者が提供するクラウドサービスによるシステムの利用料（消費者向け電気通信利用役務の提供）として、8,800円（税込み）を法人カードで支払った。当該システムは本社経理部で使用している。

借方勘定科目 借方補助科目	借方税区分	税率	借方金額 （消費税額）	貸方勘定科目 貸方補助科目	貸方税区分	税率	貸方金額 （消費税額）	摘要
支払手数料	課税仕入 （共通対応）	10%	8,800	未払金	対象外		8,800	○○Ltd　システム利用料
			内 (800)	法人カード				

(1) 経理処理例

◆当社所有建物の火災保険料（1年分）として、100,000円を普通預金より支払った。

556

借方勘定科目 借方補助科目	借方税区分	税率	借方金額 （消費税額）	貸方勘定科目 貸方補助科目	貸方税区分	税率	貸方金額 （消費税額）	摘要
保険料	対象外		100,000	普通預金	対象外		100,000	○○保険　火災保険料

◆前期に支払った当社所有建物の火災保険料（5年分）600,000円につき、決算において120,000円（当期1年分）を保険料に振り替えた。

557

借方勘定科目 借方補助科目	借方税区分	税率	借方金額 （消費税額）	貸方勘定科目 貸方補助科目	貸方税区分	税率	貸方金額 （消費税額）	摘要
保険料	対象外		120,000	長期前払費用	対象外		120,000	○○保険　火災保険料

◆当社所有の車両の自動車保険料として、150,000円（1年分）を普通預金より支払った。

558

借方勘定科目 借方補助科目	借方税区分	税率	借方金額 （消費税額）	貸方勘定科目 貸方補助科目	貸方税区分	税率	貸方金額 （消費税額）	摘要
保険料	対象外		150,000	普通預金	対象外		150,000	○○保険　自動車保険料

◆当社の全従業員を被保険者とする養老保険の保険料として800,000円を普通預金より支払った。なお、死亡保険金受取人は被保険者の遺族、生存保険金の受取人は当社である。

559

借方勘定科目 借方補助科目	借方税区分	税率	借方金額 （消費税額）	貸方勘定科目 貸方補助科目	貸方税区分	税率	貸方金額 （消費税額）	摘要
保険積立金	対象外		400,000	普通預金	対象外		800,000	○○保険　養老保険料
保険料	対象外		400,000					○○保険　養老保険料

◆当社役員を被保険者とする定期保険の保険料として、500,000円を普通預金より支払った。当該保険料は支払時に全額損金算入されるものである。

560

借方勘定科目 借方補助科目	借方税区分	税率	借方金額 （消費税額）	貸方勘定科目 貸方補助科目	貸方税区分	税率	貸方金額 （消費税額）	摘要
保険料	対象外		500,000	普通預金	対象外		500,000	○○保険　定期保険料

⚠ 生命保険料はその内容に応じて、支払時に保険積立金（資産）、保険料（費用）又は給与（費用）として処理されますが、いずれの場合であっても消費税は対象外となります。

◆経営セーフティ共済の掛金として、120,000円（1年分）を普通預金より支払った。

借方勘定科目 借方補助科目	借方税区分	税率	借方金額 （消費税額）	貸方勘定科目 貸方補助科目	貸方税区分	税率	貸方金額 （消費税額）	摘要
保険料	対象外		120,000	普通預金	対象外		120,000	経営セーフティ共済掛金

561

（1）経理処理例

◆顧問弁護士（弁護士法人）に対し顧問料として、55,000円（税込み）を普通預金より支払った。

①インボイスを保存している。

借方勘定科目 借方補助科目	借方税区分	税率	借方金額 （消費税額）	貸方勘定科目 貸方補助科目	貸方税区分	税率	貸方金額 （消費税額）	摘要	562
支払報酬料	課税仕入	10%	55,000 内（5,000）	普通預金	対象外		55,000	○○弁護士法人　顧問料	

②請求書等（インボイスに該当しない）を保存している。

借方勘定科目 借方補助科目	借方税区分	税率	借方金額 （消費税額）	貸方勘定科目 貸方補助科目	貸方税区分	税率	貸方金額 （消費税額）	摘要	563
支払報酬料	課税仕入 （80%控除）	10%	55,000 内（4,000）	普通預金	対象外		55,000	○○弁護士法人　顧問料	

◆顧問税理士（個人事業主）に対し確定申告報酬として、299,370円（税込み・源泉所得税30,630円控除後）を普通預金より支払った。

①インボイスを保存している。

借方勘定科目 借方補助科目	借方税区分	税率	借方金額 （消費税額）	貸方勘定科目 貸方補助科目	貸方税区分	税率	貸方金額 （消費税額）	摘要	564
支払報酬料	課税仕入	10%	330,000 内（30,000）	普通預金	対象外		299,370	○○税理士　確定申告報酬	
				預り金 源泉所得税	対象外		30,630	○○税理士　確定申告報酬源泉所得税	

②請求書等（インボイスに該当しない）を保存している。

借方勘定科目 借方補助科目	借方税区分	税率	借方金額 （消費税額）	貸方勘定科目 貸方補助科目	貸方税区分	税率	貸方金額 （消費税額）	摘要	565
支払報酬料	課税仕入 （80%控除）	10%	330,000 内（24,000）	普通預金	対象外		299,370	○○税理士　確定申告報酬	
				預り金 源泉所得税	対象外		30,630	○○税理士　確定申告報酬源泉所得税	

◆司法書士法人に対し役員変更の登記費用として、52,000円（内訳：登録免許税30,000円、登記報酬22,000円（税込み））を普通預金より支払った。

①インボイスを保存している。

借方勘定科目 借方補助科目	借方税区分	税率	借方金額 （消費税額）	貸方勘定科目 貸方補助科目	貸方税区分	税率	貸方金額 （消費税額）	摘要	566
支払報酬料	課税仕入	10%	22,000 内（2,000）	普通預金	対象外		52,000	○○司法書士法人　役員変更登記費用	
租税公課	対象外		30,000					○○司法書士法人　役員変更登記費用	

②請求書等（インボイスに該当しない）を保存している。

借方勘定科目 借方補助科目	借方税区分	税率	借方金額 (消費税額)	貸方勘定科目 貸方補助科目	貸方税区分	税率	貸方金額 (消費税額)	摘要
支払報酬料	課税仕入 (80%控除)	10%	22,000 内 (1,600)	普通預金	対象外		52,000	○○司法書士法人　役員変更登記費用
租税公課	対象外		30,000					○○司法書士法人　役員変更登記費用

567

◆監査法人に対し監査報酬として、880,000円（税込み）を普通預金より支払った。

①インボイスを保存している。

借方勘定科目 借方補助科目	借方税区分	税率	借方金額 (消費税額)	貸方勘定科目 貸方補助科目	貸方税区分	税率	貸方金額 (消費税額)	摘要
支払報酬料	課税仕入	10%	880,000 内 (80,000)	普通預金	対象外		880,000	○○監査法人　監査報酬

568

②請求書等（インボイスに該当しない）を保存している。

借方勘定科目 借方補助科目	借方税区分	税率	借方金額 (消費税額)	貸方勘定科目 貸方補助科目	貸方税区分	税率	貸方金額 (消費税額)	摘要
支払報酬料	課税仕入 (80%控除)	10%	880,000 内 (64,000)	普通預金	対象外		880,000	○○監査法人　監査報酬

569

◆当社商品の販売に関するコンサルタント報酬として、660,000円（税込み）を普通預金より支払った。

①インボイスを保存している。

借方勘定科目 借方補助科目	借方税区分	税率	借方金額 (消費税額)	貸方勘定科目 貸方補助科目	貸方税区分	税率	貸方金額 (消費税額)	摘要
支払報酬料	課税仕入	10%	660,000 内 (60,000)	普通預金	対象外		660,000	○○㈱　コンサルタント報酬

570

②請求書等（インボイスに該当しない）を保存している。

借方勘定科目 借方補助科目	借方税区分	税率	借方金額 (消費税額)	貸方勘定科目 貸方補助科目	貸方税区分	税率	貸方金額 (消費税額)	摘要
支払報酬料	課税仕入 (80%控除)	10%	660,000 内 (48,000)	普通預金	対象外		660,000	○○㈱　コンサルタント報酬

571

◆国外のコンサルタント会社に対し現地での市場調査等の報酬として、700,000円を普通預金より支払った。

借方勘定科目 借方補助科目	借方税区分	税率	借方金額（消費税額）	貸方勘定科目 貸方補助科目	貸方税区分	税率	貸方金額（消費税額）	摘要
支払報酬料	対象外		700,000	普通預金	対象外		700,000	○○Ltd　コンサルタント報酬

572

> ⚠　国外のコンサルタントからメールやWeb会議システム等を通じてサービスを受ける場合には、電気通信利用役務の提供に該当するかどうかの確認が必要です。例えばコンサルタントに依頼した業務の報告をWeb会議システム等で受ける場合には、インターネットの利用は単に伝達手段に過ぎないので電気通信利用役務の提供には該当しません。Web会議システム等の利用時にコンサルタント業務そのものが行われるのであれば、電気通信利用役務の提供に該当することになります。

(2) 個別対応方式の用途区分

◆顧問弁護士（弁護士法人）に対し顧問料として、55,000円（税込み）を普通預金より支払った。

573

借方勘定科目 借方補助科目	借方税区分	税率	借方金額 (消費税額)	貸方勘定科目 貸方補助科目	貸方税区分	税率	貸方金額 (消費税額)	摘要
支払報酬料	課税仕入 (共通対応)	10%	55,000 内 (5,000)	普通預金	対象外		55,000	○○弁護士法人　顧問料

> ⚠ 個別対応方式を適用する場合、士業に対する報酬は「共通対応」に区分されることが多いと考えますが、例えば、社会保険労務士に依頼した業務が販売部門の新入社員に係る社会保険手続きである場合等、業務内容によっては「課税売上対応」又は「非課税売上対応」に区分されるケースも考えられます。

◆顧問税理士（個人事業主）に対し確定申告報酬として、299,370円（税込み・源泉所得税30,630円控除後）を普通預金より支払った。

574

借方勘定科目 借方補助科目	借方税区分	税率	借方金額 (消費税額)	貸方勘定科目 貸方補助科目	貸方税区分	税率	貸方金額 (消費税額)	摘要
支払報酬料	課税仕入 (共通対応)	10%	330,000 内 (30,000)	普通預金	対象外		299,370	○○税理士　確定申告報酬
				預り金 源泉所得税	対象外		30,630	○○税理士　確定申告報酬源泉所得税

◆司法書士法人に対し役員変更の登記費用として、52,000円（内訳：登録免許税30,000円、登記報酬22,000円（税込み））を普通預金より支払った。

575

借方勘定科目 借方補助科目	借方税区分	税率	借方金額 (消費税額)	貸方勘定科目 貸方補助科目	貸方税区分	税率	貸方金額 (消費税額)	摘要
支払報酬料	課税仕入 (共通対応)	10%	22,000 内 (2,000)	普通預金	対象外		52,000	○○司法書士法人　役員変更登記費用
租税公課	対象外		30,000					○○司法書士法人　役員変更登記費用

◆監査法人に対し監査報酬として、880,000円（税込み）を普通預金より支払った。

576

借方勘定科目 借方補助科目	借方税区分	税率	借方金額 (消費税額)	貸方勘定科目 貸方補助科目	貸方税区分	税率	貸方金額 (消費税額)	摘要
支払報酬料	課税仕入 (共通対応)	10%	880,000 内 (80,000)	普通預金	対象外		880,000	○○監査法人　監査報酬

◆当社商品の販売に関するコンサルタント報酬として、660,000円（税込み）を普通預金より
支払った。当社商品の売上げは課税売上げとなるものである。

借方勘定科目 借方補助科目	借方税区分	税率	借方金額 （消費税額）	貸方勘定科目 貸方補助科目	貸方税区分	税率	貸方金額 （消費税額）	摘要
支払報酬料	課税仕入 （課税売上対応）	10%	660,000 内 (60,000)	普通預金	対象外		660,000	○○㈱　コンサルタント報酬

577

(1) 経理処理例

◆当社本店のある○○県に対する寄付金として、300,000円を普通預金より支払った。

578

借方勘定科目 借方補助科目	借方税区分	税率	借方金額 (消費税額)	貸方勘定科目 貸方補助科目	貸方税区分	税率	貸方金額 (消費税額)	摘要
寄付金	対象外		300,000	普通預金	対象外		300,000	○○県　寄付金

◆日本赤十字社に対し災害義援金として、200,000円を普通預金より支払った。

579

借方勘定科目 借方補助科目	借方税区分	税率	借方金額 (消費税額)	貸方勘定科目 貸方補助科目	貸方税区分	税率	貸方金額 (消費税額)	摘要
寄付金	対象外		200,000	普通預金	対象外		200,000	日本赤十字社　災害義援金

◆町内会のお祭りのための寄付として、20,000円を現金で支払った。

580

借方勘定科目 借方補助科目	借方税区分	税率	借方金額 (消費税額)	貸方勘定科目 貸方補助科目	貸方税区分	税率	貸方金額 (消費税額)	摘要
寄付金	対象外		20,000	現金	対象外		20,000	町内会お祭り

◆地元にある福祉施設に寄贈するため、テレビ（税込み330,000円）及び車椅子（250,000円）を購入し、代金は普通預金より支払った。

①インボイスを保存している。

581

借方勘定科目 借方補助科目	借方税区分	税率	借方金額 (消費税額)	貸方勘定科目 貸方補助科目	貸方税区分	税率	貸方金額 (消費税額)	摘要
寄付金	課税仕入	10%	330,000 内 (30,000)	普通預金	対象外		580,000	○○　△△福祉施設テレビ寄贈
寄付金	対象外		250,000					○○　△△福祉施設車椅子寄贈

②請求書等（インボイスに該当しない）を保存している。

582

借方勘定科目 借方補助科目	借方税区分	税率	借方金額 (消費税額)	貸方勘定科目 貸方補助科目	貸方税区分	税率	貸方金額 (消費税額)	摘要
寄付金	課税仕入 (80%控除)	10%	330,000 内 (24,000)	普通預金	対象外		580,000	○○　△△福祉施設テレビ寄贈
寄付金	対象外		250,000					○○　△△福祉施設車椅子寄贈

⚠️　寄付であっても、課税物品を購入して寄付する場合には課税仕入れとなります。なお、個別対応方式を適用する場合、寄付は事業と直接関係のない行為であるため、基本的には「共通対応」に区分されることになります。

◆役員の出身校に対し、書籍（税込み110,000円）を現金で購入して寄贈したが、当該取引は役員賞与と認められるものである。役員賞与に対する源泉所得税は22,462円であり、現金で収受した。

583

借方勘定科目 借方補助科目	借方税区分	税率	借方金額 （消費税額）	貸方勘定科目 貸方補助科目	貸方税区分	税率	貸方金額 （消費税額）	摘要
役員賞与	対象外		110,000	現金	対象外		110,000	○○校　書籍寄贈
現金	対象外		22,462	預り金 源泉所得税	対象外		22,462	○○校　書籍寄贈

◆災害で被災した地域に対し、当社製品（原価600,000円）を寄贈した。

584

借方勘定科目 借方補助科目	借方税区分	税率	借方金額 （消費税額）	貸方勘定科目 貸方補助科目	貸方税区分	税率	貸方金額 （消費税額）	摘要
寄付金	対象外		600,000	製品	対象外		600,000	○○市　製品寄贈

⚠　法人税では寄付の相手先に応じて損金不算入額の計算を行いますが、不特定又は多数の被災者を救援するために緊急に行う自社製品等の提供に要する費用の額は、損金不算入額の計算に含めなくて良いこととされています。

（1）経理処理例

◆民間企業に対し当社製品改良のための研究開発業務の委託費用として、2,200,000円（税込み）を普通預金より支払った。

①インボイスを保存している。

585

借方勘定科目 借方補助科目	借方税区分	税率	借方金額 （消費税額）	貸方勘定科目 貸方補助科目	貸方税区分	税率	貸方金額 （消費税額）	摘要
研究開発費	課税仕入	10%	2,200,000 内（200,000）	普通預金	対象外		2,200,000	○○㈱　研究開発費

②請求書等（インボイスに該当しない）を保存している。

586

借方勘定科目 借方補助科目	借方税区分	税率	借方金額 （消費税額）	貸方勘定科目 貸方補助科目	貸方税区分	税率	貸方金額 （消費税額）	摘要
研究開発費	課税仕入 （80%控除）	10%	2,200,000 内（160,000）	普通預金	対象外		2,200,000	○○㈱　研究開発費

◆自社で行う研究開発に使用する機械装置（税込み495,000円）及び消耗品（税込み55,000円）を購入し、普通預金より支払った。

①インボイスを保存している。

587

借方勘定科目 借方補助科目	借方税区分	税率	借方金額 （消費税額）	貸方勘定科目 貸方補助科目	貸方税区分	税率	貸方金額 （消費税額）	摘要
機械装置	課税仕入	10%	495,000 内（45,000）	普通預金	対象外		550,000	○○㈱　研究開発用機械装置
研究開発費	課税仕入	10%	55,000 内（5,000）					○○㈱　研究開発用消耗品

②請求書等（インボイスに該当しない）を保存している。

588

借方勘定科目 借方補助科目	借方税区分	税率	借方金額 （消費税額）	貸方勘定科目 貸方補助科目	貸方税区分	税率	貸方金額 （消費税額）	摘要
機械装置	課税仕入 （80%控除）	10%	495,000 内（36,000）	普通預金	対象外		550,000	○○㈱　研究開発用機械装置
研究開発費	課税仕入 （80%控除）	10%	55,000 内（4,000）					○○㈱　研究開発用消耗品

◆研究開発を行う従業員の給与（500,000円）及び研究開発のための消耗品（税込み330,000円）を普通預金より支払った。

①インボイスを保存している。

589

借方勘定科目 借方補助科目	借方税区分	税率	借方金額 （消費税額）	貸方勘定科目 貸方補助科目	貸方税区分	税率	貸方金額 （消費税額）	摘要
研究開発費	対象外		500,000	普通預金	対象外		500,000	研究開発部門　●月分給与
研究開発費	課税仕入	10%	330,000 内（30,000）	普通預金	対象外		330,000	○○㈱　研究開発用消耗品

②請求書等（インボイスに該当しない）を保存している。

590

借方勘定科目 借方補助科目	借方税区分	税率	借方金額 （消費税額）	貸方勘定科目 貸方補助科目	貸方税区分	税率	貸方金額 （消費税額）	摘要
研究開発費	対象外		500,000	普通預金	対象外		500,000	研究開発部門　●月分 給与
研究開発費	課税仕入 (80%控除)	10%	330,000 内 (24,000)	普通預金	対象外		330,000	○○㈱　研究開発用消 耗品

◆研究開発を行う従業員の給与（500,000円）及び研究開発のための消耗品（税込み330,000円）を普通預金より支払った。なお、発生時にはそれぞれの内容に応じた勘定科目で計上し、月末にまとめて研究開発費に振り替える処理を行っている。

①インボイスを保存している。

591

借方勘定科目 借方補助科目	借方税区分	税率	借方金額 （消費税額）	貸方勘定科目 貸方補助科目	貸方税区分	税率	貸方金額 （消費税額）	摘要
給料手当	対象外		500,000	普通預金	対象外		500,000	研究開発部門　●月分 給与
消耗品費	課税仕入	10%	330,000 内 (30,000)	普通預金	対象外		330,000	○○㈱　研究開発用消 耗品
研究開発費	対象外		800,000	給料手当	対象外		500,000	研究開発費科目振替
				消耗品費	対象外		300,000	研究開発費科目振替

②請求書等（インボイスに該当しない）を保存している。

592

借方勘定科目 借方補助科目	借方税区分	税率	借方金額 （消費税額）	貸方勘定科目 貸方補助科目	貸方税区分	税率	貸方金額 （消費税額）	摘要
給料手当	対象外		500,000	普通預金	対象外		500,000	研究開発部門　●月分 給与
消耗品費	課税仕入 (80%控除)	10%	330,000 内 (24,000)	普通預金	対象外		330,000	○○㈱　研究開発用消 耗品
研究開発費	対象外		806,000	給料手当	対象外		500,000	研究開発費科目振替
				消耗品費	対象外		306,000	研究開発費科目振替

⚠ 研究開発用の人件費、原材料費、消耗品等を購入した場合には、それぞれの内容に応じて税区分を入力します。なお、支出時にはそれぞれの内容に応じた勘定科目で計上し、その後研究開発費に振り替える処理を行うこともあります。

　振替処理の方法は2パターンあります。1つ目は借方及び貸方の税区分を「対象外」で振り替える方法です。この場合の借方金額及び貸方金額（振替金額）は税抜金額になります。「消耗品費」などの勘定科目の税区分は通常「課税仕入」の税区分コードが自動設定されていますので、振替時に税区分を手動で「対象外」に修正する必要があります。

　2つ目は、課税取引につき、借方及び貸方の税区分を「課税仕入」で振り替える方法です。この場合の借方金額及び貸方金額（振替金額）は税込金額になります。「消耗品費」などから振り替える場合は、税込金額により「課税仕入」として振り替えます。

（2）個別対応方式の用途区分

◆民間企業に対し当社製品改良のための研究開発業務の委託費用として、2,200,000円（税込み）を普通預金より支払った。当社製品の売上げは課税売上げとなるものである。

593

借方勘定科目 借方補助科目	借方税区分	税率	借方金額 （消費税額）	貸方勘定科目 貸方補助科目	貸方税区分	税率	貸方金額 （消費税額）	摘要
研究開発費	課税仕入 （課税売上対応）	10%	2,200,000 内 (200,000)	普通預金	対象外		2,200,000	○○㈱　研究開発費

◆自社で行う研究開発に使用する機械装置（税込み495,000円）及び消耗品（税込み55,000円）を購入し、普通預金より支払った。研究開発の目的は当社製品改良であり、当社製品の売上げは非課税売上げとなるものである。

594

借方勘定科目 借方補助科目	借方税区分	税率	借方金額 （消費税額）	貸方勘定科目 貸方補助科目	貸方税区分	税率	貸方金額 （消費税額）	摘要
機械装置	課税仕入 （非課税売上対応）	10%	495,000 内 (45,000)	普通預金	対象外		550,000	○○㈱　研究開発用機械装置
研究開発費	課税仕入 （非課税売上対応）	10%	55,000 内 (5,000)					○○㈱　研究開発用消耗品

◆研究開発を行う従業員の給与（500,000円）及び研究開発のための消耗品（税込み330,000円）を普通預金より支払った。研究開発の目的は当社製品改良であり、当社製品の売上げは課税売上げとなるものである。

595

借方勘定科目 借方補助科目	借方税区分	税率	借方金額 （消費税額）	貸方勘定科目 貸方補助科目	貸方税区分	税率	貸方金額 （消費税額）	摘要
研究開発費	対象外		500,000	普通預金	対象外		500,000	研究開発部門　●月分給与
研究開発費	課税仕入 （課税売上対応）	10%	330,000 内 (30,000)	普通預金	対象外		330,000	○○㈱　研究開発用消耗品

◆研究開発を行う従業員の給与（500,000円）及び研究開発のための消耗品（税込み330,000円）を普通預金より支払った。なお、発生時にはそれぞれの内容に応じた勘定科目で計上し、月末にまとめて研究開発費に振り替える処理を行っている。研究開発の目的は当社製品改良であり、当社製品の売上げは課税売上げとなるものである。

596

借方勘定科目 借方補助科目	借方税区分	税率	借方金額 （消費税額）	貸方勘定科目 貸方補助科目	貸方税区分	税率	貸方金額 （消費税額）	摘要
給与手当	対象外		500,000	普通預金	対象外		500,000	研究開発部門　●月分給与
消耗品費	課税仕入 （課税売上対応）	10%	330,000 内 (30,000)	普通預金	対象外		330,000	○○㈱　研究開発用消耗品
研究開発費	対象外		800,000	給与手当	対象外		500,000	研究開発費科目振替
				消耗品費	対象外		300,000	研究開発費科目振替

（1）経理処理例

◆建物の減価償却費として、400,000円を計上した。

借方勘定科目 借方補助科目	借方税区分	税率	借方金額 （消費税額）	貸方勘定科目 貸方補助科目	貸方税区分	税率	貸方金額 （消費税額）	摘要
減価償却費	対象外		400,000	建物	対象外		400,000	建物減価償却費

597

⚠ 資産を購入した場合には、購入時に課税仕入れとして処理します。減価償却費の計上は資産の譲渡等に該当しないことから課税取引に該当せず、経理方式（税抜経理又は税込経理）にかかわらず「対象外」として処理します。繰延資産償却についても同様です。

◆ソフトウエアの減価償却費として、800,000円を計上した。

借方勘定科目 借方補助科目	借方税区分	税率	借方金額 （消費税額）	貸方勘定科目 貸方補助科目	貸方税区分	税率	貸方金額 （消費税額）	摘要
減価償却費	対象外		800,000	ソフトウエア	対象外		800,000	ソフトウエア減価償却費

598

◆当社が賃借している事務所更新料の当期償却分として、150,000円を計上した。

借方勘定科目 借方補助科目	借方税区分	税率	借方金額 （消費税額）	貸方勘定科目 貸方補助科目	貸方税区分	税率	貸方金額 （消費税額）	摘要
長期前払費用償却	対象外		150,000	長期前払費用	対象外		150,000	更新料償却

599

⚠ 借方勘定科目を「地代家賃」で計上する場合もあります。自社の経理処理方針を確認しましょう。

◆ノウハウ利用のために支払った権利金の当期償却分として、330,000円を計上した。

借方勘定科目 借方補助科目	借方税区分	税率	借方金額 （消費税額）	貸方勘定科目 貸方補助科目	貸方税区分	税率	貸方金額 （消費税額）	摘要
長期前払費用償却	対象外		330,000	長期前払費用	対象外		330,000	ノウハウ償却

600

⚠ 借方勘定科目を「支払手数料」その他の費用科目で計上する場合もあります。自社の経理処理方針を確認しましょう。

◆創立費の当期償却分として、200,000円を計上した。

借方勘定科目 借方補助科目	借方税区分	税率	借方金額 （消費税額）	貸方勘定科目 貸方補助科目	貸方税区分	税率	貸方金額 （消費税額）	摘要
繰延資産償却	対象外		200,000	繰延資産	対象外		200,000	創立費償却

601

(1) 経理処理例

◆看板設置のための土地の賃借料として、300,000円を普通預金より支払った。

借方勘定科目 借方補助科目	借方税区分	税率	借方金額 (消費税額)	貸方勘定科目 貸方補助科目	貸方税区分	税率	貸方金額 (消費税額)	摘要	
地代家賃	対象外		300,000	普通預金	対象外		300,000	○○㈱　●月分地代	602

> ⚠　土地の賃借料であっても貸付期間が1か月未満のものは課税取引となります。

◆本店事務所の賃借料及び共益費として、220,000円（税込み）を前払費用より振り替えた。

①インボイスを保存している。

借方勘定科目 借方補助科目	借方税区分	税率	借方金額 (消費税額)	貸方勘定科目 貸方補助科目	貸方税区分	税率	貸方金額 (消費税額)	摘要	
地代家賃	課税仕入	10% 内	220,000 (20,000)	前払費用	対象外		220,000	○○㈱　●月分事務所 家賃	603

②請求書等（インボイスに該当しない）を保存している。

借方勘定科目 借方補助科目	借方税区分	税率	借方金額 (消費税額)	貸方勘定科目 貸方補助科目	貸方税区分	税率	貸方金額 (消費税額)	摘要	
地代家賃	課税仕入 (80%控除)	10% 内	220,000 (16,000)	前払費用	対象外		220,000	○○㈱　●月分事務所 家賃	604

> ⚠　地代や家賃は当月分を前月末日までに支払う契約となっていることが多く、その場合は、支払月（前月）では前払費用に計上し、当月に地代家賃に振り替える処理を行うことになります。ただし、短期前払費用の特例により支払月に費用計上することも認められるため、自社の経理処理方針を確認しましょう。

> ⚠　支払家賃、駐車場代につきインボイスを受領していなくても、賃貸借契約書や覚書等にインボイスの記載事項が記載されており、支払いが確認できる通帳や振込金受取書を保存している場合には、消費税額等の全額が控除の対象になります。

◆店舗兼本店事務所の賃借料及び共益費として、231,000円（税込み）を普通預金より支払った。

①インボイスを保存している。

借方勘定科目 借方補助科目	借方税区分	税率	借方金額 (消費税額)	貸方勘定科目 貸方補助科目	貸方税区分	税率	貸方金額 (消費税額)	摘要	
地代家賃	課税仕入	10% 内	231,000 (21,000)	普通預金	対象外		231,000	○○㈱　●月分店舗兼 事務所家賃	605

②請求書等（インボイスに該当しない）を保存している。

借方勘定科目 借方補助科目	借方税区分	税率	借方金額 (消費税額)	貸方勘定科目 貸方補助科目	貸方税区分	税率	貸方金額 (消費税額)	摘要	
地代家賃	課税仕入 (80%控除)	10% 内	231,000 (16,800)	普通預金	対象外		231,000	○○㈱　●月分店舗兼 事務所家賃	606

◆従業員社宅の家賃として、100,000円を普通預金より支払った。

借方勘定科目 借方補助科目	借方税区分	税率	借方金額 （消費税額）	貸方勘定科目 貸方補助科目	貸方税区分	税率	貸方金額 （消費税額）	摘要	
地代家賃	対象外		100,000	普通預金	対象外		100,000	○○㈱　●月分社宅家賃	607

※役員、従業員から徴収する社宅家賃については「雑収入」をご参照ください。

◆住宅兼用店舗の賃借料として、150,000円を普通預金より支払った。内訳は賃貸借契約書において住宅部分50,000円、店舗部分100,000円（税込み）と明記されている。住宅部分は役員社宅として使用している。

①インボイスを保存している。

借方勘定科目 借方補助科目	借方税区分	税率	借方金額 （消費税額）	貸方勘定科目 貸方補助科目	貸方税区分	税率	貸方金額 （消費税額）	摘要	
地代家賃	課税仕入	10%	100,000 内 (9,090)	普通預金	対象外		150,000	○○㈱　●月分住宅兼用店舗家賃	608
地代家賃	対象外		50,000					○○㈱　●月分住宅兼用店舗家賃	

※役員、従業員から徴収する社宅家賃については「雑収入」をご参照ください。

②請求書等（インボイスに該当しない）を保存している。

借方勘定科目 借方補助科目	借方税区分	税率	借方金額 （消費税額）	貸方勘定科目 貸方補助科目	貸方税区分	税率	貸方金額 （消費税額）	摘要	
地代家賃	課税仕入 （80%控除）	10%	100,000 内 (7,272)	普通預金	対象外		150,000	○○㈱　●月分住宅兼用店舗家賃	609
地代家賃	対象外		50,000					○○㈱　●月分住宅兼用店舗家賃	

⚠ 　住宅の貸付けとして非課税になるのは、賃貸借契約等において居住用であることが明らかにされているものや、契約等において用途が明らかでない場合にその貸付け等の状況からみて居住用であることが明らかなものに限られます。
　　また、居住用であっても貸付期間が1か月未満のものは課税取引となります。

◆月極駐車場代として、38,500円（税込み）を普通預金より支払った。

①インボイスを保存している。

借方勘定科目 借方補助科目	借方税区分	税率	借方金額 （消費税額）	貸方勘定科目 貸方補助科目	貸方税区分	税率	貸方金額 （消費税額）	摘要	
地代家賃	課税仕入	10%	38,500 内 (3,500)	普通預金	対象外		38,500	○○㈱　●月分駐車場代	610

②請求書等（インボイスに該当しない）を保存している。

借方勘定科目 借方補助科目	借方税区分	税率	借方金額 （消費税額）	貸方勘定科目 貸方補助科目	貸方税区分	税率	貸方金額 （消費税額）	摘要	
地代家賃	課税仕入 （80%控除）	10%	38,500 内 (2,800)	普通預金	対象外		38,500	○○㈱　●月分駐車場代	611

◆青空駐車場として利用している土地の賃借料として、120,000円を普通預金より支払った。この土地は駐車場として整備されているものではない。

612

借方勘定科目 借方補助科目	借方税区分	税率	借方金額 (消費税額)	貸方勘定科目 貸方補助科目	貸方税区分	税率	貸方金額 (消費税額)	摘要
地代家賃	対象外		120,000	普通預金	対象外		120,000	○○㈱　●月分地代

◆当社が一室を所有しているマンション管理組合に対し、駐車場代として15,000円を普通預金より支払った。

613

借方勘定科目 借方補助科目	借方税区分	税率	借方金額 (消費税額)	貸方勘定科目 貸方補助科目	貸方税区分	税率	貸方金額 (消費税額)	摘要
地代家賃	対象外		15,000	普通預金	対象外		15,000	○○管理組合　駐車場代

◆地方出張に際し借りたマンスリーマンションの利用料として、44,000円（税込み）を普通預金より支払った。

①インボイスを保存している。

614

借方勘定科目 借方補助科目	借方税区分	税率	借方金額 (消費税額)	貸方勘定科目 貸方補助科目	貸方税区分	税率	貸方金額 (消費税額)	摘要
地代家賃	課税仕入	10%	44,000 内 (4,000)	普通預金	対象外		44,000	○○㈱　マンスリーマンション利用料

②請求書等（インボイスに該当しない）を保存している。

615

借方勘定科目 借方補助科目	借方税区分	税率	借方金額 (消費税額)	貸方勘定科目 貸方補助科目	貸方税区分	税率	貸方金額 (消費税額)	摘要
地代家賃	課税仕入 (80%控除)	10%	44,000 内 (3,200)	普通預金	対象外		44,000	○○㈱　マンスリーマンション利用料

（2）個別対応方式の用途区分

◆本店事務所の賃借料及び共益費として、220,000円（税込み）を前払費用より振り替えた。

借方勘定科目 借方補助科目	借方税区分	税率	借方金額 (消費税額)	貸方勘定科目 貸方補助科目	貸方税区分	税率	貸方金額 (消費税額)	摘要	616
地代家賃	課税仕入 (共通対応)	10%	220,000 内 (20,000)	前払費用	対象外		220,000	○○㈱ ●月分事務所家賃	

⚠　個別対応方式を適用する場合の「課税売上対応」「非課税売上対応」「共通対応」の区分は、基本的にはその事務所、店舗、工場等の用途によって判断することになります。例えば課税売上げに該当する売上げに係る部門が使用するのであれば「課税売上対応」、非課税売上げに該当する売上げに係る部門が使用するのであれば「非課税売上対応」、いずれにも該当しない部門（本社の管理部門等）や各部門が共同で使用するのであれば「共通対応」になるものと考えられます。

なお、各部門が共同で使用する場合に、各部門の使用部分を明確に区分することができ、その使用面積で按分するなど、「課税売上対応」「非課税売上対応」「共通対応」が合理的な方法により計算できるときは、それぞれに区分して処理する方法も考えられます。

◆店舗兼本店事務所の賃借料及び共益費として、231,000円（税込み）を普通預金より支払った。

借方勘定科目 借方補助科目	借方税区分	税率	借方金額 (消費税額)	貸方勘定科目 貸方補助科目	貸方税区分	税率	貸方金額 (消費税額)	摘要	617
地代家賃	課税仕入 (共通対応)	10%	231,000 内 (21,000)	普通預金	対象外		231,000	○○㈱ ●月分店舗兼事務所家賃	

◆住宅兼用店舗の賃借料として、150,000円を普通預金より支払った。内訳は賃貸借契約書において住宅部分50,000円、店舗部分100,000円（税込み）と明記されている。住宅部分は役員社宅として使用している。当社の売上げは課税売上げとなるものである。

借方勘定科目 借方補助科目	借方税区分	税率	借方金額 (消費税額)	貸方勘定科目 貸方補助科目	貸方税区分	税率	貸方金額 (消費税額)	摘要	618
地代家賃	課税仕入 (課税売上対応)	10%	100,000 内 (9,090)	普通預金	対象外		150,000	○○㈱ ●月分住宅兼用店舗家賃	
地代家賃	対象外		50,000					○○㈱ ●月分住宅兼用店舗家賃	

◆月極駐車場代として、38,500円（税込み）を普通預金より支払った。営業用車両の駐車場であり、当社の売上げは非課税売上げとなるものである。

619

借方勘定科目 借方補助科目	借方税区分	税率	借方金額 （消費税額）	貸方勘定科目 貸方補助科目	貸方税区分	税率	貸方金額 （消費税額）	摘要
地代家賃	課税仕入 （非課税売上対応）	10%	38,500 内 (3,500)	普通預金	対象外		38,500	○○㈱　●月分駐車場代

◆地方出張に際し借りたマンスリーマンションの利用料として、44,000円（税込み）を普通預金より支払った。出張したのは管理部門の従業員である。

620

借方勘定科目 借方補助科目	借方税区分	税率	借方金額 （消費税額）	貸方勘定科目 貸方補助科目	貸方税区分	税率	貸方金額 （消費税額）	摘要
地代家賃	課税仕入 （共通対応）	10%	44,000 内 (4,000)	普通預金	対象外		44,000	○○㈱　マンスリーマンション利用料

（1）経理処理例

◆オペレーティング・リースによる複合機のリース料として、27,500円（税込み）を普通預金より支払った。

①インボイスを保存している。

借方勘定科目 借方補助科目	借方税区分	税率	借方金額 （消費税額）	貸方勘定科目 貸方補助科目	貸方税区分	税率	貸方金額 （消費税額）	摘要	
リース料	課税仕入	10%	27,500 内　（2,500）	普通預金	対象外		27,500	○○リース　複合機リース料	621

②請求書等（インボイスに該当しない）を保存している。

借方勘定科目 借方補助科目	借方税区分	税率	借方金額 （消費税額）	貸方勘定科目 貸方補助科目	貸方税区分	税率	貸方金額 （消費税額）	摘要	
リース料	課税仕入 （80%控除）	10%	27,500 内　（2,000）	普通預金	対象外		27,500	○○リース　複合機リース料	622

◆オペレーティング・リースによる機械装置のリース料として、10,800円（税込み）を普通預金より支払った。なお、当該リース契約は2018年12月に締結されているものであり、適用税率は8％（旧）である。

①インボイスを保存している。

借方勘定科目 借方補助科目	借方税区分	税率	借方金額 （消費税額）	貸方勘定科目 貸方補助科目	貸方税区分	税率	貸方金額 （消費税額）	摘要	
リース料	課税仕入	8％ （旧）	10,800 内　（800）	普通預金	対象外		10,800	○○リース　機械装置リース料	623

②請求書等（インボイスに該当しない）を保存している。

借方勘定科目 借方補助科目	借方税区分	税率	借方金額 （消費税額）	貸方勘定科目 貸方補助科目	貸方税区分	税率	貸方金額 （消費税額）	摘要	
リース料	課税仕入 （80%控除）	8％ （旧）	10,800 内　（640）	普通預金	対象外		10,800	○○リース　機械装置リース料	624

⚠　消費税率は、2019年10月1日に8％から10％に引き上げられていますが、税率引上げ前に締結したオペレーティング・リース契約で一定の要件を満たすものには、税率引上げ後も旧税率が適用されます。仕訳入力時には注意が必要です。

◆所有権移転外ファイナンス・リース取引による車両のリース料として、38,500円（税込み）を普通預金より支払った。なお、当社は賃貸借処理を行うこととしている。

①インボイスを保存している。

借方勘定科目 借方補助科目	借方税区分	税率	借方金額 （消費税額）	貸方勘定科目 貸方補助科目	貸方税区分	税率	貸方金額 （消費税額）	摘要	
リース料	課税仕入	10%	38,500 内　（3,500）	普通預金	対象外		38,500	○○リース　車両リース料	625

②請求書等（インボイスに該当しない）を保存している。

借方勘定科目 借方補助科目	借方税区分	税率	借方金額 (消費税額)	貸方勘定科目 貸方補助科目	貸方税区分	税率	貸方金額 (消費税額)	摘要	626
リース料	課税仕入 (80%控除)	10% 内	38,500 (2,800)	普通預金	対象外		38,500	○○リース　車両リース料	

⚠　ファイナンス・リース取引は、法形式上は資産の賃貸借取引ではあるものの、税法上はリース資産の引渡時にリース資産の売買があったものとされるため、リース資産の借手は、リース資産の引渡日にリース料総額に対する消費税額につき一括して仕入税額控除の適用を受けるのが原則です。ただし、所有権移転外ファイナンス・リース取引に該当するものについて、借手が賃貸借処理を行っている場合には、そのリース料を支払うべき日に課税仕入れとして処理する方法も認められています。なお、税率はリース資産の引渡日における税率が適用されます。

◆所有権移転外ファイナンス・リース取引による機械のリース料として、44,000円（税込み）を普通預金より支払った。なお、当社は賃貸借処理を行うこととしているが、リース資産の引渡時にリース料総額に対する消費税額につき一括して仕入税額控除の適用を受けたため、消費税額相当額をリース債務として計上している。

借方勘定科目 借方補助科目	借方税区分	税率	借方金額 (消費税額)	貸方勘定科目 貸方補助科目	貸方税区分	税率	貸方金額 (消費税額)	摘要	627
賃借料	対象外		40,000	普通預金	対象外		44,000	○○リース　機械リース料	
リース債務	対象外		4,000					○○リース　機械リース料	

◆当社イベントに使用するため車椅子のレンタル料として、20,000円を現金で支払った。

借方勘定科目 借方補助科目	借方税区分	税率	借方金額 (消費税額)	貸方勘定科目 貸方補助科目	貸方税区分	税率	貸方金額 (消費税額)	摘要	628
賃借料	対象外		20,000	現金	対象外		20,000	○○㈱　車椅子レンタル料	

◆当社で利用するパソコンのレンタル料として、110,000円（税込み）を普通預金より支払った。

①インボイスを保存している。

借方勘定科目 借方補助科目	借方税区分	税率	借方金額 (消費税額)	貸方勘定科目 貸方補助科目	貸方税区分	税率	貸方金額 (消費税額)	摘要	629
賃借料	課税仕入	10% 内	110,000 (10,000)	普通預金	対象外		110,000	○○㈱　パソコンレンタル料	

②請求書等（インボイスに該当しない）を保存している。

借方勘定科目 借方補助科目	借方税区分	税率	借方金額 (消費税額)	貸方勘定科目 貸方補助科目	貸方税区分	税率	貸方金額 (消費税額)	摘要	630
賃借料	課税仕入 (80%控除)	10% 内	110,000 (8,000)	普通預金	対象外		110,000	○○㈱　パソコンレンタル料	

◆国外で利用している備品のリース料として、60,000円を普通預金より支払った。

631

借方勘定科目 借方補助科目	借方税区分	税率	借方金額 （消費税額）	貸方勘定科目 貸方補助科目	貸方税区分	税率	貸方金額 （消費税額）	摘要
リース料	対象外		60,000	普通預金	対象外		60,000	○Ltd　備品リース料

（2）個別対応方式の用途区分

◆オペレーティング・リースによる複合機のリース料として、27,500円（税込み）を普通預金より支払った。当該複合機は管理部門で使用している。

借方勘定科目 借方補助科目	借方税区分	税率	借方金額 （消費税額）	貸方勘定科目 貸方補助科目	貸方税区分	税率	貸方金額 （消費税額）	摘要
リース料	課税仕入 （共通対応）	10%	27,500 内 (2,500)	普通預金	対象外		27,500	○○リース　複合機リース料

632

◆オペレーティング・リースによる機械装置のリース料として、10,800円（税込み）を普通預金より支払った。なお、当該リース契約は2018年12月に締結されているものであり、適用税率は 8 ％（旧）である。当該機械は製造部門で使用しており、当社の製品売上げは課税売上げとなるものである。

借方勘定科目 借方補助科目	借方税区分	税率	借方金額 （消費税額）	貸方勘定科目 貸方補助科目	貸方税区分	税率	貸方金額 （消費税額）	摘要
リース料	課税仕入 （課税売上対応）	8 % （旧）	10,800 内 (800)	普通預金	対象外		10,800	○○リース　機械装置リース料

633

◆所有権移転外ファイナンス・リース取引による車両のリース料として、38,500円（税込み）を普通預金より支払った。なお、当社は賃貸借処理を行うこととしている。当該車両は全部門で使用している。

借方勘定科目 借方補助科目	借方税区分	税率	借方金額 （消費税額）	貸方勘定科目 貸方補助科目	貸方税区分	税率	貸方金額 （消費税額）	摘要
リース料	課税仕入 （共通対応）	10%	38,500 内 (3,500)	普通預金	対象外		38,500	○○リース　車両リース料

634

◆当社で利用するパソコンのレンタル料として、110,000円（税込み）を普通預金より支払った。当該パソコンは管理部門で使用している。

借方勘定科目 借方補助科目	借方税区分	税率	借方金額 （消費税額）	貸方勘定科目 貸方補助科目	貸方税区分	税率	貸方金額 （消費税額）	摘要
賃借料	課税仕入 （共通対応）	10%	110,000 内 (10,000)	普通預金	対象外		110,000	○○㈱　パソコンレンタル料

635

（1）経理処理例

◆当社所有不動産の固定資産税として、850,000円を普通預金より支払った。

636

借方勘定科目 借方補助科目	借方税区分	税率	借方金額 （消費税額）	貸方勘定科目 貸方補助科目	貸方税区分	税率	貸方金額 （消費税額）	摘要
租税公課	対象外		850,000	普通預金	対象外		850,000	○○　固定資産税

◆当社所有車両の自動車税として、55,000円を現金で支払った。

637

借方勘定科目 借方補助科目	借方税区分	税率	借方金額 （消費税額）	貸方勘定科目 貸方補助科目	貸方税区分	税率	貸方金額 （消費税額）	摘要
租税公課	対象外		55,000	現金	対象外		55,000	○○　自動車税

◆法人税の期限後納付による延滞税として、20,000円を現金で支払った。

638

借方勘定科目 借方補助科目	借方税区分	税率	借方金額 （消費税額）	貸方勘定科目 貸方補助科目	貸方税区分	税率	貸方金額 （消費税額）	摘要
租税公課	対象外		20,000	現金	対象外		20,000	法人税延滞税

◆確定申告で納付する消費税が30,000円と計算された。当社は税込経理を採用している。

639

借方勘定科目 借方補助科目	借方税区分	税率	借方金額 （消費税額）	貸方勘定科目 貸方補助科目	貸方税区分	税率	貸方金額 （消費税額）	摘要
租税公課	対象外		30,000	未払消費税等	対象外		30,000	期末未払消費税等計上

◆消費税の確定申告にあたり生じた控除対象外消費税額等は300,000円であった。

640

借方勘定科目 借方補助科目	借方税区分	税率	借方金額 （消費税額）	貸方勘定科目 貸方補助科目	貸方税区分	税率	貸方金額 （消費税額）	摘要
仮受消費税等	対象外		1,700,000	仮払消費税等	対象外		1,500,000	消費税確定申告
租税公課	対象外		300,000	未払消費税等	対象外		500,000	消費税確定申告

◆金券ショップで印紙を購入し、9,800円を現金で支払った。

①インボイスを保存している。

641

借方勘定科目 借方補助科目	借方税区分	税率	借方金額 （消費税額）	貸方勘定科目 貸方補助科目	貸方税区分	税率	貸方金額 （消費税額）	摘要
租税公課	課税仕入	10% 内	9,800 (890)	現金	対象外		9,800	○○　印紙代

②請求書等（インボイスに該当しない）を保存している。

借方勘定科目 借方補助科目	借方税区分	税率	借方金額 (消費税額)	貸方勘定科目 貸方補助科目	貸方税区分	税率	貸方金額 (消費税額)	摘要
租税公課	課税仕入 (80%控除)	10% 内	9,800 (712)	現金	対象外		9,800	○○　印紙代

642

> ⚠ 金券ショップで購入した印紙は課税仕入れになります。
> 　個別対応方式を適用する場合には、課税売上げが生ずる契約書等に貼付するのであれば「課税売上対応」、非課税売上げが生ずる契約書等に貼付するのであれば「非課税売上対応」、弁護士や税理士等との契約書等に貼付するのであれば「共通対応」となり、その用途に応じて区分します。

◆当社従業員の配達業務中の駐車違反による交通反則金として、15,000円を現金で支払った。

借方勘定科目 借方補助科目	借方税区分	税率	借方金額 (消費税額)	貸方勘定科目 貸方補助科目	貸方税区分	税率	貸方金額 (消費税額)	摘要
租税公課	対象外		15,000	現金	対象外		15,000	交通反則金

643

（1）経理処理例

◆商品売上げに係る売掛金1,650,000円（10％税込み）が回収不能となったため、貸倒損失として計上した。当該貸倒れは法人税法上、損金算入が認められるものである。

644

借方勘定科目 借方補助科目	借方税区分	税率	借方金額 （消費税額）	貸方勘定科目 貸方補助科目	貸方税区分	税率	貸方金額 （消費税額）	摘要
貸倒損失	課税貸倒	10%	1,650,000 内(150,000)	売掛金	対象外		1,650,000	○○㈱　売掛金回収不能

◆商品売上げに係る売掛金1,650,000円（10％税込み）が回収不能となったため、貸倒損失として計上した。当該貸倒れは法人税法上、損金算入が認められない。

645

借方勘定科目 借方補助科目	借方税区分	税率	借方金額 （消費税額）	貸方勘定科目 貸方補助科目	貸方税区分	税率	貸方金額 （消費税額）	摘要
貸倒損失	対象外		1,650,000	売掛金	対象外		1,650,000	○○㈱　売掛金回収不能

⚠　課税売上げに係る売掛金等が貸倒れた場合には、貸倒れが生じた課税期間において貸倒れに係る消費税額を控除することになりますが、貸倒れが生じたか否かの判断は法人税法において貸倒損失の損金算入が認められるか否かによります。したがって経理処理上貸倒損失を計上したとしても法人税法において損金算入が認められなければ、消費税でも貸倒れに係る消費税額の控除はできません。
　　その場合は、法人税法において損金算入が認められることになった事業年度において、貸倒れに係る消費税額の控除を行います。

◆商品売上げに係る売掛金1,620,000円（8％（旧）税込み）が回収不能となったため、貸倒損失として計上した。当該貸倒れは法人税法上、損金算入が認められるものである。

646

借方勘定科目 借方補助科目	借方税区分	税率	借方金額 （消費税額）	貸方勘定科目 貸方補助科目	貸方税区分	税率	貸方金額 （消費税額）	摘要
貸倒損失	課税貸倒	8％ （旧）	1,620,000 内(120,000)	売掛金	対象外		1,620,000	○○㈱　売掛金回収不能

⚠　貸倒れに係る消費税額は、貸し倒れた売掛金等に係る税率を適用して計算します。旧税率8％である売掛金につき、誤って現行税率10％の税率を適用することのないよう、税率の確認は必須です。

◆輸出商品売上げに係る売掛金1,200,000円が回収不能となったため、貸倒損失として計上した。当該貸倒れは法人税法上、損金算入が認められるものである。

647

借方勘定科目 借方補助科目	借方税区分	税率	借方金額 （消費税額）	貸方勘定科目 貸方補助科目	貸方税区分	税率	貸方金額 （消費税額）	摘要
貸倒損失	対象外		1,200,000	売掛金	対象外		1,200,000	○○Ltd　売掛金回収不能

⚠　輸出免税売上げに係る売掛金等が貸し倒れても、貸倒れに係る消費税額の控除はできません。

◆取引先への貸付金3,000,000円及び未収利息50,000円が回収不能となったため、貸倒損失として計上した。当該貸倒れは法人税法上、損金算入が認められるものである。

648

借方勘定科目 借方補助科目	借方税区分	税率	借方金額 （消費税額）	貸方勘定科目 貸方補助科目	貸方税区分	税率	貸方金額 （消費税額）	摘要
貸倒損失	対象外		3,050,000	長期貸付金	対象外		3,000,000	○○㈱　貸付金回収不能
				未収入金	対象外		50,000	○○㈱　貸付金利息回収不能

⚠　貸付金が貸し倒れても、貸倒れに係る消費税額の控除はできません。

◆商品売上げに係る売掛金550,000円（10%税込み）が回収不能となったため、貸倒損失として計上した。当該売掛金は当社が免税事業者であった課税期間に生じたものである。

649

借方勘定科目 借方補助科目	借方税区分	税率	借方金額 （消費税額）	貸方勘定科目 貸方補助科目	貸方税区分	税率	貸方金額 （消費税額）	摘要
貸倒損失	対象外		550,000	売掛金	対象外		550,000	○○㈱　売掛金回収不能

⚠　貸倒れに係る消費税額の控除は、売上げ発生時に納税した消費税額を債権の回収不能という事実に基づき取り戻す行為です。免税事業者は消費税を納税しないため、免税事業者時代に生じた売掛金等が貸し倒れても、貸倒れに係る消費税額の控除はできません。

◆売掛金440,000円が回収不能となったため、貸倒損失として計上した。当該売掛金は他の事業者から買い取ったものである。

650

借方勘定科目 借方補助科目	借方税区分	税率	借方金額 （消費税額）	貸方勘定科目 貸方補助科目	貸方税区分	税率	貸方金額 （消費税額）	摘要
貸倒損失	対象外		440,000	普通預金	対象外		440,000	○○㈱　売掛金回収不能

⚠　他の者から買い取った売掛金等が貸し倒れても、貸倒れに係る消費税額の控除はできません。

◆商品売上げに係る売掛金1,100,000円（10%税込み）につき回収不能の懸念が生じたため、貸倒引当金を繰り入れた。

651

借方勘定科目 借方補助科目	借方税区分	税率	借方金額 （消費税額）	貸方勘定科目 貸方補助科目	貸方税区分	税率	貸方金額 （消費税額）	摘要
貸倒引当金繰入	対象外		1,100,000	貸倒引当金	対象外		1,100,000	○○㈱　貸倒引当金繰入

◆商品売上げに係る売掛金1,100,000円（10%税込み）が回収不能となったため、貸倒引当金の取崩しにより処理した。当該貸倒れは法人税法上、法律上の貸倒れとして損金算入が認められるものである。

借方勘定科目 借方補助科目	借方税区分	税率	借方金額 （消費税額）	貸方勘定科目 貸方補助科目	貸方税区分	税率	貸方金額 （消費税額）	摘要	
貸倒引当金	課税貸倒	10%	1,100,000 内 (100,000)	売掛金	対象外		1,100,000	○○㈱　売掛金回収不能	652

⚠　貸倒損失を貸倒引当金の取崩しにより処理する場合は、貸倒れに係る消費税額の控除を失念しないように注意する必要があります。

◆一括評価金銭債権に係る貸倒引当金につき、前期計上額2,500,000円を戻入れ、当期分として2,700,000円を繰入れた。

借方勘定科目 借方補助科目	借方税区分	税率	借方金額 （消費税額）	貸方勘定科目 貸方補助科目	貸方税区分	税率	貸方金額 （消費税額）	摘要	
貸倒引当金	対象外		2,500,000	貸倒引当金戻入	対象外		2,500,000	前期分戻入	653
貸倒引当金繰入	対象外		2,700,000	貸倒引当金	対象外		2,700,000	当期分繰入	

（1）経理処理例

◆ ごみ回収業者に対し廃棄物処理費として、33,000円（税込み）を現金で支払った。

①インボイスを保存している。

654

借方勘定科目 借方補助科目	借方税区分	税率	借方金額 （消費税額）	貸方勘定科目 貸方補助科目	貸方税区分	税率	貸方金額 （消費税額）	摘要
雑費	課税仕入	10%	33,000 内 (3,000)	現金	対象外		33,000	○○㈱　廃棄物処理費

②請求書等（インボイスに該当しない）を保存している。

655

借方勘定科目 借方補助科目	借方税区分	税率	借方金額 （消費税額）	貸方勘定科目 貸方補助科目	貸方税区分	税率	貸方金額 （消費税額）	摘要
雑費	課税仕入 (80%控除)	10%	33,000 内 (2,400)	現金	対象外		33,000	○○㈱　廃棄物処理費

◆ 本社移転のための引越し費用として、880,000円（税込み）を普通預金より支払った。

①インボイスを保存している。

656

借方勘定科目 借方補助科目	借方税区分	税率	借方金額 （消費税額）	貸方勘定科目 貸方補助科目	貸方税区分	税率	貸方金額 （消費税額）	摘要
雑費	課税仕入	10%	880,000 内 (80,000)	普通預金	対象外		880,000	○○㈱　本社移転費用

②請求書等（インボイスに該当しない）を保存している。

657

借方勘定科目 借方補助科目	借方税区分	税率	借方金額 （消費税額）	貸方勘定科目 貸方補助科目	貸方税区分	税率	貸方金額 （消費税額）	摘要
雑費	課税仕入 (80%控除)	10%	880,000 内 (64,000)	普通預金	対象外		880,000	○○㈱　本社移転費用

◆ 地元の神社に商売繁盛の祈祷料として、100,000円を現金で支払った。

658

借方勘定科目 借方補助科目	借方税区分	税率	借方金額 （消費税額）	貸方勘定科目 貸方補助科目	貸方税区分	税率	貸方金額 （消費税額）	摘要
雑費	対象外		100,000	現金	対象外		100,000	○○神社　祈祷料

(2) 個別対応方式の用途区分

◆ごみ回収業者に対し廃棄物処理費として、33,000円（税込み）を現金で支払った。当該廃棄物は営業部門で生じたものであるが、当社の売上げは課税売上げとなるものである。

659

借方勘定科目 借方補助科目	借方税区分	税率	借方金額 （消費税額）	貸方勘定科目 貸方補助科目	貸方税区分	税率	貸方金額 （消費税額）	摘要
雑費	課税仕入 （課税売上対応）	10%	33,000 内 (3,000)	現金	対象外		33,000	○○㈱　廃棄物処理費

◆本社移転のための引越し費用として、880,000円（税込み）を普通預金より支払った。

660

借方勘定科目 借方補助科目	借方税区分	税率	借方金額 （消費税額）	貸方勘定科目 貸方補助科目	貸方税区分	税率	貸方金額 （消費税額）	摘要
雑費	課税仕入 （共通対応）	10%	880,000 内 (80,000)	普通預金	対象外		880,000	○○㈱　本社移転費用

（1）経理処理例

◆普通預金につき、利息8,469円（源泉所得税1,531円控除後）を受領した。

661

借方勘定科目 借方補助科目	借方税区分	税率	借方金額 （消費税額）	貸方勘定科目 貸方補助科目	貸方税区分	税率	貸方金額 （消費税額）	摘要
普通預金	対象外		8,469	受取利息	非課税売上		10,000	普通預金利息
法人税、住民税及び事業税	対象外		1,531					普通預金利息　源泉所得税

◆取引先に対する貸付金の利息として、15,000円が普通預金に入金された。

662

借方勘定科目 借方補助科目	借方税区分	税率	借方金額 （消費税額）	貸方勘定科目 貸方補助科目	貸方税区分	税率	貸方金額 （消費税額）	摘要
普通預金	対象外		15,000	受取利息	非課税売上		15,000	○○㈱　貸付金利息

◆購入した社債の利子として、25,406円（源泉所得税4,594円控除後）が普通預金に入金された。当該社債は券面額3,000,000円、購入価額2,900,000円であり、当期の償還差益として20,000円を計上した。

663

借方勘定科目 借方補助科目	借方税区分	税率	借方金額 （消費税額）	貸方勘定科目 貸方補助科目	貸方税区分	税率	貸方金額 （消費税額）	摘要
普通預金	対象外		25,406	受取利息	非課税売上		30,000	○○㈱　社債利息
法人税、住民税及び事業税	対象外		4,594					○○㈱　社債利息　源泉所得税
投資有価証券	対象外		20,000	受取利息	非課税売上		20,000	○○㈱　社債償還差益

◆売掛金の回収遅延が生じているため取引先より遅延損害金として、60,000円が普通預金に入金された。

664

借方勘定科目 借方補助科目	借方税区分	税率	借方金額 （消費税額）	貸方勘定科目 貸方補助科目	貸方税区分	税率	貸方金額 （消費税額）	摘要
普通預金	対象外		60,000	受取利息	非課税売上		60,000	○○㈱　遅延損害金

◆外国子会社に対する貸付金の利息として、250,000円が普通預金に入金された。

借方勘定科目 借方補助科目	借方税区分	税率	借方金額 （消費税額）	貸方勘定科目 貸方補助科目	貸方税区分	税率	貸方金額 （消費税額）	摘要
普通預金	対象外		250,000	受取利息	非課税資産輸出		250,000	○○Ltd　貸付金利息

⚠　非課税取引に係る収入の税区分は「非課税売上」となりますが、非課税資産を輸出した場合や非居住者から受領する利息等は「非課税資産の輸出等」として、その対価の額を課税売上割合の分母及び分子に算入します。非居住者から受領する貸付金利息や社債利息等の税区分は「非課税資産の輸出等」となりますので、「非課税売上」としないように注意が必要です。

(1) 経理処理例

◆株式配当金として、79,580円（源泉所得税20,420円控除後）が普通預金に入金された。

666

借方勘定科目 借方補助科目	借方税区分	税率	借方金額 （消費税額）	貸方勘定科目 貸方補助科目	貸方税区分	税率	貸方金額 （消費税額）	摘要
普通預金	対象外		79,580	受取配当金	対象外		100,000	○○㈱ 株式配当金
法人税、住民 税及び事業税	対象外		20,420					○○㈱ 株式配当金源 泉所得税

◆証券投資信託の収益分配金として、127,028円（源泉所得税22,972円控除後）が普通預金に入金された。

667

借方勘定科目 借方補助科目	借方税区分	税率	借方金額 （消費税額）	貸方勘定科目 貸方補助科目	貸方税区分	税率	貸方金額 （消費税額）	摘要
普通預金	対象外		127,028	受取配当金	非課税売上		150,000	○○証券 収益分配金
法人税、住民 税及び事業税	対象外		22,972					○○証券 収益分配金 源泉所得税

◆オープン型証券投資信託の特別分配金として、30,000円が普通預金に入金された。

668

借方勘定科目 借方補助科目	借方税区分	税率	借方金額 （消費税額）	貸方勘定科目 貸方補助科目	貸方税区分	税率	貸方金額 （消費税額）	摘要
普通預金	対象外		30,000	投資有価証券	対象外		30,000	○○証券 特別分配金

◆当社が出資している匿名組合より利益配当として、39,790円（源泉所得税10,210円控除後）が普通預金に入金された。

669

借方勘定科目 借方補助科目	借方税区分	税率	借方金額 （消費税額）	貸方勘定科目 貸方補助科目	貸方税区分	税率	貸方金額 （消費税額）	摘要
普通預金	対象外		39,790	受取配当金	対象外		50,000	○○匿名組合 利益配 当金
法人税、住民 税及び事業税	対象外		10,210					○○匿名組合 利益配 当金源泉所得税

◆生命保険の契約者配当金が27,000円である旨の通知を受けた。当該配当金は解約又は満期時に受け取ることとされている。

670

借方勘定科目 借方補助科目	借方税区分	税率	借方金額 （消費税額）	貸方勘定科目 貸方補助科目	貸方税区分	税率	貸方金額 （消費税額）	摘要
保険積立金	対象外		27,000	受取配当金	対象外		27,000	○○生命 契約者配当 金

（1）経理処理例

◆買掛金550,000円（10%税込み）を支払期日前に支払ったことにより、22,000円の割引きを受けた。

671

借方勘定科目 借方補助科目	借方税区分	税率	借方金額 （消費税額）	貸方勘定科目 貸方補助科目	貸方税区分	税率	貸方金額 （消費税額）	摘要
買掛金	対象外		550,000	普通預金	対象外		528,000	○○㈱　買掛金支払
				仕入割引	課税仕入返還	10%	22,000 内 (2,000)	○○㈱　仕入割引

⚠️　仕入割引は、支払期日よりも前に支払いを行ったことに伴い対価が割り引かれることであり、利息としての性質があるため営業外収益に計上しますが、税区分は「仕入返還」になります。

◆買掛金500,000円（非課税取引から生じたものである）を支払期日前に支払ったことにより、20,000円の割引を受けた。

672

借方勘定科目 借方補助科目	借方税区分	税率	借方金額 （消費税額）	貸方勘定科目 貸方補助科目	貸方税区分	税率	貸方金額 （消費税額）	摘要
買掛金	対象外		500,000	普通預金	対象外		480,000	○○㈱　買掛金支払
				仕入割引	対象外		20,000	○○㈱　仕入割引

◆国外からの商品購入代金600,000円を支払期日前に支払ったことにより、30,000円の割引きを受けた。

673

借方勘定科目 借方補助科目	借方税区分	税率	借方金額 （消費税額）	貸方勘定科目 貸方補助科目	貸方税区分	税率	貸方金額 （消費税額）	摘要
買掛金	対象外		600,000	普通預金	対象外		570,000	○○Ltd　買掛金支払
				仕入割引	対象外		30,000	○○Ltd　仕入割引

（1）経理処理例

◆株式の譲渡代金として、1,978,000円（手数料22,000円（税込み）が控除されている）が普通預金に入金された。譲渡額は2,000,000円、譲渡直前の帳簿価額は1,700,000円である。

①インボイスを保存している。

借方勘定科目 借方補助科目	借方税区分	税率	借方金額 （消費税額）	貸方勘定科目 貸方補助科目	貸方税区分	税率	貸方金額 （消費税額）	摘要
普通預金	対象外		1,978,000	有価証券	有価証券譲渡		1,700,000	○○株式売却
支払手数料	課税仕入	10%	22,000 内 (2,000)	有価証券売却益	有価証券譲渡		300,000	○○株式売却益

②請求書等（インボイスに該当しない）を保存している。

借方勘定科目 借方補助科目	借方税区分	税率	借方金額 （消費税額）	貸方勘定科目 貸方補助科目	貸方税区分	税率	貸方金額 （消費税額）	摘要
普通預金	対象外		1,978,000	有価証券	有価証券譲渡		1,700,000	○○株式売却
支払手数料	課税仕入 （80%控除）	10%	22,000 内 (1,600)	有価証券売却益	有価証券譲渡		300,000	○○株式売却益

⚠　有価証券の譲渡は「非課税売上」ですが、課税売上割合の計算上、分母に算入する金額は「譲渡対価×5％」となります。そのため消費税コードは「非課税売上」ではなく「有価証券譲渡」を入力しますが、譲渡対価の額が「有価証券譲渡」となるように各科目ごとに入力する必要があります。

⚠　個別対応方式を適用する場合、有価証券の譲渡に伴う手数料は「非課税売上対応」に区分することになります。ただし、国外取引となる株式譲渡に係る国内手数料等については「課税売上対応」に区分されて仕入税額控除の適用を受けることができます。

◆株式の譲渡代金として、1,978,000円（手数料22,000円（税込み）が控除されている）が普通預金に入金された。譲渡額は2,000,000円、譲渡直前の帳簿価額は2,100,000円である。

①インボイスを保存している。

借方勘定科目 借方補助科目	借方税区分	税率	借方金額 （消費税額）	貸方勘定科目 貸方補助科目	貸方税区分	税率	貸方金額 （消費税額）	摘要
普通預金	対象外		1,978,000	有価証券	有価証券譲渡		2,100,000	○○㈱　株式売却
有価証券売却損	有価証券譲渡		100,000					○○㈱　株式売却損
支払手数料	課税仕入	10%	22,000 内 (2,000)					○○㈱　株式売却手数料

②請求書等（インボイスに該当しない）を保存している。

借方勘定科目 借方補助科目	借方税区分	税率	借方金額 （消費税額）	貸方勘定科目 貸方補助科目	貸方税区分	税率	貸方金額 （消費税額）	摘要
普通預金	対象外		1,978,000	有価証券	有価証券譲渡		2,100,000	○○㈱　株式売却
有価証券売却損	有価証券譲渡		100,000					○○㈱　株式売却損
支払手数料	課税仕入 （80%控除）	10%	22,000 内 (1,600)					○○㈱　株式売却手数料

◆当社が購入した社債（帳簿価額2,970,000円）の償還期日を迎え、3,000,000円が普通預金に入金された。

借方勘定科目 借方補助科目	借方税区分	税率	借方金額 （消費税額）	貸方勘定科目 貸方補助科目	貸方税区分	税率	貸方金額 （消費税額）	摘要
普通預金	対象外		3,000,000	有価証券	対象外		2,970,000	○○社債償還
				受取利息	非課税売上		30,000	○○社債償還益

◆社債（帳簿価額2,970,000円）を償還期日前に2,980,000円で譲渡し、譲渡代金が普通預金に入金された。

借方勘定科目 借方補助科目	借方税区分	税率	借方金額 （消費税額）	貸方勘定科目 貸方補助科目	貸方税区分	税率	貸方金額 （消費税額）	摘要
普通預金	対象外		2,980,000	有価証券	有価証券譲渡		2,970,000	○○社債売却
				有価証券売却益	有価証券譲渡		10,000	○○社債売却益

⚠　公社債等の債券の償還は資産の譲渡等に該当しないため「対象外」となりますが、償還前に譲渡した場合には、株式等の譲渡と同様に「有価証券譲渡」となります。

（1）経理処理例

◆5,000USドル（購入時1USドル150円）で購入した商品代金を普通預金より支払った。支払時の為替レートは1USドル140円であった。

680

借方勘定科目 借方補助科目	借方税区分	税率	借方金額 （消費税額）	貸方勘定科目 貸方補助科目	貸方税区分	税率	貸方金額 （消費税額）	摘要
買掛金	対象外		750,000	普通預金	対象外		700,000	○○Ltd　買掛金支払
				為替差益	対象外		50,000	○○Ltd　買掛金支払

◆5,000USドル（購入時1USドル120円）で購入した商品代金を普通預金より支払った。支払時の為替レートは1USドル140円であった。

681

借方勘定科目 借方補助科目	借方税区分	税率	借方金額 （消費税額）	貸方勘定科目 貸方補助科目	貸方税区分	税率	貸方金額 （消費税額）	摘要
買掛金	対象外		600,000	普通預金	対象外		700,000	○○Ltd　買掛金支払
為替差損	対象外		100,000					○○Ltd　買掛金支払

◆外貨建預金10,000USドル（帳簿価額1,200,000円）につき、期末において換算換えを行った。期末時の為替レートは1USドル140円であった。

682

借方勘定科目 借方補助科目	借方税区分	税率	借方金額 （消費税額）	貸方勘定科目 貸方補助科目	貸方税区分	税率	貸方金額 （消費税額）	摘要
普通預金	対象外		200,000	為替差益	対象外		200,000	外貨建預金期末換算換え

（1）経理処理例

◆税務署から消費税の還付金800,000円（前期決算において未収入金に計上）と還付加算金3,000円が普通預金に入金された。

683

借方勘定科目 借方補助科目	借方税区分	税率	借方金額 （消費税額）	貸方勘定科目 貸方補助科目	貸方税区分	税率	貸方金額 （消費税額）	摘要
普通預金	対象外		803,000	未収入金	対象外		800,000	消費税還付金
				雑収入	対象外		3,000	消費税還付加算金

◆当社従業員がセミナー講師を行った謝礼として、11,000円（税込み）が普通預金に入金された。

684

借方勘定科目 借方補助科目	借方税区分	税率	借方金額 （消費税額）	貸方勘定科目 貸方補助科目	貸方税区分	税率	貸方金額 （消費税額）	摘要
普通預金	対象外		11,000	雑収入	課税売上	10% 内	11,000 (1,000)	○○セミナー講師謝礼

◆社内に設置している自動販売機設置手数料として、8,800円（税込み）が普通預金に入金された。

685

借方勘定科目 借方補助科目	借方税区分	税率	借方金額 （消費税額）	貸方勘定科目 貸方補助科目	貸方税区分	税率	貸方金額 （消費税額）	摘要
普通預金	対象外		8,800	雑収入	課税売上	10% 内	8,800 (800)	自動販売機設置手数料

◆当社製品の製造過程において生じた廃材の売却代金として、22,000円（税込み）が普通預金に入金された。

686

借方勘定科目 借方補助科目	借方税区分	税率	借方金額 （消費税額）	貸方勘定科目 貸方補助科目	貸方税区分	税率	貸方金額 （消費税額）	摘要
普通預金	対象外		22,000	雑収入	課税売上	10% 内	22,000 (2,000)	○○㈱　廃材売却代

◆当社ビルに設置している携帯電話アンテナ設置料として、16,500円（税込み）が普通預金に入金された。

687

借方勘定科目 借方補助科目	借方税区分	税率	借方金額 （消費税額）	貸方勘定科目 貸方補助科目	貸方税区分	税率	貸方金額 （消費税額）	摘要
普通預金	対象外		16,500	雑収入	課税売上	10% 内	16,500 (1,500)	○○㈱　アンテナ設置料

◆当社敷地に設置している電柱敷地料として、6,000円が普通預金に入金された。

借方勘定科目 借方補助科目	借方税区分	税率	借方金額 （消費税額）	貸方勘定科目 貸方補助科目	貸方税区分	税率	貸方金額 （消費税額）	摘要
普通預金	対象外		6,000	雑収入	非課税売上		6,000	○○㈱　電柱敷地料

688

◆従業員社宅の家賃として、従業員より30,000円を給与から徴収した。

借方勘定科目 借方補助科目	借方税区分	税率	借方金額 （消費税額）	貸方勘定科目 貸方補助科目	貸方税区分	税率	貸方金額 （消費税額）	摘要
給料手当	対象外		500,000	普通預金	対象外		372,790	●月分給与
				預り金 社会保険料	対象外		74,700	●月分給与　社会保険料
				預り金 源泉所得税	対象外		18,710	●月分給与　源泉所得税
				預り金 住民税	対象外		3,800	●月分給与　特別徴収住民税
				雑収入	非課税売上		30,000	××　●月分社宅家賃

689

> ⚠ 役員や従業員から徴収する社宅家賃の勘定科目は「雑収入」や「受取家賃」とするほか、「地代家賃」のマイナスとして計上する方法も考えられます。自社の経理処理方針を確認しましょう。なお、いずれの勘定科目に計上しても、税区分は「非課税売上」になります。

◆役員を被保険者とする生命保険契約を解約し、解約返戻金2,500,000円が普通預金に入金された。なお、保険積立金に計上されている金額はない。

借方勘定科目 借方補助科目	借方税区分	税率	借方金額 （消費税額）	貸方勘定科目 貸方補助科目	貸方税区分	税率	貸方金額 （消費税額）	摘要
普通預金	対象外		2,500,000	雑収入	対象外		2,500,000	○○生命　解約返戻金

690

◆部品の瑕疵により損害を受けたため、部品製造元から損害賠償金として600,000円が普通預金に入金された。

借方勘定科目 借方補助科目	借方税区分	税率	借方金額 （消費税額）	貸方勘定科目 貸方補助科目	貸方税区分	税率	貸方金額 （消費税額）	摘要
普通預金	対象外		600,000	雑収入	対象外		600,000	○○㈱　損害賠償金

691

◆当社の有する特許権の侵害を受けたため、賠償金として400,000円が普通預金に入金された。

借方勘定科目 借方補助科目	借方税区分	税率	借方金額 (消費税額)	貸方勘定科目 貸方補助科目	貸方税区分	税率	貸方金額 (消費税額)	摘要
普通預金	対象外		400,000	雑収入	課税売上	10% 内	400,000 (36,363)	○○㈱　特許権賠償金

692

⚠ 損害賠償金は原則として資産の譲渡等の対価に該当しないため、対象外となります。ただし、損害賠償金として受領したものでも、例えば以下のような内容のものは、その実質からみて資産の譲渡又は貸付けの対価に該当するため課税売上げとなります。
　1　損害を受けた棚卸資産等が加害者に対して引き渡される場合において、その資産がそのまま又は軽微な修理を加えることによって使用することができるときにその資産の所有者が収受する損害賠償金
　2　特許権や商標権などの無体財産権の侵害を受けた場合に権利者が収受する損害賠償金
　3　事務所の明渡しが遅れた場合に賃貸人が収受する損害賠償金

◆月末に現金実査を行ったところ、帳簿より1,000円残高が多いことが判明した。

借方勘定科目 借方補助科目	借方税区分	税率	借方金額 (消費税額)	貸方勘定科目 貸方補助科目	貸方税区分	税率	貸方金額 (消費税額)	摘要
現金	対象外		1,000	雑収入	対象外		1,000	現金過多

693

◆クレジットカード会社から、40,000円のキャッシュバックを受けた。

借方勘定科目 借方補助科目	借方税区分	税率	借方金額 (消費税額)	貸方勘定科目 貸方補助科目	貸方税区分	税率	貸方金額 (消費税額)	摘要
未払金 法人カード	対象外		40,000	雑収入	対象外		40,000	○○カード　キャッシュバック

694

◆決算において消費税の振替処理を行い、消費税差額800円が生じた。

借方勘定科目 借方補助科目	借方税区分	税率	借方金額 (消費税額)	貸方勘定科目 貸方補助科目	貸方税区分	税率	貸方金額 (消費税額)	摘要
仮受消費税等	対象外		8,400,000	仮払消費税等	対象外		8,000,800	消費税確定申告
				未払消費税等	対象外		398,400	消費税確定申告
				雑収入	対象外		800	消費税差額

695

（2）簡易課税制度の事業区分

◆当社従業員がセミナー講師を行った謝礼として、11,000円（税込み）が普通預金に入金された。

借方勘定科目 借方補助科目	借方税区分	税率	借方金額 （消費税額）	貸方勘定科目 貸方補助科目	貸方税区分	税率	貸方金額 （消費税額）	摘要	696
普通預金	対象外		11,000	雑収入	課税売上 （第五種）	10% 内	11,000 (1,000)	○○セミナー講師謝礼	

◆社内に設置している自動販売機設置手数料として、8,800円（税込み）が普通預金に入金された。

借方勘定科目 借方補助科目	借方税区分	税率	借方金額 （消費税額）	貸方勘定科目 貸方補助科目	貸方税区分	税率	貸方金額 （消費税額）	摘要	697
普通預金	対象外		8,800	雑収入	課税売上 （第五種）	10% 内	8,800 (800)	自動販売機設置手数料	

◆当社製品の製造過程において生じた廃材の売却代金として、22,000円（税込み）が普通預金に入金された。

借方勘定科目 借方補助科目	借方税区分	税率	借方金額 （消費税額）	貸方勘定科目 貸方補助科目	貸方税区分	税率	貸方金額 （消費税額）	摘要	698
普通預金	対象外		22,000	雑収入	課税売上 （第三種）	10% 内	22,000 (2,000)	○○㈱　廃材売却代	

> ⚠ 製造業者が行う製造工程等で発生した加工くず、副産物等の譲渡については、第三種事業に該当します。
> また、第一種事業または第二種事業を営む事業者が行う不要となったダンボール箱等（以下「不要物品」といいます。）の譲渡は、原則として第四種事業に該当します。ただし、当該事業者が、不要物品が生じた事業区分に属するものとして処理しているときは、これが認められます。

◆当社ビルに設置している携帯電話アンテナ設置料として、16,500円（税込み）が普通預金に入金された。

借方勘定科目 借方補助科目	借方税区分	税率	借方金額 （消費税額）	貸方勘定科目 貸方補助科目	貸方税区分	税率	貸方金額 （消費税額）	摘要	699
普通預金	対象外		16,500	雑収入	課税売上 （第六種）	10% 内	16,500 (1,500)	○○㈱　アンテナ設置料	

◆当社の有する特許権の侵害を受けたため、賠償金として400,000円が普通預金に入金された。

借方勘定科目 借方補助科目	借方税区分	税率	借方金額 （消費税額）	貸方勘定科目 貸方補助科目	貸方税区分	税率	貸方金額 （消費税額）	摘要	700
普通預金	対象外		400,000	雑収入	課税売上 （第五種）	10% 内	400,000 (36,363)	○○㈱　特許権賠償金	

（1）経理処理例

◆銀行借入金の返済として、153,000円（うち支払利息3,000円）を普通預金より支払った。

701

借方勘定科目 借方補助科目	借方税区分	税率	借方金額 （消費税額）	貸方勘定科目 貸方補助科目	貸方税区分	税率	貸方金額 （消費税額）	摘要
長期借入金	対象外		150,000	普通預金	対象外		153,000	○○銀行　借入金返済
支払利息	対象外		3,000					○○銀行　借入金利息

◆当社が発行した社債（券面額3,000,000円、帳簿価額2,900,000円）の償還期限を迎えたため、3,000,000円を普通預金より支払った。

702

借方勘定科目 借方補助科目	借方税区分	税率	借方金額 （消費税額）	貸方勘定科目 貸方補助科目	貸方税区分	税率	貸方金額 （消費税額）	摘要
社債	対象外		2,900,000	普通預金	対象外		3,000,000	社債償還
支払（社債）利息	対象外		100,000					社債償還

◆買掛金の支払が遅れているため、遅延損害金として、60,000円を普通預金より支払った。

703

借方勘定科目 借方補助科目	借方税区分	税率	借方金額 （消費税額）	貸方勘定科目 貸方補助科目	貸方税区分	税率	貸方金額 （消費税額）	摘要
支払利息	対象外		60,000	普通預金	対象外		60,000	○○㈱　遅延損害金

◆新規借入に伴う信用保証協会保証料として150,000円を普通預金より支払った。

704

借方勘定科目 借方補助科目	借方税区分	税率	借方金額 （消費税額）	貸方勘定科目 貸方補助科目	貸方税区分	税率	貸方金額 （消費税額）	摘要
長期前払費用	対象外		150,000	普通預金	対象外		150,000	○○信用保証協会保証料

⚠ 信用保証協会に対する保証料は、繰上げ返済時等に返還される可能性があることから、支払時は長期前払費用に計上し、返済期間にわたり費用処理します。費用処理時の税区分も「対象外」です。

◆外国親会社に対する借入金利子として、300,000円を普通預金より支払った。

705

借方勘定科目 借方補助科目	借方税区分	税率	借方金額 （消費税額）	貸方勘定科目 貸方補助科目	貸方税区分	税率	貸方金額 （消費税額）	摘要
支払利息	対象外		300,000	普通預金	対象外		300,000	○○Ltd　借入金利息

（1）経理処理例

◆当社商品の売上げに係る売掛金1,100,000円（10%税込み）につき、期日前に支払いがあったので55,000円を割引いた金額1,045,000円が普通預金に入金された。

706

借方勘定科目 借方補助科目	借方税区分	税率	借方金額 （消費税額）	貸方勘定科目 貸方補助科目	貸方税区分	税率	貸方金額 （消費税額）	摘要
普通預金	対象外		1,045,000	売掛金	対象外		1,100,000	○○㈱　売掛金回収
売上割引	課税売上返還	10%	55,000 内 (5,000)					○○㈱　売掛金回収

> ⚠ 　売上割引は、支払期日よりも前に支払いを受けたことに伴い対価を割り引くことであり、利息としての性質があるため営業外費用に計上しますが、税区分は「売上返還」になります。

◆当社商品の売上げに係る売掛金1,000,000円（非課税売上げから生じたものである）につき、期日前に支払いがあったので50,000円を割引いた金額950,000円が普通預金に入金された。

707

借方勘定科目 借方補助科目	借方税区分	税率	借方金額 （消費税額）	貸方勘定科目 貸方補助科目	貸方税区分	税率	貸方金額 （消費税額）	摘要
普通預金	対象外		950,000	売掛金	対象外		1,000,000	○○㈱　売掛金回収
売上割引	非課税売上返還		50,000					○○㈱　売掛金回収

（1）経理処理例

◆当社商品の売上げに係る受取手形800,000円を満期日前に銀行で割引し、割引料40,000円が差し引かれて普通預金に入金された。

708

借方勘定科目 借方補助科目	借方税区分	税率	借方金額 （消費税額）	貸方勘定科目 貸方補助科目	貸方税区分	税率	貸方金額 （消費税額）	摘要
普通預金	対象外		760,000	受取手形	対象外		800,000	○○　手形割引
手形売却損	対象外		40,000					○○　手形割引

◆他の事業者から裏書きを受けた受取手形500,000円を満期日前に銀行で割引し、割引料25,000円が差し引かれて普通預金に入金された。

709

借方勘定科目 借方補助科目	借方税区分	税率	借方金額 （消費税額）	貸方勘定科目 貸方補助科目	貸方税区分	税率	貸方金額 （消費税額）	摘要
普通預金	対象外		475,000	受取手形	対象外		500,000	○○　手形割引
手形売却損	対象外		25,000					○○　手形割引

（1）経理処理例

◆本社で管理している現金につき200円の不足が生じた。

借方勘定科目 借方補助科目	借方税区分	税率	借方金額 （消費税額）	貸方勘定科目 貸方補助科目	貸方税区分	税率	貸方金額 （消費税額）	摘要
雑損失	対象外		200	現金	対象外		200	本社現金不足

710

◆決算において消費税の振替処理を行い、消費税差額200,000円が生じた。

借方勘定科目 借方補助科目	借方税区分	税率	借方金額 （消費税額）	貸方勘定科目 貸方補助科目	貸方税区分	税率	貸方金額 （消費税額）	摘要
仮受消費税等	対象外		8,400,000	仮払消費税等	対象外		8,000,800	消費税確定申告
雑損失	対象外		200,000	未払消費税等	対象外		599,200	消費税確定申告

711

◆当社製品の瑕疵により損害を与えた取引先に対し賠償金として、200,000円を現金で支払った。

借方勘定科目 借方補助科目	借方税区分	税率	借方金額 （消費税額）	貸方勘定科目 貸方補助科目	貸方税区分	税率	貸方金額 （消費税額）	摘要
雑損失	対象外		200,000	現金	対象外		200,000	○○㈱　損害賠償金

712

◆当社の契約不履行により損害を与えた取引先に対し違約金として、300,000円を普通預金より支払った。

借方勘定科目 借方補助科目	借方税区分	税率	借方金額 （消費税額）	貸方勘定科目 貸方補助科目	貸方税区分	税率	貸方金額 （消費税額）	摘要
雑損失	対象外		300,000	普通預金	対象外		300,000	○○㈱　違約金

713

◆当社の不注意で汚れが付着した商品の賠償金として、160,000円を普通預金より支払った。当該商品は当社が引き取り、使用は可能な状態であったことから当社でそのまま使用している。

①インボイスを保存している。

借方勘定科目 借方補助科目	借方税区分	税率	借方金額 （消費税額）	貸方勘定科目 貸方補助科目	貸方税区分	税率	貸方金額 （消費税額）	摘要	
雑損失	課税仕入	10%	160,000 内 (14,545)	普通預金	対象外		160,000	○○㈱　賠償金	714

②請求書等（インボイスに該当しない）を保存している。

借方勘定科目 借方補助科目	借方税区分	税率	借方金額 （消費税額）	貸方勘定科目 貸方補助科目	貸方税区分	税率	貸方金額 （消費税額）	摘要	
雑損失	課税仕入 （80%控除）	10%	160,000 内 (11,636)	普通預金	対象外		160,000	○○㈱　賠償金	715

⚠　損害賠償金は原則として資産の譲渡等の対価に該当しないため、対象外となります。ただし、損害賠償金であっても、例えば以下のような内容のものは、その実質からみて資産の譲渡又は貸付けの対価に該当するため、受領側では課税売上げとなり、支払側では課税仕入れとなります。
　1　損害を受けた棚卸資産等が加害者に対して引き渡される場合において、その資産がそのまま又は軽微な修理を加えることによって使用することができるときにその資産の所有者が収受する損害賠償金
　2　特許権や商標権などの無体財産権の侵害を受けた場合に権利者が収受する損害賠償金
　3　事務所の明渡しが遅れた場合に賃貸人が収受する損害賠償金

（1）経理処理例

◆土地（帳簿価額50,000,000円）を60,000,000円で譲渡し、未経過固定資産税相当額100,000円を含めた金額が普通預金に入金された。

716

借方勘定科目 借方補助科目	借方税区分	税率	借方金額 （消費税額）	貸方勘定科目 貸方補助科目	貸方税区分	税率	貸方金額 （消費税額）	摘要
普通預金	対象外		60,100,000	土地	非課税売上		50,000,000	○○㈱　土地譲渡
				固定資産売却益	非課税売上		10,100,000	○○㈱　土地譲渡益

◆土地（帳簿価額50,000,000円）を40,000,000円で譲渡し、未経過固定資産税相当額100,000円を含めた金額が普通預金に入金された。

717

借方勘定科目 借方補助科目	借方税区分	税率	借方金額 （消費税額）	貸方勘定科目 貸方補助科目	貸方税区分	税率	貸方金額 （消費税額）	摘要
普通預金	対象外		40,100,000	土地	非課税売上		50,000,000	○○　土地譲渡
固定資産売却損	非課税売上		9,900,000					○○　土地譲渡損

⚠ 土地、建物の未経過固定資産税相当額は譲渡対価の一部を構成します。未経過固定資産「税」だからといって「対象外」にするのではなく、土地に係るものであれば「非課税売上」、建物に係るものであれば「課税売上」にする必要があります。

◆建物（帳簿価額4,000,000円）を11,000,000円（税込み）で譲渡し、未経過固定資産税相当額56,000円を含めた金額が普通預金に入金された。

【内税入力例-1】

718

借方勘定科目 借方補助科目	借方税区分	税率	借方金額 （消費税額）	貸方勘定科目 貸方補助科目	貸方税区分	税率	貸方金額 （消費税額）	摘要
普通預金	対象外		11,056,000	建物	課税売上	10%	4,400,000 内（400,000）	○○㈱　建物譲渡
				固定資産売却益	課税売上	10%	6,656,000 内（605,090）	○○㈱　建物譲渡益

【内税入力例-2】

719

借方勘定科目 借方補助科目	借方税区分	税率	借方金額 （消費税額）	貸方勘定科目 貸方補助科目	貸方税区分	税率	貸方金額 （消費税額）	摘要
普通預金	対象外		11,056,000	固定資産売却益	課税売上	10%	11,056,000 内（1,005,090）	○○㈱　建物譲渡
固定資産売却益	対象外		4,000,000	建物	対象外		4,000,000	○○㈱　建物譲渡益

【別記入力例】

借方勘定科目 借方補助科目	借方税区分	税率	借方金額 (消費税額)	貸方勘定科目 貸方補助科目	貸方税区分	税率	貸方金額 (消費税額)	摘要
普通預金	対象外		11,056,000	建物	課税売上	10% 別	4,000,000	○○㈱　建物譲渡
				固定資産売却益	課税売上	10% 別	6,050,910	○○㈱　建物譲渡益
				仮受消費税等	課税売上	10% 別	1,005,090	○○㈱　建物譲渡

⚠ 建物や機械装置等の譲渡は、譲渡対価の額が課税売上げになります。会計システムで仮受消費税等を正しく算出するためには、【内税入力例-1】、【内税入力例-2】、【別記入力例】のような入力方法が考えられます。自社の経理処理方針を確認しましょう。

◆建物（帳簿価額4,000,000円）を3,244,000円（税込み）で譲渡し、未経過固定資産税相当額56,000円を含めた金額が普通預金に入金された。

【内税入力例-1】

借方勘定科目 借方補助科目	借方税区分	税率	借方金額 (消費税額)	貸方勘定科目 貸方補助科目	貸方税区分	税率	貸方金額 (消費税額)	摘要
普通預金	対象外		3,300,000	建物	課税売上	10%	4,400,000 内 (400,000)	○○㈱　建物譲渡
固定資産売却損	課税売上	10%	1,100,000 内 (100,000)					○○㈱　建物譲渡損

【内税入力例-2】

借方勘定科目 借方補助科目	借方税区分	税率	借方金額 (消費税額)	貸方勘定科目 貸方補助科目	貸方税区分	税率	貸方金額 (消費税額)	摘要
普通預金	対象外		3,300,000	固定資産売却損	課税売上	10%	3,300,000 内 (300,000)	○○㈱　建物譲渡
固定資産売却損	対象外		4,000,000	建物	対象外		4,000,000	○○㈱　建物譲渡損

【別記入力例】

借方勘定科目 借方補助科目	借方税区分	税率	借方金額 (消費税額)	貸方勘定科目 貸方補助科目	貸方税区分	税率	貸方金額 (消費税額)	摘要
普通預金	対象外		3,300,000	建物	課税売上	10% 別	4,000,000	○○㈱　建物譲渡
固定資産売却損	課税売上	10% 別	1,000,000	仮受消費税等	課税売上	10% 別	300,000	○○㈱　建物譲渡損

◆当社事業の一部を譲渡し、譲渡代金として33,000,000円（税込み）が普通預金に入金された。譲渡資産は商品（自動車部品：帳簿価額7,000,000円）及び器具備品（帳簿価額19,000,000円）である。

【別記入力例】

724

借方勘定科目 借方補助科目	借方税区分	税率	借方金額 （消費税額）	貸方勘定科目 貸方補助科目	貸方税区分	税率	貸方金額 （消費税額）	摘要
普通預金	対象外		33,000,000	商品	課税売上	10% 別	7,000,000	○○㈱　事業譲渡
				器具備品	課税売上	10% 別	19,000,000	○○㈱　事業譲渡
				事業譲渡益	課税売上	10% 別	4,000,000	○○㈱　事業譲渡益
				仮受消費税等	課税売上	10% 別	3,000,000	○○㈱　事業譲渡

◆当社事業の一部を譲渡し、譲渡代金として22,000,000円（税込み）が普通預金に入金された。譲渡資産は商品（自動車部品：帳簿価額7,000,000円）及び器具備品（帳簿価額19,000,000円）である。

【別記入力例】

725

借方勘定科目 借方補助科目	借方税区分	税率	借方金額 （消費税額）	貸方勘定科目 貸方補助科目	貸方税区分	税率	貸方金額 （消費税額）	摘要
普通預金	対象外		22,000,000	商品	課税売上	10% 別	7,000,000	○○㈱　事業譲渡
事業譲渡損	課税売上	10% 別	6,000,000	器具備品	課税売上	10% 別	19,000,000	○○㈱　事業譲渡
				仮受消費税等	課税売上	10% 別	2,000,000	○○㈱　事業譲渡損

◆社用車（帳簿価額300,000円）を440,000円（税込み）で譲渡し、未経過自動車税相当額5,000円及びリサイクル預託金相当額12,000円を含めた金額が普通預金に入金された。

【内税入力例】

726

借方勘定科目 借方補助科目	借方税区分	税率	借方金額 （消費税額）	貸方勘定科目 貸方補助科目	貸方税区分	税率	貸方金額 （消費税額）	摘要
普通預金	対象外		457,000	車両	課税売上	10% 内	330,000 (30,000)	○○㈱　車両譲渡
				固定資産売却益	課税売上	10% 内	115,000 (10,454)	○○㈱　車両譲渡益
				預け金	有価証券譲渡		12,000	○○㈱　車両譲渡

◆社用車（帳簿価額300,000円）を220,000円（税込み）で譲渡し、未経過自動車税相当額5,000円及びリサイクル預託金相当額12,000円を含めた金額が普通預金に入金された。

【内税入力例】

借方勘定科目 借方補助科目	借方税区分	税率	借方金額 (消費税額)	貸方勘定科目 貸方補助科目	貸方税区分	税率	貸方金額 (消費税額)	摘要
普通預金	対象外		237,000	車両	課税売上	10%	330,000 内 (30,000)	○○㈱ 車両譲渡
固定資産売却損	課税売上	10%	105,000 内 (9,545)	預け金	有価証券譲渡		12,000	○○㈱ 車両譲渡損

⚠ 自動車を譲渡する場合に未経過自動車税相当額、未経過自賠責保険料相当額を受領した場合、これらは譲渡対価の一部を構成するため、税区分は「課税売上」となります。また、リサイクル預託金相当額を受領した場合は預託金の譲渡として非課税売上げになりますが、課税売上割合の計算上、分母の額に算入されるのは預託金相当額×５％となるため、税区分は「有価証券譲渡」とします。

◆ゴルフ会員権を流通市場で売却し、売却代金1,320,000円（税込み）が普通預金に入金された。ゴルフ会員権の帳簿価額は1,000,000円である。

借方勘定科目 借方補助科目	借方税区分	税率	借方金額 (消費税額)	貸方勘定科目 貸方補助科目	貸方税区分	税率	貸方金額 (消費税額)	摘要
普通預金	対象外		1,320,000	施設利用権	課税売上	10%	1,100,000 内 (100,000)	ゴルフ会員権売却
				固定資産売却益	課税売上	10%	220,000 内 (20,000)	ゴルフ会員権売却

⚠ ゴルフ会員権に係る預託金が返還された場合、消費税は対象外となりますが、ゴルフ会員権を売却した際の売却代金は課税売上げとなります。

◆国外に所在する建物（帳簿価額30,000,000円）及び機械装置（帳簿価額8,000,000円）を譲渡し、譲渡代金として40,000,000円が普通預金に入金された。

借方勘定科目 借方補助科目	借方税区分	税率	借方金額 (消費税額)	貸方勘定科目 貸方補助科目	貸方税区分	税率	貸方金額 (消費税額)	摘要
普通預金	対象外		40,000,000	建物	対象外		30,000,000	○○Ltd 建物売却
				機械装置	対象外		8,000,000	○○Ltd 機械売却
				固定資産売却益	対象外		2,000,000	○○Ltd 建物、機械売却益

◆国外に所在する建物（帳簿価額30,000,000円）及び機械装置（帳簿価額8,000,000円）を譲渡し、譲渡代金として35,000,000円が普通預金に入金された。

借方勘定科目 借方補助科目	借方税区分	税率	借方金額 （消費税額）	貸方勘定科目 貸方補助科目	貸方税区分	税率	貸方金額 （消費税額）	摘要
普通預金	対象外		35,000,000	建物	対象外		30,000,000	○○Ltd　建物、機械 売却
固定資産売却損	対象外		3,000,000	機械装置	対象外		8,000,000	○○Ltd　建物、機械 売却損

(2) 簡易課税制度の事業区分

◆建物（帳簿価額4,000,000円）を11,000,000円（税込み）で譲渡し、未経過固定資産税相当額56,000円を含めた金額が普通預金に入金された。

【内税入力例-1】

731

借方勘定科目 借方補助科目	借方税区分	税率	借方金額 （消費税額）	貸方勘定科目 貸方補助科目	貸方税区分	税率	貸方金額 （消費税額）	摘要
普通預金	対象外		11,056,000	建物	課税売上 （第四種）	10% 内	4,400,000 (400,000)	○○㈱　建物譲渡
				固定資産売却益	課税売上 （第四種）	10% 内	6,656,000 (605,090)	○○㈱　建物譲渡益

【内税入力例-2】

732

借方勘定科目 借方補助科目	借方税区分	税率	借方金額 （消費税額）	貸方勘定科目 貸方補助科目	貸方税区分	税率	貸方金額 （消費税額）	摘要
普通預金	対象外		11,056,000	固定資産売却益	課税売上 （第四種）	10% 内	11,056,000 (1,005,090)	○○㈱　建物譲渡
固定資産売却益	対象外		4,000,000	建物	対象外		4,000,000	○○㈱　建物譲渡益

【別記入力例】

733

借方勘定科目 借方補助科目	借方税区分	税率	借方金額 （消費税額）	貸方勘定科目 貸方補助科目	貸方税区分	税率	貸方金額 （消費税額）	摘要
普通預金	対象外		11,056,000	建物	課税売上 （第四種）	10% 別	4,000,000	○○㈱　建物譲渡
				固定資産売却益	課税売上 （第四種）	10% 別	6,050,910	○○㈱　建物譲渡益
				仮受消費税等	課税売上 （第四種）	10% 別	1,005,090	○○㈱　建物譲渡

◆建物（帳簿価額4,000,000円）を3,244,000円（税込み）で譲渡し、未経過固定資産税相当額56,000円を含めた金額が普通預金に入金された。

【内税入力例-1】

734

借方勘定科目 借方補助科目	借方税区分	税率	借方金額 (消費税額)	貸方勘定科目 貸方補助科目	貸方税区分	税率	貸方金額 (消費税額)	摘要
普通預金	対象外		3,300,000	建物	課税売上 (第四種)	10%	4,400,000 内(400,000)	○○㈱ 建物譲渡
固定資産売却損	課税売上 (第四種)	10%	1,100,000 内(100,000)					○○㈱ 建物譲渡損

【内税入力例-2】

735

借方勘定科目 借方補助科目	借方税区分	税率	借方金額 (消費税額)	貸方勘定科目 貸方補助科目	貸方税区分	税率	貸方金額 (消費税額)	摘要
普通預金	対象外		3,300,000	固定資産売却損	課税売上 (第四種)	10%	3,300,000 (300,000)	○○㈱ 建物譲渡
固定資産売却損	対象外		4,000,000	建物	対象外		4,000,000	○○㈱ 建物譲渡損

【別記入力例】

736

借方勘定科目 借方補助科目	借方税区分	税率	借方金額 (消費税額)	貸方勘定科目 貸方補助科目	貸方税区分	税率	貸方金額 (消費税額)	摘要
普通預金	対象外		3,300,000	建物	課税売上 (第四種)	10% 別	4,000,000	○○㈱ 建物譲渡
固定資産売却損	課税売上 (第四種)	10% 別	1,000,000	仮受消費税等	課税売上 (第四種)	10% 別	300,000	○○㈱ 建物譲渡損

◆社用車（帳簿価額300,000円）を440,000円（税込み）で譲渡し、未経過自動車税相当額5,000円及びリサイクル預託金相当額12,000円を含めた金額が普通預金に入金された。

【内税入力例】

737

借方勘定科目 借方補助科目	借方税区分	税率	借方金額 (消費税額)	貸方勘定科目 貸方補助科目	貸方税区分	税率	貸方金額 (消費税額)	摘要
普通預金	対象外		457,000	車両	課税売上 (第四種)	10%	330,000 内(30,000)	○○㈱ 車両譲渡
				固定資産売却益	課税売上 (第四種)	10%	115,000 内(10,454)	○○㈱ 車両譲渡益
				預け金	対象外		12,000	○○㈱ 車両譲渡

◆社用車（帳簿価額300,000円）を220,000円（税込み）で譲渡し、未経過自動車税相当額5,000円及びリサイクル預託金相当額12,000円を含めた金額が普通預金に入金された。

【内税入力例】 738

借方勘定科目 借方補助科目	借方税区分	税率	借方金額 （消費税額）	貸方勘定科目 貸方補助科目	貸方税区分	税率	貸方金額 （消費税額）	摘要
普通預金	対象外		237,000	車両	課税売上 （第四種）	10%	330,000 内 (30,000)	○○㈱　車両譲渡
固定資産売却損	課税売上 （第四種）	10%	105,000 内 (9,545)	預け金	対象外		12,000	○○㈱　車両譲渡損

◆ゴルフ会員権を流通市場で売却し、売却代金1,320,000円（税込み）が普通預金に入金された。ゴルフ会員権の帳簿価額は1,000,000円である。

【内税入力例】 739

借方勘定科目 借方補助科目	借方税区分	税率	借方金額 （消費税額）	貸方勘定科目 貸方補助科目	貸方税区分	税率	貸方金額 （消費税額）	摘要
普通預金	対象外		1,320,000	施設利用権	課税売上 （第四種）	10%	1,100,000 内 (100,000)	ゴルフ会員権売却
				固定資産売却益	課税売上 （第四種）	10%	220,000 内 (20,000)	ゴルフ会員権売却

（1）経理処理例

◆過年度に貸倒処理した売掛金の一部を回収し、200,000円（10%税込み）が普通預金に入金された。

740

借方勘定科目 借方補助科目	借方税区分	税率	借方金額 （消費税額）	貸方勘定科目 貸方補助科目	貸方税区分	税率	貸方金額 （消費税額）	摘要
普通預金	対象外		200,000	債権償却取立益	課税貸倒回収	10%	200,000 内 (18,181)	○○㈱　貸倒債権回収

⚠️　過去に貸倒れに係る消費税額の控除の適用を受けた売掛金等の全部又は一部を、その後の課税期間において回収したときは、回収した税込金額に係る消費税額を、回収した日の属する課税期間の「課税標準額に対する消費税額」に加算することとされています。税区分は「課税貸倒回収」とし、税率は売掛金等の発生時の税率を入力します。

◆過年度に貸倒処理した売掛金の一部を回収し、180,000円（8%（旧）税込み）が普通預金に入金された。

741

借方勘定科目 借方補助科目	借方税区分	税率	借方金額 （消費税額）	貸方勘定科目 貸方補助科目	貸方税区分	税率	貸方金額 （消費税額）	摘要
普通預金	対象外		180,000	債権償却取立益	課税貸倒回収	8% （旧）	180,000 内 (13,333)	○○㈱　貸倒債権回収

◆過年度に貸倒処理した貸付金の一部を回収し、50,000円が普通預金に入金された。

742

借方勘定科目 借方補助科目	借方税区分	税率	借方金額 （消費税額）	貸方勘定科目 貸方補助科目	貸方税区分	税率	貸方金額 （消費税額）	摘要
普通預金	対象外		50,000	債権償却取立益	対象外		50,000	○○㈱　貸倒債権回収

◆過年度に貸倒処理した売掛金（輸出売上げにより生じたものである）の一部を回収し、80,000円が普通預金に入金された。

743

借方勘定科目 借方補助科目	借方税区分	税率	借方金額 （消費税額）	貸方勘定科目 貸方補助科目	貸方税区分	税率	貸方金額 （消費税額）	摘要
普通預金	対象外		80,000	債権償却取立益	対象外		80,000	○○Ltd　貸倒債権回収

（1）経理処理例

◆親会社より運転資金の補填として、10,000,000円が普通預金に入金された。

借方勘定科目 借方補助科目	借方税区分	税率	借方金額 （消費税額）	貸方勘定科目 貸方補助科目	貸方税区分	税率	貸方金額 （消費税額）	摘要
普通預金	対象外		10,000,000	受贈益	対象外		10,000,000	○○㈱　運転資金提供

744

◆親会社より自動車（時価2,000,000円）が無償で提供された。

借方勘定科目 借方補助科目	借方税区分	税率	借方金額 （消費税額）	貸方勘定科目 貸方補助科目	貸方税区分	税率	貸方金額 （消費税額）	摘要
車両	対象外		2,000,000	受贈益	対象外		2,000,000	○○㈱　車両提供

745

◆親会社から土地を15,000,000円で購入し、普通預金より支払った。土地の時価は20,000,000円である。

借方勘定科目 借方補助科目	借方税区分	税率	借方金額 （消費税額）	貸方勘定科目 貸方補助科目	貸方税区分	税率	貸方金額 （消費税額）	摘要
土地	対象外		20,000,000	普通預金	対象外		15,000,000	○○㈱　土地購入
				受贈益	対象外		5,000,000	○○㈱　土地購入

746

◆取引先からの借入金の一部200,000円につき、債務免除を受けた。

借方勘定科目 借方補助科目	借方税区分	税率	借方金額 （消費税額）	貸方勘定科目 貸方補助科目	貸方税区分	税率	貸方金額 （消費税額）	摘要
長期借入金	対象外		200,000	受贈益	対象外		200,000	○○㈱　借入金返済免除

747

（1）経理処理例

◆前期の売掛金（課税売上げ10%）の過少計上440,000円（税込み）が判明し、過少計上額を修正した。

借方勘定科目 借方補助科目	借方税区分	税率	借方金額 （消費税額）	貸方勘定科目 貸方補助科目	貸方税区分	税率	貸方金額 （消費税額）	摘要	
売掛金	対象外		440,000	前期損益修正益	課税売上	10% 別	400,000	○○㈱　前期売掛金過少計上修正	748
				仮受消費税等	課税売上	10% 別	40,000	○○㈱　前期売掛金過少計上修正	

⚠　前期損益修正損益のうち課税取引に該当するものがある場合には、その内容に応じて過去の課税期間に係る確定申告につき修正申告又は更正の請求を行う必要があります。税抜経理の場合、過去の課税期間の課税売上げや課税仕入れは内税入力ではなく「別記」とし、当課税期間の課税売上げや課税仕入れと区別できるような工夫が必要です。自社の経理処理方針を確認しましょう。

◆前期の売掛金（課税売上げ10%）の過大計上440,000円（税込み）が判明し、過大計上額を修正した。

借方勘定科目 借方補助科目	借方税区分	税率	借方金額 （消費税額）	貸方勘定科目 貸方補助科目	貸方税区分	税率	貸方金額 （消費税額）	摘要	
前期損益修正損	課税売上	10% 別	400,000	売掛金	対象外		440,000	○○㈱　前期売掛金過大計上修正	749
仮受消費税等	課税売上	10% 別	40,000					○○㈱　前期売掛金過大計上修正	

◆前期の未払金（課税仕入れ10%）の過大計上1,650,000円（税込み）が判明し、過大計上額を修正した。

借方勘定科目 借方補助科目	借方税区分	税率	借方金額 （消費税額）	貸方勘定科目 貸方補助科目	貸方税区分	税率	貸方金額 （消費税額）	摘要	
未払金	対象外		1,650,000	前期損益修正益	課税仕入	10% 別	1,500,000	○○㈱　前期未払金過大計上修正	750
				仮払消費税等	課税仕入	10% 別	150,000	○○㈱　前期未払金過大計上修正	

◆前期の未払金（課税仕入れ10%）の過少計上1,650,000円（税込み）が判明し、過少計上額を修正した。

借方勘定科目 借方補助科目	借方税区分	税率	借方金額 （消費税額）	貸方勘定科目 貸方補助科目	貸方税区分	税率	貸方金額 （消費税額）	摘要	
前期損益修正損	課税仕入	10% 別	1,500,000	未払金	対象外		1,650,000	○○㈱　前期未払金過少計上修正	751
仮払消費税等	課税仕入	10% 別	150,000					○○㈱　前期未払金過少計上修正	

◆前期の減価償却費の計上漏れ3,000,000円が判明し、修正した。

752

借方勘定科目 借方補助科目	借方税区分	税率	借方金額 （消費税額）	貸方勘定科目 貸方補助科目	貸方税区分	税率	貸方金額 （消費税額）	摘要
前期損益修正損	対象外		3,000,000	減価償却累計額	対象外		3,000,000	前期減価償却計上漏れ

◆過去２年分の未払残業代2,000,000円が判明し、未払費用として計上した。

753

借方勘定科目 借方補助科目	借方税区分	税率	借方金額 （消費税額）	貸方勘定科目 貸方補助科目	貸方税区分	税率	貸方金額 （消費税額）	摘要
前期損益修正損	対象外		2,000,000	未払費用 給与	対象外		2,000,000	過年度未払残業代

（1）経理処理例

◆機械装置（帳簿価額800,000円）を廃棄したが、廃棄業者に手数料として11,000円（税込み）を現金で支払った。

①インボイスを保存している。

754

借方勘定科目 借方補助科目	借方税区分	税率	借方金額 （消費税額）	貸方勘定科目 貸方補助科目	貸方税区分	税率	貸方金額 （消費税額）	摘要
固定資産除却損	対象外		800,000	機械装置	対象外		800,000	○○㈱　機械装置廃棄
支払手数料	課税仕入	10% 内	11,000 (1,000)	現金	対象外		11,000	○○㈱　機械装置廃棄 手数料

②請求書等（インボイスに該当しない）を保存している。

755

借方勘定科目 借方補助科目	借方税区分	税率	借方金額 （消費税額）	貸方勘定科目 貸方補助科目	貸方税区分	税率	貸方金額 （消費税額）	摘要
固定資産除却損	対象外		800,000	機械装置	対象外		800,000	○○㈱　機械装置廃棄
支払手数料	課税仕入 （80%控除）	10% 内	11,000 (800)	現金	対象外		11,000	○○㈱　機械装置廃棄 手数料

◆機械装置につき、固定資産評価損2,000,000円を計上した。

756

借方勘定科目 借方補助科目	借方税区分	税率	借方金額 （消費税額）	貸方勘定科目 貸方補助科目	貸方税区分	税率	貸方金額 （消費税額）	摘要
固定資産評価損	対象外		2,000,000	機械装置	対象外		2,000,000	機械装置評価損

◆当社は減損会計を適用（間接控除方式）しているが、土地及び建物につき減損損失3,000,000円を計上した。

757

借方勘定科目 借方補助科目	借方税区分	税率	借方金額 （消費税額）	貸方勘定科目 貸方補助科目	貸方税区分	税率	貸方金額 （消費税額）	摘要
減損損失	対象外		3,000,000	減損損失累計額	対象外		3,000,000	土地及び建物減損損失

(1) 経理処理例

◆法人税、事業税、住民税の中間納付として、1,000,000円を普通預金より支払った。

758

借方勘定科目 借方補助科目	借方税区分	税率	借方金額 (消費税額)	貸方勘定科目 貸方補助科目	貸方税区分	税率	貸方金額 (消費税額)	摘要
法人税、住民 税及び事業税	対象外		1,000,000	普通預金	対象外		1,000,000	法人税等中間納付

◆決算において確定申告で納付すべき法人税5,000,000円、事業税3,000,000円（内訳：所得割 1,000,000円、資本割及び付加価値割合計2,000,000円）、住民税1,500,000円を未払法人税等に計上した。

759

借方勘定科目 借方補助科目	借方税区分	税率	借方金額 (消費税額)	貸方勘定科目 貸方補助科目	貸方税区分	税率	貸方金額 (消費税額)	摘要
法人税、住民 税及び事業税	対象外		5,000,000	未払法人税等	対象外		9,500,000	法人税確定納付額
法人税、住民 税及び事業税	対象外		1,000,000					法人事業税 (所得割) 確定納付額
法人税、住民 税及び事業税	対象外		1,500,000					法人住民税確定納付額
租税公課	対象外		2,000,000					法人事業税 (資本割及び 付加価値割) 確定納付額

◆当社は税効果会計を適用しているが、決算において前期計上分の繰延税金資産700,000円を取崩し、当期分として600,000円を計上した。

760

借方勘定科目 借方補助科目	借方税区分	税率	借方金額 (消費税額)	貸方勘定科目 貸方補助科目	貸方税区分	税率	貸方金額 (消費税額)	摘要
法人税等調整額	対象外		700,000	繰延税金資産	対象外		700,000	前期計上分取崩し
繰延税金資産	対象外		600,000	法人税等調整額	対象外		600,000	当期計上額

◆確定申告で納付すべき法人税700,000円、事業税400,000円、住民税200,000円を普通預金より支払った。決算において未払法人税等には計上していない。

761

借方勘定科目 借方補助科目	借方税区分	税率	借方金額 (消費税額)	貸方勘定科目 貸方補助科目	貸方税区分	税率	貸方金額 (消費税額)	摘要
法人税、住民 税及び事業税	対象外		700,000	普通預金	対象外		1,300,000	法人税確定申告納付
法人税、住民 税及び事業税	対象外		400,000					法人事業税確定申告納付
法人税、住民 税及び事業税	対象外		200,000					法人住民税確定申告納付

（1）経理処理例

◆当社商品の売上げにより発生した売掛金の回収として、受取手形880,000円を受け取った。

762

借方勘定科目 借方補助科目	借方税区分	税率	借方金額 （消費税額）	貸方勘定科目 貸方補助科目	貸方税区分	税率	貸方金額 （消費税額）	摘要
受取手形	対象外		880,000	売掛金	対象外		800,000	○○㈱　受取手形

◆受取手形880,000円が不渡りとなった。

763

借方勘定科目 借方補助科目	借方税区分	税率	借方金額 （消費税額）	貸方勘定科目 貸方補助科目	貸方税区分	税率	貸方金額 （消費税額）	摘要
不渡手形	対象外		880,000	受取手形	対象外		880,000	○○㈱　手形不渡り

◆買掛金支払のために、1,650,000円の受取手形を裏書譲渡した。

764

借方勘定科目 借方補助科目	借方税区分	税率	借方金額 （消費税額）	貸方勘定科目 貸方補助科目	貸方税区分	税率	貸方金額 （消費税額）	摘要
買掛金	対象外		1,650,000	受取手形	対象外		1,650,000	○○㈱　裏書手形

(1) 経理処理例

◆当社商品の販売により、770,000円（10%税込み）の売掛金が発生した。

借方勘定科目 借方補助科目	借方税区分	税率	借方金額 （消費税額）	貸方勘定科目 貸方補助科目	貸方税区分	税率	貸方金額 （消費税額）	摘要
売掛金	対象外		770,000	売上高	課税売上	10%	770,000 内 (70,000)	○○㈱ 商品売上

765

◆売掛金770,000円につき、普通預金に入金された。

借方勘定科目 借方補助科目	借方税区分	税率	借方金額 （消費税額）	貸方勘定科目 貸方補助科目	貸方税区分	税率	貸方金額 （消費税額）	摘要
普通預金	対象外		770,000	売掛金	対象外		770,000	○○㈱ 売掛金回収

766

◆当社商品の売上げにより生じた売掛金660,000円をファクタリング業者に譲渡し、手数料30,000円が差し引かれて普通預金に入金された。

借方勘定科目 借方補助科目	借方税区分	税率	借方金額 （消費税額）	貸方勘定科目 貸方補助科目	貸方税区分	税率	貸方金額 （消費税額）	摘要
普通預金	対象外		630,000	売掛金	対象外		660,000	○○㈱ ファクタリング
支払手数料	対象外		30,000					○○㈱ ファクタリング

767

◆他の事業者から1,000,000円で買い取った売掛金を譲渡し、手数料100,000円が差し引かれて普通預金に入金された。

借方勘定科目 借方補助科目	借方税区分	税率	借方金額 （消費税額）	貸方勘定科目 貸方補助科目	貸方税区分	税率	貸方金額 （消費税額）	摘要
普通預金	対象外		900,000	売掛金	有価証券譲渡		1,000,000	○○㈱ 売掛金譲渡
支払手数料	有価証券譲渡		100,000					○○㈱ 売掛金譲渡

768

⚠ 自社商品の譲渡やサービス提供等から生じた売掛金を譲渡した場合には、課税売上割合の計算には含めませんが、他の事業者から買い取った売掛金を譲渡した場合には、課税売上割合の計算上、譲渡対価の５％を分母に含める必要があります。

（1）経理処理例

◆他の事業者に対し金銭消費貸借契約により半年後の一括返済を条件として3,000,000円を貸し付け、普通預金より支払った。

769

借方勘定科目 借方補助科目	借方税区分	税率	借方金額 （消費税額）	貸方勘定科目 貸方補助科目	貸方税区分	税率	貸方金額 （消費税額）	摘要
短期貸付金	対象外		3,000,000	普通預金	対象外		3,000,000	○○㈱　貸付金

◆貸付金3,000,000円を回収し、利息50,000円とともに普通預金に入金された。

770

借方勘定科目 借方補助科目	借方税区分	税率	借方金額 （消費税額）	貸方勘定科目 貸方補助科目	貸方税区分	税率	貸方金額 （消費税額）	摘要
普通預金	対象外		3,050,000	短期貸付金	対象外		3,000,000	○○㈱　貸付金回収
				受取利息	非課税売上		50,000	○○㈱　貸付金回収

◆Ａ社への長期貸付金2,000,000円を現物出資（DESデッドエクイティスワップ）することとし、Ａ社株式2,000,000円（時価）を取得した。

771

借方勘定科目 借方補助科目	借方税区分	税率	借方金額 （消費税額）	貸方勘定科目 貸方補助科目	貸方税区分	税率	貸方金額 （消費税額）	摘要
投資有価証券	対象外		2,000,000	長期貸付金	有価証券譲渡		2,000,000	○○㈱　DES

⚠　貸付金の現物出資は貸付金を譲渡する行為であり、現物出資により取得した株式の時価が貸付金の譲渡対価の額になります。
　　貸付金を譲渡した場合には、課税売上割合の計算上、譲渡対価の５％を分母に含める必要があります。

（1）経理処理例

◆株式市場よりＡ社株式を購入した代金として500,000円及び証券会社に対する購入手数料27,500円（税込み）を普通預金より支払った。

①インボイスを保存している。

借方勘定科目 借方補助科目	借方税区分	税率	借方金額 （消費税額）	貸方勘定科目 貸方補助科目	貸方税区分	税率	貸方金額 （消費税額）	摘要	
有価証券	対象外		500,000	普通預金	対象外		527,500	○○㈱　株式購入	772
有価証券	課税仕入	10% 内	27,500 (2,500)					○○㈱　株式購入手数料	

②請求書等（インボイスに該当しない）を保存している。

借方勘定科目 借方補助科目	借方税区分	税率	借方金額 （消費税額）	貸方勘定科目 貸方補助科目	貸方税区分	税率	貸方金額 （消費税額）	摘要	
有価証券	対象外		500,000	普通預金	対象外		527,500	○○㈱　株式購入	773
有価証券	課税仕入 （80%控除）	10% 内	27,500 (2,000)					○○㈱　株式購入手数料	

⚠　個別対応方式を適用する場合、有価証券の購入手数料は、将来の有価証券の譲渡に対応するものとして一般的には「非課税売上対応」に区分されますが、業務提携や子会社化するために取得した有価証券の購入手数料については、「共通対応」に区分することも可能と考えます。なお、国外取引となる有価証券購入に係る国内手数料等については「課税売上対応」として仕入税額控除の適用を受けることができます。

◆第三者割当増資によりＢ社株式を取得した。出資払込金額は1,000,000円であり普通預金より支払った。

借方勘定科目 借方補助科目	借方税区分	税率	借方金額 （消費税額）	貸方勘定科目 貸方補助科目	貸方税区分	税率	貸方金額 （消費税額）	摘要	
投資有価証券	対象外		1,000,000	普通預金	対象外		1,000,000	Ｂ社株式　第三者割当増資	774

◆Ｃ社を子会社として買収するためのＣ社株式売買代金として10,000,000円を普通預金より支払った。なお、買収にあたり弁護士法人に法務デューデリジェンス報酬として550,000円（税込み）を普通預金より支払い、Ｃ社株式の取得価額として計上した。

①インボイスを保存している。

借方勘定科目 借方補助科目	借方税区分	税率	借方金額 （消費税額）	貸方勘定科目 貸方補助科目	貸方税区分	税率	貸方金額 （消費税額）	摘要	
関係会社株式	対象外		10,000,000	普通預金	対象外		10,000,000	○○㈱　株式取得	775
関係会社株式	課税仕入	10% 内	550,000 (50,000)	普通預金	対象外		550,000	△△弁護士法人　○○㈱デューデリジェンス報酬	

②請求書等（インボイスに該当しない）を保存している。

借方勘定科目 借方補助科目	借方税区分	税率	借方金額 （消費税額）	貸方勘定科目 貸方補助科目	貸方税区分	税率	貸方金額 （消費税額）	摘要	776
関係会社株式	対象外		10,000,000	普通預金	対象外		10,000,000	○○㈱ 株式取得	
関係会社株式	課税仕入 （80%控除）	10%	550,000 内 (40,000)	普通預金	対象外		550,000	△△弁護士法人 ○○ ㈱デューデリジェンス 報酬	

⚠ 有価証券取得のための付随費用（購入手数料等）は、原則として当該有価証券の取得価額に含めることとなります。買収や出資時に発生するデューデリジェンス費用や調査費用等は、その発生が購入又は出資の意思決定をするためのものであれば取得価額に含めることなく費用処理、意思決定後に生じたものであれば取得価額に含めることになると考えます。消費税においてはいずれであっても役務提供が完了した課税期間の課税仕入れになります。

　なお、企業買収の目的は企業の支配の獲得であり、その株式を保有することが目的であるため、個別対応方式を適用する場合は「共通対応」に区分されると考えます。

◆匿名組合への出資として、2,000,000円を普通預金より支払った。

借方勘定科目 借方補助科目	借方税区分	税率	借方金額 （消費税額）	貸方勘定科目 貸方補助科目	貸方税区分	税率	貸方金額 （消費税額）	摘要	777
出資金	対象外		2,000,000	普通預金	対象外		2,000,000	○○匿名組合出資	

◆期末に有する売買目的有価証券につき、評価益200,000円を計上した。

借方勘定科目 借方補助科目	借方税区分	税率	借方金額 （消費税額）	貸方勘定科目 貸方補助科目	貸方税区分	税率	貸方金額 （消費税額）	摘要	778
有価証券	対象外		200,000	有価証券評価益	対象外		200,000	○○㈱株式評価益	

◆当社は期末に有するその他有価証券の評価替えにつき全部純資産直入法及び税効果会計（法定実効税率30%）を適用している。期末において1,000,000円の評価益が生じているため、決算整理においてその処理を行った。

借方勘定科目 借方補助科目	借方税区分	税率	借方金額 （消費税額）	貸方勘定科目 貸方補助科目	貸方税区分	税率	貸方金額 （消費税額）	摘要	779
投資有価証券	対象外		1,000,000	その他有価証券評価差額金	対象外		700,000	期末評価差額	
				繰延税金負債	対象外		300,000	期末評価差額	

※有価証券を譲渡した場合の経理処理例は「有価証券譲渡（損）益」をご参照ください。

（1）経理処理例

◆ 未成工事に係る給与1,500,000円及び社会保険料450,000円（うち事業主負担分225,000円）を普通預金より支払った（源泉所得税等の処理は省略）。

780

借方勘定科目 借方補助科目	借方税区分	税率	借方金額 （消費税額）	貸方勘定科目 貸方補助科目	貸方税区分	税率	貸方金額 （消費税額）	摘要
未成工事支出金	対象外		1,500,000	普通預金	対象外		1,500,000	●月分給与
未成工事支出金	対象外		225,000	普通預金	対象外		450,000	●月分社会保険料
預り金 社会保険料	対象外		225,000					●月分社会保険料

◆ 【原則】未成工事に係る材料費3,850,000円（税込み）及び外注費8,800,000円（税込み）を普通預金より支払った。当社は課税仕入れを行った課税期間において仕入税額控除の適用を受ける。

①インボイスを保存している。
【課税仕入れを行った課税期間】

781

借方勘定科目 借方補助科目	借方税区分	税率	借方金額 （消費税額）	貸方勘定科目 貸方補助科目	貸方税区分	税率	貸方金額 （消費税額）	摘要
未成工事支出金	課税仕入	10%	3,850,000 内（350,000）	普通預金	対象外		3,850,000	○○㈱　工事材料費
未成工事支出金	課税仕入	10%	8,800,000 内（800,000）	普通預金	対象外		8,800,000	△△㈱　工事外注費

【工事が完成した課税期間】

782

借方勘定科目 借方補助科目	借方税区分	税率	借方金額 （消費税額）	貸方勘定科目 貸方補助科目	貸方税区分	税率	貸方金額 （消費税額）	摘要
材料費	対象外		3,500,000	未成工事支出金	対象外		3,500,000	完成工事振替
外注費	対象外		8,000,000	未成工事支出金	対象外		8,000,000	完成工事振替

②請求書等（インボイスに該当しない）を保存している。
【課税仕入れを行った課税期間】

783

借方勘定科目 借方補助科目	借方税区分	税率	借方金額 （消費税額）	貸方勘定科目 貸方補助科目	貸方税区分	税率	貸方金額 （消費税額）	摘要
未成工事支出金	課税仕入 （80%控除）	10%	3,850,000 内（280,000）	普通預金	対象外		3,850,000	○○㈱　工事材料費
未成工事支出金	課税仕入 （80%控除）	10%	8,800,000 内（640,000）	普通預金	対象外		8,800,000	△△㈱　工事外注費

【工事が完成した課税期間】

借方勘定科目 借方補助科目	借方税区分	税率	借方金額 （消費税額）	貸方勘定科目 貸方補助科目	貸方税区分	税率	貸方金額 （消費税額）	摘要
材料費	対象外		3,570,000	未成工事支出金	対象外		3,570,000	完成工事振替
外注費	対象外		8,160,000	未成工事支出金	対象外		8,160,000	完成工事振替

784

⚠ 請負工事に係る材料費や外注費などは未成工事支出金として経理し、請負工事が完成して相手方に引渡した時に完成工事原価に振り替える処理を行います。消費税は、原則として各課税仕入れを行った課税期間において仕入税額控除の適用を受けることになりますが、継続適用を要件に、相手方に引き渡した課税期間にまとめて仕入税額控除の適用を受けることも可能です（下記【特例】参照）。

◆【特例】未成工事に係る材料費3,850,000円（税込み）及び外注費8,800,000円（税込み）を普通預金より支払った。当社は、工事が完成した課税期間において一括して仕入税額控除の適用を受けている。

①インボイスを保存している。
【課税仕入れを行った課税期間】

借方勘定科目 借方補助科目	借方税区分	税率	借方金額 （消費税額）	貸方勘定科目 貸方補助科目	貸方税区分	税率	貸方金額 （消費税額）	摘要
未成工事支出金	対象外		3,850,000	普通預金	対象外		3,850,000	○○㈱　工事材料費
未成工事支出金	対象外		8,800,000	普通預金	対象外		8,800,000	△△㈱　工事外注費

785

⚠ 【特例】による場合であっても、未成工事支出金は税抜金額で、消費税相当額は仮払消費税等として処理する方法も考えられます。自社の経理処理方針を確認しましょう。

【工事が完成した課税期間】

借方勘定科目 借方補助科目	借方税区分	税率	借方金額 （消費税額）	貸方勘定科目 貸方補助科目	貸方税区分	税率	貸方金額 （消費税額）	摘要
材料費	課税仕入	10%	3,850,000 内（350,000）	未成工事支出金	対象外		3,850,000	完成工事振替
外注費	課税仕入	10%	8,800,000 内（800,000）	未成工事支出金	対象外		8,800,000	完成工事振替

786

②請求書等（インボイスに該当しない）を保存している。
【課税仕入れを行った課税期間】

借方勘定科目 借方補助科目	借方税区分	税率	借方金額 （消費税額）	貸方勘定科目 貸方補助科目	貸方税区分	税率	貸方金額 （消費税額）	摘要
未成工事支出金	対象外		3,850,000	普通預金	対象外		3,850,000	○○㈱　工事材料費
未成工事支出金	対象外		8,800,000	普通預金	対象外		8,800,000	△△㈱　工事外注費

787

【工事が完成した課税期間】

借方勘定科目 借方補助科目	借方税区分	税率	借方金額 (消費税額)	貸方勘定科目 貸方補助科目	貸方税区分	税率	貸方金額 (消費税額)	摘要
材料費	課税仕入 (80%控除)	10%	3,850,000 内(280,000)	未成工事支出金	対象外		3,850,000	完成工事振替
外注費	課税仕入 (80%控除)	10%	8,800,000 内(640,000)	未成工事支出金	対象外		8,800,000	完成工事振替

⚠ 個別対応方式を適用する場合、未成工事支出金に含まれる各課税仕入れは、その完成した物の譲渡対価が課税売上げとなるものであれば「課税売上対応」、非課税売上げとなるものであれば「非課税売上対応」になります。

◆国外の建設工事の費用として、現地の業者に材料費2,000,000円及び外注費3,000,000円を普通預金より支払った。

借方勘定科目 借方補助科目	借方税区分	税率	借方金額 (消費税額)	貸方勘定科目 貸方補助科目	貸方税区分	税率	貸方金額 (消費税額)	摘要
未成工事支出金	対象外		2,000,000	普通預金	対象外		2,000,000	○○Ltd　工事材料費
未成工事支出金	対象外		3,000,000	普通預金	対象外		3,000,000	△△Ltd　工事外注費

(1) 経理処理例

◆土地の購入代金50,000,000円及び未経過固定資産税相当額100,000円を普通預金より支払った。また、不動産会社に対する仲介手数料770,000円（税込み）を普通預金より支払った。

①インボイスを保存している。

790

借方勘定科目 借方補助科目	借方税区分	税率	借方金額 (消費税額)	貸方勘定科目 貸方補助科目	貸方税区分	税率	貸方金額 (消費税額)	摘要
土地	対象外		50,100,000	普通預金	対象外		50,100,000	×× 土地購入代
土地	課税仕入	10%	770,000 内 (70,000)	普通預金	対象外		770,000	○○不動産 仲介手数料

②請求書等（インボイスに該当しない）を保存している。

791

借方勘定科目 借方補助科目	借方税区分	税率	借方金額 (消費税額)	貸方勘定科目 貸方補助科目	貸方税区分	税率	貸方金額 (消費税額)	摘要
土地	対象外		50,100,000	普通預金	対象外		50,010,000	×× 土地購入代
土地	課税仕入 (80%控除)	10%	770,000 内 (56,000)					○○不動産 仲介手数料

⚠ 土地の未経過固定資産税相当額は譲渡対価の一部を構成し、土地の取得価額に含まれます。

◆土地購入に係る名義変更費用として登録免許税120,000円、司法書士報酬33,000円（税込み）を普通預金より支払った。

①インボイスを保存している。

792

借方勘定科目 借方補助科目	借方税区分	税率	借方金額 (消費税額)	貸方勘定科目 貸方補助科目	貸方税区分	税率	貸方金額 (消費税額)	摘要
租税公課	対象外		120,000	普通預金	対象外		153,000	土地登録免許税
支払報酬料	課税仕入	10%	33,000 内 (3,000)					○○司法書士法人 名義変更手続き

②請求書等（インボイスに該当しない）を保存している。

793

借方勘定科目 借方補助科目	借方税区分	税率	借方金額 (消費税額)	貸方勘定科目 貸方補助科目	貸方税区分	税率	貸方金額 (消費税額)	摘要
租税公課	対象外		120,000	普通預金	対象外		153,000	土地登録免許税
支払報酬料	課税仕入 (80%控除)	10%	33,000 内 (2,400)					○○司法書士法人 名義変更手続き

⚠ 土地の取得に当たり要した付随費用は原則として土地の取得価額に含まれますが、次のような付随費用は取得価額に含めず費用処理することができます。
　　不動産取得税・登録免許税・登記に要する費用・一旦締結した売買契約を解除して他の土地を取得した場合に支出する違約金・借入金利子

◆購入した土地の造成費用として、3,300,000円（税込み）を普通預金より支払った。

①インボイスを保存している。

借方勘定科目 借方補助科目	借方税区分	税率	借方金額 （消費税額）	貸方勘定科目 貸方補助科目	貸方税区分	税率	貸方金額 （消費税額）	摘要
土地	課税仕入	10%	3,300,000 内 (300,000)	普通預金	対象外		3,300,000	○○㈱　土地造成費

794

②請求書等（インボイスに該当しない）を保存している。

借方勘定科目 借方補助科目	借方税区分	税率	借方金額 （消費税額）	貸方勘定科目 貸方補助科目	貸方税区分	税率	貸方金額 （消費税額）	摘要
土地	課税仕入 (80%控除)	10%	3,300,000 内 (240,000)	普通預金	対象外		3,300,000	○○㈱　土地造成費

795

◆土地及び建物の購入代金として20,550,000円（土地20,000,000円、建物550,000円（税込み））を普通預金より支払った。その土地の購入が目的であったため、当社では建物は使用せず即日取壊して更地にした。

①インボイスを保存している。

借方勘定科目 借方補助科目	借方税区分	税率	借方金額 （消費税額）	貸方勘定科目 貸方補助科目	貸方税区分	税率	貸方金額 （消費税額）	摘要
土地	対象外		20,000,000	普通預金	対象外		20,550,000	○○㈱　土地建物購入
土地	課税仕入	10%	550,000 内 (50,000)					○○㈱　土地建物購入

796

②請求書等（インボイスに該当しない）を保存している。

借方勘定科目 借方補助科目	借方税区分	税率	借方金額 （消費税額）	貸方勘定科目 貸方補助科目	貸方税区分	税率	貸方金額 （消費税額）	摘要
土地	対象外		20,000,000	普通預金	対象外		20,550,000	○○㈱　土地建物購入
土地	課税仕入 (80%控除)	10%	550,000 内 (40,000)					○○㈱　土地建物購入

797

◆土地を借り受けるにあたり借地権の設定の対価として、4,000,000円を普通預金より支払った。

借方勘定科目 借方補助科目	借方税区分	税率	借方金額 （消費税額）	貸方勘定科目 貸方補助科目	貸方税区分	税率	貸方金額 （消費税額）	摘要
借地権	対象外		4,000,000	普通預金	対象外		4,000,000	○○　借地権

798

◆国外の土地の購入代金30,000,000円を普通預金より支払った。また、現地の不動産会社に対する仲介手数料300,000円を普通預金より支払った。

借方勘定科目 借方補助科目	借方税区分	税率	借方金額 （消費税額）	貸方勘定科目 貸方補助科目	貸方税区分	税率	貸方金額 （消費税額）	摘要
土地	対象外		30,000,000	普通預金	対象外		30,000,000	○○　土地購入代
土地	対象外		300,000	普通預金	対象外		300,000	○○Ltd　土地仲介手数料

※土地を譲渡した場合の経理処理例は「固定資産売却（損）益」をご参照ください。

(2) 個別対応方式の用途区分

◆土地の購入代金50,000,000円及び未経過固定資産税相当額100,000円を普通預金より支払った。また、不動産会社に対する仲介手数料770,000円（税込み）を普通預金より支払った。当該土地は当社工場の建設予定地であり、当社製品の売上げは課税売上げとなるものである。

800

借方勘定科目 借方補助科目	借方税区分	税率	借方金額 (消費税額)	貸方勘定科目 貸方補助科目	貸方税区分	税率	貸方金額 (消費税額)	摘要
土地	対象外		50,100,000	普通預金	対象外		50,100,000	×× 土地購入代
土地	課税仕入 (課税売上対応)	10%	770,000 内 (70,000)	普通預金	対象外		770,000	○○不動産 仲介手数料

◆土地購入に係る名義変更費用として登録免許税120,000円、司法書士報酬33,000円（税込み）を普通預金より支払った。当該土地は本社ビル建設予定地である。

801

借方勘定科目 借方補助科目	借方税区分	税率	借方金額 (消費税額)	貸方勘定科目 貸方補助科目	貸方税区分	税率	貸方金額 (消費税額)	摘要
租税公課	対象外		120,000	普通預金	対象外		153,000	土地登録免許税
支払報酬料	課税仕入 (共通対応)	10%	33,000 内 (3,000)					○○司法書士法人 名義変更手続き

◆購入した土地の造成費用として、3,300,000円（税込み）を普通預金より支払った。当該土地は賃貸用マンション（居住用）の建設予定地であり、家賃収入を収受する予定である。

802

借方勘定科目 借方補助科目	借方税区分	税率	借方金額 (消費税額)	貸方勘定科目 貸方補助科目	貸方税区分	税率	貸方金額 (消費税額)	摘要
土地	課税仕入 (非課税売上対応)	10%	3,300,000 内 (300,000)	普通預金	対象外		3,300,000	○○㈱ 土地造成費

◆土地及び建物の購入代金として20,550,000円（土地20,000,000円、建物550,000円（税込み））を普通預金より支払った。その土地の購入が目的であったため、当社では建物は使用せず即日取壊して更地にした。当該土地は当社商品を販売する店舗の建設予定地であり、当社商品の売上げは課税売上げとなるものである。

借方勘定科目 借方補助科目	借方税区分	税率	借方金額 （消費税額）	貸方勘定科目 貸方補助科目	貸方税区分	税率	貸方金額 （消費税額）	摘要
土地	対象外		20,000,000	普通預金	対象外		20,550,000	○○㈱　土地建物購入
土地	課税仕入 （課税売上対応）	10%	550,000 内(50,000)					○○㈱　土地建物購入

（1）経理処理例

◆建設会社に対し建物の建設代金として、建物の引渡日に66,000,000円（税込み）を普通預金より支払った。

①インボイスを保存している。

804

借方勘定科目 借方補助科目	借方税区分	税率	借方金額 （消費税額）	貸方勘定科目 貸方補助科目	貸方税区分	税率	貸方金額 （消費税額）	摘要
建物	課税仕入	10%	66,000,000 内 (6,000,000)	普通預金	対象外		66,000,000	○○㈱　建物建設

②請求書等（インボイスに該当しない）を保存している。

805

借方勘定科目 借方補助科目	借方税区分	税率	借方金額 （消費税額）	貸方勘定科目 貸方補助科目	貸方税区分	税率	貸方金額 （消費税額）	摘要
建物	対象外 （80%控除）	10%	66,000,000 内 (4,800,000)	普通預金	対象外		66,000,000	○○㈱　建物建設

◆土地、建物の購入代金80,000,000円（内訳：土地65,000,000円、建物15,000,000円（税込み））及び未経過固定資産税相当額300,000円（内訳：土地250,000円、建物50,000円）を普通預金より支払った。また、不動産会社に対する仲介手数料1,100,000円（税込み　内訳：土地分893,750円、建物分206,250円）を普通預金より支払った。

①インボイスを保存している。

806

借方勘定科目 借方補助科目	借方税区分	税率	借方金額 （消費税額）	貸方勘定科目 貸方補助科目	貸方税区分	税率	貸方金額 （消費税額）	摘要
土地	対象外		65,250,000	普通預金	対象外		80,300,000	××　土地購入代
建物	課税仕入	10%	15,050,000 内 (1,368,181)					××　建物購入代
土地	課税仕入	10%	893,750 内 (81,250)	普通預金	対象外		1,100,000	○○不動産　土地仲介手数料
建物	課税仕入	10%	206,250 内 (18,750)					○○不動産　建物仲介手数料

②請求書等（インボイスに該当しない）を保存している。

借方勘定科目 借方補助科目	借方税区分	税率	借方金額 (消費税額)	貸方勘定科目 貸方補助科目	貸方税区分	税率	貸方金額 (消費税額)	摘要
土地	対象外		65,250,000	普通預金	対象外		80,300,000	×× 　土地購入代
建物	課税仕入 (80%控除)	10%	15,050,000 内 (1,094,545)					×× 　建物購入代
土地	課税仕入 (80%控除)	10%	893,750 内 (65,000)	普通預金	対象外		1,100,000	○○不動産　土地仲介 手数料
建物	課税仕入 (80%控除)	10%	206,250 内 (15,000)					○○不動産　建物仲介 手数料

▲　土地、建物の未経過固定資産税相当額は譲渡対価の一部を構成し、取得価額に含まれます。土地の未経過固定資産税相当額の税区分は「対象外」、建物の未経過固定資産税相当額の税区分は「課税仕入」とする必要があります。

▲　土地及び建物を一括購入した場合で、売買契約書等でそれぞれの購入対価が明らかでないときは、売買金額総額を時価や固定資産税評価額等に基づき合理的に按分する必要があります。仲介手数料等の内訳が不明な場合も、同様の方法で按分してそれぞれの取得価額に含めることとなります。

◆建物購入に係る名義変更費用として登録免許税80,000円、司法書士報酬22,000円（税込み）を普通預金より支払った。

①インボイスを保存している。

借方勘定科目 借方補助科目	借方税区分	税率	借方金額 (消費税額)	貸方勘定科目 貸方補助科目	貸方税区分	税率	貸方金額 (消費税額)	摘要
租税公課	対象外		80,000	普通預金	対象外		102,000	建物登録免許税
支払報酬料	課税仕入	10%	22,000 内 (2,000)					○○司法書士法人　名 義変更手続き

②請求書等（インボイスに該当しない）を保存している。

借方勘定科目 借方補助科目	借方税区分	税率	借方金額 (消費税額)	貸方勘定科目 貸方補助科目	貸方税区分	税率	貸方金額 (消費税額)	摘要
租税公課	対象外		80,000	普通預金	対象外		102,000	建物登録免許税
支払報酬料	課税仕入 (80%控除)	10%	22,000 内 (1,600)					○○司法書士法人　名 義変更手続き

▲　建物の取得に当たり要した付随費用は原則として建物の取得価額に含まれますが、次のような付随費用は取得価額に含めず費用処理することができます。
　不動産取得税・登録免許税・登記に要する費用・建物の建設等のための調査費用等でその建築計画を変更したことにより不要となった費用・一旦締結した売買契約を解除して他の建物を取得した場合に支出する違約金・借入金利子

◆当社所有の土地の上に居住用マンション（居住用賃貸建物）を建設し、代金として44,000,000
円（税込み）を支払った。

①インボイスを保存している。

借方勘定科目 借方補助科目	借方税区分	税率	借方金額 （消費税額）	貸方勘定科目 貸方補助科目	貸方税区分	税率	貸方金額 （消費税額）	摘要
建物	対象外		40,000,000	普通預金	対象外		44,000,000	○○㈱　マンション建設費　居住用賃貸建物
長期前払費用	対象外		4,000,000					○○㈱　マンション建設費　居住用賃貸建物

810

②請求書等（インボイスに該当しない）を保存している。

借方勘定科目 借方補助科目	借方税区分	税率	借方金額 （消費税額）	貸方勘定科目 貸方補助科目	貸方税区分	税率	貸方金額 （消費税額）	摘要
建物	対象外		40,800,000	普通預金	対象外		44,000,000	○○㈱　マンション建設費　居住用賃貸建物
長期前払費用	対象外		3,200,000					○○㈱　マンション建設費　居住用賃貸建物

811

⚠　建物の取得は課税仕入れに該当しますが、居住用賃貸建物の取得等に係る消費税額については、原則
として仕入税額控除の適用を受けることはできません。建物の税区分を「課税仕入」とすると会計シ
ステムの消費税集計表で課税仕入れの金額に含まれて集計されてしまいますので、税区分は「対象外」
とする必要があります。また、税抜経理の場合の控除できない仮払消費税等のことを控除対象外消費税
額等といい、経理処理としては、①長期前払費用に計上する方法、②雑損失等の費用に計上する方法、
③建物の取得価額に算入する方法、などが考えられます。自社の経理処理方針を確認しましょう。

　なお、一棟の建物が事業用兼居住用である場合に、取得価額が合理的な基準（使用面積割合や使用面
積に対する建設原価の割合等）により区分されているときには、その事業用部分については仕入税額控除
の適用を受けることができます。また、居住用賃貸建物を一定期間内に譲渡した場合や居住用部分を事
業用に転用した場合は、仮払消費税等の一部につき仕入税額控除の適用を受けることができますので、
居住用賃貸建物の取得後の状況を確認して消費税の計算を忘れないようにする必要があります。

※建物を譲渡した場合の経理処理例は「固定資産売却（損）益」をご参照ください。

（2）個別対応方式の用途区分

◆建設会社に対し建物の建設代金として、建物の引渡日に66,000,000円（税込み）を普通預金より支払った。当該建物は当社商品販売のための店舗として使用する予定であり、当社商品の売上げは課税売上げとなるものである。

812

借方勘定科目 借方補助科目	借方税区分	税率	借方金額 （消費税額）	貸方勘定科目 貸方補助科目	貸方税区分	税率	貸方金額 （消費税額）	摘要
建物	課税仕入 （課税売上対応）	10%	66,000,000 内 (6,000,000)	普通預金	対象外		66,000,000	○○㈱　建物建設

◆土地、建物の購入代金80,000,000円（内訳：土地65,000,000円、建物15,000,000円（税込み））及び未経過固定資産税相当額300,000円（内訳：土地250,000円、建物50,000円）を普通預金より支払った。また、不動産会社に対する仲介手数料1,100,000円（税込み　内訳：土地分893,750円、建物分206,250円）を普通預金より支払った。当該建物は本社ビルとして使用予定である。

813

借方勘定科目 借方補助科目	借方税区分	税率	借方金額 （消費税額）	貸方勘定科目 貸方補助科目	貸方税区分	税率	貸方金額 （消費税額）	摘要
土地	対象外		65,250,000	普通預金	対象外		80,300,000	××　土地購入代
建物	課税仕入 （共通対応）	10%	15,050,000 内 (1,368,181)					××　建物購入代
土地	課税仕入 （共通対応）	10%	893,750 内 (81,250)	普通預金	対象外		1,100,000	○○不動産　土地仲介手数料
建物	課税仕入 （共通対応）	10%	206,250 内 (18,750)					○○不動産　建物仲介手数料

◆建物購入に係る名義変更費用として登録免許税80,000円、司法書士報酬22,000円（税込み）を普通預金より支払った。当該建物は社宅として利用し、従業員から社宅家賃を徴収する予定である。

814

借方勘定科目 借方補助科目	借方税区分	税率	借方金額 （消費税額）	貸方勘定科目 貸方補助科目	貸方税区分	税率	貸方金額 （消費税額）	摘要
租税公課	対象外		80,000	普通預金	対象外		102,000	建物登録免許税
支払報酬料	課税仕入 （非課税売上対応）	10%	22,000 内 (2,000)					○○司法書士法人　名義変更手続き

（1）経理処理例

◆建物の給排水設備1,100,000円（税込み）及び冷暖房設備1,650,000円（税込み）の設置費用として、2,750,000円を普通預金より支払った。

①インボイスを保存している。

借方勘定科目 借方補助科目	借方税区分	税率	借方金額 （消費税額）	貸方勘定科目 貸方補助科目	貸方税区分	税率	貸方金額 （消費税額）	摘要
建物附属設備	課税仕入	10%	1,100,000 内 (100,000)	普通預金	対象外		2,750,000	○○㈱　給排水設備
建物附属設備	課税仕入	10%	1,650,000 内 (150,000)					○○㈱　冷暖房設備

815

②請求書等（インボイスに該当しない）を保存している。

借方勘定科目 借方補助科目	借方税区分	税率	借方金額 （消費税額）	貸方勘定科目 貸方補助科目	貸方税区分	税率	貸方金額 （消費税額）	摘要
建物附属設備	課税仕入 (80%控除)	10%	1,100,000 内 (80,000)	普通預金	対象外		2,750,000	○○㈱　給排水設備
建物附属設備	課税仕入 (80%控除)	10%	1,650,000 内 (120,000)					○○㈱　冷暖房設備

816

◆当社敷地の路面工事費用770,000円（税込み）及び塀の工事費用550,000円（税込み）の工事代金として、1,320,000円を普通預金より支払った。

①インボイスを保存している。

借方勘定科目 借方補助科目	借方税区分	税率	借方金額 （消費税額）	貸方勘定科目 貸方補助科目	貸方税区分	税率	貸方金額 （消費税額）	摘要
構築物	課税仕入	10%	770,000 内 (70,000)	普通預金	対象外		1,320,000	○○㈱　路面工事
構築物	課税仕入	10%	550,000 内 (50,000)					○○㈱　塀工事

817

②請求書等（インボイスに該当しない）を保存している。

借方勘定科目 借方補助科目	借方税区分	税率	借方金額 （消費税額）	貸方勘定科目 貸方補助科目	貸方税区分	税率	貸方金額 （消費税額）	摘要
構築物	課税仕入 (80%控除)	10%	770,000 内 (56,000)	普通預金	対象外		1,320,000	○○㈱　路面工事
構築物	課税仕入 (80%控除)	10%	550,000 内 (40,000)					○○㈱　塀工事

818

◆新たに賃借する事務所の内装工事等（内訳：壁、床等の躯体工事1,320,000円（税込み）、電気設備工事660,000円（税込み））の代金として、1,980,000円を普通預金より支払った。

①インボイスを保存している。

819

借方勘定科目 借方補助科目	借方税区分	税率	借方金額 （消費税額）	貸方勘定科目 貸方補助科目	貸方税区分	税率	貸方金額 （消費税額）	摘要
建物	課税仕入	10%	1,320,000 内（120,000）	普通預金	対象外		1,980,000	○○㈱　内装工事
建物附属設備	課税仕入	10%	660,000 内（60,000）					○○㈱　電気設備工事

②請求書等（インボイスに該当しない）を保存している。

820

借方勘定科目 借方補助科目	借方税区分	税率	借方金額 （消費税額）	貸方勘定科目 貸方補助科目	貸方税区分	税率	貸方金額 （消費税額）	摘要
建物	課税仕入 （80％控除）	10%	1,320,000 内（96,000）	普通預金	対象外		1,980,000	○○㈱　内装工事
建物附属設備	課税仕入 （80％控除）	10%	660,000 内（48,000）					○○㈱　電気設備工事

※固定資産を譲渡した場合の経理処理例は「固定資産売却（損）益」をご参照ください。

（2）個別対応方式の用途区分

◆建物の給排水設備1,100,000円（税込み）及び冷暖房設備1,650,000円（税込み）の設置費用として、2,750,000円を普通預金より支払った。当該建物は工場として使用しており、当社製品の売上げは非課税売上げとなるものである。

821

借方勘定科目 借方補助科目	借方税区分	税率	借方金額 (消費税額)	貸方勘定科目 貸方補助科目	貸方税区分	税率	貸方金額 (消費税額)	摘要
建物附属設備	課税仕入 (非課税売上対応)	10%	1,100,000 内(100,000)	普通預金	対象外		2,750,000	○○㈱　給排水設備
建物附属設備	課税仕入 (非課税売上対応)	10%	1,650,000 内(150,000)					○○㈱　冷暖房設備

◆当社敷地の路面工事費用770,000円（税込み）及び塀の工事費用550,000円（税込み）の工事代金として、1,320,000円を普通預金より支払った。当該敷地は当社商品を販売する店舗として利用しており、当社商品の売上げは課税売上げとなるものである。

822

借方勘定科目 借方補助科目	借方税区分	税率	借方金額 (消費税額)	貸方勘定科目 貸方補助科目	貸方税区分	税率	貸方金額 (消費税額)	摘要
構築物	課税仕入 (課税売上対応)	10%	770,000 内(70,000)	普通預金	対象外		1,320,000	○○㈱　路面工事
構築物	課税仕入 (課税売上対応)	10%	550,000 内(50,000)					○○㈱　塀工事

◆新たに賃借する事務所（本社）の内装工事等（内訳：壁、床等の躯体工事1,320,000円（税込み）、電気設備工事660,000円（税込み））の代金として、1,980,000円を普通預金より支払った。

823

借方勘定科目 借方補助科目	借方税区分	税率	借方金額 (消費税額)	貸方勘定科目 貸方補助科目	貸方税区分	税率	貸方金額 (消費税額)	摘要
建物	課税仕入 (共通対応)	10%	1,320,000 内(120,000)	普通預金	対象外		1,980,000	○○㈱　内装工事
建物附属設備	課税仕入 (共通対応)	10%	660,000 内(60,000)					○○㈱　電気設備工事

(1) 経理処理例

◆機械装置2,750,000円（税込み）を購入し、据付費110,000円（税込み）と合わせて普通預金より支払った。

①インボイスを保存している。

824

借方勘定科目 借方補助科目	借方税区分	税率	借方金額 （消費税額）	貸方勘定科目 貸方補助科目	貸方税区分	税率	貸方金額 （消費税額）	摘要
機械装置	課税仕入	10%	2,860,000 内 (260,000)	普通預金	対象外		2,860,000	○○㈱　機械装置購入

②請求書等（インボイスに該当しない）を保存している。

825

借方勘定科目 借方補助科目	借方税区分	税率	借方金額 （消費税額）	貸方勘定科目 貸方補助科目	貸方税区分	税率	貸方金額 （消費税額）	摘要
機械装置	課税仕入 (80%控除)	10%	2,860,000 内 (208,000)	普通預金	対象外		2,860,000	○○㈱　機械装置購入

◆器具備品4,600,000円（税込み）を5回の分割払いで購入した。代金のうち200,000円は割賦手数料であることが契約において明記されている。

①インボイスを保存している。

826

借方勘定科目 借方補助科目	借方税区分	税率	借方金額 （消費税額）	貸方勘定科目 貸方補助科目	貸方税区分	税率	貸方金額 （消費税額）	摘要
器具備品	課税仕入	10%	4,400,000 内 (400,000)	未払金	対象外		4,400,000	○○㈱　器具備品購入

②請求書等（インボイスに該当しない）を保存している。

827

借方勘定科目 借方補助科目	借方税区分	税率	借方金額 （消費税額）	貸方勘定科目 貸方補助科目	貸方税区分	税率	貸方金額 （消費税額）	摘要
器具備品	課税仕入 (80%控除)	10%	4,400,000 内 (320,000)	未払金	対象外		4,400,000	○○㈱　器具備品購入

◆分割払いで購入した器具備品の賦払金として、920,000円（うち利息相当額40,000円）を普通預金より支払った。

828

借方勘定科目 借方補助科目	借方税区分	税率	借方金額 （消費税額）	貸方勘定科目 貸方補助科目	貸方税区分	税率	貸方金額 （消費税額）	摘要
未払金	対象外		880,000	普通預金	対象外		920,000	○○㈱　器具備品購入 賦払金
支払利息	対象外		40,000					○○㈱　器具備品購入 賦払金

◆ファイナンス・リース取引により機械装置の引渡しを受けた。リース料総額は4,400,000円であるが、契約において利息相当額は明記されていない。

①インボイスを保存している。

829

借方勘定科目 借方補助科目	借方税区分	税率	借方金額 （消費税額）	貸方勘定科目 貸方補助科目	貸方税区分	税率	貸方金額 （消費税額）	摘要
機械装置	課税仕入	10%	4,400,000 内（400,000）	リース債務	対象外		4,400,000	○○リース　機械装置リース料

②請求書等（インボイスに該当しない）を保存している。

830

借方勘定科目 借方補助科目	借方税区分	税率	借方金額 （消費税額）	貸方勘定科目 貸方補助科目	貸方税区分	税率	貸方金額 （消費税額）	摘要
機械装置	課税仕入 （80%控除）	10%	4,400,000 内（320,000）	リース債務	対象外		4,400,000	○○リース　機械装置リース料

◆ファイナンス・リース取引により機械装置の引渡しを受けた。リース料総額は7,000,000円であるが、そのうち利息相当額は400,000円である旨が契約において明記されている。

①インボイスを保存している。

831

借方勘定科目 借方補助科目	借方税区分	税率	借方金額 （消費税額）	貸方勘定科目 貸方補助科目	貸方税区分	税率	貸方金額 （消費税額）	摘要
機械装置	課税仕入	10%	6,600,000 内（600,000）	リース債務	対象外		6,600,000	○○リース　機械装置リース料

②請求書等（インボイスに該当しない）を保存している。

832

借方勘定科目 借方補助科目	借方税区分	税率	借方金額 （消費税額）	貸方勘定科目 貸方補助科目	貸方税区分	税率	貸方金額 （消費税額）	摘要
機械装置	課税仕入 （80%控除）	10%	6,600,000 内（480,000）	リース債務	対象外		6,600,000	○○リース　機械装置リース料

⚠　ファイナンス・リース取引は、法形式上は資産の賃貸借取引ではあるものの、税法上はリース資産の引渡時にリース資産の売買があったものとされるため、リース資産の借手は、リース資産の引渡日にリース料総額に対する消費税額につき一括して仕入税額控除を行います。ただし、所有権移転外ファイナンス・リース取引に該当するものについて、借手が賃貸借処理を行っている場合には、そのリース料を支払うべき日に課税仕入れとして処理する方法も認められています（経理処理例は「賃借料　リース料」参照）。

◆親会社より器具備品（時価相当額400,000円）を無償で譲り受けた。

833

借方勘定科目 借方補助科目	借方税区分	税率	借方金額 （消費税額）	貸方勘定科目 貸方補助科目	貸方税区分	税率	貸方金額 （消費税額）	摘要
器具備品	対象外		400,000	受贈益	対象外		400,000	○○㈱　器具備品贈与

◆親会社より器具備品（時価相当額400,000円）を55,000円（税込み）で譲り受け、購入代金を普通預金より支払った。

①インボイスを保存している。

借方勘定科目 借方補助科目	借方税区分	税率	借方金額 （消費税額）	貸方勘定科目 貸方補助科目	貸方税区分	税率	貸方金額 （消費税額）	摘要	834
器具備品	課税仕入	10%	55,000 内 (5,000)	普通預金	対象外		55,000	○○㈱　器具備品購入	
器具備品	対象外		350,000	受贈益	対象外		350,000	○○㈱　器具備品購入	

②請求書等（インボイスに該当しない）を保存している。

借方勘定科目 借方補助科目	借方税区分	税率	借方金額 （消費税額）	貸方勘定科目 貸方補助科目	貸方税区分	税率	貸方金額 （消費税額）	摘要	835
器具備品	課税仕入 （80%控除）	10%	55,000 内 (4,000)	普通預金	対象外		55,000	○○㈱　器具備品購入	
器具備品	対象外		350,000	受贈益	対象外		350,000	○○㈱　器具備品購入	

◆機械装置の修繕費用として、1,320,000円（税込み）を普通預金より支払った。当該修繕は資本的支出に該当するものである。

①インボイスを保存している。

借方勘定科目 借方補助科目	借方税区分	税率	借方金額 （消費税額）	貸方勘定科目 貸方補助科目	貸方税区分	税率	貸方金額 （消費税額）	摘要	836
機械装置	課税仕入	10%	1,320,000 内 (120,000)	普通預金	対象外		1,320,000	○○㈱　機械装置修繕	

②請求書等（インボイスに該当しない）を保存している。

借方勘定科目 借方補助科目	借方税区分	税率	借方金額 （消費税額）	貸方勘定科目 貸方補助科目	貸方税区分	税率	貸方金額 （消費税額）	摘要	837
機械装置	課税仕入 （80%控除）	10%	1,320,000 内 (96,000)	普通預金	対象外		1,320,000	○○㈱　機械装置修繕	

※機械装置その他の固定資産を譲渡した場合の経理処理例は「固定資産売却（損）益」をご参照ください。

（2）個別対応方式の用途区分

◆機械装置2,750,000円（税込み）を購入し、据付費110,000円（税込み）と合わせて普通預金より支払った。当該機械装置は当社製品の製造に使用するものであり、当社製品の売上げは課税売上げとなるものである。

838

借方勘定科目 借方補助科目	借方税区分	税率	借方金額 （消費税額）	貸方勘定科目 貸方補助科目	貸方税区分	税率	貸方金額 （消費税額）	摘要
機械装置	課税仕入 （課税売上対応）	10%	2,860,000 内 (260,000)	普通預金	対象外		2,860,000	○○㈱　機械装置購入

◆器具備品4,600,000円（税込み）を5回の分割払いで購入した。代金のうち200,000円は割賦手数料であることが契約において明記されている。当該器具備品は管理部で使用するものである。

839

借方勘定科目 借方補助科目	借方税区分	税率	借方金額 （消費税額）	貸方勘定科目 貸方補助科目	貸方税区分	税率	貸方金額 （消費税額）	摘要
器具備品	課税仕入 （共通対応）	10%	4,400,000 内 (400,000)	未払金	対象外		4,400,000	○○㈱　器具備品購入

◆ファイナンス・リース取引により機械装置の引渡しを受けた。リース料総額は4,400,000円であるが、契約において利息相当額は明記されていない。当該機械装置は当社製品の製造に使用するものであり、当社製品の売上げは課税売上げとなるものである。

840

借方勘定科目 借方補助科目	借方税区分	税率	借方金額 （消費税額）	貸方勘定科目 貸方補助科目	貸方税区分	税率	貸方金額 （消費税額）	摘要
機械装置	課税仕入 （課税売上対応）	10%	4,400,000 内 (400,000)	リース債務	対象外		4,400,000	○○リース　機械装置リース料

◆ファイナンス・リース取引により機械装置の引渡しを受けた。リース料総額は7,000,000円であるが、そのうち利息相当額は400,000円である旨が契約において明記されている。当該機械装置は当社製品の製造に使用するものであり、当社製品の売上げは非課税売上げとなるものである。

841

借方勘定科目 借方補助科目	借方税区分	税率	借方金額 （消費税額）	貸方勘定科目 貸方補助科目	貸方税区分	税率	貸方金額 （消費税額）	摘要
機械装置	課税仕入 （非課税売上対応）	10%	6,600,000 内 (600,000)	リース債務	対象外		6,600,000	○○リース　機械装置リース料

◆親会社より器具備品（時価相当額400,000円）を55,000円（税込み）で譲り受け、購入代金を
普通預金より支払った。当該器具備品は管理部で使用するものである。

842

借方勘定科目 借方補助科目	借方税区分	税率	借方金額 (消費税額)	貸方勘定科目 貸方補助科目	貸方税区分	税率	貸方金額 (消費税額)	摘要
器具備品	課税仕入 (共通対応)	10%	55,000 内 (5,000)	普通預金	対象外		55,000	○○㈱　器具備品購入
器具備品	対象外		350,000	受贈益	対象外		350,000	○○㈱　器具備品購入

◆機械装置の修繕費用として、1,320,000円（税込み）を普通預金より支払った。当該修繕は
資本的支出に該当する。当該機械装置は当社製品の製造に使用するものであり、当社製品
の売上げは課税売上げとなるものである。

843

借方勘定科目 借方補助科目	借方税区分	税率	借方金額 (消費税額)	貸方勘定科目 貸方補助科目	貸方税区分	税率	貸方金額 (消費税額)	摘要
機械装置	課税仕入 (課税売上対応)	10%	1,320,000 内 (120,000)	普通預金	対象外		1,320,000	○○㈱　機械装置修繕

（1）経理処理例

◆車両の購入代金として3,478,000円を普通預金より支払った。購入代金の内訳は車両本体価格3,300,000円（税込み）、販売代行諸費用55,000円（税込み）、法定費用7,000円、自動車重量税60,000円、未経過自動車税相当額25,000円、自賠責保険料17,000円、リサイクル預託金14,000円となっている。

①インボイスを保存している。

844

借方勘定科目 借方補助科目	借方税区分	税率	借方金額 （消費税額）	貸方勘定科目 貸方補助科目	貸方税区分	税率	貸方金額 （消費税額）	摘要
車両運搬具	課税仕入	10%	3,355,000 内 (305,000)	普通預金	対象外		3,478,000	○○㈱　車両購入費
租税公課	対象外		7,000					○○㈱　法定費用
租税公課	対象外		60,000					○○㈱　自動車重量税
車両運搬具	課税仕入	10%	25,000 内 (2,272)					○○㈱　未経過自動車税
保険料	対象外		17,000					○○㈱　自賠責保険料
預け金	対象外		14,000					○○㈱　リサイクル預託金

②請求書等（インボイスに該当しない）を保存している。

845

借方勘定科目 借方補助科目	借方税区分	税率	借方金額 （消費税額）	貸方勘定科目 貸方補助科目	貸方税区分	税率	貸方金額 （消費税額）	摘要
車両運搬具	課税仕入 (80%控除)	10%	3,355,000 内 (244,000)	普通預金	対象外		3,478,000	○○㈱　車両購入費
租税公課	対象外		7,000					○○㈱　法定費用
租税公課	対象外		60,000					○○㈱　自動車重量税
車両運搬具	課税仕入 (80%控除)	10%	25,000 内 (1,818)					○○㈱　未経過自動車税
保険料	対象外		17,000					○○㈱　自賠責保険料
預け金	対象外		14,000					○○㈱　リサイクル預託金

⚠　未経過自動車税相当額は譲渡対価の一部を構成し取得価額に含まれますので、税区分は「課税仕入」とする必要があります。

⚠　取得のために要する費用であっても、登録免許税その他登記又は登録のために要する費用は取得価額に算入しないことができます。

◆ファイナンス・リース取引により車両の引渡しを受けた。リース料総額は5,720,000円であるが、契約において利息相当額は明記されていない。

①インボイスを保存している。

借方勘定科目 借方補助科目	借方税区分	税率	借方金額 （消費税額）	貸方勘定科目 貸方補助科目	貸方税区分	税率	貸方金額 （消費税額）	摘要
車両運搬具	課税仕入	10%	5,720,000 内 (520,000)	リース債務	対象外		5,720,000	○○リース　車両リース料

②請求書等（インボイスに該当しない）を保存している。

借方勘定科目 借方補助科目	借方税区分	税率	借方金額 （消費税額）	貸方勘定科目 貸方補助科目	貸方税区分	税率	貸方金額 （消費税額）	摘要
車両運搬具	課税仕入 （80％控除）	10%	5,720,000 内 (416,000)	リース債務	対象外		5,720,000	○○リース　車両リース料

⚠　ファイナンス・リース取引は、法形式上は資産の賃貸借取引ではあるものの、税法上はリース資産の引渡時にリース資産の売買があったものとされるため、リース資産の借手は、リース資産の引渡日にリース料総額に対する消費税額につき一括して仕入税額控除を行います。ただし、所有権移転外ファイナンス・リース取引に該当するものについて、借手が賃貸借処理を行っている場合には、そのリース料を支払うべき日に課税仕入れとして処理する方法も認められています（経理処理例は「賃借料　リース料」参照）。

※車両運搬具を譲渡した場合の経理処理例は「固定資産売却（損）益」をご参照ください。

（2）個別対応方式の用途区分

◆車両の購入代金として3,478,000円を普通預金より支払った。購入代金の内訳は車両本体価格3,300,000円（税込み）、販売代行諸費用55,000円（税込み）、法定費用7,000円、自動車重量税60,000円、未経過自動車税相当額25,000円、自賠責保険料17,000円、リサイクル預託金14,000円となっている。当該車両は社長が利用している。

848

借方勘定科目 借方補助科目	借方税区分	税率	借方金額 （消費税額）	貸方勘定科目 貸方補助科目	貸方税区分	税率	貸方金額 （消費税額）	摘要
車両運搬具	課税仕入 （共通対応）	10%	3,355,000 内 (305,000)	普通預金	対象外		3,478,000	○○㈱　車両購入費
租税公課	対象外		7,000					○○㈱　法定費用
租税公課	対象外		60,000					○○㈱　自動車重量税
車両運搬具	課税仕入 （共通対応）	10%	25,000 内 (2,272)					○○㈱　未経過自動車税
保険料	対象外		17,000					○○㈱　自賠責保険料
預け金	対象外		14,000					○○㈱　リサイクル預託金

◆ファイナンス・リース取引により車両の引渡しを受けた。リース料総額は5,720,000円であるが、契約において利息相当額は明記されていない。当該車両は営業部で使用しているものであり、当社の売上げは課税売上げとなるものである。

849

借方勘定科目 借方補助科目	借方税区分	税率	借方金額 （消費税額）	貸方勘定科目 貸方補助科目	貸方税区分	税率	貸方金額 （消費税額）	摘要
車両運搬具	課税仕入 （課税売上対応）	10%	5,720,000 内 (520,000)	リース債務	対象外		5,720,000	○○リース　車両リース料

（1）経理処理例

◆建物の購入に際し、売買契約締結時に手付金として、10,000,000円を普通預金より支払った。

850

借方勘定科目 借方補助科目	借方税区分	税率	借方金額 （消費税額）	貸方勘定科目 貸方補助科目	貸方税区分	税率	貸方金額 （消費税額）	摘要
建設仮勘定	対象外		10,000,000	普通預金	対象外		10,000,000	○○㈱　建物手付金

◆建物の購入代金の残金45,000,000円（売買代金合計55,000,000円（税込み））を普通預金より支払い、建物の引き渡しを受けた。

①インボイスを保存している。

851

借方勘定科目 借方補助科目	借方税区分	税率	借方金額 （消費税額）	貸方勘定科目 貸方補助科目	貸方税区分	税率	貸方金額 （消費税額）	摘要
建物	課税仕入	10%	55,000,000 内(5,000,000)	普通預金	対象外		45,000,000	○○㈱　建物代金
				建設仮勘定	対象外		10,000,000	○○㈱　建物代金

②請求書等（インボイスに該当しない）を保存している。

852

借方勘定科目 借方補助科目	借方税区分	税率	借方金額 （消費税額）	貸方勘定科目 貸方補助科目	貸方税区分	税率	貸方金額 （消費税額）	摘要
建物	課税仕入 (80%控除)	10%	55,000,000 内(4,000,000)	普通預金	対象外		45,000,000	○○㈱　建物代金
				建設仮勘定	対象外		10,000,000	○○㈱　建物代金

◆自社で建物の建設を行っているが、建設に携わる従業員の給与1,000,000円を普通預金より支払った（源泉所得税の処理は省略）。

853

借方勘定科目 借方補助科目	借方税区分	税率	借方金額 （消費税額）	貸方勘定科目 貸方補助科目	貸方税区分	税率	貸方金額 （消費税額）	摘要
建設仮勘定	対象外		1,000,000	普通預金	対象外		1,000,000	●月分給与

◆【原則】建物の建設に係る材料費2,750,000円（税込み）及び外注費9,900,000円（税込み）を普通預金より支払った。当社は課税仕入れを行った課税期間において仕入税額控除の適用を受ける。

①インボイスを保存している。
【課税仕入れを行った課税期間】

854

借方勘定科目 借方補助科目	借方税区分	税率	借方金額 （消費税額）	貸方勘定科目 貸方補助科目	貸方税区分	税率	貸方金額 （消費税額）	摘要
建設仮勘定	課税仕入	10%	2,750,000 内(250,000)	普通預金	対象外		2,750,000	○○㈱　建物材料費
建設仮勘定	課税仕入	10%	9,900,000 内(900,000)	普通預金	対象外		9,900,000	△△㈱　建物外注費

【建物が完成した課税期間】

借方勘定科目 借方補助科目	借方税区分	税率	借方金額 (消費税額)	貸方勘定科目 貸方補助科目	貸方税区分	税率	貸方金額 (消費税額)	摘要
建物	対象外		11,500,000	建設仮勘定	対象外		11,500,000	建物完成

855

②請求書等（インボイスに該当しない）を保存している。
【課税仕入れを行った課税期間】

借方勘定科目 借方補助科目	借方税区分	税率	借方金額 (消費税額)	貸方勘定科目 貸方補助科目	貸方税区分	税率	貸方金額 (消費税額)	摘要
建設仮勘定	課税仕入 (80%控除)	10%	2,750,000 内(200,000)	普通預金	対象外		2,750,000	○○㈱　建物材料費
建設仮勘定	課税仕入 (80%控除)	10%	9,900,000 内(720,000)	普通預金	対象外		9,900,000	△△㈱　建物外注費

856

【建物が完成した課税期間】

借方勘定科目 借方補助科目	借方税区分	税率	借方金額 (消費税額)	貸方勘定科目 貸方補助科目	貸方税区分	税率	貸方金額 (消費税額)	摘要
建物	対象外		11,730,000	建設仮勘定	対象外		11,730,000	建物完成

857

⚠ 建設工事に係る外注費や材料費などは建設仮勘定として経理し、建物が完成した時に建物に振り替える処理を行います。消費税は、原則として各課税仕入れを行った課税期間において仕入税額控除の適用を受けることになりますが、建物が完成した課税期間にまとめて仕入税額控除の適用を受けることも可能です（下記【特例】参照）。

◆【特例】建物の建設に係る材料費2,750,000円（税込み）及び外注費9,900,000円（税込み）を普通預金より支払った。当社は、建物が完成した課税期間において一括して仕入税額控除の適用を受ける。

①インボイスを保存している。
【課税仕入れを行った課税期間】

借方勘定科目 借方補助科目	借方税区分	税率	借方金額 (消費税額)	貸方勘定科目 貸方補助科目	貸方税区分	税率	貸方金額 (消費税額)	摘要
建設仮勘定	対象外		2,750,000	普通預金	対象外		2,750,000	○○㈱　建物材料費
建設仮勘定	対象外		9,900,000	普通預金	対象外		9,900,000	△△㈱　建物外注費

858

【建物が完成した課税期間】

借方勘定科目 借方補助科目	借方税区分	税率	借方金額 (消費税額)	貸方勘定科目 貸方補助科目	貸方税区分	税率	貸方金額 (消費税額)	摘要
建物	課税仕入	10%	12,650,000 内(1,150,000)	建設仮勘定	対象外		12,650,000	建物完成

859

②請求書等（インボイスに該当しない）を保存している。
【課税仕入れを行った課税期間】

借方勘定科目 借方補助科目	借方税区分	税率	借方金額 （消費税額）	貸方勘定科目 貸方補助科目	貸方税区分	税率	貸方金額 （消費税額）	摘要
建設仮勘定	対象外		2,750,000	普通預金	対象外		2,750,000	○○㈱　建物材料費
建設仮勘定	対象外		9,900,000	普通預金	対象外		9,900,000	△△㈱　建物外注費

860

【建物が完成した課税期間】

借方勘定科目 借方補助科目	借方税区分	税率	借方金額 （消費税額）	貸方勘定科目 貸方補助科目	貸方税区分	税率	貸方金額 （消費税額）	摘要
建物	課税仕入 （80%控除）	10%	12,650,000 内（920,000）	建設仮勘定	対象外		12,650,000	建物完成

861

⚠ 【特例】による場合であっても、建設仮勘定は税抜金額で、消費税相当額は仮払消費税等として処理する方法も考えられます。自社の経理処理方針を確認しましょう。

◆【原則】建物建設のための設計料として、550,000円（税込み）を普通預金より支払った。当社は課税仕入れを行った課税期間において仕入税額控除の適用を受ける。

①インボイスを保存している。

借方勘定科目 借方補助科目	借方税区分	税率	借方金額 （消費税額）	貸方勘定科目 貸方補助科目	貸方税区分	税率	貸方金額 （消費税額）	摘要
建設仮勘定	課税仕入	10%	550,000 内（50,000）	普通預金	対象外		550,000	○○㈱　設計料

862

②請求書等（インボイスに該当しない）を保存している。

借方勘定科目 借方補助科目	借方税区分	税率	借方金額 （消費税額）	貸方勘定科目 貸方補助科目	貸方税区分	税率	貸方金額 （消費税額）	摘要
建設仮勘定	課税仕入 （80%控除）	10%	550,000 内（40,000）	普通預金	対象外		550,000	○○㈱　設計料

863

◆【原則】建物建設のための地鎮祭の費用として330,000円（税込み）を普通預金より支払った。その他、地鎮祭において神主に現金で50,000円を支払っている。当社は課税仕入れを行った課税期間において仕入税額控除の適用を受ける。

①インボイスを保存している。

借方勘定科目 借方補助科目	借方税区分	税率	借方金額 （消費税額）	貸方勘定科目 貸方補助科目	貸方税区分	税率	貸方金額 （消費税額）	摘要
建設仮勘定	課税仕入	10%	330,000 （30,000）	普通預金	対象外		330,000	○○㈱　地鎮祭費用
建設仮勘定	対象外		50,000	現金	対象外		50,000	○○神社　地鎮祭費用

864

②請求書等（インボイスに該当しない）を保存している。

借方勘定科目 借方補助科目	借方税区分	税率	借方金額 （消費税額）	貸方勘定科目 貸方補助科目	貸方税区分	税率	貸方金額 （消費税額）	摘要
建設仮勘定	課税仕入 （80%控除）	10%	330,000 内 (24,000)	普通預金	対象外		330,000	○○㈱　地鎮祭費用
建設仮勘定	対象外		50,000	現金	対象外		50,000	○○神社　地鎮祭費用

（2）個別対応方式の用途区分

◆建物の購入代金の残金45,000,000円（売買代金合計55,000,000円（税込み））を普通預金より支払い、建物の引き渡しを受けた。当該建物は本社として利用予定である。

866

借方勘定科目 借方補助科目	借方税区分	税率	借方金額 （消費税額）	貸方勘定科目 貸方補助科目	貸方税区分	税率	貸方金額 （消費税額）	摘要
建物	課税仕入 （共通対応）	10%	55,000,000 内 (5,000,000)	普通預金	対象外		45,000,000	○○㈱　建物代金
				建設仮勘定	対象外		10,000,000	○○㈱　建物代金

◆【原則】建物の建設に係る材料費2,750,000円（税込み）及び外注費9,900,000円（税込み）を普通預金より支払った。当社は課税仕入れを行った課税期間において仕入税額控除の適用を受ける。当該建物は当社商品を販売する店舗として利用する予定であり、当社商品の売上げは課税売上げとなるものである。

867

借方勘定科目 借方補助科目	借方税区分	税率	借方金額 （消費税額）	貸方勘定科目 貸方補助科目	貸方税区分	税率	貸方金額 （消費税額）	摘要
建設仮勘定	課税仕入 （課税売上対応）	10%	2,750,000 内 (250,000)	普通預金	対象外		2,750,000	○○㈱　建物材料費
建設仮勘定	課税仕入 （課税売上対応）	10%	9,900,000 内 (900,000)	普通預金	対象外		9,900,000	△△㈱　建物外注費

◆【原則】建物建設のための設計料として、550,000円（税込み）を普通預金より支払った。当社は課税仕入れを行った課税期間において仕入税額控除の適用を受ける。当該建物は当社商品を販売する店舗として利用する予定であり、当社商品の売上げは非課税売上げとなるものである。

868

借方勘定科目 借方補助科目	借方税区分	税率	借方金額 （消費税額）	貸方勘定科目 貸方補助科目	貸方税区分	税率	貸方金額 （消費税額）	摘要
建設仮勘定	課税仕入 （非課税売上対応）	10%	550,000 内 (50,000)	普通預金	対象外		550,000	○○㈱　設計料

◆【原則】建物建設のための地鎮祭の費用として330,000円（税込み）を普通預金より支払った。その他、地鎮祭において神主に現金で50,000円を支払っている。当社は課税仕入れを行った課税期間において仕入税額控除の適用を受ける。当該建物は工場として利用予定であり、当社製品の売上げは課税売上げとなるものである。

869

借方勘定科目 借方補助科目	借方税区分	税率	借方金額 （消費税額）	貸方勘定科目 貸方補助科目	貸方税区分	税率	貸方金額 （消費税額）	摘要
建設仮勘定	課税仕入 （課税売上対応）	10%	330,000 内 (30,000)	普通預金	対象外		330,000	○○㈱　地鎮祭費用
建設仮勘定	対象外		50,000	現金	対象外		50,000	○○神社　地鎮祭費用

（1）経理処理例

◆レジャー施設を利用するための入会金として、1,650,000円（税込み）を普通預金より支払った。当該入会金は有効期限は無く、返還されないものである。

①インボイスを保存している。

870

借方勘定科目 借方補助科目	借方税区分	税率	借方金額 （消費税額）	貸方勘定科目 貸方補助科目	貸方税区分	税率	貸方金額 （消費税額）	摘要
施設利用権	課税仕入	10%	1,650,000 内 (150,000)	普通預金	対象外		1,650,000	○○㈱ レジャークラブ入会金

②請求書等（インボイスに該当しない）を保存している。

871

借方勘定科目 借方補助科目	借方税区分	税率	借方金額 （消費税額）	貸方勘定科目 貸方補助科目	貸方税区分	税率	貸方金額 （消費税額）	摘要
施設利用権	課税仕入 (80%控除)	10%	1,650,000 内 (120,000)	普通預金	対象外		1,650,000	○○㈱ レジャークラブ入会金

⚠ レジャー施設利用のための入会金で有効期限があり、退会時に返還されないものは繰延資産として取り扱われます。

◆レジャー施設を利用するための入会金として、1,500,000円を普通預金より支払った。当該入会金は退会時に返還されるものである。

872

借方勘定科目 借方補助科目	借方税区分	税率	借方金額 （消費税額）	貸方勘定科目 貸方補助科目	貸方税区分	税率	貸方金額 （消費税額）	摘要
施設利用権	対象外		1,500,000	普通預金	対象外		1,500,000	○○㈱ レジャークラブ入会金

⚠ 入会金等につき返還される部分の金額は「差入保証金」に計上されることもあります。自社の経理処理方針を確認しましょう。

◆ゴルフクラブが発行する会員権の購入代金として、3,000,000円を普通預金より支払った。当該代金は預託金に該当するものである。

873

借方勘定科目 借方補助科目	借方税区分	税率	借方金額 （消費税額）	貸方勘定科目 貸方補助科目	貸方税区分	税率	貸方金額 （消費税額）	摘要
施設利用権	対象外		3,000,000	普通預金	対象外		3,000,000	○○ゴルフクラブ会員権

◆市場で流通しているゴルフ会員権の購入代金として、3,300,000円（税込み）を普通預金より支払った。また、名義書換料55,000円（税込み）を普通預金より支払った。

①インボイスを保存している。

874

借方勘定科目 借方補助科目	借方税区分	税率	借方金額 （消費税額）	貸方勘定科目 貸方補助科目	貸方税区分	税率	貸方金額 （消費税額）	摘要
施設利用権	課税仕入	10%	3,300,000 内 (300,000)	普通預金	対象外		3,300,000	○○ゴルフクラブ会員権
施設利用権	課税仕入	10%	55,000 内 (5,000)	普通預金	対象外		55,000	○○ゴルフクラブ会員権 名義書換料

②請求書等（インボイスに該当しない）を保存している。

借方勘定科目 借方補助科目	借方税区分	税率	借方金額 （消費税額）	貸方勘定科目 貸方補助科目	貸方税区分	税率	貸方金額 （消費税額）	摘要
施設利用権	課税仕入 （80%控除）	10%	3,300,000 内 (240,000)	普通預金	対象外		3,300,000	○○ゴルフクラブ会員権
施設利用権	課税仕入 （80%控除）	10%	55,000 内 (4,000)	普通預金	対象外		55,000	○○ゴルフクラブ会員権　名義書換料

※ゴルフ会員権を譲渡した場合の経理処理例は「固定資産売却（損）益」をご参照ください。

(2) 個別対応方式の用途区分

◆レジャー施設を利用するための入会金として、1,650,000円（税込み）を普通預金より支払った。当該入会金は有効期限は無く、返還されないものである。当該レジャー施設は全従業員の福利厚生目的に利用されるものである。

借方勘定科目 借方補助科目	借方税区分	税率	借方金額 （消費税額）	貸方勘定科目 貸方補助科目	貸方税区分	税率	貸方金額 （消費税額）	摘要
施設利用権	課税仕入 （共通対応）	10%	1,650,000 内 (150,000)	普通預金	対象外		1,650,000	○○㈱　レジャークラブ入会金

876

⚠　個別対応方式を適用する場合、レジャークラブの入会金やゴルフ会員権の取得費用は、その利用目的により「課税売上対応」「非課税売上対応」「共通対応」に区分することになります。例えば、利用者が課税売上げに該当する売上げに係る部門の人員や取引先であることが明らかである場合は「課税売上対応」に区分することはできますが、全部門の従業員や顧問弁護士、顧問税理士等も利用するものである場合は「共通対応」に区分することになります。
　　なお、レジャークラブの利用料やゴルフプレー費等は、その利用者や利用目的に応じて区分することが可能と考えます。

◆市場で流通しているゴルフ会員権の購入代金として、3,300,000円（税込み）を普通預金より支払った。また、名義書換料55,000円（税込み）を普通預金より支払った。当該ゴルフ会員権は主に取引先や顧問弁護士等の接待に利用されるものである。

借方勘定科目 借方補助科目	借方税区分	税率	借方金額 （消費税額）	貸方勘定科目 貸方補助科目	貸方税区分	税率	貸方金額 （消費税額）	摘要
施設利用権	課税仕入 （共通対応）	10%	3,300,000 内 (300,000)	普通預金	対象外		3,300,000	○○ゴルフクラブ会員権
施設利用権	課税仕入 （共通対応）	10%	55,000 内 (5,000)	普通預金	対象外		55,000	○○ゴルフクラブ会員権　名義書換料

877

（1）経理処理例

◆他社の有する特許権の購入代金として、2,750,000円（税込み）を普通預金より支払った。なお、別途購入のために要した手数料220,000円（税込み）を普通預金より支払っている。

①インボイスを保存している。

878

借方勘定科目 借方補助科目	借方税区分	税率	借方金額 （消費税額）	貸方勘定科目 貸方補助科目	貸方税区分	税率	貸方金額 （消費税額）	摘要
特許権	課税仕入	10%	2,750,000 内 (250,000)	普通預金	対象外		2,750,000	○○㈱ 特許権購入
特許権	課税仕入	10%	220,000 内 (20,000)	普通預金	対象外		220,000	△△㈱ 特許権購入手数料

②請求書等（インボイスに該当しない）を保存している。

879

借方勘定科目 借方補助科目	借方税区分	税率	借方金額 （消費税額）	貸方勘定科目 貸方補助科目	貸方税区分	税率	貸方金額 （消費税額）	摘要
特許権	課税仕入 (80%控除)	10%	2,750,000 内 (200,000)	普通預金	対象外		2,750,000	○○㈱ 特許権購入
特許権	課税仕入 (80%控除)	10%	220,000 内 (16,000)	普通預金	対象外		220,000	△△㈱ 特許権購入手数料

◆当社で開発した技術の特許取得手続きのため、弁理士への出願手数料55,000円（税込み）、特許料200,000円、登録免許税15,000円を普通預金より支払った。

①インボイスを保存している。

880

借方勘定科目 借方補助科目	借方税区分	税率	借方金額 （消費税額）	貸方勘定科目 貸方補助科目	貸方税区分	税率	貸方金額 （消費税額）	摘要
特許権	課税仕入	10%	55,000 内 (5,000)	普通預金	対象外		270,000	○○弁理士法人 特許手続き
特許権	対象外		200,000					○○弁理士法人 特許料
特許権	対象外		15,000					○○弁理士法人 特許登録免許税

②請求書等（インボイスに該当しない）を保存している。

881

借方勘定科目 借方補助科目	借方税区分	税率	借方金額 （消費税額）	貸方勘定科目 貸方補助科目	貸方税区分	税率	貸方金額 （消費税額）	摘要
特許権	課税仕入 (80%控除)	10%	55,000 内 (4,000)	普通預金	対象外		270,000	○○弁理士法人 特許手続き
特許権	対象外		200,000					○○弁理士法人 特許料
特許権	対象外		15,000					○○弁理士法人 特許登録免許税

⚠ 取得のために要する費用であっても、登録免許税その他登記又は登録のために要する費用は取得価額に算入しないことができます。

◆他社の有する特許権を使用するため、一時金1,100,000円（税込み）及び今後 2 年分の使用料660,000円（税込み）を普通預金より支払った。

①インボイスを保存している。

882

借方勘定科目 借方補助科目	借方税区分	税率	借方金額 （消費税額）	貸方勘定科目 貸方補助科目	貸方税区分	税率	貸方金額 （消費税額）	摘要
特許権	課税仕入	10%	1,100,000 内 (100,000)	普通預金	対象外		1,760,000	○○㈱　特許権使用料
長期前払費用	対象外		660,000					○○㈱　特許権使用料

②請求書等（インボイスに該当しない）を保存している。

883

借方勘定科目 借方補助科目	借方税区分	税率	借方金額 （消費税額）	貸方勘定科目 貸方補助科目	貸方税区分	税率	貸方金額 （消費税額）	摘要
特許権	課税仕入 (80%控除)	10%	1,100,000 内 (80,000)	普通預金	対象外		1,760,000	○○㈱　特許権使用料
長期前払費用	対象外		660,000					○○㈱　特許権使用料

⚠ 工業所有権使用のための対価のうちに使用料の前払部分がある場合には、その使用期間の経過に応じて課税仕入れになります。

◆他社の有する特許権（アメリカのみで登録されているものである）の購入代金として、3,000,000円を普通預金より支払った。なお、別途購入のために国外で要した手数料200,000円を普通預金より支払っている。

884

借方勘定科目 借方補助科目	借方税区分	税率	借方金額 （消費税額）	貸方勘定科目 貸方補助科目	貸方税区分	税率	貸方金額 （消費税額）	摘要
特許権	対象外		3,000,000	普通預金	対象外		3,000,000	○○Ltd　特許権購入
特許権	対象外		200,000	普通預金	対象外		200,000	△△Ltd　特許権購入手数料

※特許権の課否判定は「支払手数料」をご参照ください。

※固定資産を譲渡した場合の経理処理例は「固定資産売却（損）益」をご参照ください。

（2）個別対応方式の用途区分

◆他社の有する特許権の購入代金として、2,750,000円（税込み）を普通預金より支払った。なお、別途購入のために要した手数料220,000円（税込み）を普通預金より支払っている。当該特許権は当社製品製造のためのものであり、当社製品の売上げは非課税売上げとなるものである。

885

借方勘定科目 借方補助科目	借方税区分	税率	借方金額 （消費税額）	貸方勘定科目 貸方補助科目	貸方税区分	税率	貸方金額 （消費税額）	摘要
特許権	課税仕入 （非課税売上対応）	10%	2,750,000 内 (250,000)	普通預金	対象外		2,750,000	○○㈱　特許権購入
特許権	課税仕入 （非課税売上対応）	10%	220,000 内 (20,000)	普通預金	対象外		220,000	△△㈱　特許権購入手数料

◆当社で開発した技術の特許取得手続きのため、弁理士への出願手数料55,000円（税込み）、特許料200,000円、登録免許税15,000円を普通預金より支払った。当該特許権は当社製品製造のためのものであり、当社製品の売上げは課税売上げとなるものである。

886

借方勘定科目 借方補助科目	借方税区分	税率	借方金額 （消費税額）	貸方勘定科目 貸方補助科目	貸方税区分	税率	貸方金額 （消費税額）	摘要
特許権	課税仕入 （課税売上対応）	10%	55,000 内 (5,000)	普通預金	対象外		270,000	○○弁理士法人　特許手続き
特許権	対象外		200,000					○○弁理士法人　特許料
特許権	対象外		15,000					○○弁理士法人　特許登録免許税

◆他社の有する特許権を使用するため、一時金1,100,000円（税込み）及び今後2年分の使用料660,000円（税込み）を普通預金より支払った。当該特許権は当社製品製造のためのものであり、当社製品の売上げは課税売上げとなるものである。

887

借方勘定科目 借方補助科目	借方税区分	税率	借方金額 （消費税額）	貸方勘定科目 貸方補助科目	貸方税区分	税率	貸方金額 （消費税額）	摘要
特許権	課税仕入 （課税売上対応）	10%	1,100,000 内 (100,000)	普通預金	対象外		1,760,000	○○㈱　特許権使用料
長期前払費用	対象外		660,000					○○㈱　特許権使用料

（1）経理処理例

◆他社の有する営業権（法令の規定、行政官庁の指導等による規制に基づく登録、認可、許可、割当て等の権利）の購入代金として、3,300,000円（税込み）を普通預金より支払った。なお、別途購入のために要した手数料165,000円（税込み）を普通預金より支払っている。

①インボイスを保存している。

借方勘定科目 借方補助科目	借方税区分	税率	借方金額 （消費税額）	貸方勘定科目 貸方補助科目	貸方税区分	税率	貸方金額 （消費税額）	摘要
営業権	課税仕入	10%	3,300,000 内 (300,000)	普通預金	対象外		3,300,000	○○㈱　営業権購入
営業権	課税仕入	10%	165,000 内 (15,000)	普通預金	対象外		165,000	△△㈱　営業権購入手数料

②請求書等（インボイスに該当しない）を保存している。

借方勘定科目 借方補助科目	借方税区分	税率	借方金額 （消費税額）	貸方勘定科目 貸方補助科目	貸方税区分	税率	貸方金額 （消費税額）	摘要
営業権	課税仕入 (80%控除)	10%	3,300,000 内 (240,000)	普通預金	対象外		3,300,000	○○㈱　営業権購入
営業権	課税仕入 (80%控除)	10%	165,000 内 (12,000)	普通預金	対象外		165,000	△△㈱　営業権購入手数料

◆他社事業の一部を譲受け、譲渡代金として22,000,000円（税込み）を普通預金より支払った。譲り受けた資産は商品（自動車部品：時価6,000,000円）及び機械装置（時価10,000,000円）である。

①インボイスを保存している。

借方勘定科目 借方補助科目	借方税区分	税率	借方金額 （消費税額）	貸方勘定科目 貸方補助科目	貸方税区分	税率	貸方金額 （消費税額）	摘要
商品	課税仕入	10%	6,600,000 内 (600,000)	普通預金	対象外		22,000,000	○○㈱　事業譲受け
機械装置	課税仕入	10%	11,000,000 内 (1,000,000)					○○㈱　事業譲受け
のれん	課税仕入	10%	4,400,000 内 (400,000)					○○㈱　事業譲受け

②請求書等（インボイスに該当しない）を保存している。

借方勘定科目 借方補助科目	借方税区分	税率	借方金額 （消費税額）	貸方勘定科目 貸方補助科目	貸方税区分	税率	貸方金額 （消費税額）	摘要
商品	課税仕入 (80%控除)	10%	6,600,000 内 (480,000)	普通預金	対象外		22,000,000	○○㈱　事業譲受け
機械装置	課税仕入 (80%控除)	10%	11,000,000 内 (800,000)					○○㈱　事業譲受け
のれん	課税仕入 (80%控除)	10%	4,400,000 内 (320,000)					○○㈱　事業譲受け

⚠　企業会計上、事業譲受けの対価の額が、取得した資産・負債への配分額の純額を超える場合のその差額を「のれん」といいます。事業の譲受けを行った場合に使用する勘定科目や各勘定科目への計上額は、事業譲受けの内容や経理処理方針により異なりますので、事前に確認しましょう。

　消費税においては、事業譲受けの対価の額（債務引受額を含む）が、取得した資産の価額の合計額を超える場合のその差額は、営業権として取り扱われ、課税仕入れになります。

※営業権を譲渡（事業譲渡）した場合の経理処理例は「固定資産売却（損）益」をご参照ください。

(2) 個別対応方式の用途区分

◆他社の有する営業権（法令の規定、行政官庁の指導等による規制に基づく登録、認可、許可、割当て等の権利）の購入代金として、3,300,000円（税込み）を普通預金より支払った。なお、別途購入のために要した手数料165,000円（税込み）を普通預金より支払っている。当該営業権の購入は新規事業を行うためであり、新規事業の売上げは課税売上げとなるものである。

892

借方勘定科目 借方補助科目	借方税区分	税率	借方金額 （消費税額）	貸方勘定科目 貸方補助科目	貸方税区分	税率	貸方金額 （消費税額）	摘要
営業権	課税仕入 （課税売上対応）	10%	3,300,000 内 (300,000)	普通預金	対象外		3,300,000	○○㈱　営業権購入
営業権	課税仕入 （課税売上対応）	10%	165,000 内 (15,000)	普通預金	対象外		165,000	○○㈱　営業権購入

◆他社事業の一部を譲受け、譲渡代金として22,000,000円（税込み）を普通預金より支払った。譲り受けた資産は商品（自動車部品：時価6,000,000円）及び機械装置（時価10,000,000円）である。当該事業から生じる売上げは課税売上げとなるものである。

893

借方勘定科目 借方補助科目	借方税区分	税率	借方金額 （消費税額）	貸方勘定科目 貸方補助科目	貸方税区分	税率	貸方金額 （消費税額）	摘要
商品	課税仕入 （課税売上対応）	10%	6,600,000 内 (600,000)	普通預金	対象外		22,000,000	○○㈱　事業譲受け
機械装置	課税仕入 （課税売上対応）	10%	11,000,000 内 (1,000,000)					○○㈱　事業譲受け
のれん	課税仕入 （課税売上対応）	10%	4,400,000 内 (400,000)					○○㈱　事業譲受け

（1）経理処理例

◆ソフトウエアの購入代金として、1,100,000円（税込み）を普通預金より支払った。なお、別途購入のために要した手数料66,000円（税込み）を普通預金より支払っている。

①インボイスを保存している。

借方勘定科目 借方補助科目	借方税区分	税率	借方金額 （消費税額）	貸方勘定科目 貸方補助科目	貸方税区分	税率	貸方金額 （消費税額）	摘要	
ソフトウエア	課税仕入	10%	1,100,000 内(100,000)	普通預金	対象外		1,100,000	○○㈱　ソフトウエア 購入	894
ソフトウエア	課税仕入	10%	66,000 内(6,000)	普通預金	対象外		66,000	△△㈱　ソフトウエア 購入手数料	

②請求書等（インボイスに該当しない）を保存している。

借方勘定科目 借方補助科目	借方税区分	税率	借方金額 （消費税額）	貸方勘定科目 貸方補助科目	貸方税区分	税率	貸方金額 （消費税額）	摘要	
ソフトウエア	課税仕入 (80%控除)	10%	1,100,000 内(80,000)	普通預金	対象外		1,100,000	○○㈱　ソフトウエア 購入	895
ソフトウエア	課税仕入 (80%控除)	10%	66,000 内(4,800)	普通預金	対象外		66,000	△△㈱　ソフトウエア 購入手数料	

◆当社で開発中のソフトウエアに係る外注費として、880,000円（税込み）を普通預金より支払った。当該ソフトウエアは完成していないが、当該外注費の業務内容は完了している。

①インボイスを保存している。

借方勘定科目 借方補助科目	借方税区分	税率	借方金額 （消費税額）	貸方勘定科目 貸方補助科目	貸方税区分	税率	貸方金額 （消費税額）	摘要	
ソフトウエア仮勘定	課税仕入	10%	880,000 内(80,000)	普通預金	対象外		880,000	○○㈱　ソフトウエア 開発	896

②請求書等（インボイスに該当しない）を保存している。

借方勘定科目 借方補助科目	借方税区分	税率	借方金額 （消費税額）	貸方勘定科目 貸方補助科目	貸方税区分	税率	貸方金額 （消費税額）	摘要	
ソフトウエア仮勘定	課税仕入 (80%控除)	10%	880,000 内(64,000)	普通預金	対象外		880,000	○○㈱　ソフトウエア 開発	897

⚠　ソフトウエア開発に係る外注費などはソフトウエア仮勘定として経理し、ソフトウエアが完成した時にソフトウエアに振り替える処理を行います。消費税は、原則として各課税仕入れを行った課税期間において仕入税額控除の適用を受けることになりますが、ソフトウエアが完成した課税期間にまとめて仕入税額控除の適用を受けることも可能です。

◆当社で開発中のソフトウエアに係る外注費として、880,000円（税込み）を普通預金より支払った。当該ソフトウエアは完成しておらず、当該外注費の業務内容も完了していないが中間金として支払ったものである。また、開発業務に携わる従業員給与300,000円を普通預金より支払った（源泉所得税の処理は省略）。

898

借方勘定科目 借方補助科目	借方税区分	税率	借方金額 （消費税額）	貸方勘定科目 貸方補助科目	貸方税区分	税率	貸方金額 （消費税額）	摘要
ソフトウエア仮勘定	対象外		880,000	普通預金	対象外		880,000	○○㈱　ソフトウエア開発中間金
ソフトウエア仮勘定	対象外		300,000	普通預金	対象外		300,000	●月分給与

◆当社で開発中のソフトウエアが完成し、ソフトウエア仮勘定に計上していた外注費880,000円（税込み）及び給与300,000円をソフトウエアに振り替えた。当該外注費は支払時に業務が完了しておらず中間金として支払ったものであり、課税仕入れとして処理はしていない。

①インボイスを保存している。

899

借方勘定科目 借方補助科目	借方税区分	税率	借方金額 （消費税額）	貸方勘定科目 貸方補助科目	貸方税区分	税率	貸方金額 （消費税額）	摘要
ソフトウエア	課税仕入	10%	880,000 内(80,000)	ソフトウエア仮勘定	対象外		880,000	外注費ソフトウエア振替
ソフトウエア	対象外		300,000	ソフトウエア仮勘定	対象外		300,000	給与ソフトウエア振替

②請求書等（インボイスに該当しない）を保存している。

900

借方勘定科目 借方補助科目	借方税区分	税率	借方金額 （消費税額）	貸方勘定科目 貸方補助科目	貸方税区分	税率	貸方金額 （消費税額）	摘要
ソフトウエア	課税仕入 (80%控除)	10%	880,000 内(64,000)	ソフトウエア仮勘定	対象外		880,000	外注費ソフトウエア振替
ソフトウエア	対象外		300,000	ソフトウエア仮勘定	対象外		300,000	給与ソフトウエア振替

◆国外の事業者に対しソフトウエア開発費として、4,000,000円を普通預金より支払った。

901

借方勘定科目 借方補助科目	借方税区分	税率	借方金額 （消費税額）	貸方勘定科目 貸方補助科目	貸方税区分	税率	貸方金額 （消費税額）	摘要
ソフトウエア	対象外		4,000,000	普通預金	対象外		4,000,000	○○Ltd　ソフトウエア開発

⚠　外国法人又は非居住者に対してソフトウエア開発費を支払った場合には、著作権の購入対価として源泉所得税の徴収が必要なケースがあります。

◆国外事業者に対しソフトウエアの購入代金として、231,000円（税込み）を普通預金より支払った。当該ソフトウエアは一般消費者向けにも販売しているものであり、インターネットを通じて購入したものである。

①インボイスを保存している。

借方勘定科目 借方補助科目	借方税区分	税率	借方金額 （消費税額）	貸方勘定科目 貸方補助科目	貸方税区分	税率	貸方金額 （消費税額）	摘要
ソフトウエア	課税仕入	10% 内	231,000 (21,000)	普通預金	対象外		231,000	○○Ltd　ソフトウエア購入

⚠　インターネットを通じたソフトウエアの販売は電気通信利用役務の提供に該当しますが、国外事業者から電気通信利用役務の提供を受けた場合は、まず事業者向け又は消費者向けのいずれであるかを確認します。

事業者向け電気通信利用役務の提供はリバースチャージの対象であり、その旨が国外事業者から通知（請求書やホームページに記載）されますので、自社の課税売上割合が95％以上であれば申告不要、95％未満であれば特定課税仕入れとして申告が必要になります。会計システムにおいて税区分に「特定課税仕入」がある場合にはそれを入力しますが、該当する税区分が無い場合には「対象外」とし、摘要欄に「特定課税仕入れ」又は「リバースチャージ」と入力しておくなど、消費税申告書作成時に会計システムから必要な情報を抽出できるような工夫が必要です。

他方、消費者向け電気通信利用役務の提供は、インボイスの保存がなければ仕入税額控除の適用を受けることはできません。また、国外事業者が行う消費者向け電気通信利用役務の提供は80％控除の適用を受けられないことに注意が必要です。

※固定資産を譲渡した場合の経理処理例は「固定資産売却（損）益」をご参照ください。

（2）個別対応方式の用途区分

◆ソフトウエアの購入代金として、1,100,000円（税込み）を普通預金より支払った。なお、別途購入のために要した手数料66,000円（税込み）を普通預金より支払っている。当該ソフトウエアは管理部で使用するものである。

903

借方勘定科目 借方補助科目	借方税区分	税率	借方金額 （消費税額）	貸方勘定科目 貸方補助科目	貸方税区分	税率	貸方金額 （消費税額）	摘要
ソフトウエア	課税仕入 （共通対応）	10%	1,100,000 内 (100,000)	普通預金	対象外		1,100,000	○○㈱　ソフトウエア購入
ソフトウエア	課税仕入 （共通対応）	10%	66,000 内 (6,000)	普通預金	対象外		66,000	△△㈱　ソフトウエア購入手数料

◆当社で開発中のソフトウエアに係る外注費として、880,000円（税込み）を普通預金より支払った。当該ソフトウエアは完成していないが、当該外注費の業務内容は完了している。当該ソフトウエアは営業部で使用するものであり、当社の売上げは課税売上げとなるものである。

904

借方勘定科目 借方補助科目	借方税区分	税率	借方金額 （消費税額）	貸方勘定科目 貸方補助科目	貸方税区分	税率	貸方金額 （消費税額）	摘要
ソフトウエア仮勘定	課税仕入 （課税売上対応）	10%	880,000 内 (80,000)	普通預金	対象外		880,000	○○㈱　ソフトウエア開発

◆当社で開発中のソフトウエアが完成し、ソフトウエア仮勘定に計上していた外注費880,000円（税込み）及び給与300,000円をソフトウエアに振り替えた。当該外注費は支払時に業務が完了しておらず中間金として支払ったものであり、課税仕入れとして処理はしていない。当該ソフトウエアは営業部で使用するものであり、当社の売上げは課税売上げとなるものである。

905

借方勘定科目 借方補助科目	借方税区分	税率	借方金額 （消費税額）	貸方勘定科目 貸方補助科目	貸方税区分	税率	貸方金額 （消費税額）	摘要
ソフトウエア	課税仕入 （課税売上対応）	10%	880,000 内 (80,000)	ソフトウエア仮勘定	対象外		880,000	外注費ソフトウエア振替
ソフトウエア	対象外		300,000	ソフトウエア仮勘定	対象外		300,000	給与ソフトウエア振替

◆国外事業者に対しソフトウエアの購入代金として、231,000円（税込み）を普通預金より支払った。当該ソフトウエアは一般消費者向けにも販売しているものであり、インターネットを通じて購入したものである。当該ソフトウエアは営業部で使用するものであり、当社の売上げは非課税売上げとなるものである。

906

借方勘定科目 借方補助科目	借方税区分	税率	借方金額 （消費税額）	貸方勘定科目 貸方補助科目	貸方税区分	税率	貸方金額 （消費税額）	摘要
ソフトウエア	課税仕入 （非課税売上対応）	10%	231,000 内 (21,000)	普通預金	対象外		231,000	○○Ltd　ソフトウエア購入

（1）経理処理例

◆会社設立にあたり、定款認証手数料30,000円、登録免許税150,000円、司法書士報酬16,500円（税込み）を現金で支払った。

①インボイスを保存している。

借方勘定科目 借方補助科目	借方税区分	税率	借方金額 （消費税額）	貸方勘定科目 貸方補助科目	貸方税区分	税率	貸方金額 （消費税額）	摘要
創立費	課税仕入	10%	16,500 内（1,500）	現金	対象外		196,500	○○司法書士法人　会社設立費用
創立費	対象外		180,000					○○司法書士法人　会社設立費用

②請求書等（インボイスに該当しない）を保存している。

借方勘定科目 借方補助科目	借方税区分	税率	借方金額 （消費税額）	貸方勘定科目 貸方補助科目	貸方税区分	税率	貸方金額 （消費税額）	摘要
創立費	課税仕入 （80%控除）	10%	16,500 内（1,200）	現金	対象外		196,500	○○司法書士法人　会社設立費用
創立費	対象外		180,000					○○司法書士法人　会社設立費用

◆新株発行により50,000,000円の出資を受けた。当該新株発行に係る登録免許税350,000円、司法書士報酬33,000円（税込み）を普通預金より支払った。

①インボイスを保存している。

借方勘定科目 借方補助科目	借方税区分	税率	借方金額 （消費税額）	貸方勘定科目 貸方補助科目	貸方税区分	税率	貸方金額 （消費税額）	摘要
普通預金	対象外		50,000,000	資本金	対象外		50,000,000	新株発行
株式交付費	対象外		350,000	普通預金	対象外		350,000	新株発行登録免許税
株式交付費	課税仕入	10%	33,000 内（3,000）	普通預金	対象外		33,000	○○司法書士法人　新株発行報酬

②請求書等（インボイスに該当しない）を保存している。

借方勘定科目 借方補助科目	借方税区分	税率	借方金額 （消費税額）	貸方勘定科目 貸方補助科目	貸方税区分	税率	貸方金額 （消費税額）	摘要
普通預金	対象外		50,000,000	資本金	対象外		50,000,000	新株発行
株式交付費	対象外		350,000	普通預金	対象外		350,000	新株発行登録免許税
株式交付費	課税仕入 （80%控除）	10%	33,000 内（2,400）	普通預金	対象外		33,000	○○司法書士法人　新株発行報酬

⚠ 創立費、開業費、開発費、株式交付費、社債等発行費は、法人税法上、任意償却ができるため、各内容に応じた費用科目で処理することもできます。

◆新たに事務所を借りるための費用として、保証金2,000,000円（うち220,000円が返還されない）、翌月分家賃220,000円（税込み）、仲介手数料77,000円（税込み）を普通預金より支払った。

①インボイスを保存している。

911

借方勘定科目 借方補助科目	借方税区分	税率	借方金額 (消費税額)	貸方勘定科目 貸方補助科目	貸方税区分	税率	貸方金額 (消費税額)	摘要
保証金	対象外		1,780,000	普通預金	対象外		2,297,000	○○不動産　保証金
繰延資産	課税仕入	10%	220,000 内 (20,000)					○○不動産　保証金償却
前払費用	対象外		220,000					○○不動産　●月分家賃
支払手数料	課税仕入	10%	77,000 内 (7,000)					○○不動産　仲介手数料

②請求書等（インボイスに該当しない）を保存している。

912

借方勘定科目 借方補助科目	借方税区分	税率	借方金額 (消費税額)	貸方勘定科目 貸方補助科目	貸方税区分	税率	貸方金額 (消費税額)	摘要
保証金	対象外		1,780,000	普通預金	対象外		2,297,000	○○不動産　保証金
繰延資産	課税仕入 (80%控除)	10%	220,000 内 (16,000)					○○不動産　保証金償却
前払費用	対象外		220,000					○○不動産　●月分家賃
支払手数料	課税仕入 (80%控除)	10%	77,000 内 (5,600)					○○不動産　仲介手数料

⚠　会計上の繰延資産は創立費、開業費、開発費、株式交付費、社債発行費に限定されているため、法人税法上の繰延資産（上記例では保証金償却分）の勘定科目は「長期前払費用」として計上されることが多いです。また、翌月分家賃は短期前払費用として地代家賃に計上されることもあります。自社の経理処理方針を確認しましょう。

◆新たに社宅を借りるための費用として、敷金600,000円、礼金300,000円、仲介手数料55,000円（税込み）を普通預金より支払った。なお、敷金は退去時に原状回復費用を差し引かれて返還される。

①インボイスを保存している。

913

借方勘定科目 借方補助科目	借方税区分	税率	借方金額 (消費税額)	貸方勘定科目 貸方補助科目	貸方税区分	税率	貸方金額 (消費税額)	摘要
敷金	対象外		600,000	普通預金	対象外		955,000	○○不動産　敷金
繰延資産	対象外		300,000					○○不動産　礼金
支払手数料	課税仕入	10%	55,000 内 (5,000)					○○不動産　仲介手数料

②請求書等（インボイスに該当しない）を保存している。

借方勘定科目 借方補助科目	借方税区分	税率	借方金額 （消費税額）	貸方勘定科目 貸方補助科目	貸方税区分	税率	貸方金額 （消費税額）	摘要
敷金	対象外		600,000	普通預金	対象外		955,000	○○不動産　敷金
繰延資産	対象外		300,000					○○不動産　礼金
支払手数料	課税仕入 （80%控除）	10%	55,000 内 (4,000)					○○不動産　仲介手数料

914

◆賃借している事務所の更新料として、385,000円（税込み）を普通預金より支払った。

①インボイスを保存している。

借方勘定科目 借方補助科目	借方税区分	税率	借方金額 （消費税額）	貸方勘定科目 貸方補助科目	貸方税区分	税率	貸方金額 （消費税額）	摘要
繰延資産	課税仕入	10%	385,000 内 (35,000)	普通預金	対象外		385,000	○○不動産　更新料

915

②請求書等（インボイスに該当しない）を保存している。

借方勘定科目 借方補助科目	借方税区分	税率	借方金額 （消費税額）	貸方勘定科目 貸方補助科目	貸方税区分	税率	貸方金額 （消費税額）	摘要
繰延資産	課税仕入 （80%控除）	10%	385,000 内 (28,000)	普通預金	対象外		385,000	○○不動産　更新料

916

◆商店街のアーケード設置費用の当社負担分として、440,000円（税込み）を普通預金より支払った。

①インボイスを保存している。

借方勘定科目 借方補助科目	借方税区分	税率	借方金額 （消費税額）	貸方勘定科目 貸方補助科目	貸方税区分	税率	貸方金額 （消費税額）	摘要
繰延資産	課税仕入	10%	440,000 内 (40,000)	普通預金	対象外		440,000	○○商店街　アーケード設置費用

917

②請求書等（インボイスに該当しない）を保存している。

借方勘定科目 借方補助科目	借方税区分	税率	借方金額 （消費税額）	貸方勘定科目 貸方補助科目	貸方税区分	税率	貸方金額 （消費税額）	摘要
繰延資産	課税仕入 （80%控除）	10%	440,000 内 (32,000)	普通預金	対象外		440,000	○○商店街　アーケード設置費用

918

◆クラウドシステムの導入費用として、660,000円（税込み）を普通預金より支払った。月々の利用料は翌月からの支払となっている。

①インボイスを保存している。

借方勘定科目 借方補助科目	借方税区分	税率	借方金額 （消費税額）	貸方勘定科目 貸方補助科目	貸方税区分	税率	貸方金額 （消費税額）	摘要
繰延資産	課税仕入	10%	660,000 内 (60,000)	普通預金	対象外		660,000	○○㈱　クラウドシステム導入費

919

②請求書等（インボイスに該当しない）を保存している。

借方勘定科目 借方補助科目	借方税区分	税率	借方金額 （消費税額）	貸方勘定科目 貸方補助科目	貸方税区分	税率	貸方金額 （消費税額）	摘要	
繰延資産	課税仕入 （80%控除）	10%	660,000 内 (48,000)	普通預金	対象外		660,000	○○㈱　クラウドシステム導入費	920

◆同業者団体の入会金として、300,000円を普通預金より支払った。入会金は他に譲渡することができず返還されないものであり、同業者団体から不課税であることが通知されている。

借方勘定科目 借方補助科目	借方税区分	税率	借方金額 （消費税額）	貸方勘定科目 貸方補助科目	貸方税区分	税率	貸方金額 （消費税額）	摘要	
繰延資産	対象外		300,000	普通預金	対象外		300,000	○○団体　入会金	921

◆当社の商品名がプリントされた陳列棚の購入費用として、330,000円（税込み）を普通預金より支払った。なお、陳列棚は当社商品を販売しているスーパーに寄贈している。

①インボイスを保存している。

借方勘定科目 借方補助科目	借方税区分	税率	借方金額 （消費税額）	貸方勘定科目 貸方補助科目	貸方税区分	税率	貸方金額 （消費税額）	摘要	
繰延資産	課税仕入	10%	330,000 内 (30,000)	普通預金	対象外		330,000	○○㈱　寄贈用商品陳列棚	922

②請求書等（インボイスに該当しない）を保存している。

借方勘定科目 借方補助科目	借方税区分	税率	借方金額 （消費税額）	貸方勘定科目 貸方補助科目	貸方税区分	税率	貸方金額 （消費税額）	摘要	
繰延資産	課税仕入 （80%控除）	10%	330,000 内 (24,000)	普通預金	対象外		330,000	○○㈱　寄贈用商品陳列棚	923

（2）個別対応方式の用途区分

◆会社設立にあたり、定款認証手数料30,000円、登録免許税150,000円、司法書士報酬16,500円（税込み）を現金で支払った。

借方勘定科目 借方補助科目	借方税区分	税率	借方金額 （消費税額）	貸方勘定科目 貸方補助科目	貸方税区分	税率	貸方金額 （消費税額）	摘要
創立費	課税仕入 （共通対応）	10%	16,500 内 (1,500)	現金	対象外		196,500	○○司法書士法人　会社設立費用
創立費	対象外		180,000					○○司法書士法人　会社設立費用

924

◆新株発行を行い50,000,000円の出資を受けた。当該新株発行に係る登録免許税350,000円、司法書士報酬33,000円（税込み）を普通預金より支払った。

借方勘定科目 借方補助科目	借方税区分	税率	借方金額 （消費税額）	貸方勘定科目 貸方補助科目	貸方税区分	税率	貸方金額 （消費税額）	摘要
普通預金	対象外		50,000,000	資本金	対象外		50,000,000	新株発行
株式交付費	対象外		350,000	普通預金	対象外		350,000	新株発行登録免許税
株式交付費	課税仕入 （共通対応）	10%	33,000 内 (3,000)	普通預金	対象外		33,000	○○司法書士法人　新株発行報酬

925

◆新たに事務所を借りるための費用として、保証金2,000,000円（うち220,000円が返還されない）、翌月分家賃220,000円（税込み）、仲介手数料77,000円（税込み）を普通預金より支払った。当該事務所は営業部で使用するものであり、当社の売上げは課税売上げとなるものである。

借方勘定科目 借方補助科目	借方税区分	税率	借方金額 （消費税額）	貸方勘定科目 貸方補助科目	貸方税区分	税率	貸方金額 （消費税額）	摘要
保証金	対象外		1,780,000	普通預金	対象外		2,297,000	○○不動産　保証金
繰延資産	課税仕入 （課税売上対応）	10%	220,000 内 (20,000)					○○不動産　保証金償却
前払費用	対象外		220,000					○○不動産　●月分家賃
支払手数料	課税仕入 （課税売上対応）	10%	77,000 内 (7,000)					○○不動産　仲介手数料

926

◆新たに社宅を借りるための費用として、敷金600,000円、礼金300,000円、仲介手数料55,000円 (税込み) を普通預金より支払った。なお、敷金は退去時に原状回復費用を差し引かれて返還される。従業員より社宅家賃を徴収する予定である。

927

借方勘定科目 借方補助科目	借方税区分　税率	借方金額 (消費税額)	貸方勘定科目 貸方補助科目	貸方税区分　税率	貸方金額 (消費税額)	摘要
敷金	対象外	600,000	普通預金	対象外	955,000	○○不動産　敷金
繰延資産	対象外	300,000				○○不動産　礼金
支払手数料	課税仕入 (非課税売上対応) 10%	55,000 内 (5,000)				○○不動産　仲介手数料

◆賃借している多事務所 (本社) の更新料として、385,000円 (税込み) を普通預金より支払った。

928

借方勘定科目 借方補助科目	借方税区分　税率	借方金額 (消費税額)	貸方勘定科目 貸方補助科目	貸方税区分　税率	貸方金額 (消費税額)	摘要
繰延資産	課税仕入 (共通対応) 10%	385,000 内 (35,000)	普通預金	対象外	385,000	○○不動産　更新料

◆商店街のアーケード設置費用の当社負担分として、440,000円 (税込み) を普通預金より支払った。商店街には当社の商品を販売する店舗があるが、当社商品の売上げは課税売上げとなるものである。

929

借方勘定科目 借方補助科目	借方税区分　税率	借方金額 (消費税額)	貸方勘定科目 貸方補助科目	貸方税区分　税率	貸方金額 (消費税額)	摘要
繰延資産	課税仕入 (課税売上対応) 10%	440,000 内 (40,000)	普通預金	対象外	440,000	○○商店街　アーケード設置費用

◆クラウドシステムの導入費用として、660,000円 (税込み) を普通預金より支払った。月々の利用料は翌月からの支払となっている。当該システムは管理部で使用するものである。

930

借方勘定科目 借方補助科目	借方税区分　税率	借方金額 (消費税額)	貸方勘定科目 貸方補助科目	貸方税区分　税率	貸方金額 (消費税額)	摘要
繰延資産	課税仕入 (共通対応) 10%	660,000 内 (60,000)	普通預金	対象外	660,000	○○(株) クラウドシステム導入費

◆当社の商品名がプリントされた陳列棚の購入費用として、330,000円（税込み）を普通預金より支払った。なお、陳列棚は当社商品を販売しているスーパーに寄贈している。当社商品の売上げは課税売上げとなるものである。

931

借方勘定科目 借方補助科目	借方税区分	税率	借方金額 （消費税額）	貸方勘定科目 貸方補助科目	貸方税区分	税率	貸方金額 （消費税額）	摘要
繰延資産	課税仕入 （課税売上対応）	10%	330,000 内 (30,000)	普通預金	対象外		330,000	○○㈱　寄贈用商品陳列棚

索引1　第Ⅰ部と第Ⅱ部「課否判定表」

索引1　第Ⅰ部と第Ⅱ部「課否判定表」

さ行

た行

な行

は行

ら行

わ行

索引2 第Ⅱ部「勘定科目別経理処理パターン」

索引2 第Ⅱ部 「勘定科目別経理処理パターン」

株式の購入	772	361
	773	361
株式の譲渡	674	332
	675	332
	676	332
	677	333
借入金利息	701	339
	705	339
カレンダー制作費	279	232
	280	232
	302	238
為替差損益	680	334
	681	334
	682	334
歓迎会費用	139	202
	140	202
	166	207
監査報酬	568	301
	569	301
	576	303
還付加算金	683	335
機械装置の貸付け	27	172
	59	179
機械装置の購入	824	378
	825	378
	838	381
企業型DCの掛金の支払い	129	199
	130	199
	131	200
器具備品の購入	826	378
	827	378
	828	378
	839	381
期首商品、期末商品の振替え	76	184
	77	184
期首商品、期末商品の振替え（当課税期間から課税事業者）	79	185
期首商品、期末商品の振替え（翌課税期間から免税事業者）	80	185
期首製品、期末製品の振替え	78	184

索引2　第Ⅱ部　「勘定科目別経理処理パターン」

クラウドサービス利用料（電気通信利用役務の提供）	541	293
	542	293
	543	293
	544	294
	545	294
	546	294
	553	296
	554	296
	555	297
クラウドシステム導入費用	919	408
	920	409
	930	411
車椅子の仕入れ	89	187
クレジット手数料	528	291
経営セーフティ共済掛金	561	299
携帯電話利用料	416	265
	417	265
	418	265
	429	268
契約者配当金	670	330
軽油代、軽油引取税	398	260
	399	260
	400	260
	412	264
経理業務代行報酬	222	221
	223	221
	239	224
結婚祝金	143	202
減価償却費の計上	597	311
	598	311
研究開発費の計上（委託費）	585	307
	586	307
	593	309
研究開発費の計上（人件費、消耗品費）	589	307
	590	308
	591	308
	592	308
	595	309

索引2　第Ⅱ部　「勘定科目別経理処理パターン」

索引2　第Ⅱ部　「勘定科目別経理処理パターン」

ゴルフ会員権の譲渡	728	347
	739	351
ゴルフクラブの年会費	340	246
	341	246
	352	249
ゴルフプレー代、ゴルフ場利用税	342	246
	343	246
	353	249
コンサルタント報酬	38	174
	63	180
	570	301
	571	301
	577	304
コンテンツ作成費用	202	216
	203	216
	213	219
梱包材料費	257	227
	258	227
	264	229
梱包用品の貯蔵品振替え	259	228

さ行	経理処理No.	ページ
災害義援金	579	305
債務免除益	747	353
酒類の売上げ	3	166
	45	176
残高証明手数料	524	290
	525	290
	526	290
	548	295
CM制作費、出演料	271	231
	272	231
	298	237
仕入値引き	104	193
	105	193
	114	195
仕入値引き（車椅子）	110	194
仕入返品	108	194

索引2　第Ⅱ部　「勘定科目別経理処理パターン」

社会保険料の計上（賞与引当金）	137	201
社会保険料の計上（未払費用）	135	201
社会保険料の計上（未払費用）	136	201
社会保険料の支払い	134	201
借地権の設定の対価	798	367
車検費用	456	274
	457	274
	473	278
社債の償還	678	333
	702	339
社債の譲渡	679	333
社債利息	663	328
社宅管理費	160	205
	161	205
	174	209
車両の購入	844	383
	845	383
	848	385
車両の譲渡	726	346
	727	347
	737	350
	738	351
集金代行手数料	529	291
	530	291
	531	291
	549	295
修繕費	836	380
	837	380
	843	382
修理代	448	273
	449	273
	450	273
	451	273
	469	277
	470	277
宿泊費、宿泊税	387	258
	388	258
	389	258

索引2 第Ⅱ部 「勘定科目別経理処理パターン」

索引2 第Ⅱ部 「勘定科目別経理処理パターン」

索引2　第Ⅱ部　「勘定科目別経理処理パターン」

索引2 第Ⅱ部 「勘定科目別経理処理パターン」

特約店研修費用	312	240
	313	240
	320	242
図書カード購入費用	506	285
土地及び建物の購入	796	367
	797	367
	803	370
	806	371
	807	372
	813	374
土地及び建物の譲渡	13	168
	14	169
	52	177
土地の貸付け	26	172
土地の購入	790	366
	791	366
	800	369
土地の譲渡	716	344
	717	344
土地の造成費用	794	367
	795	367
	802	369
土地の名義変更費用	792	366
	793	366
	801	369
特許権使用料	538	293
	539	293
	552	296
	882	396
	883	396
	887	397
特許権侵害に係る賠償金	692	337
	700	338
特許権の購入	878	395
	879	395
	885	397
特許の出額	880	395
	881	395

索引2 第Ⅱ部 「勘定科目別経理処理パターン」

索引2 第Ⅱ部 「勘定科目別経理処理パターン」

著者紹介

佐々木みちよ（ささき　みちよ）

税理士　佐々木みちよ税理士事務所所長

早稲田大学大学院法学研究科修了。組織再編税制やグループ通算制度、消費税など、企業税務に関するアドバイス業務に従事するほか、税務専門誌への寄稿、税理士及び事業会社経理・税務担当者に対するセミナー講師を行う。

2022年1月から2023年12月まで、税務通信データベース（株式会社税務研究会）において「消費税初心者のためのインボイス教室」を連載。著書に、『論点整理で見落としを防ぐ　組織再編の税務リスク発見ガイド〔第2版〕』（共著・中央経済社）等がある。

佐々木泰輔（ささき　たいすけ）

税理士　佐々木泰輔税理士事務所所長

立正大学経済学部経済学科卒業。法人に対する税務、会計コンサルティング業務を中心に活動するほか、税務専門誌への寄稿や各種セミナー講師を行う。

入力業務マニュアル
消費税　経理処理パターン

令和 7 年 3 月15日　初版第 1 刷印刷　　　　　　　　　　　　　　（著者承認検印省略）
令和 7 年 3 月25日　初版第 1 刷発行

© 著　者　佐々木　みちよ

佐々木　泰　輔

発 行 所　税 務 研 究 会 出 版 局

代 表 者　山　根　　毅

郵便番号 100-0005
東京都千代田区丸の内 1-8-2 鉄鋼ビルディング

https://www.zeiken.co.jp

乱丁・落丁の場合は、お取替え致します。　　　　印刷・製本　東日本印刷株式会社

ISBN 978-4-7931-2869-1